Bon Travail ! 2

Junior Certificate French

Geraldine McQuillan, Marie Stafford, Carmel Timmins

The Educational Company of Ireland

First published 2012
The Educational Company of Ireland
Ballymount Road
Walkinstown
Dublin 12
www.edco.ie

A member of the Smurfit Kappa Group plc

ISBN 978-1-84536-525-7

The paper used in this book comes from Managed Forests in Northern Europe For every tree felled, at least one new tree is planted

Editor: Robert Anderson
Design and Layout: HL Studios
Proofreader: Danièle Bourdais
Cover Design: Design Image
Cover Photography: iStockphoto, Shutterstock
Photographs: Alamy, Getty, Imagefile, iStockphoto, Midlands Artistic, Reuters, Rex Features, Shutterstock
Illustrations: Peter Donnelly, The Bright Agency: Dan Crisp, Michael Garton

02F14

Salut !

This brand-new edition of *Bon Travail ! 2* is the continuation of *Bon Travail ! 1*, which together cover the curriculum set out by the Department of Education and Skills for Junior Certificate French. The text is suitable for both Ordinary and Higher level students.

This new edition retains the familiar format of previous editions, while incorporating modern technology and updating the text to meet the current interests and needs of language learners.

There are ten units in this book, each of which contains:

- clear objectives at the start of each unit as to what you will learn
- new vocabulary relevant to the theme of the unit
- grammar rules relevant to the unit
- exercises – listening, reading and oral – to test new information learned in the unit
- pronunciation and speaking exercises on the theme of the unit
- an Épreuve section at the end of each unit, to test what you have learned
- a new Mes progrès personnels section where you can assess your own progress after you complete each unit.

Interactive IT exercises for each unit will also help you to consolidate what you have learned.

At the end of the book there is an Exam Practice section, dealing with each element of the Junior Certificate, both at Ordinary and Higher level – this will give you valuable extra practice in preparing for your examination.

Bon Travail ! 2 is also available online at **www.edco.ie/bontravail2**. There are online exercises for students and a PowerPoint presentation for teachers to use with each unit.

There is a Teacher's Resource Booklet which contains additional aural tests and grammar exercises. All pages are photocopiable.

Throughout this book you will also learn about life in France – about French teenagers' everyday routines and the country in which they live. We hope you will enjoy using this book and learning French in this way.

Finally, we wish you and your teachers

Bon travail !

	Langage	Grammaire	Civilisation	Page
Unité 1 Allons en vacances !	Points of the compass Names of European countries and nationalities Places to stay on holiday Writing holiday postcards	Using en/au/aux before the name of a country or town Les adjectifs – of nationality Revision of the verb avoir Le passé composé of regular verbs using avoir Le passé composé et la négation	Taking holidays in France Activities while on holiday	1
Coin prononciation				9
Mots clés				20
Épreuve				21
Unité 2 Où logeons-nous ?	Holiday accommodation Surrounding area and facilities Lettre formelle (1) – Making a holiday booking L'alphabet français – révision Going on a school trip to Paris Popular Parisian tourist sites	Revision of the verb pouvoir Le passé composé of irregular verbs which use avoir La négation of these verbs	Staying in a French hotel Holidays on a campsite Holidays in une colonie de vacances Staying in une auberge de jeunesse Visting Paris with a school group	25
Coin prononciation				47
Mots clés				48
Épreuve				49
Unité 3 Quel temps fait-il ?	Talking about the weather Regions of France What clothes to wear Les couleurs – révision What you wear to school Leaving a note/message	Les adjectifs – féminin/pluriel Les adjectifs – irrégulier Revision of the verb être Le passé composé using être La négation of these verbs	French idioms about the weather French fashion brands	53
Coin prononciation				81
Mots clés				83
Épreuve				84
Unité 4 Comment vas-tu ?	Parts of the body Illnesses and injuries Describing somebody Visiting the doctor/dentist In the pharmacy Lettre informelle (1) – writing about illness/accident Signs of the Zodiac	à + le, la, l' or les Le passé composé of verbes pronominaux La négation of these verbs Les adjectifs – le comparatif	Some idioms using parts of the body Going to the doctor/dentist in France Visiting la pharmacie	89
Coin prononciation				98
Mots clés				115
Épreuve				116
Unité 5 On bouge !	Travelling in France Reading road signs Parts of a car At a service station In a railway station Buying tickets Telling the time – révision In an airport Travelling by boat Lettre informelle (2) – using le présent, le passé composé and le futur	Revision of the verb aller Revision of the verb prendre Les adjectifs – comparatifs irréguliers Le futur simple – régulier/irrégulier La négation of le futur simple	Road signs in France Driving in France Travelling by train Le Métro	122
Coin prononciation				144
Mots clés				152
Épreuve				152
Unité 6 Choisissons une carrière !	People's jobs and where they work Leaving a phone message Talking about people's jobs Qualities needed for different jobs Work experience – le stage en entreprise Helping around the house Part-time/holiday jobs – le boulot Lettre formelle (2) – applying for a job	Le conditionnel – régulier/irrégulier La négation of le conditionnel	Working in France Doing work experience in France	159
Coin prononciation				172
Mots clés				183
Épreuve				183

	Langage	Grammaire	Civilisation	Page
Unité 7 Faire la fête				189
	Popular holidays/festivals in France Celebrating Christmas and New Year Christmas food Christmas songs Reading recipes Easter time Other popular celebrations Organising a birthday party Writing an invitation	L'imparfait – régulier/irrégulier La négation of l'imparfait Using on as subject of a sentence	Feasts and festivals in France How Christmas / New Year is celebrated Food for different times of the year Christmas songs Other French holidays	
Coin prononciation				201
Mots clés				211
Épreuve				212
Unité 8 On se connecte !				219
	Technology in the classroom What's in your school bag Les nombres – révision Using a computer / the internet Typing French accents Using a mobile phone in France Making a phone call in France	Les adjectifs démonstratifs – ce/cet/cette/ces La négation Pronoms objets directs – le/la/l'/les	Using technology in French schools Using a mobile phone in France French text language	
Coin prononciation				234
Mots clés				247
Épreuve				248
Unité 9 Nous aussi, nous parlons français				256
	French-speaking countries worldwide Celebrating la Francophonie Profile of Guadaloupe Recipes and cookery terms Some sports people	à/au/aux – saying 'in' and 'at' a country or town de/du/de la/des – saying 'from' a country or town Les adverbes Pronoms objets indirects – lui/leur	La Francophonie Recipes from around the world	
Coin prononciation				269
Mots clés				273
Épreuve				274
Unité 10 Voyageons en France !				280
	Doing an exchange in France Filling out a form about yourself Staying in a French home Making requests/stating preferences Describing a French house Eating meals in France Asking for and giving directions In the Post Office Les nombres – révision Recycling Leaving a note/message – révision An outing to Parc Astérix	Revision of les adjectifs possessifs Le verbe «préférer» Les adjectifs interrogatifs – quel/quelle/quels/quelles Revision of les principaux temps Revision of les principaux verbes	Doing an exchange in France French homes Difference in eating habits in France An outing to a theme park	
Coin prononciation				284
Mots clés				300
Épreuve				302

Exam Practice – Listening Comprehension **310**
Ordinary level – Sample paper 1 312
Ordinary level – Sample paper 2 316
Higher level – Sample paper 1 319
Higher level – Sample paper 2 324

Exam Practice – Reading Comprehension **328**
Ordinary level – Sample paper 1 329
Ordinary level – Sample paper 2 337
Higher level – Sample paper 1 345
Higher level – Sample paper 2 354

Exam Practice – Written Expression **363**
Writing postcards and notes 363
Writing letters 377

Lexique **402**
Les verbes **452**

Logos

- Listening activity
- Reading activity
- Writing activity
- Speaking activity
- Did you know?
- Cultural aspects of France
- Coin dictionnaire
- Coin grammaire
- Coin prononciation

Characters

Thomas: Hello again! I'm Thomas Clavel and I live on a farm outside Rouen in the north of France. I have a horse named Champion. I like to play tennis and to hang out with my friends at the weekend.

Leila: Hi there! I'm Leila Martinez. I live with my family in Toulouse. I support our local rugby team, Stade Toulousain, and I play for the girls' team! We train on Saturday mornings. Usually I go for coffee with my friends in the afternoon and we browse around the shops.

Nicolas: Hi. I'm Nicolas Mercier. I live in Nantes. My favourite sport is badminton and I also spend some of my free time surfing the Net.

Camille: Hi from Paris! I'm Camille Bernard and I live in an apartment here. I love to play volleyball and to go to the cinema with my friends.

Malik: Hello! I'm Malik Mahé. We live in Nice. I love all sports, particularly football. I also like music and I play keyboard. I read a lot of sports magazines to keep up to date with all the current sporting stories.

Manon: Hi! I'm Manon Durand from Lyon, where I live with my mother, stepfather and half-sister. I love music and fantasy films. I read a lot, especially novels about horses. On Saturdays, I work in my uncle's shop.

Students' CDs – Track list

CD	Track numbers
CD 1	
Unité 1	Tracks 2–11
Unité 2	Tracks 12–24
Unité 3	Tracks 25–37
Unité 4	Tracks 38–52
Unité 5	Tracks 53–65
CD 2	
Unité 6	Tracks 2–12
Unité 7	Tracks 13–23
Unité 8	Tracks 24–34
Unité 9	Tracks 35–42
Unité 10	Tracks 43–53

Note: To **rewind** a track, press and *hold down* the '**Previous**' button << on your CD player.
To **fast-forward** within a track, press and *hold down* the '**Next**' button >>.

Bienvenue dans les
pays d'Union Européene
la Suède
la Finlande
l'Estonie
la Lettonie
le Danemark
la Lituanie
l'Irlande
les Pays-Bas
le Royaume-Uni
l'Allemagne
la Pologne
la Belgique
le Luxembourg
la République tchèque
la Slovaquie
l'Autriche
la France
la Hongrie
le Portugal
la Slovénie
la Roumanie
l'Espagne
l'Italie
la Bulgarie
la Grèce
la Malte

Unité 1

Allons en vacances !

Objectifs

Vocabulaire: Describing where you are going on holiday; points of the compass; European countries and nationalities; places to stay

Grammaire: Saying 'in' or 'at' a country or town; using adjectives; le passé composé of regular verbs using avoir; le passé composé à la forme negative

Techniques: Writing holiday postcards

Prononciation: How 's' is pronounced at the end of French words

Civilisation: Les Français en vacances

- Everybody loves holidays and French people are no exception. The summer holidays are called les grandes vacances. School pupils also have les vacances de Toussaint (in November); les vacances de Noël (at Christmas); les vacances d'hiver (in February/ March) and les vacances de printemps (in April/May). If you would like to check the school holiday dates for this year in France, log on to www.education.gouv.fr.
- Many French people holiday in France. There are a lot of different places to go and different types of experiences to be had. Some French families have une résidence secondaire, a holiday home, which they may share with other members of their family.

La Rochelle

Menton

Colmar

Le Mont Saint-Michel

la Chypre

Lisons maintenant !

Read what these people have to say about where they usually go for holidays and answer the questions below.

Cet été, comme d'habitude, nous descendons dans l'ouest de la France, à La Rochelle. Ma famille a une petite maison là-bas. Mes grands-parents viennent aussi.

Thomas

Nous habitons dans une grande ville, à Toulouse, et nous allons en vacances au bord de la mer, dans le sud-ouest de la France. Ma tante a une résidence secondaire près de Perpignan. C'est super là-bas !

Leila

J'habite à Nantes. Tous les étés, nous allons dans le nord de la France, à la campagne, près d'Amiens. C'est très joli. Mon oncle a une maison là-bas.

Nicolas

Nous habitons à Paris, où il fait trop chaud l'été. Donc nous partons toujours pendant les mois de juillet et août. Nous allons dans le sud-est de la France. Mes grands-parents habitent dans un petit village pas loin de Menton. J'adore être à la campagne.

Camille

Nous habitons au bord de la mer et d'habitude nous allons à la campagne. Nous allons dans l'est de la France en juillet. Nous partageons une maison avec nos amis dans un village près de Colmar.

Malik

Comme j'habite à la montagne, j'adore aller au bord de la mer pendant les grandes vacances. Nous allons dans le nord-ouest de la France au mois de juillet. Nous avons une caravane dans un camping près de Saint-Malo.

Manon

1 Who finds it too warm in the city in the summer? Camille

2 Whose grandparents are coming with them? Thomas

3 Who is going to a campsite? Manon

4 Who is going to the countryside in the north of France? Nicolas

5 Who is going to share a house with family friends? Malik

6 Who is going to their aunt's holiday home? Leila

Exercice 1

Qui va où ? Écrivez le nom sur la bonne ligne. Using the information you have read in the exercise opposite, write in the correct name beside each holiday destination.

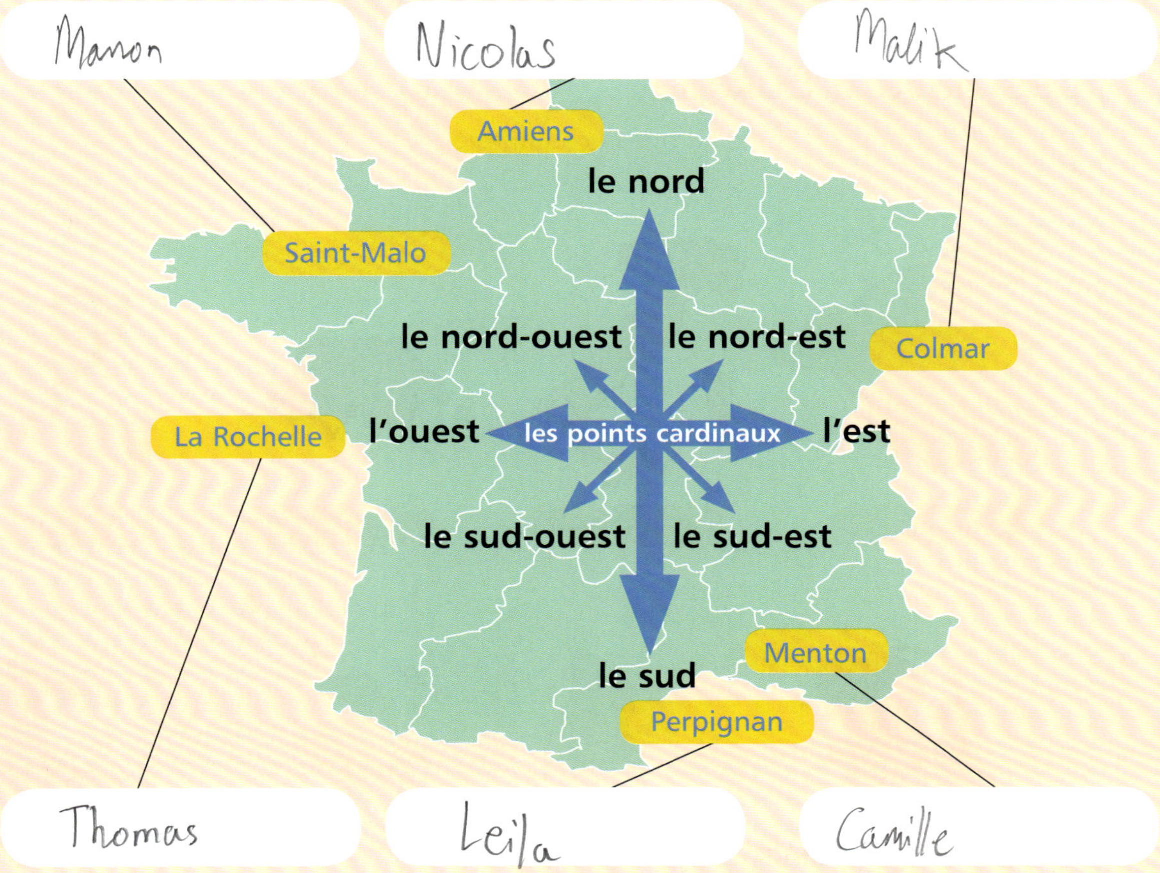

Exercice 2

Et en Irlande ? Complétez les phrases.

1 Je vais en vacances à Galway. Je vais dans l'ouest de l'Irlande.

2 Nous allons passer les vacances de Noël à Dundalk. Nous allons dans l'est de l'Irlande.

3 Mon amie va passer une semaine à Tralee. Elle va dans le sud-ouest de l'Irlande.

4 Mes cousins habitent Wexford. Je vais dans le sud est de l'Irlande pour les voir.

5 Mes grands-parents prennent des vacances à Dublin. Ils vont dans l'est de l'Irlande.

6 Mon frère va étudier à Letterkenny. Il va dans le nord de l'Irlande.

Civilisation: Des vacances à l'étranger

French people also like to travel abroad (à l'étranger) for their holidays. As they live on the continent of Europe, a large number of countries are easily reached from France. In recent years they have liked to travel to countries such as Croatia (la Croatie), Greece (la Grèce) and Turkey (la Turquie). North African countries are also popular.

Les pays d'Europe

Here are the names of some European countries:

a

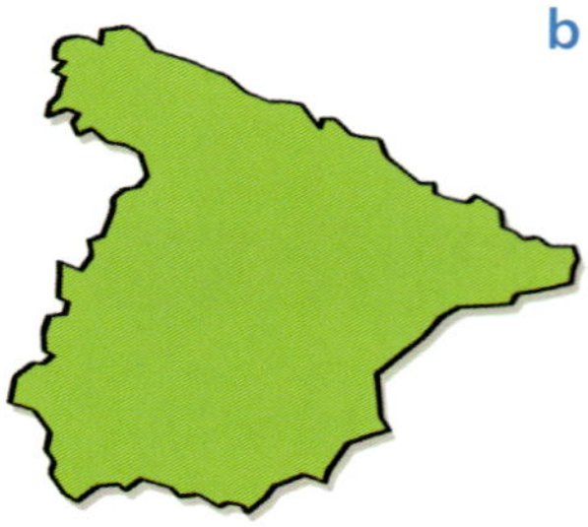

l'Espagne

b

l'Italie

c

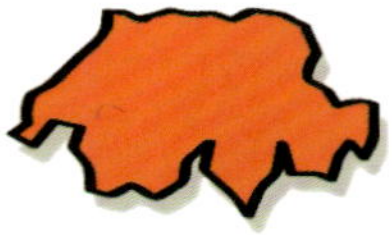

la Suisse

d

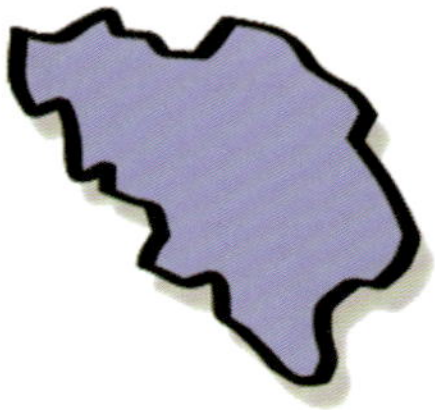

la Belgique

e

les Pays-Bas

f

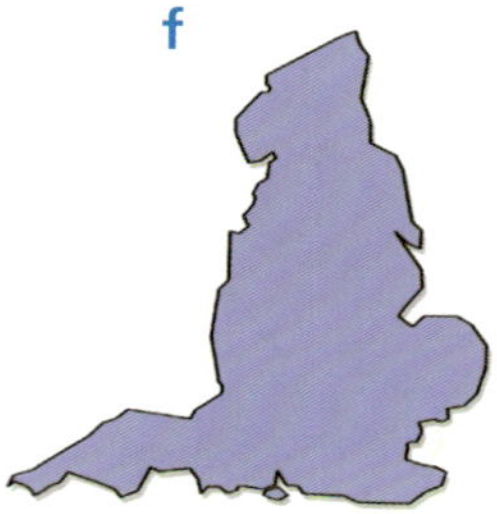

l'Angleterre

g

l'Écosse

h

le Pays de Galles

i

l'Allemagne

j

la Pologne

1.1 Écoutons maintenant !

These people are all supporting their country at the European Championships. Match the person to the correct flag. You can use the map at the front of the book to help you.

Coin grammaire : How to say where you are staying

Masculine or feminine?

Countries (les pays) which end in an '**e**' are usually feminine – e.g. la France, l'Irlande. Countries which end in **a letter other than** '**e**' are usually masculine – e.g. le Portugal, le Canada.

How do you say 'in' a country?

When you want to say which country you are in, you use …

- en if the name of the country in French is **feminine singular** – en Espagne, en Pologne, en Tunisie
- au if the name of the country in French is **masculine singular** – au Portugal, au Japon, au Luxembourg
- aux if the name of the country in French is **plural** – aux Pays-Bas, aux États-Unis.

Exercice 3

Complétez les phrases. Can you write the opening sentence on these postcards?

1 Me voici en France!

2 Nous voici au Portugal!

3 Nous passons une semaine en Italie.

4 Je suis en Suède pour deux semaines.

5 Ma famille passe les vacances au Pays-Bas.

6 Bonjour! Ma classe est ici, en Écosse.

Parlons maintenant!

Can you join these capital cities to their countries? Then take it in turns to tell your partner which city is in which country.

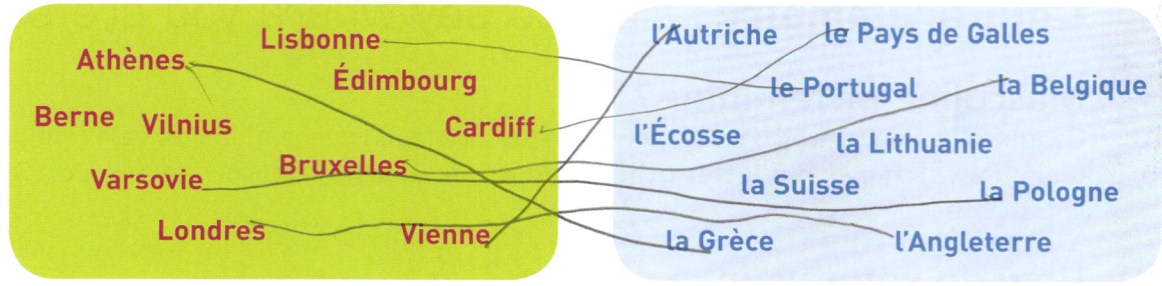

Cities	Countries
Lisbonne	l'Autriche
Athènes	le Pays de Galles
Édimbourg	le Portugal
Berne	la Belgique
Vilnius	l'Écosse
Cardiff	la Lithuanie
Bruxelles	la Suisse
Varsovie	la Pologne
Londres	la Grèce
Vienne	l'Angleterre

Exemple: Berne, c'est en Suisse.

Coin grammaire

How do you say 'in' a city or town?

When you want to say you are staying in a town or city, you use à – e.g. à Paris, à Londres, à Barcelone.

Exercice 4

Complétez les phrases. Imagine you are sending your French friends holiday postcards from these cities or towns. Write your opening sentence.

Rennes

1 Bonjour ! Me voici en Rennes.

Lisbonne

2 Je passe une semaine au Lisbonne avec ma famille.

Édimbourg

3 Je suis __________ avec ma classe.

New York

4 Salut ! Nous voici en New York.

Cardiff

5 Je suis __________ pour le match de rugby.

Londres

6 Je suis en Londres pour un week-end.

Tu es de quelle nationalité ?

Follow the strings to find out the nationality of these people.

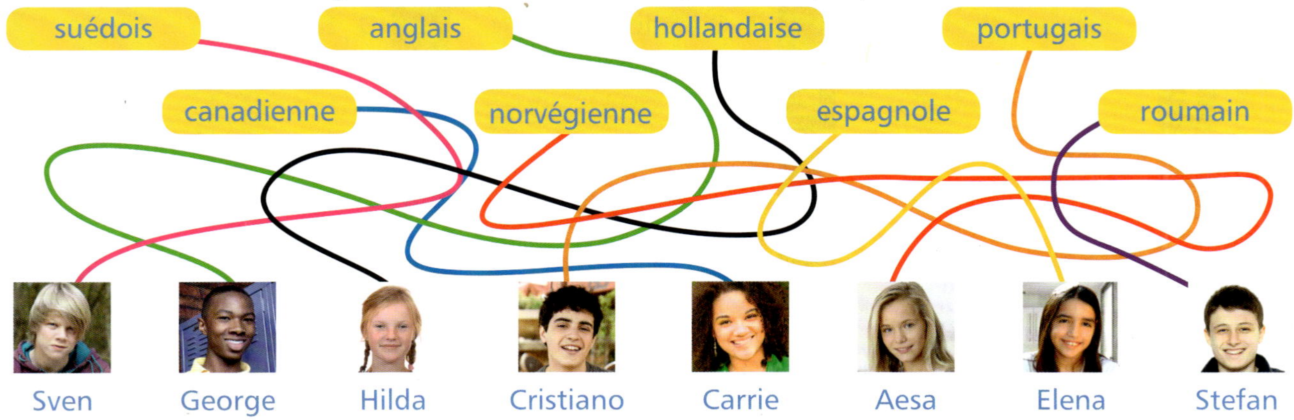

1 Sven est __________ .
2 George est __________ .
3 Hilda est __________ .
4 Cristiano est __________ .
5 Carrie est __________ .
6 Aesa est __________ .
7 Elena est __________ .
8 Stefan est __________ .

Parlons maintenant !

Using the people from the exercise above, take it in turns to introduce yourself to the class.

Exemple : Bonjour ! Je m'appelle Sven. Je viens de Suède. Je suis suédois.

Coin grammaire : Les adjectifs

Adjectives (les adjectifs) are words which tell you more about a person or thing. Therefore, nationalities are adjectives. Do you remember the rules you learned in Book 1 for making adjectives agree with the noun they are describing?

Rappel!

See Bon Travail! 1, page 141.

- Usually, adjectives are made feminine by adding an '**e**' to the masculine form:

  Exemples : *polonais* → *polonaise*
  américain → *américaine*

- Adjectives which already end in an '**e**' remain the same:

  Exemples : *belge* → *belge*
  suisse → *suisse*

- Adjectives ending in -en, double the '**n**' and add '**e**':

  Exemples : *canadien* → *canadienne*
  italien → *italienne*

- Some adjectives have a special form in the feminine:

  Exemples : *grec* → *grecque*
  turc → *turque*

Exercice 5

Complétez les phrases suivantes avec les adjectifs. Find each person's nationality using the clues in the registration plates.

1 Julie es ________________ .

2 Roberto est ________________ .

3 Elena est ________________ .

4 Cian est ________________ .

5 Maryse est ________________ .

6 Hans est ________________ .

Je parle quelle langue ?

To say what language people speak, you use the masculine form of the adjective of their nationality.

Exemples : *je suis français – je parle français*
je suis chinois – je parle chinois
il est roumain – il parle roumain

Besides France, French is spoken in a large number of other European countries, notably Belgium, Switzerland, Luxembourg, Andorra and Monaco.

1.2 Écoutons maintenant !

Six jeunes se rencontrent dans un camp d'été international. Listen to each person introducing themselves and write down which languages they each speak. Each person mentions two languages.

1 Yoko

a ____________

b ____________

2 Andreas

a ____________

b ____________

3 Emir

a ____________

b ____________

4 Amélie

a ____________

b ____________

5 Léo

a ____________

b ____________

6 Pascal

a ____________

b ____________

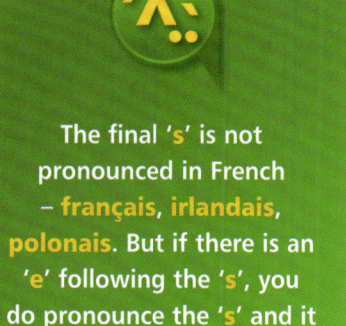

The final 's' is not pronounced in French – **français**, **irlandais**, **polonais**. But if there is an 'e' following the 's', you do pronounce the 's' and it sounds like 'z' – **française**, **irlandaise**, **polonaise**.

Coin grammaire : Le passé composé

You have already learned le présent and le futur proche in French. Now you are going to learn how to say what you have done or what you did hier (*yesterday*), hier soir (*last night*), la semaine dernière (*last week*), le mois dernier (*last month*) and il y a un an (*a year ago*). Le passé composé is the tense used to describe completed actions in the past.

1.3 Écoutons et lisons maintenant !

Listen and read what Manon has done each day on her holidays in Saint-Malo.

29	lundi	J'ai nagé dans la mer.	**2**	jeudi	J'ai écouté de la musique sur mon iPod.
30	mardi	Zut ! J'ai perdu ma serviette à la plage.	**3**	vendredi	J'ai retrouvé mes amis.
1	mercredi	J'ai acheté des fruits au marché.	**4**	samedi	J'ai fini le dernier roman de Harry Potter.
			5	dimanche	J'ai regardé un DVD avec mon cousin Alexis.

Exercice 6

Trouvez le verbe ! Copy each sentence in Manon's diary and underline the verb.

Exemple : J'ai nagé dans la mer.

What do you notice? Each verb is made up of **two** parts – this tense is called le passé composé.

Coin grammaire : Le passé composé avec le verbe « avoir »

- Le passé composé is made up of **two parts**: le verbe auxiliaire and le participe passé.
- The **first part** is called le verbe auxiliaire. The verbe auxiliaire most of the time is the **present tense** of avoir.

j'ai | **tu as** | **il a** | **elle a**

nous avons | **vous avez** | **ils ont** | **elles ont**

(Le verbe auxiliaire for a small number of verbs is être. We will look at these in Unité 3.)

- The **second part** of le passé composé is called le participe passé. To form le participe passé of …

  – a regular **-er** verb, you cross out the '**er**' and add '**é**'
  Exemple : jouer → jou~~er~~ → **joué**

  – a regular **-ir** verb, you cross out the '**ir**' and add '**i**'
  Exemple : finir → fin~~ir~~ → **fini**

  – a regular **-re** verb, you cross out '**re**' and add '**u**'
  Exemple : vendre → vend~~re~~ → **vendu**

j'ai joué | **j'ai fini** | **j'ai vendu**

Exercice 7

Faites des paires ! Match the correct participe passé to its infinitive form and write them in the grid. The first one is done for you.

1 rougir
2 adorer
3 regarder
4 perdre
5 répondre
6 visiter
7 frémir
8 vendre

répondu
rougi
frémi
vendu
visité
adoré
regardé
perdu

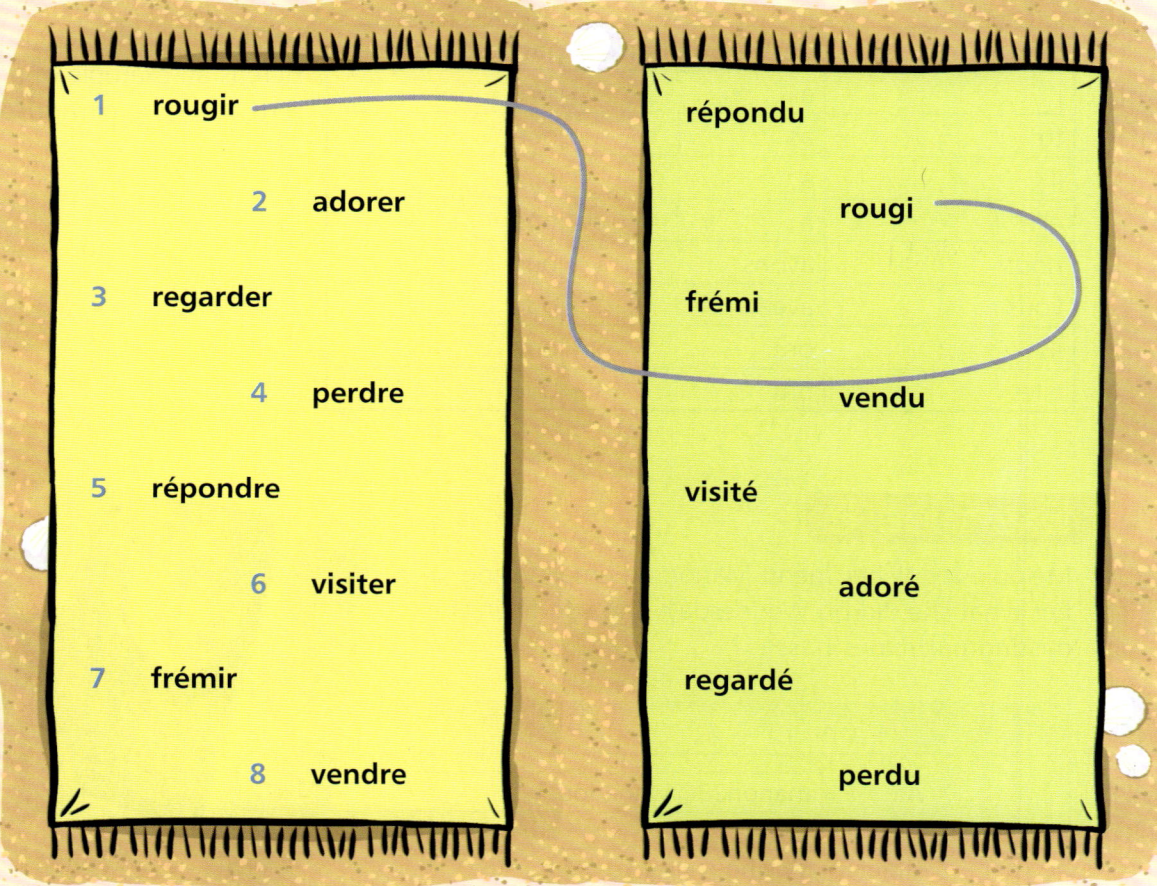

	l'infinitif	le participe passé
1	rougir	rougi
2		
3		
4		
5		
6		
7		
8		

1.4 Écoutons maintenant !

Listen to how the verb jouer (*to play*) sounds au passé composé :

Here is an example of an **-er** verb au passé composé !

sujet	verbe auxiliaire	participe passé
j'	ai	joué
tu	as	joué
il	a	joué
elle	a	joué
nous	avons	joué
vous	avez	joué
ils	ont	joué
elles	ont	joué

Exercice 8

Mélodie sends her friend Manon an email telling her what she did on Wednesday. Can you fill in the missing participes passés ?

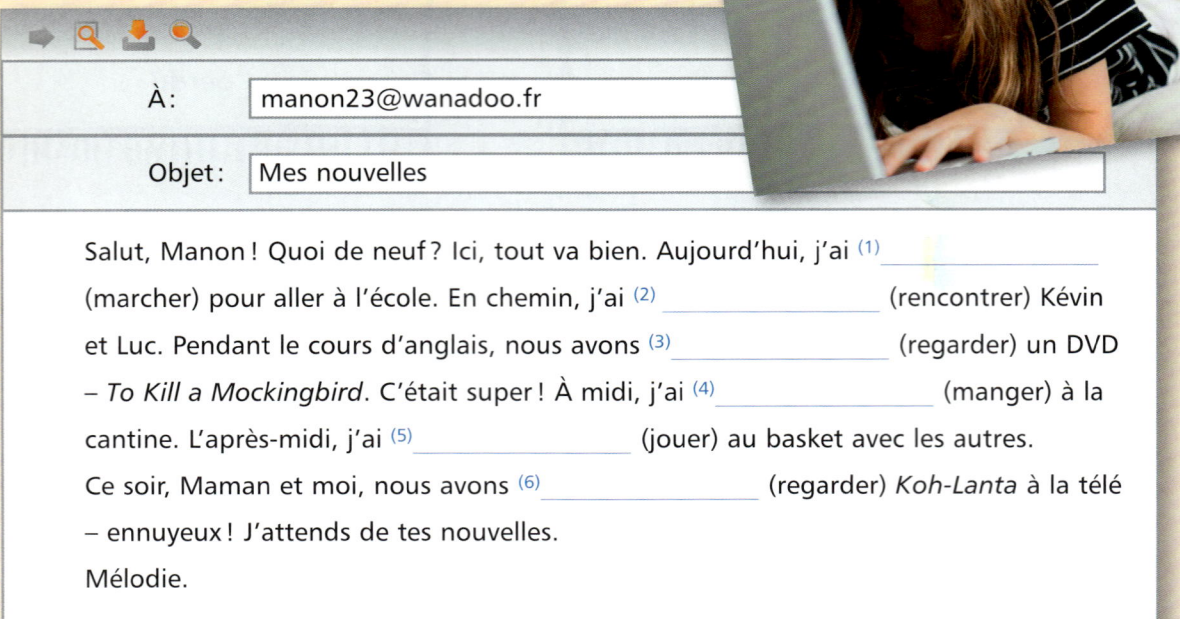

À : manon23@wanadoo.fr

Objet : Mes nouvelles

Salut, Manon ! Quoi de neuf ? Ici, tout va bien. Aujourd'hui, j'ai (1) ________________ (marcher) pour aller à l'école. En chemin, j'ai (2) ________________ (rencontrer) Kévin et Luc. Pendant le cours d'anglais, nous avons (3) ________________ (regarder) un DVD – *To Kill a Mockingbird*. C'était super ! À midi, j'ai (4) ________________ (manger) à la cantine. L'après-midi, j'ai (5) ________________ (jouer) au basket avec les autres. Ce soir, Maman et moi, nous avons (6) ________________ (regarder) *Koh-Lanta* à la télé – ennuyeux ! J'attends de tes nouvelles.

Mélodie.

1.5 Écoutons maintenant !

Listen to how the verb choisir (*to choose*) sounds au passé composé :

Here is an example of a regular **-ir** verb au passé composé.

sujet	verbe auxiliaire	participe passé
j'	ai	choisi
tu	as	choisi
il	a	choisi
elle	a	choisi
nous	avons	choisi
vous	avez	choisi
ils	ont	choisi
elles	ont	choisi

Exercice 9

(a) Faites des paires ! Match the sentences a – f to the correct cartoon.

a Juliette (dormir) dans une tente.

b Alex (finir) en première position.

c Le chien (saisir) le morceau de viande.

d Sylvie (choisir) un magazine de mode.

e Les filles (rougir) après le match de hockey.

f Lucien et Noé (frémir) de froid.

1

2

3

4

5

6

(b) Now write the full sentence au passé composé in your copy.

1.6 Écoutons maintenant!

Listen to how the verb attendre (*to wait for*) sounds au passé composé:

Here is an example of a regular **-re** verb au passé composé.

sujet	verbe auxiliaire	participe passé
j'	ai	attendu
tu	as	attendu
il	a	attendu
elle	a	attendu
nous	avons	attendu
vous	avez	attendu
ils	ont	attendu
elles	ont	attendu

Exercice 10

Make six sentences au passé composé using an element from each box and write them in your copy.

1	2	3
Ma tante a	**vendu**	**la serviette de Papa.**
Nous avons	**rendu**	**ton portable?**
J'ai	**attendu**	**la pelouse chez moi.**
Mon chien a	**tondu**	**l'autobus à l'arrêt.**
Tu as	**mordu**	**sa maison.**
Paul a	**perdu**	**visite à nos cousins.**

1.7 Écoutons maintenant!

Listen to the following verbs au passé composé and fill in the missing parts:

sujet	verbe auxiliaire	participe passé
j'		regardé
tu	as	
il	a	
elle		rougi
nous	avons	
vous	avez	
ils		mangé
elles		

1.8 Écoutons maintenant !

Frédérick is writing an email to his friend Julien about what he has done so far on holidays. Listen and fill in the gaps using the participes passés from the box.

passé choisi mangé rendu
joué fêté rencontré attendu

À: julien100@wanadoo.fr

Objet: Mes vacances

Salut Julien ! Tout se passe bien ici. Lundi dernier, j'ai (1) ________ la journée à la plage avec mes amis. Nous avons (2) ________ au volley. Mardi matin, j'ai (3) ________ un cadeau au marché pour mes grands-parents. Nous avons (4) ________ leur anniversaire de mariage. Le soir, nous avons (5) ________ au restaurant avec toute la famille. J'ai (6) ________ visite à mes cousins jeudi. Là, j'ai (7) ________ une jolie fille qui s'appelle Julie.
Samedi, j'ai (8) ________ à la plage pour la voir – malheureusement, pas de Julie !
Réponds-moi vite avec de tes nouvelles, Frédérick.

1.9 Écoutons maintenant !

Listen to Noémie who is staying with an Irish family in Cork for two weeks. She is writing an email to her friend Juliette telling her what she has been doing. Number the following activities in the order in which she writes about them.

J'ai rencontré les amis de Ruth.	☐
J'ai assisté à un match de camogie.	☐
J'ai mangé un petit déjeuner irlandais.	☐
J'ai regardé un DVD en anglais.	☐
J'ai acheté un tee-shirt de l'équipe de Cork.	☐
J'ai téléphoné à ma famille.	☐
J'ai envoyé une carte postale à mon prof.	☐
J'ai écouté de la musique irlandaise.	☐

Parlons maintenant !

Imagine you have been on holiday in France. Tell your partner **five** things that you did on holiday.

Exemple : *J'ai acheté des souvenirs au marché.*

Lisons maintenant !

Reliez la carte avec le texte juste.

Carte 1

Carte 2

Carte 3

Carte 4

a

Carnac, le 6 juillet

Un petit coucou de Carnac !
Nous voici dans un camping super au bord de la mer. Nous sommes dans un mobil-home. Hier matin, j'ai visité le marché en ville. J'ai acheté de bonnes crêpes bretonnes. Nous avons nagé dans la mer hier après-midi et mon petit frère a bâti des châteaux de sable. J'ai fini mon livre – enfin !
Amitiés,
Aoife.

Fleur Lebois
16, rue Michel Arnaud
13714 CASSIS
France

b

Paris, le 20 avril

Bonjour Amélie !
Je suis ici dans la capitale en voyage scolaire avec ma classe. Nous logeons dans un grand hôtel au centre-ville. Hier soir, j'ai visité l'Arc de Triomphe – formidable !
J'ai choisi de partager une chambre avec Niamh et Orla, avec salle de bains et douche. J'ai oublié mon iPod – une catastrophe, non ?
Grosses bises,
Katie.

Amélie Leroy
71, avenue des Mérisiers
34440 COLOMBIERS
France

c

Chamonix, le 2 janvier

Cher Samuel,
Nous sommes dans les Alpes. Nous logeons dans un chalet dans les montagnes. Je m'amuse bien. Vendredi dernier, j'ai fait du ski avec mes cousins après le petit déjeuner. Ma cousine Hannah a un nouveau bonnet parce qu'elle a perdu son bonnet dans un café ! Nous avons dîné dans un petit restaurant dans la station de ski. Maman a attendu son dessert pendant une demi-heure !
Bons baisers à tous,
Conor.

Samuel Bernard
6, rue Jean Jaurès
35101 RENNES
France

d

Sarlat, le 28 juin

Un grand bonjour de la campagne !
Je suis chez mon correspondant à la campagne, près d'une rivière. J'ai passé une journée en bateau. J'ai attrapé un gros poisson. Le soir, j'ai donné à manger aux animaux. Dimanche dernier, Madame Clavel a préparé un dîner super et elle a invité des amis. Nous avons joué au foot dans le jardin après le dîner.
Amicalement, Eoin.

Clément Martin
163, boulevard St-Jean
24250 DOMME
France

Carte 1 = b	Carte 2 = c	Carte 3 = a	Carte 4 = d

Exercice 11

Having read the postcards, write down the name of the person …

1 who shared a room with her friends. Katie
2 who caught a fish. Eoin
3 who went to the market. Aoife
4 whose cousin lost something. Conor
5 who is staying with a penfriend. Eoin
6 whose mother had to wait ages for her dessert. Conor
7 who ate crêpes. Aoife
8 who visited a famous French monument. Katie

Coin grammaire : La négation du passé composé

- In le présent you learned how the negative is formed by putting ne before the verb and pas after it:

Je joue au ping-pong.

Je ne joue pas au ping-pong.

- In le passé composé the ne is placed **before** le verbe auxiliaire and the pas is placed **after** le verbe auxiliaire.

J'ai rangé ma chambre.

Je n'ai pas rangé ma chambre.

Ils ont raté le bus.

Ils n'ont pas raté le bus.

Rappel !

Ne needs to be shortened to n' before a vowel.

Je n'ai pas joué au foot hier.

1.10 Écoutons maintenant !

Listen to how the verb jouer sounds au passé compose à la forme négative :

sujet	verbe auxiliaire	participe passé
je	n'ai pas	joué
tu	n'as pas	joué
il	n'a pas	joué
elle	n'a pas	joué
nous	n'avons pas	joué
vous	n'avez pas	joué
ils	n'ont pas	joué
elles	n'ont pas	joué

Exercice 12

Écrivez les verbes suivants à la forme négative.

1 elle a rempli ______

2 j'ai joué ______

3 tu as passé ______

4 David et moi avons parlé ______

5 Luc et Léon ont mangé ______

6 il a choisi ______

7 j'ai écouté ______

8 vous avez perdu ______

Parlons maintenant !

Sophie est très contrariante ! Elle fait toujours le contraire de son frère Théo.

Can you say what Sophie says in reply to her brother Théo.

Exemple : *Théo – J'ai rangé ma chambre.* *Sophie – Moi, je n'ai pas rangé ma chambre.*

1 Théo – J'ai étudié pour mes examens. Sophie – Moi, …

2 Théo – J'ai promené le chien samedi. Sophie – Moi, …

3 Théo – J'ai aidé Papa dans le jardin. Sophie – Moi, …

4 Théo – J'ai nourri le chien. Sophie – Moi, …

5 Théo – J'ai attendu patiemment le bus. Sophie – Moi, …

6 Théo – J'ai fini mes devoirs avant le dîner. Sophie – Moi, …

7 Théo – J'ai rendu le livre à Magali. Sophie – Moi, …

8 Théo – J'ai rempli le lave-vaisselle. Sophie – Moi, …

Les cartes postales

When you are on holidays, you will probably want to send postcards to your friends and family at home. Writing a postcard is one of the tasks you may be asked to do on the Junior Certificate Paper, both at Ordinary and Higher level.

- You do not need to draw a postcard or write an address.
- You are usually writing to a friend, so you will use the tu form of the verb.
- If you are writing to more than one person, or someone you do not know very well, you will use the vous form of the verb.
- Keep your sentences short.
- You should put the place and date on the postcard.
- Use one of the phrases below, or on page 16, to finish your message.

Greetings/Openings

Salut !
Un grand bonjour de . . . !
Bonjour à tout le monde !
Un petit coucou de . . .

Where you are staying

Je suis dans un petit hôtel / dans un grand hôtel.
Nous sommes dans un camping / dans une caravane.
Je loge chez mes grands-parents.
Je loge chez les Mounier pour l'été.

Talking about the weather

Il fait un temps superbe.
Il fait beau et chaud, 30 degrés.
Il y a du soleil tous les jours.
Il fait froid et il pleut.
Il pleut des cordes.

Saying what you have done

Hier, j'ai visité le château.
Samedi dernier, nous avons mangé dans un restaurant.
Hier soir, j'ai dansé avec mes amis.
Le week-end dernier, nous avons loué des vélos.
Ce matin, j'ai acheté des cadeaux au marché.
Il y a deux jours, j'ai rencontré ton correspondant / ta correspondante.

Saying where you are/whom you are with / for how long

Me voici à Nantes / Nous voici à Bantry !
Je suis ici en France / Nous sommes ici en Espagne.
Je passe deux semaines ici avec ma famille.
Je suis ici pour le week-end avec ma classe.
Nous sommes ici en voyage scolaire / en échange scolaire.
Je suis à Paris avec ma classe pour quatre jours.
Je suis en vacances avec la famille de mon ami(e).

Reactions

C'est super ici !
C'est génial ici !
La famille est vraiment sympa !
L'hôtel est magnifique !
La plage est super !
Les monuments sont incroyables !

Saying what you do every day

Je m'amuse bien ici.
Je vais en ville voir les monuments.
Je vais à la piscine.
Je mange dans le petit café du coin.
Je joue avec les autres campeurs.
Je vais à l'école avec mon correspondant / ma correspondante.
Nous faisons du tourisme.

Finishing your card

À bientôt
Je serai de retour bientôt
Il me tarde de te revoir
Je rentre la semaine prochaine
Grosses bises / Bisous

Écrivons maintenant !

Now try these yourself!

(a) You are on a school trip to Paris. Write a postcard in French to your French penpal. In it say …

- whom you are with and how long for
- you are staying in a little hotel in the centre of Paris
- you are visiting the sites every day
- last evening you ate in a lovely restaurant.

(b) You are on a weekend trip with your parents to Sligo. Write a postcard in French to your French penpal. In it say …

- you are staying with your grandparents
- the weather is nice and sunny
- you have been to a lovely beach and you swam
- you watched a football match yesterday evening.

Un petit quiz

1 On parle français
- **a** au Mexique **b** au Maroc
- **c** au Japon **d** en Inde ☐

2 L'organisme La Croix Rouge est d'origine
- **a** française **b** suisse
- **c** américaine **d** allemande ☐

3 Le footballeur Patrick Viera est
- **a** français **b** italien
- **c** sénégalais **d** russe ☐

4 Les Antilles sont des îles
- **a** françaises **b** espagnoles
- **c** australiennes **d** chinoises ☐

5 Le couscous est d'origine
- **a** américaine **b** belge
- **c** nord-africaine **d** japonaise ☐

6 Jean-Baptiste Maunier est un acteur
- **a** suisse **b** belge
- **c** roumain **d** français ☐

7 Dolce et Gabbana sont des couturiers
- **a** français **b** italiens
- **c** espagnols **d** allemands ☐

8 Hergé, créateur de Tintin, est né
- **a** en Belgique **b** au Luxembourg
- **c** en France **d** aux Pays-Bas ☐

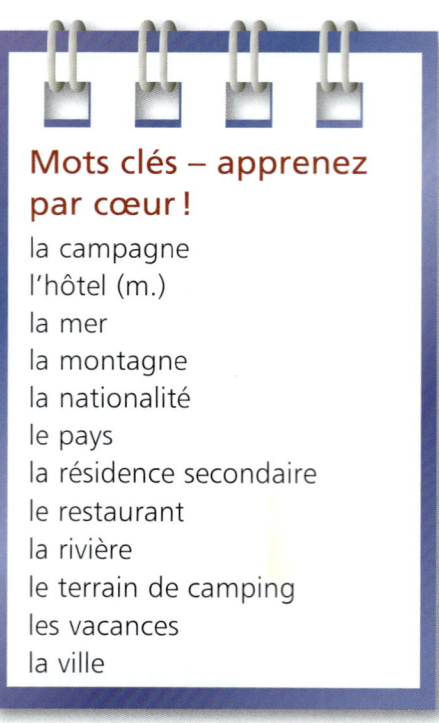

Mots clés – apprenez par cœur !

la campagne
l'hôtel (m.)
la mer
la montagne
la nationalité
le pays
la résidence secondaire
le restaurant
la rivière
le terrain de camping
les vacances
la ville

Épreuve

Question 1

C'est quelle direction ? Complete the sentences.

1 We're driving to Balbriggan, which is ______________ of Dublin.

2 We arrive in Paris, which is ______________ of Beauvais.

3 We're going to the ______________ of France, to Quimper.

4 The train is travelling to the ______________ of France, to Perpignan.

5 The *Tour de France* cyclists are cycling in the ______________ today.

6 The ferry is heading ______________ , to Denmark.

7 We visited the castle, which is situated to the ______________ of the town.

8 The bus goes to Ballinasloe, which is to the ______________ of Athlone.

Question 2

Can you find the French words for European countries in the mots cachés ?

Les pays de l'Europe

- Angleterre
- Écosse
- Espagne
- France
- Grèce
- Irlande
- Italie
- Lettonie
- Luxembourg
- Pays de Galles
- Roumanie
- Suisse

B	R	R	E	I	N	O	T	T	E	L	O	A	T	Z
O	X	Y	A	Y	M	A	A	N	Q	L	U	N	I	W
K	Y	Q	V	Y	U	B	G	Z	U	D	C	G	O	H
E	C	È	R	G	S	A	Z	X	Q	F	R	L	B	W
F	T	R	X	V	P	D	E	G	O	H	U	E	A	H
C	E	P	C	S	W	M	E	D	L	C	P	T	J	W
F	T	I	E	A	B	V	S	G	H	C	K	E	Q	È
C	R	H	N	O	H	U	D	U	A	D	D	R	L	D
K	V	A	U	A	I	S	I	I	P	L	C	R	É	N
D	C	R	N	S	M	C	O	A	R	Q	L	E	C	A
É	G	P	S	C	Z	U	Y	Z	N	M	W	E	O	L
H	R	E	D	S	E	G	O	H	T	O	U	Q	S	R
H	X	N	O	N	M	É	R	R	E	O	D	Q	S	I
A	D	I	N	H	T	F	R	M	I	F	U	G	E	G
È	Z	O	I	T	A	L	I	E	U	I	N	G	U	É

Question 3

Quel pays? Write down the names of the countries you hear as they are spelled out.

1 ______________________ 2 ______________________

3 ______________________ 4 ______________________

5 ______________________ 6 ______________________

Question 4

1 Ikea est un magasin s _ _ _ _ _ _ _. 2 Mon professeur vient de Paris, il est f _ _ _ _ _ _ _.

3 La pizza est un plat i _ _ _ _ _ _ _. 4 Le FC Barcelona est un club de foot e _ _ _ _ _ _ _.

5 Berlin est une ville a _ _ _ _ _ _ _ _ _. 6 Le monstre de Loch Ness est é _ _ _ _ _ _ _.

Question 5

À, au or en? Complete the following sentences.

1 Ma grand-mère habite ________ Angleterre.

2 Louis arrive aujourd'hui ________ Dublin.

3 Nous allons en vacances ________ Portugal.

4 Mon correspondant passe ses vacances ________ Italie.

5 Est-ce que Varsovie est ________ Pologne?

6 Je vais en excursion scolaire ________ Londres.

7 Mon père travaille ________ Waterford en ce moment.

8 J'espère aller ________ Canada.

Question 6

Write le participe passé of the following verbs:

téléphoner	____________	mordre	____________	ranger	____________
vendre	____________	frémir	____________	parler	____________
saisir	____________	tondre	____________	retrouver	____________

Question 7

Write the following sentences au passé composé in your copy.

1 Je (visiter) l'Espagne l'été dernier.

2 Où est-ce que tu (perdre) ton portable?

3 Nous (choisir) un cadeau pour notre ami au marché hier.

4 Elle (acheter) de la glace hier.

5 Est-ce que vous (attendre) l'autobus hier soir ?

6 Harry (regarder) un spectacle vendredi dernier.

7 Le spectacle (finir) à huit heures.

8 Est-ce que vous (remplir) la fiche de réservation?

Question 8

Can you complete the missing gaps in this email which Luc is writing to Hugh, using the correct form of the helping verb avoir.

À: hughobrien@eirnet.ie

Objet: Mon weekend

Salut Hugh !

J'espère que tu vas bien ! Ici, nous sommes en pleine forme. Je viens de rentrer de chez mes cousins. Ils habitent à la campagne.

J' (1) ________________ voyagé en car. Pendant le trajet, j' (2) ________________ parlé à une fille, qui était très belle !

Samedi matin, mes cousins et moi (3) ________________ regardé un match de basket dans la salle de sports. Mon cousin Frédéric (4) ________________ bien joué. Il (5) ________________ marqué plusieurs paniers. Son équipe (6) ________________ gagné.

Dimanche, nous (7) ________________ mangé dans un petit restaurant. Le repas était délicieux. L'après-midi, nous (8) ________________ nagé à la piscine.

Maintenant, je suis de retour chez moi. Je dois me préparer pour l'école demain.

Bonjour à ta famille.

À bientôt,

Luc.

Question 9

In your copy, write the following sentences au négatif au passé composé.

1 Il (répondre) à la question.

2 Je (attendre) Ronan à la gare.

3 Est-ce que vous (regarder) la télévision ?

4 Emily et Liam (jouer) dans le match de basket.

5 Je (écouter) les animateurs chanter.

6 Est-ce que tu (manger) tes sandwichs ?

7 Deirdre (rendre) l'argent.

8 Ils (rencontrer) leurs voisins en France.

Question 10

You are on a camping holiday with your family in a seaside town in Ireland. Write a postcard to your French penpal, Jules/Juliette, in which you tell them …

- where you are staying and with whom
- you have watched a match at the sports centre
- the weather is good and you have been swimming every day
- you are going to the cinema this evening.

Mes progrès personnels

Having completed Unité 1 ...

	Oui	Non	Retourne à
I can name the key points of the compass	☐	☐	3
I can recognise the names of European countries	☐	☐	4–5
I can say 'in' or 'at' a country or town	☐	☐	5–6
I can tell people's nationalities	☐	☐	7
I have revised rules for using adjectives	☐	☐	8
I know how the letter 's' is sounded at the end of French words	☐	☐	9
I can form le passé composé of -er, -ir and -re verbs using avoir	☐	☐	10
I can use the negative of le passé composé	☐	☐	17
I can write a postcard	☐	☐	19
I know the key words for this unit	☐	☐	20

Visit
www.edco.ie/bontravail2
for interactive revision exercises

Unité 2

Où logeons-nous ?

Objectifs

Vocabulaire: Describing holiday accommodation; where accommodation is situated; what facilities and activities are available; school trip to Paris; buying souvenirs; revision of French alphabet

Grammaire: The irregular verb pouvoir; le passé composé of irregular verbs using avoir

Techniques: Making a holiday booking by letter

Prononciation: The letter 'r' in French words

Civilisation :

- Having decided to go on holidays to a certain part of France, the next question is where to stay. France offers a very wide range of accommodation possibilities.
- Staying in a campsite (un terrain de camping) is very popular. France is number one in Europe in the provision of campsite facilities, with just over 8,500 official campsites available, dotted around the country.
- If you are travelling with a school group on an educational holiday, you will probably stay in a hotel (un hôtel) or youth hostel (une auberge de jeunesse). If you want an experience where you stay in an authentic French setting, you may choose a gîte, a holiday home to rent. Overnight or short stays may be in a chambre d'hôte, which is much like a bed and breakfast home. Your family might like to rent a holiday apartment in a holiday complex or holiday village (un village de vacances).

un terrain de camping

un hôtel

une auberge de jeunesse

un gîte

une chambre d'hôte

un village de vacances

?

France is the most popular holiday destination in Europe. Germans are the most numerous visitors, followed by British holidaymakers.

2.1 Écoutons maintenant! Qui va où?

Listen to these six people who are talking about where they will stay in France. Link each photo to the correct illustration.

1

2

3

4

5

6

a

b

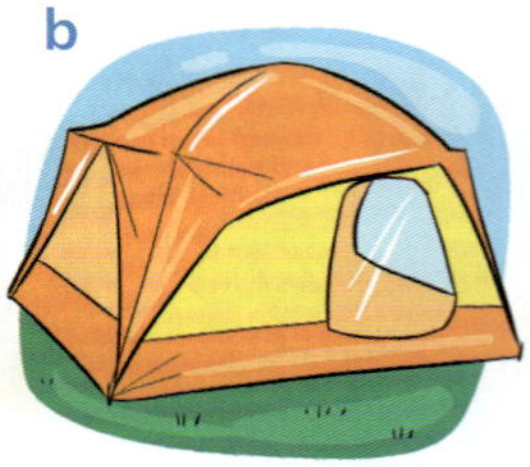

c

d

e

f

1 = ☐ 2 = ☐ 3 = ☐ 4 = ☐ 5 = ☐ 6 = ☐

Exercice 1

Based on what you have heard in 2.1, make pairs and then write the complete sentence in your copybook.

1 Lucien et sa famille vont …

2 Guy et sa femme voyagent …

3 Aurore et son amie vont loger …

4 Bernard et son ami font du camping …

5 Amélie et sa famille vont …

6 Christophe va passer ses vacances …

a louer un appartement.

b dans une tente.

c louer un gîte.

d dans une caravane.

e dans un hôtel de luxe.

f en camping-car.

Mais où est-ce que ça se trouve exactement ?

Il/elle se trouve …

… au bord de la mer

… au bord d'une rivière

… près d'un lac

… à la campagne

… à la montagne

Il/elle se trouve …

… dans un village

… dans une station de ski

… dans une station balnéaire

… dans une grande ville

… dans la capitale

Lisons maintenant !

Read these advertisements for holiday accommodation and answer the questions which follow.

Maison à louer
Spacieuse et confortable
Au bord d'une rivière calme
Possibilité de faire des promenades en bateau
Tél. 06. 24. 29. 42. 31.

Vous partez faire du ski ?
Petit chalet situé station de ski, près de Crolles
Libre janvier/février
Tél. 06. 24. 33. 92. 24.

Gîte – petite maison à louer
juin/juillet/août
Dans un village tranquille à la campagne, sud de Rennes
Tous commerces
Tél. 06. 24. 40. 50. 60.

Appartement, résidence privée au bord de la mer
Piscine, salle de jeux, tout confort
Parking ombragé
Disponible début juin – fin juillet
Tél. 06. 24. 56. 65. 69.

Caravane à louer (4 personnes)
Terrain de camping près d'un lac tranquille
Disponible Pâques – Toussaint
Tél. après 18h, 06. 24. 00. 53. 12.

Passer un week-end dans une grande ville !
Petit appartement, Lyon, disponible toute l'année
Près de tous commerces, arrêt d'autobus
Disponible à la journée, loyer modéré
Tél. 06. 24. 92. 78. 45.

Joli villa, dans une station balnéaire (sud-ouest)
6 personnes
Près d'une plage sûre, distractions pour les enfants
Disponible 2 semaines, mois de juillet
Tél. 06. 24. 93. 44. 52.

Which telephone number would you ring if you wanted …

1 to stay near a lake? 06. 24. ____________
2 to stay near a safe beach? 06. 24. ____________
3 to stay in a city? 06. 24. ____________
4 to stay in the countryside? 06. 24. ____________

Écrivons maintenant !

Based on what you have just read, in your copy, write advertisements, in French, for a French Internet site which advertises holidays in Ireland.

1

Small house in the countryside, near a river, in County (dans le comté de …) Mayo. Available June, July and August. Tel. Martin, 00353 9 61266 or email martin@eirmail.ie

2

Large apartment in Dublin. Near all shops. Parking. Tel. O'Brien, 00353 1 613665

3

Caravan beside the sea, in County Wexford. Amusements for children. Available August. Tel. 00353 5 21269

4

Large house beside a lake in County Cavan. Very comfortable and spacious. Available May, June and July. Tel. McCabe, 00353 4 21693 or email mccabejoe@eirmail.ie

Les réservations

When you decide where you want to go on holidays in France, you will need to write a letter or send an email to the accommodation you have chosen. Here are some phrases to help you.

Dans un hôtel

Je voudrais réserver / Nous voudrions réserver …

une chambre à un lit

une chambre à deux lits

une chambre double / avec un grand lit

une chambre pour une famille

Pour combien de personnes ?

pour une personne

pour deux personnes

pour une famille

pour deux adultes et deux enfants

Dans votre hôtel il y a …

un parking

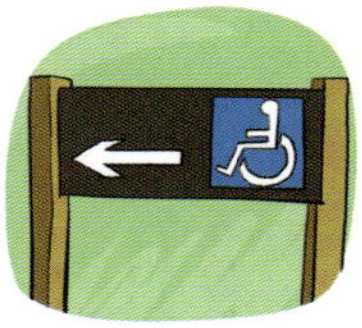
des aménagements pour handicapés

une prise Internet

Pour combien de temps ?

pour une nuit

pour un week-end

pour une semaine

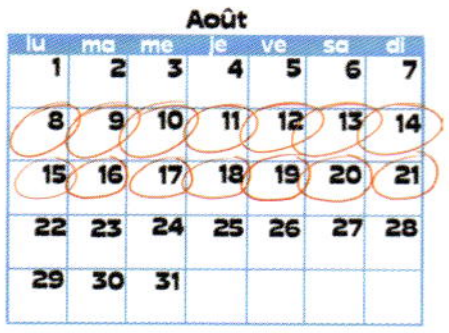

pour deux semaines / une quinzaine

pour un mois

Quelles installations ? C'est une chambre …

avec douche

avec salle d'eau

avec salle de bains

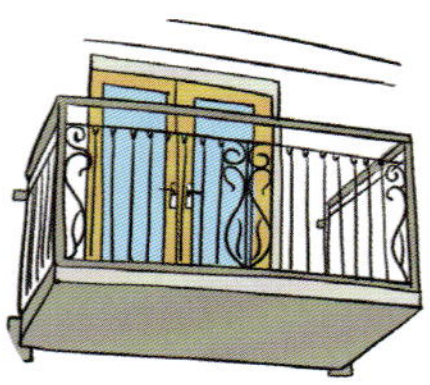
avec balcon

au rez-de-chaussée

Quel repas ? Je voudrais …

le petit déjeuner

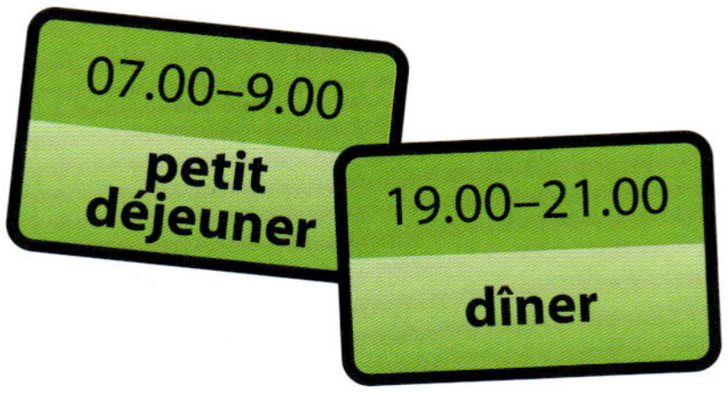

la demi-pension

la pension complète

Parlons maintenant !

Imagine that your family is staying in France. Your partner will ask you the following questions and you can answer them giving the details.

Tu vas où en vacances cet été ? — *Je vais au bord de la mer / près d'un lac / à la montagne.*

Tu loges où ? — *Je loge dans une caravane / un gîte / un appartement.*

Tu pars avec qui ? — *Je pars avec ma famille / la famille de mon ami / avec mes cousins.*

Tu passes combien de temps là-bas ? — *Je passe une semaine / deux semaines / un mois là-bas.*

Dans un terrain de camping

Je voudrais réserver / nous voudrions réserver …

une caravane

un mobil-home

un emplacement pour une tente

un emplacement pour une caravane et une voiture

Je voudrais une caravane / un emplacement …

à l'ombre

avec le gaz

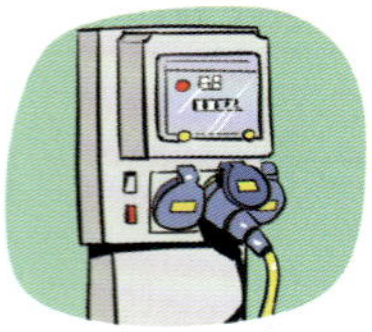
avec branchement électrique

Il y a quelles installations dans le camping ?

un restaurant

une laverie

une alimentation

un point Internet

Comment est-ce qu'on peut s'amuser ?

des vélos à louer

un mini-club pour les enfants

une aire de jeux

une piscine / une pataugeoire

Pouvez-vous m'envoyer… ?

une brochure

les tarifs

Les lettres formelles

A formal letter (une lettre formelle) is set out in a different way to the letters you have been writing until now (les lettres informelles). Look carefully at the sample letter below. You can see it looks quite different!

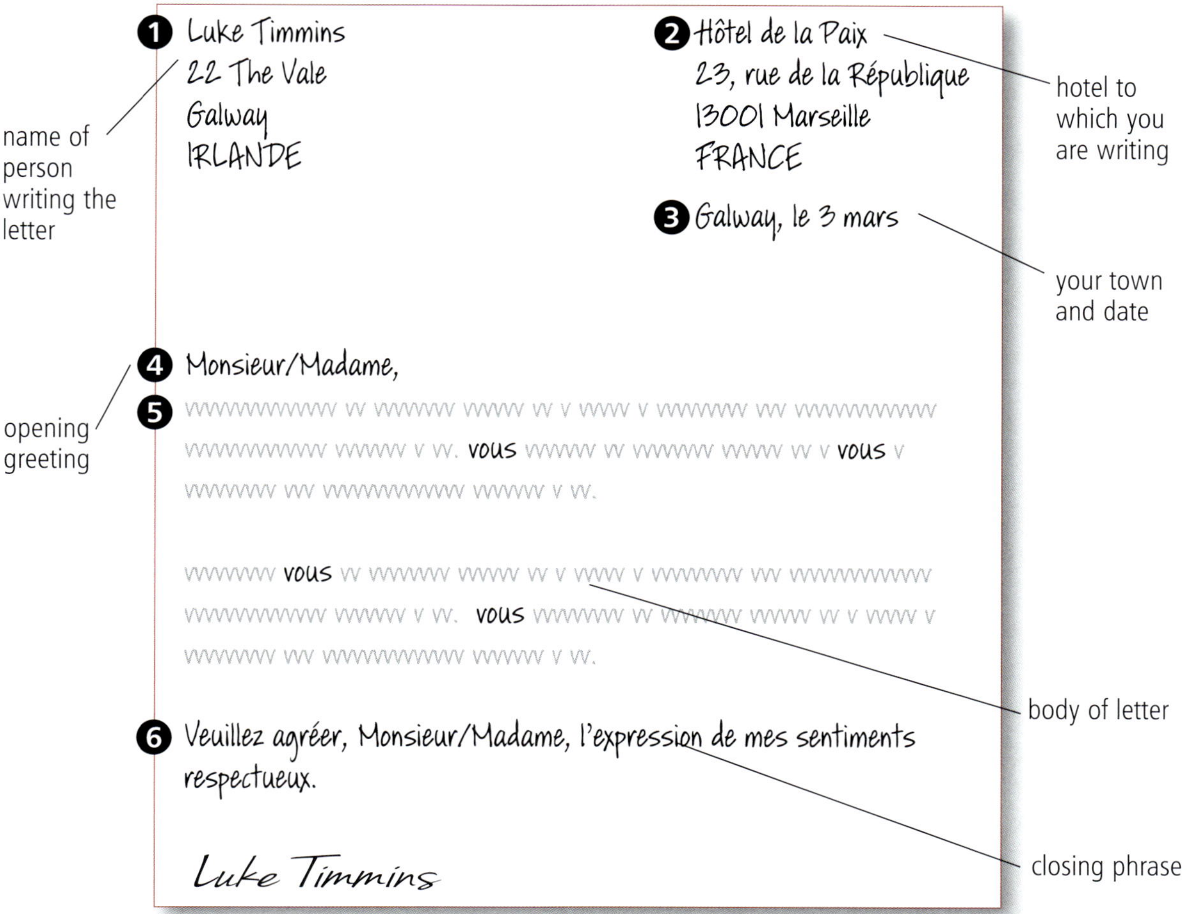
1 Luke Timmins
22 The Vale
Galway
IRLANDE
name of person writing the letter
2 Hôtel de la Paix
23, rue de la République
13001 Marseille
FRANCE
hotel to which you are writing
3 Galway, le 3 mars
your town and date
4 Monsieur/Madame,
opening greeting
5 vous vous
vous vous
body of letter
6 Veuillez agréer, Monsieur/Madame, l'expression de mes sentiments respectueux.
closing phrase
Luke Timmins

1. Name and address of the person writing the letter on the left-hand side of the page.
2. Name of the person and/or place to whom you are writing the letter on the right-hand side of the page.
3. This shows you how the date should be written and also includes the town/city you are writing from. It goes on the right-hand side of the page.
4. The opening salutation, which is never cher/chère.
5. You must use the vous form of the verb throughout the letter because you are writing to somebody you don't know.
6. Learn the closing phrase.

Écrivons maintenant !

You are going on holidays to Brittany in France. Fill in the gaps in the following letter using the words given.

aimé
agréer
voudrais
Irlande
sentiments
vue
Monsieur
avons

Hôtel Saison
5, rue Jean Jaurès
35120 Dol de Bretagne
FRANCE

Deirdre Waters
3 Sunrise Avenue
Dublin 12
(1) ______________

Dublin, le 3 avril

(2) ______________ /Madame,

Je voudrais réserver deux chambres dans votre hôtel du 7 au 17 juillet. Je (3) ______________ une chambre avec deux lits et un balcon et une chambre double avec (4) ______________ sur le jardin.

Nous (5) ______________ passé une semaine dans votre hôtel l'été dernier et nous avons (6) ______________ la nourriture et l'ambiance.

J'attends votre réponse avec impatience.

Veuillez (7) ______________ , Monsieur/Madame, l'expression de mes (8) ______________ respectueux.

Deirdre Waters

2.2 Écoutons maintenant !

Listen to the following people who are making a booking by telephone and complete the grid below.

	type of accommodation	length of time	facility mentioned
1 Maryse Leblanc			
2 Jean-Luc Gautier			
3 Bernard Mercier			
4 Juliette Pelletier			

Révision : L'alphabet français

When you are making a booking by telephone you may have to spell a name or place. Listen again to how the French alphabet sounds.

2.3 Écoutons maintenant !

A B C D E F G H I J K L M N
O P Q R S T U V W X Y Z

2.4 Écoutons maintenant !

Comment ça s'écrit ? These Irish people are making a booking in France and need to spell their name. Fill in the family names.

1 Je m'appelle Shona _ _ _ _ _ _ _ _ .

2 Je m'appelle Robert _ _ _ _ _ .

3 Je m'appelle Emer _ _ _ _ _ _ _ .

4 Je m'appelle Kevin _ _ _ _ _ .

5 Je m'appelle Emily _ _ _ _ _ _ _ .

6 Je m'appelle Eoin _ _ _ _ _ .

Parlons maintenant !

Read the following conversation in which Marine is making a booking for her holidays and then work with your partner to make similar bookings using the instructions below.

Réceptionniste : Allô ! Je peux vous aider ?
Marine : Oui, je voudrais réserver une chambre avec deux lits pour trois nuits, s'il vous plaît.
Réceptionniste : Avec salle de bains ou douche ?
Marine : Avec salle de bains.
Réceptionniste : C'est à quelle date, madame ?
Marine : Du 6 au 9 septembre – trois nuits en tout.
Réceptionniste : Pour combien de personnes ?
Marine : Pour deux personnes.
Réceptionniste : Avec le petit déjeuner ?
Marine : Oui, s'il vous plaît.
Réceptionniste : C'est à quel nom, madame ?
Marion : Marine Bourdais – B O U R D A I S.

1 You are called Pierre Legrange. You want to book a single room with shower for two nights in July. You would like breakfast.

2 You are called Aline Bachelot. You want to book a site for a caravan and a car for one week in June. There are two adults and three children.

3 You are Alex Robertin. You want to book three two-bedded rooms for a weekend in October. You would like a shower in each room. You would like breakfast and evening meal. There are six of you.

Lisons maintenant !

Read the brochure for this campsite and answer the questions which follow.

Camping l'Espérance

Accueil, Repos, Loisirs

Respirez, vous êtes chez vous!

Dans ce coin vert arboré, les différents modèles de mobil-homes, de maisonnettes et de tentes bungalows, de 4 à 6 personnes, vous accueillent dans le meilleur confort. Les emplacements sont spacieux, électrifiés, ombragés ou ensoleillés.

Magnifique espace aquatique !

Un grand plan d'eau, avec toboggans, grand bassin et pataugeoire, plage engazonnée et bac à sable. Chaque jour, nous proposons de nombreuses activités :

- tournois de volley
- ping-pong
- football
- pétanque
- gym aquatique
- jeux nautiques
- tir à l'arc
- mini-golf

… et tout cela gratuitement !

Profitez de tous les services pratiques et ludiques !

- épicerie
- boulangerie
- traiteur
- maison de la presse
- bar
- restaurant
- point infos
- point Internet
- laverie
- location de vélos
- aire de jeux
- location de canoës-kayaks

Séjour en camping gratuit pour les enfants de moins de 5 ans !

1 Name **one** type of accommodation available at the Camping l'Espérance.

____

3 What is available in the swimming pool?

a diving-boards
b water slides
c a fountain
d arm bands ☐

5 Which service is **not** provided?

a chemist shop
b bakery
c washing machines
d newspaper shop ☐

2 The sites are described as …

a wooded
b hilly
c sunny
d tarmacked ☐

4 Which of the following activities is mentioned?

a fencing
b rugby
c table tennis
d canoeing ☐

6 What does the leaflet say about children under 5 years of age?

____

2.5 Écoutons maintenant !

Manon is staying with her friend Marine Ducroix and her family in Camping l'Espérance. How does each person usually spend each day? Tick the appropriate boxes in the grid below.

	Jean-Pierre	Louise	Marine	Manon
Archery				
Bowls				
Canoeing				
Cycling				
Football				
Mini-golf				
Swimming				
Table tennis				
Volleyball				
Water aerobics				

Écrivons maintenant !

You and your family (2 adults, 3 children, aged 14, 11 and 8) are hoping to go to Camping l'Espérance. You want to spend 2 weeks in a maisonette there. Complete the booking form below. Ask if there is a swimming pool and facilities for doing washing.

Camping l'Espérance

Bourg de la Canéda, 24200 SARLAT-LA-CANÉDA

FORMULAIRE DE RÉSERVATION

Nom : .... Prénom : ....

E-mail : ....

Téléphone : ....

Adresse : ....

QUESTIONS

LOGEMENT (Cochez la bonne case.)

Tente ☐ Caravane ☐ Mobil-home ☐

Maisonnette ☐

NOMBRE DE PERSONNES

Adultes : ☐ Jeunes : ☐

Enfants (de moins de 12 ans) : ☐

DATES

Du .... au ....

Nombre de nuits : ☐

Civilisation : L'auberge de jeunesse

- If you are on a budget, a cheap form of accommodation is to stay in a youth hostel – une auberge de jeunesse. You will stay in a dormitory (un dortoire) of 6 to 8 beds, or in small, simple rooms. Breakfast may be available or you may have to provide it yourself. Cooking is done in a communal kitchen.
- Facilities vary from hostel to hostel, but you will generally find une salle commune avec jeux or une salle de télévision. Some hostels have cafés, a small food shop (une alimentation), facilities for washing and drying your clothes (une laverie) and an Internet connection (une borne Internet). You can either bring your own sheets or sheet bag with you, or hire sheets in the hostel.
- Hostelling is a great way to meet other young people from around the world while enjoying good-value accommodation at the same time. The FUJA – Féderation unie des auberges de jeunesse – is the official association and offers accommodation in more than 160 youth hostels around France – in the countryside, beside the sea, in the mountains or in cities. Nowadays, hostelling is not just confined to young people – some hostels welcome families and have family rooms.

? The first youth hostel in France was opened in 1929 in Boissy-la-Rivière. It still operates today.

2.6 Écoutons maintenant !

Magali et Lucie arrivent à l'accueil d'une auberge de jeunesse. Elles veulent passer quelques jours là. Écoutez la conversation et répondez aux questions.

1 Magali and Lucie want to stay …
a one night b two nights c two weeks ☐

2 They can have beds in …
a a two-bedded room b a four-bedded room c an eight-bedded room ☐

3 What is the situation regarding bed linen?
a they are included in the price b they have brought their own
c they can hire them ☐

4 Breakfast is available between which times?
a 7.00–9.00 b 7.30–8.30 c 7.00–8.30 ☐

5 The kitchen is …
a in the basement b in the village nearby c on the first floor ☐

6 Which facility is **not** mentioned among the hostel facilities?
a Internet connection b a café c tennis courts ☐

Coin grammaire : Le verbe irrégulier « pouvoir »

In the last exercise the words peux, pouvez and pouvons were used when people spoke about being able to do something. These belong to the verb pouvoir (*to be able to / can*). This is un verbe irrégulier and you will need to learn it par cœur.

2.7 Écoutons maintenant !

Listen to how the verb pouvoir sounds au présent.

je peux	nous pouvons
tu peux	vous pouvez
il peut	ils peuvent
elle peut	elles peuvent

Exercice 2

Complétez la grille !

je	
	peux
il	peut
elle	
	pouvons
vous	
ils	
	peuvent

N'oublie pas
la forme négative !
Exemple : Je ne peux pas venir samedi.
Agenda

Exercice 3

Complétez les phrases suivantes avec le verbe « pouvoir » au présent.

1 Est-ce que je ________________ réserver une chambre ?
2 Nous ________________ louer des vélos ?
3 Elle ________________ rester deux nuits.
4 Tu ________________ m'aider avec ma tente ?
5 Patrick et Kévin ________________ arriver en août.
6 Lucien ________________ venir pour les vacances de Pâques.
7 Elles ________________ jouer au tennis avec nous.
8 Vous ________________ laisser vos bagages ici ?

Coin grammaire: Les participes passés irréguliers

In Unité 1 you learned how to form le passé composé of regular **-er**, **-ir** and **-re** verbs to be able to say things you did. Now you will learn about les participes passés irréguliers – irregular past participles – which still use avoir as their verbe auxiliaire.

-er verbs

There are no participes passés irréguliers for **-er** verbs. Le participe passé always ends in **é**.

Les participes passés des verbes en -er se terminent toujours en é.

-ir verbs

There are a number of **-ir** verbs which have participes passés irréguliers.

2.8 Écoutons maintenant!

Listen to the participes passés irréguliers of these -ir verbs.

Verbe	**Participe passé**	**Verbe**	**Participe passé**
avoir (*to have*)	eu	pleuvoir (*to rain*)	plu
courir (*to run*)	couru	pouvoir (*to be able*)	pu
devoir (*to have to*)	dû	recevoir (*to receive*)	reçu
offrir (*to offer / to give*)	offert	savoir (*to know facts*)	su
ouvrir (*to open*)	ouvert	voir (*to see*)	vu
		vouloir (*to wish / to want*)	voulu

Exercice 4

Write the following sentences au passe composé.

1  Les garçons (courir) ________________ .

2  Il (pleuvoir) ________________ des cordes.

3  Je (offrir) ________________ un cadeau à Maman.

4  Elle (recevoir) ________________ une carte postale.

5  Elles (ouvrir) ________________ leurs valises.

Coin grammaire : Les participes passés irréguliers (suite)

-re verbs

There are a number of **-re** verbs which have participes passés irréguliers.

2.9 Écoutons maintenant !

Listen to the participes passés irréguliers of these -re verbs.

Verbe	Participe passé	Verbe	Participe passé
boire (*to drink*)	bu	faire (*to do / to make*)	fait
connaître (*to know people/places*)	connu	lire (*to read*)	lu
croire (*to believe*)	cru	mettre (*to put*)	mis
dire (*to say*)	dit	prendre (*to take*)	pris
écrire (*to write*)	écrit	rire (*to laugh*)	ri
être (*to be*)	été	suivre (*to follow*)	suivi

Exercice 5

Faites des paires ! Match le participe passé with the infinitive it belongs to and fill in the grid.

1	prendre	a	écrit
2	boire	b	reçu
3	dire	c	lu
4	mettre	d	pris
5	faire	e	dit
6	écrire	f	mis
7	lire	g	fait
8	devoir	h	dû
9	ouvrir	i	bu
10	recevoir	j	ouvert

1	
2	
3	
4	
5	
6	
7	
8	
9	
10	

Écrivons maintenant !

(a) Complete la carte postale d'Éric using the correct form of le passé composé.

Nice, le 2 juillet

Un grand bonjour de Nice !

Je m'amuse bien ici. Je suis ici dans un mobil-home. Je suis avec ma famille. Hier, j'ai (1) (boire) ____________ du jus d'orange et j'ai (2) (prendre) ____________ des croissants au petit déjeuner.

L'après-midi, ma famille et moi (3) (faire) ____________ du vélo.

Hier soir, ma sœur et moi (4) (voir) ____________ un spectacle au camping et nous (5) (rire) ____________ . Après ça, dans le mobil-home, j' (6) (écrire) ____________ des cartes postales.

Puis, j' (7) (lire) ____________ mon roman. Il (8) (pleuvoir) ____________ lundi.

Je vais rentrer chez moi samedi.

Amitiés,

Éric

Don't forget to include both le verbe auxiliaire and le participe passé !

(b) Answer the following questions – vrai ou faux ?

		vrai ou faux ?
1	Eric is staying in a tent.	
2	He went cycling in the afternoon.	
3	He and his brother went to a show in the evening.	
4	It rained on Monday.	
5	He's going home on Sunday.	

Coin grammaire : La négation

In Unité 1 you learned where to put the ne and pas in the passé composé. The same rules apply with these irregular participes passés. Don't forget that the ne is shortened to n' before a vowel.

Exemples :

J'ai écrit la carte.

Je n' ai pas écrit la carte.

Nous avons reçu la brochure.

Nous n' avons pas reçu la brochure.

Exercice 6

Écrivez les phrases suivantes avec une négation.

1 J'ai dit « bonjour » à la réceptionniste. ____________________

2 Nous avons lu le dépliant. ____________________

3 Ils ont fait beaucoup de tourisme. ____________________

4 Elle a vu l'Arc de Triomphe. ____________________

5 Tu as pris l'avion à Paris ? ____________________

6 Laure a ouvert la valise. ____________________

7 Il a plu hier. ____________________

8 Vous avez mis vos bagages dans le car ? ____________________

Exercice 7

Cochez la bonne case ! Which of these words/expressions would you use to talk about the past? Use a tick ✓ to indicate your answer.

demain		la semaine dernière	
il y a un mois		vendredi prochain	
la semaine prochaine		il y a un an	
le week-end dernier		le week-end dernier	
dans deux jours		hier	
lundi dernier		l'année dernière	

Civilisation: Une colonie de vacances

- Another very popular type of holiday in France among teenagers is to go to une colonie de vacances, a summer camp. These camps last from 1 to 2 weeks. You might camp out during the holiday or you might be staying in dormitories.
- The day is filled with activities. You are looked after by moniteurs/monitrices (instructors). Your day is organised by animateurs/animatrices, who are specially trained in a wide range of outdoor and indoor activities.

? In order to work in une colonie de vacances you need to have a diploma called le BAFA – le Brevet d'aptitudes aux fonctions d'animateur.

2.10 Écoutons maintenant!

Max works in une colonie de vacances. Listen to him talking about what he does and fill in the grid.

Name	**Max**
Age	
How long he has been doing the job	
The number of others who work with him	
What he likes to do best	
One afternoon activity	
What they do if it's raining	

Lisons maintenant !

Pour : les 8–15 ans

Sejours : 13/14 jours

SÉJOURS DE VACANCES MULTI-ACTIVITÉS

juillet et août

À partir de 750 €

Les participants pratiquent des activités sportives, des activités manuelles et créatives :

- poneys
- canoës-kayaks
- VTT
- le tir à l'arc
- le mini-golf
- le labo d'astronomie
- le théâtre
- l'atelier peinture
- randonnées
- pique-niques et camping

- La cuisine est familiale, naturelle et produite sur place.
- 28 chambres spacieuses de 4 à 6 lits.
- Activités collectives – jeux olympiques, journées à thème, de nombreuses surprises !
- Notre centre se trouve en pleine campagne près d'un lac.
- Nous accueillons des enfants depuis 50 ans.

N'hésitez pas à nous contacter – voir notre site Internet **www.colodevacances.fr**

1 During which months is this colonie open? ______

2 Name **one** sporting activity offered. ______

3 If you aren't very interested in sport, what could you do? ______

4 Where do you sleep? ______

5 Where is the colonie situated? ______

6 How do you find more information? ______

Faire un voyage scolaire

Sometimes a school may organise a short trip to France for a class group. You travel with your teachers and spend time seeing the sights, doing some shopping and having fun trying out the French you have learned in class. One of the most popular places for such school trips is to go to Paris.

What do you know about Paris? Can you find the names of eight popular tourist sights in Paris?

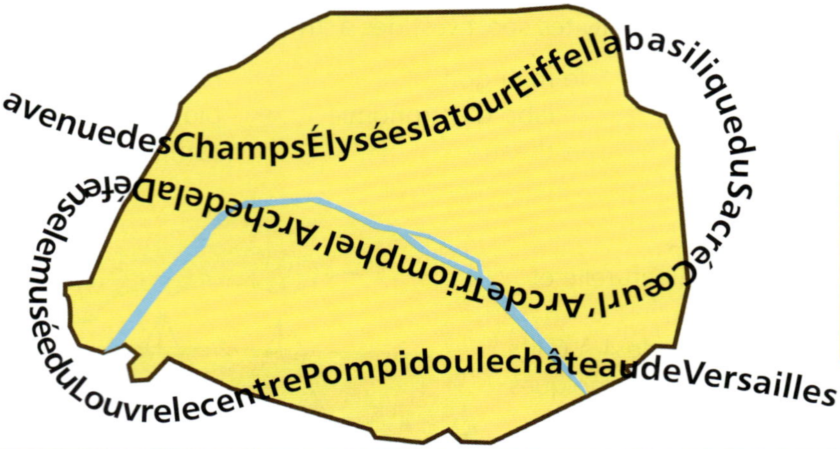

More than 20 million tourists visit Paris each year!

Exercice 8

Relie les photos avec le nom des endroits. Using the names from the snake above, write the correct name under each photo.

1 ______________________

2 ______________________

3 ______________________

4 ______________________

5 ______________________

6 ______________________

7 ______________________

8 ______________________

2.11 Écoutons maintenant ! Qui a aimé quel site à Paris ?

Where do these tourists come from and which sight in Paris did they like most?

	nationality	most liked place
1 Miguel		
2 Natascha		
3 Harry		
4 Sheena		
5 Hans		
6 Mika		

Lisons maintenant !

Kevin is going to Paris with his school group. His teacher has asked him to find out some information about the Louvre museum. Read the website and complete the table below – vrai ou faux ?

Le musée est ouvert tous les jours de 9h à 18h, sauf le mardi et les jours fériés suivants : le 1er janvier, le 1er mai et le 25 décembre.
La fermeture des salles commence à 17h30.
Nocturnes jusqu'à 22h les mercredi et vendredi (fermeture des salles à partir de 21h30).

Le musée du Louvre est gratuit pour tous le premier dimanche de chaque mois ainsi que le 14 juillet (hors exposition du hall Napoléon). L'accès par la Pyramide et par la Galerie du Carrousel est ouvert de 9h à 22h, sauf le mardi.

Le passage Richelieu est ouvert de 9h à 18h, sauf le mardi. L'entrée par la porte des Lions est ouverte tous les jours sauf le mardi et le vendredi.

	vrai	faux
The Louvre is open each day from 9 a.m. to 6 p.m.		
It is closed on Monday.		
It opens specially on 1 May.		
You must start to leave the galleries at 5.30.		
It is open late on Wednesday and Saturday evenings.		
You can visit the Louvre for free on 14 July.		

?

The famous picture in the Louvre by Leonardo Da Vinci which we know as the *Mona Lisa* is called *La Joconde* in French – the smiling woman.

Lisons maintenant !

Voici l'itinéraire d'un voyage scolaire à Paris. The pupils from St Patrick's Community School, Clonardin are going on a four-day trip to Paris with their teachers. Read their programme and answer the questions below.

mardi

06.30	Départ du vol à Paris
09.05	Arrivée à Beauvais. Car pour aller au centre-ville, arrivée à l'hôtel
	Visite des Champs-Élysées suivie du déjeuner
14.00	Visite guidée des sites importants de la ville
16.00	Visite de l'Arc de Triomphe
17.30	Promenade en bateau-mouche
19.30	Dîner dans un restaurant parisien

mercredi

09.00	Départ de l'hôtel pour promenade au centre-ville
	Cathédrale de Notre Dame, Musée du Louvre avec déjeuner
16.00	Visite au Stade de France, visite guidée, vestiaires, tribunes, magasins
18.00	Dîner dans un restaurant du quartier
20.30	Visite au sommet de la Tour Eiffel pour voir les illuminations

jeudi

09.00	Départ en car pour Disneyland
10.00	Journée libre dans le parc. Déjeuner et dîner inclus

vendredi

08.00	Départ en car pour le château de Versailles
09.00	Visite guidée du château
12.00	Déjeuner pique-nique
14.00	Visite au centre commercial Les Quatre Temps, à la Défense
17.00	Départ pour l'aéroport Paris-Charles-de-Gaulle
21.35	Départ du vol
22.15	Arrivée en Irlande

In which order did the students do the following activities?

- Visite de l'Arc de Triomphe ☐
- Faire du shopping ☐
- Promenade en bateau-mouche ☐
- Visite au sommet de la Tour Eiffel ☐
- Visite au Stade de France ☐
- Pique-nique ☐

2.12 Écoutons et répétons !

J'ai **r**ega**r**dé la Tou**r** Eiffel.
J'ai cou**r**u dans le Ja**r**din du Luxembou**r**g.
J'ai acheté un **r**oman au Louv**r**e.
J'ai mangé une c**r**êpe dans un **r**estau**r**ant f**r**ançais.

The letter '**r**' is pronounced in a special way in French. It is important you practise this if you want to have a good accent. Listen to how it sounds in this exercise.

Journal de Niamh

The French teacher has asked each student to keep a diary of what they did each day on the trip. Here are Niamh's diary entries. Complete each sentence with the correct participe passé.

mardi	Arrivée à Paris. C'est fantastique ! J'ai (visiter) (1) ______________ l'Arc de Triomphe. Nous avons (manger) (2) ______________ aux Champs-Élysées. Le soir, nous avons (faire) (3) ______________ une promenade en bateau-mouche.
mercredi	Le matin, visite à Notre Dame et au Louvre. Nous avons (voir) (4) ______________ << La Joconde >>. J'ai (acheter) (5) ______________ des cartes postales. L'après-midi, c'était le Stade de France. Nous avons (lire) (6) ______________ les biographies des joueurs célèbres.
jeudi	Nous avons (prendre) (7) ______________ le car pour aller à Disneyland. Là, nous avons (essayer) (8) ______________ de monter sur toutes les attractions. Nous avons (passer) (9) ______________ une journée formidable.
vendredi	Nous avons (suivre) (10) ______________ le guide autour du château. J'ai (choisir) (11) ______________ un souvenir pour mes grands-parents. L'après-midi, j'ai (écrire) (12) ______________ mes cartes postales avant le départ pour l'aéroport.

Un peu de fun !

Jeu de mémoire – Qu'est-ce que tu as vu à Paris ?

Work with a partner or group.

Exemple : Personne 1	J'ai vu la Tour Eiffel.
Personne 2	J'au vu la Tour Eiffel et le Louvre.
Personne 3	J'ai vu la Tour Eiffel, le Louvre et . . .

Continue as far as you can to see how many places you can remember.

Des souvenirs de Paris

un tee-shirt

un porte-clés

une cravate

du parfum

une poupée

des bonbons

des dessous de verre

une règle

2.13 Écoutons maintenant !

Who bought which souvenir?

name	souvenir	name	souvenir
1 Patrick		2 Aisling	
3 Ronan		4 John	
5 Caoimhe		6 Niamh	
7 Declan		8 Amy	

Parlons maintenant !

Imagine that you have been on a trip to Paris like the one above. Use these questions to talk about what you did there.

Qu'est-ce que tu as fait ?	J'ai …
Qu'est-ce que tu as vu à Paris ?	J'ai vu …
Qu'est-ce que tu as acheté ?	j'ai acheté …
Qu'est-ce que tu as mangé ?	j'ai mangé …
Qu'est-ce que tu as bu ?	J'ai bu …
Qu'est-ce que tu as aimé à Paris ?	J'ai aimé …

Mots clés – apprenez par cœur !

l'auberge (f.) de jeunesse	le monument
la chambre	la réservation
l'emplacement (m.)	le site
le gîte	le souvenir
les installations (f. pl.)	le terrain de camping
le logement	les vacances (f. pl.)

Épreuve

Question 1

Can you find the French words associated with holidays in the mots cachés ?

- accueil
- camping
- chambre
- colonie
- emplacement
- gîte
- hôtel
- monument
- réservation
- souvenir
- vacances
- voyage

Les vacances

K	E	M	P	L	A	C	E	M	E	N	T	M	G	G
S	Y	H	U	R	X	X	L	I	O	J	O	P	Î	Î
É	O	I	Ô	S	D	I	Q	I	N	N	M	B	T	D
T	X	U	M	T	E	V	T	V	U	O	K	A	E	I
K	V	L	V	U	E	A	H	M	E	U	L	É	M	V
Q	M	B	C	E	V	L	E	L	R	X	S	O	B	M
T	M	C	F	R	N	N	X	V	B	F	F	Q	C	V
C	A	F	E	U	T	I	G	A	V	O	Y	A	G	E
P	V	S	A	L	H	W	R	C	N	G	K	N	J	T
X	É	S	V	S	G	G	T	A	M	N	P	R	L	U
R	Y	Y	W	B	K	X	F	N	P	I	K	I	C	A
K	T	L	Y	W	C	Q	Y	C	F	P	Z	O	X	K
P	H	E	M	Y	T	N	M	E	A	M	T	B	N	K
Î	G	G	E	E	R	P	W	S	K	A	K	J	W	Q
F	R	A	E	R	B	M	A	H	C	C	F	Q	É	J

Question 2

Listen to these people making holiday reservations and fill in the grid.

	type of accommodation	where it is situated
1 Marcelline Geoffroy		
2 Daniel Roux		
3 Bernadette Roger		
4 Yves Bonnard		
5 Adeline Lamaire		

Question 3

Qu'est-ce qu'on réserve ? Start each sentence with: Je voudrais réserver …

1
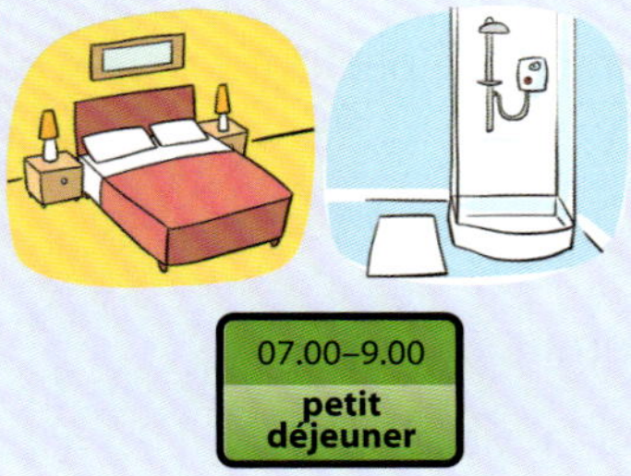

2

3

Question 4

Comment ça s'écrit ?

1 Camping ______________ 2 Hôtel ______________

3 Auberge ______________ 4 Camping ______________

5 Résidence ______________ 6 Hôtel ______________

Question 5

Read the brochure and answer the following questions.

1 When is this campsite open?

2 What types of accommodation are available on the site?

3 Name **two** things you can do while you're there.

4 Which of the following services is mentioned on the campsite?

a Internet

b electric connection ☐

c takeaway meals

5 How much does a site for your caravan cost per day?

6 Who goes free?

BIENVENUE à la FERME

CAMPING

LA ROUSSIE

OUVERT

DU 1ER AVRIL AU 30 NOVEMBRE

bienvenue à la ferme

A 5 km de SARLAT, Claire-Lise et Eric MINARD vous accueillent pour passer un agréable séjour, dans un gîte, mobil-home ou dans leur camping.

Sur place, vous pourrez apprécier les produits du terroir, pêcher gracieusement dans notre étang privé ou vous baigner dans la piscine, profiter des nombreuses randonnées dans la campagne ou visiter le riche patrimoine du Périgord avec ses nombreux châteaux, musées, sites et autres…

Vous trouverez également une salle de rencontre avec jeux de palets, tennis de table, terrain de pétanque, portique pour enfants, point phone à carte, lave-linge et barbecue.

CAMPING

25 emplacements ombragés et délimités • Sanitaire tout confort
Branchement électrique • Point d'eau • Bloc handicapés
Piscine 6 x 12 m

TARIF/JOUR

Adultes 3,50 €
Enfants -10 ans 2,50 €
Enfants -2 ans Gratuit
Emplacement 3,50 €
Branchement électrique 2 €
Animaux 0,50 €
Visiteurs 2 €

Question 6

In the following sentences, write the correct form of the verb pouvoir in the present tense.

1 Est-ce que vous ______________ m'envoyer un dépliant sur la région ?

2 Je ______________ loger dans l'auberge de jeunesse pour une semaine.

3 Valérie ______________ nous retrouver au camping.

4 Orlaith et Frank ______________ aller au syndicat d'initiative plus tard.

5 Est-ce que tu ______________ venir avec nous ?

6 Katie et moi ______________ sortir ce soir.

7 David ______________ réserver une chambre sur Internet.

8 Sophie et Léna ______________ faire de la natation à la piscine.

Question 7

Match le participe passé to the correct infinitif.

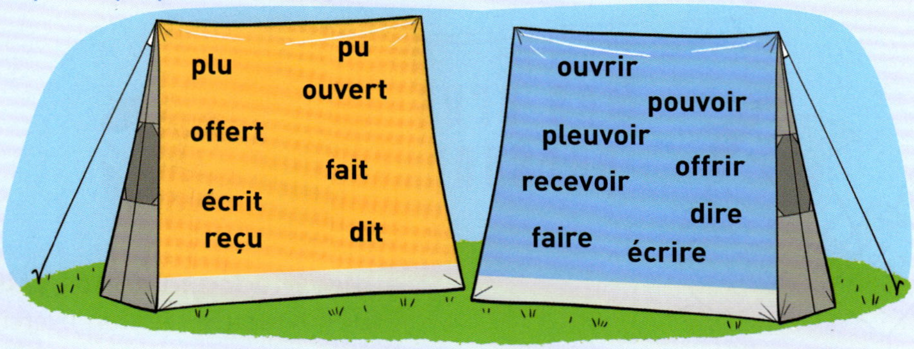

participe passé	infinitif	participe passé	infinitif

Question 8

Where are these people staying and what activity do they mention?

	where	activity
1		
2		
3		
4		
5		
6		

Question 9

Your name is Brendan Waters. Your address is 2 Shannon Drive, Limerick, Ireland. You and your family intend to go on holidays to a campsite in France in July. The campsite address is Camping les Arbres, 24620 Sarlat, Dordogne, France. Write a letter mentioning the following:

- You wish to book a mobile home for five people
- Ask for a brochure on the campsite
- Ask for a suite in the shade
- Ask about the facilities
- You look forward to a reply.

Mes progrès personnels

Visit
www.edco.ie/bontravail2
for interactive revision exercises

Having completed Unité 2 ...

	Oui	Non	Retourne à
I know the words for different types of accommodation	☐	☐	25
I know how to say where they are situated	☐	☐	27
I can write a letter to book holiday accommodation	☐	☐	31
I have revised the French alphabet	☐	☐	33
I know about a French campsite	☐	☐	34
I know about staying in a youth hostel	☐	☐	36
I have revised the verb pouvoir	☐	☐	37
I know how to use irregular verbs in le passé composé	☐	☐	38–39
I have learned about staying in une colonie de vacances	☐	☐	42
I have learned the names of the main monuments in Paris	☐	☐	44
I have practised the sound 'r' in French words	☐	☐	47
I know the key words for this unit	☐	☐	48

Unité 3

Quel temps fait-il ?

Objectifs

Vocabulaire: Talking about the weather; regions of France; what clothes to wear; colours (revision); what you wear to school

Grammaire: Making adjectives feminine and plural; irregular adjectives; le passé composé of verbs using être

Techniques: Leaving a note

Prononciation: The letter 'é' in French words

Civilisation:

- Weather (le temps) has a great effect on our everyday lives. It determines what we wear and what activities we can do. It sometimes affects the type of house we live in and the type of crops which can be grown. Because France is such a big country, the climate (le climat) varies among different areas.
- France is one of the world's major wine producers. Vines thrive where there is good sun. The type of wine produced depends on the variety of grape planted and the type of soil the vine grows in. Grapes are harvested in the autumn – this is called les vendanges.
- In the north of France the climate is very similar to our own. Farmers grow cereals, fruit and vegetables, in particular apples and pears. The cider industry is important and an apple liqueur called calvados is popular. Dairy produce, including cheeses such as Brie and Camembert, are famous.

- Nearer la mer Méditerranée, where the weather is warmer and there is less rain, citrus fruits, such as oranges, lemons and grapefruit, grow well. Lavender and wild flowers, used in the perfume industry, are cultivated.
- You will find snow on the peaks of many of the mountain ranges in the south – les Pyrénées between France and Spain and les Alpes, which almost reach the sea in the southeast, near Italy. As a result of the size of the country, it could be wet and cold in the north on the same day that it is warm and sunny in the south.

Il fait un temps de chien !

Aujourd'hui, c'est la canicule !

Voici la météo … !

Rappel!

You will probably remember these phrases about weather, which you learned in *Bon Travail ! 1* – see Unité 6, page 174.

Exercice 1

Faites des paires ! Match the picture to the phrase and write it in the space provided.

Il fait chaud.
Il fait soleil.
Il pleut.
Il fait beau.
Il fait mauvais.
Il fait froid.

1

____

2

____

3

____

4

____

5

____

6

____

Here are some more phrases for weather. These are important for the Junior Certificate examination, as weather usually features in Section E of the Listening Comprehension Section.

Il y a du brouillard.
(le brouillard)

Il y a du verglas.
(le verglas)

Il y a des nuages.
(le nuage)

Il y a un orage.
(l'orage (m.))

Il neige.
(la neige)

Il fait du vent.
(le vent)

Il grêle.
(la grêle)

Il gèle.
(le gel)

Écrivons maintenant !

Match the picture to the correct phrase.

1	le brouillard	A	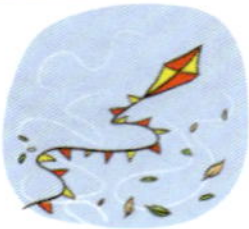
2		B	il neige
3	il grêle	C	
4		D	il fait beau
5	il fait soleil	E	
6		F	il y a des nuages
7	il fait froid	G	
8		H	il pleut
9	il fait du vent	I	
10		J	il y a du verglas

No.	Letter
1	
2	
3	
4	
5	
6	
7	
8	
9	
10	

You can also say: **il y a du soleil** and **il y a du vent**.

3.1 Écoutons maintenant !

Listen to people talking about the weather. What is the weather like?

1 Lille ______________________ 2 Biarritz ______________________

3 Grenoble ______________________ 4 Nantes ______________________

5 Strasbourg ______________________ 6 Rouen ______________________

Parlons maintenant !

With your partner, describe what the weather is like in each season where you live. Use the words in the box to help you.

Exemple : *En hiver, à Donegal, il pleut souvent.*

Au printemps, à …
En été, à …
En automne, à …
En hiver, à …

d'habitude
en général
rarement
quelquefois
souvent

Le soleil brille.

Le vent souffle.

Can you guess the meaning?

These are some French sayings which mention different types of weather. Can you guess what each one means?

Il fait un froid de canard.

Il pleut des cordes.

Le vent souffle en rafales.

Il fait un temps de chien.

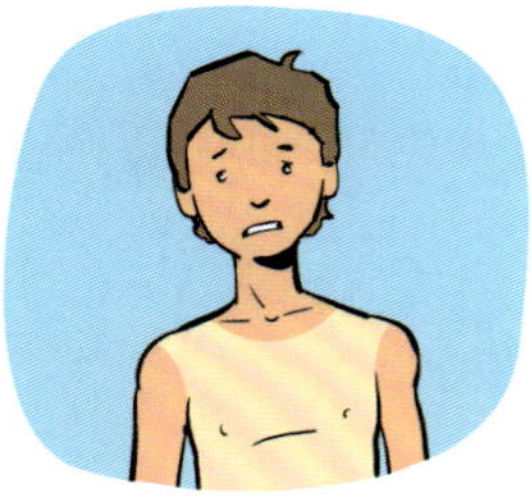

J'ai attrapé un coup de soleil.

Encore des expressions !

la brume

une éclaircie

un éclair

le tonnerre

une averse

une inondation

la canicule

Rappel !

Une averse is a shower of rain; une douche is a shower in the bathroom.

Exercice 2

Quel temps fait-il ? Join the string and write the sentences in your copy.

Dans le sud …	… dans l'ouest de la France.
Dans le nord-est …	… il y a des éclaircies.
Il y a du tonnerre et des éclairs …	… dans l'est de la France.
Il y a des inondations…	… c'est la canicule.
Il y a des averses …	… couvre le pays.
La brume …	… dans le nord.

La température

Nowadays temperature is usually given in degrees (degrés) Celsius. On a very cold day the thermometer will register 0 °C (zéro degré), which is called freezing point (le point de congélation). Quite often the weather report will give the range of temperatures from the lowest (la température minimale) to the highest (la température maximale). You may hear these on the Junior Certificate CD, where there is normally a weather forecast (la météo).

?

The highest temperature recorded in France was 44.6 °C in Perpignan on 6 July 2009. The lowest recorded was -41 °C in Mouthe (Doubs) in January 1985!

Civilisation : Les régions de la France

Just as Ireland is divided into provinces and counties, mainland France (including the island of Corsica) is divided into régions and départements. There are 22 régions, which are subdivided into 95 départements. Each of the régions has a capital city and its own parliament. When you are listening to the weather forecast, you may hear some of these régions mentioned. Look at the map and you may find you are already familiar with some of the names.

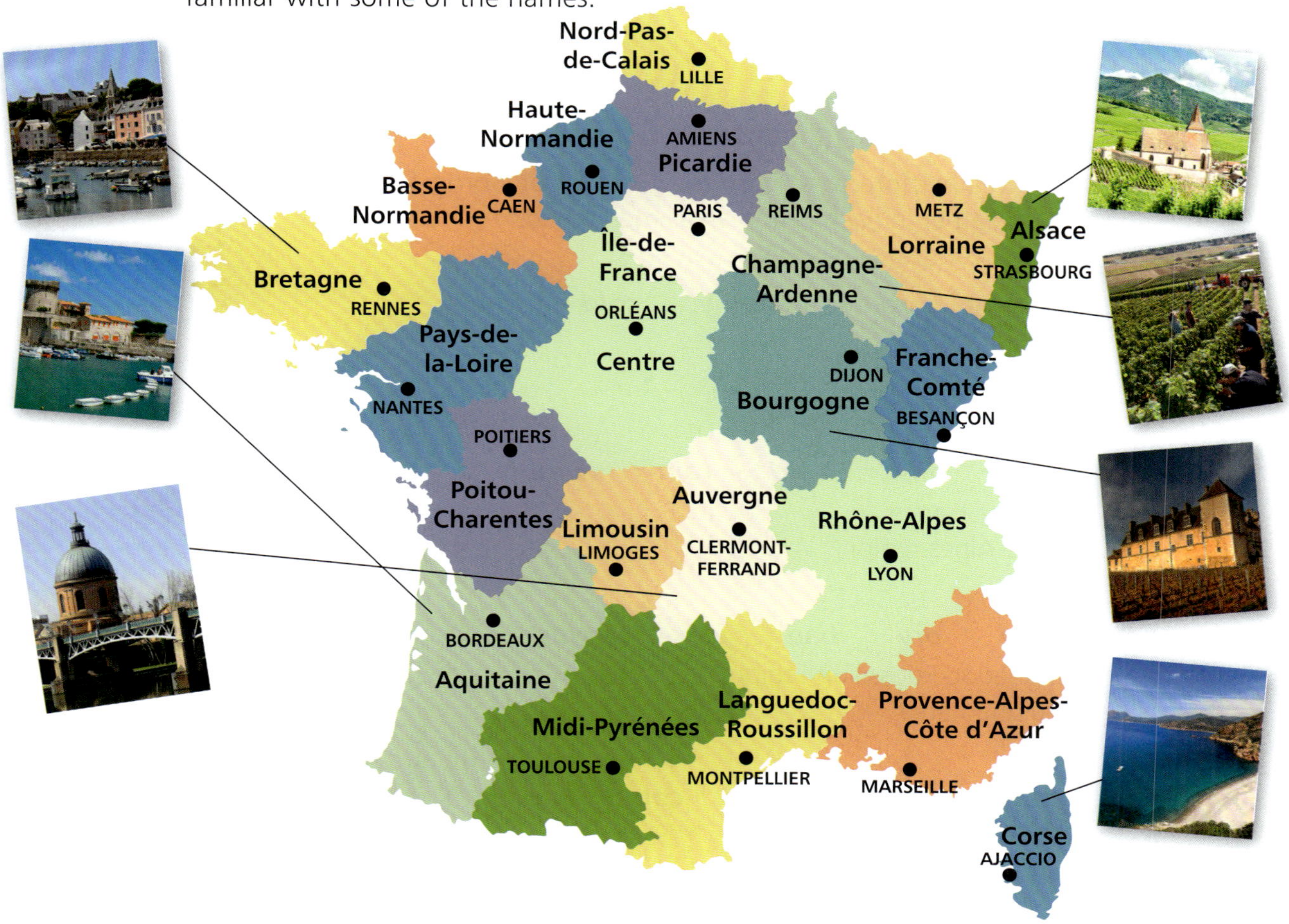

Quel temps fait-il?

Écrivez la bonne expression.

1 ______________________

2 ______________________

3 ______________________

4 ______________________

3.2 Écoutons maintenant!

Here are four weather forecasts. From the given list of words, select one which best describes the weather in each of the areas mentioned.

1

foggy windy rainy sunny cold fine

- **a** La Côte d'Azur ____________
- **b** Marseilles area ____________

2

cloudy ice mist cold rain wind

- **a** North of France ____________
- **b** Rhône-Alpes region ____________

3

windy fog dry bad ice storms

- **a** Languedoc-Roussillon region ____________
- **b** Perpignan area ____________

4

sunny fog cloudy fine cold ice

- **a** Brittany ____________
- **b** Saint-Malo ____________

Lisons maintenant !

(a)

Climat : Une surprise pour les Parisiens

Les Parisiens ont vu 11 centimètres de neige au pied de la tour Eiffel ce matin ! Ils n'ont pas vu ça depuis 1987 ! La France connaît actuellement un hiver froid, avec des températures descendant jusqu'à -20 °C dans certaines régions ! Selon les climatologues, ceci est causé par les changements climatiques et les hivers sont de plus en plus rigoureux en Europe.

1 What surprise awaited Parisiens this morning?

____

2 What is unusual about this winter?

____

3 What do the experts say about winters in Europe?

____

(b)

La France a soif !

Quel beau temps ! Depuis quelques semaines, il fait beau, parfois même très chaud. Ce n'est pas habituel : on se croirait en été alors que nous sommes au printemps.
Mais malheureusement, il n'a presque pas plu ! « Entre janvier et avril, il est tombé deux fois moins de pluie qu'habituellement, surtout en mars et avril », dit Dominique Clavel, une scientifique qui travaille pour Météo France, un organisme qui se spécialise dans l'étude de la météo.

1 How has the weather been for several weeks?

____

2 Between January and April, there has been

a twice as much rain as normal

b normal rainfall for two months ☐

c twice as little rainfall as normal

3 Who is Dominique Clavel?

____

Coin dictionnaire : One word leads to another!

Sometimes when you have learned a noun, you will find that the adjective is very similar.

Exemple : *un nuage* = a cloud → *nuageux/euse* = cloudy.

nuage, *n.m.*, cloud ; **~ de fumée / de poussière**, cloud of smoke / of dust ; **il y a des ~s noirs** à **l'horizon**, there are dark clouds on the horizon.

nuageux, -euse, *adj.* (*temps*) cloudy; (*ciel*), cloudy, overcast; **couche ~euse**, layer of cloud.

Using a dictionary, find the adjectives for the following nouns:

1 brume 2 orage 3 pluie 4 soleil

Qu'est-ce que je vais porter aujourd'hui?

Laure achète en ligne

3.3 Écoutons maintenant !

Laure and her friend Marine are going to une colonie de vacances. They discuss the clothes that they will take with them. What do they decide to pack?

Exercice 3

Cochez la bonne case. Tick the items that Marine and Laure are bringing with them for their holiday.

	Marine	**Laure**
dress		
hoodie		
jacket		
jeans		
jumper		
leggings		
scarf		
shorts		
T-shirts		
top		

Et pour les garçons ? Quel est ton look ?

le look habillé

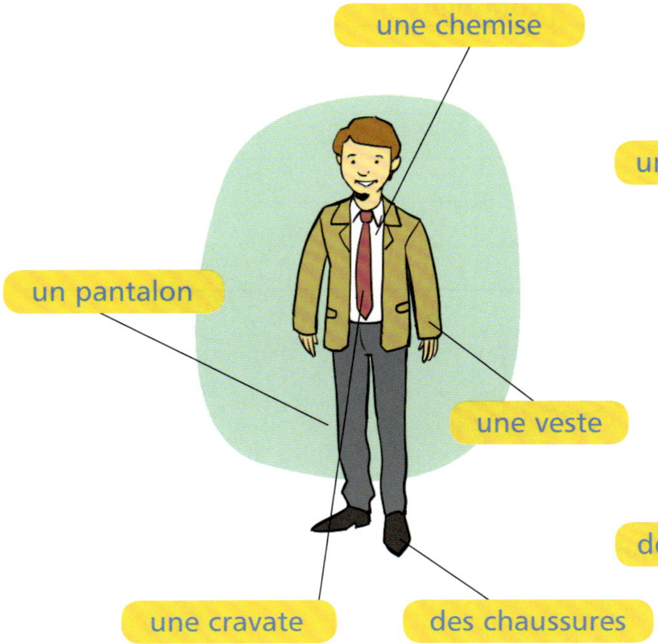

le look décontracté

Exercice 4

Trouvez huit vêtements dans les foulards. Find the 8 hidden words and write them in your copy.

3.4 Écoutons maintenant!

Listen to these people who are looking at clothes. Which item is mentioned and what comment is made about it?

	what they are looking at	comment
1		
2		
3		
4		
5		
6		

When buying shoes in France, the sizes are different. For example, if you take shoe size 4 in Ireland, you will need size 37 in France; if you take size 9 in Ireland, you will need size 46 in France. The shop assistant will ask you: «Quelle pointure?». When you are buying clothes, the phrase is: «Quelle taille?».

Civilisation : La haute couture française

For many years France has led the world in terms of fashion and style. The great fashion designers are called les grands couturiers.

Each year the big fashion houses present their new collections and there is great competition to get seats for these fashion shows. Among the best-known French names are Chanel, Yves Saint Laurent and Dior. The brand name Lacoste was founded in 1933 by René Lacoste to produce tennis clothes, but is now associated with a wide range of fashion items. Besides fashion clothing, most of the big companies now produce perfumes, cosmetics and jewellery. Louis Vuitton's name is associated with leather handbags and travel goods. Christian Louboutin's red-soled shoes are now known all around the world.

3.5 Écoutons maintenant !

Listen to the names of some well-known French fashion designers being spelled out. There are five of them.

1 Pierre _ _ _ _ _ _ _ .

2 Jean-Paul _ _ _ _ _ _ _ _ .

3 Christian _ _ _ _ _ _ _ .

4 Pierre _ _ _ _ _ _ .

5 Hubert de _ _ _ _ _ _ _ _ .

N'oubliez pas les couleurs!

In Book 1, Unité 6, you learned the French words for colours. How many can you remember?

noir/noire

vert/verte

gris/grise

bleu/bleue

blanc/blanche

rouge

jaune

marron

Attention!

The adjective marron does not change for feminine or plural nouns.

Exercice 5

Complétez les mots qui manquent.

Exemple :  *une jupe bleue*

1  un ____________ ____________

2  un ____________ ____________

3  une ____________ ____________

4  des ____________ ____________

5  un ____________ ____________

6  une ____________ ____________

7  des ____________ ____________

8 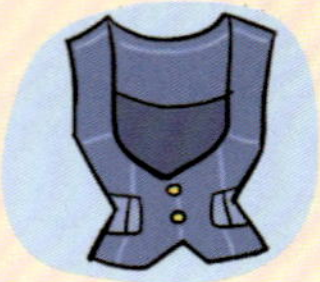 un ____________ ____________

3.6 Écoutons maintenant !

Here is a little comptine which combines colours with the weather.

Il pleut vert à Vancouver

Il pleut bleu à Beaulieu

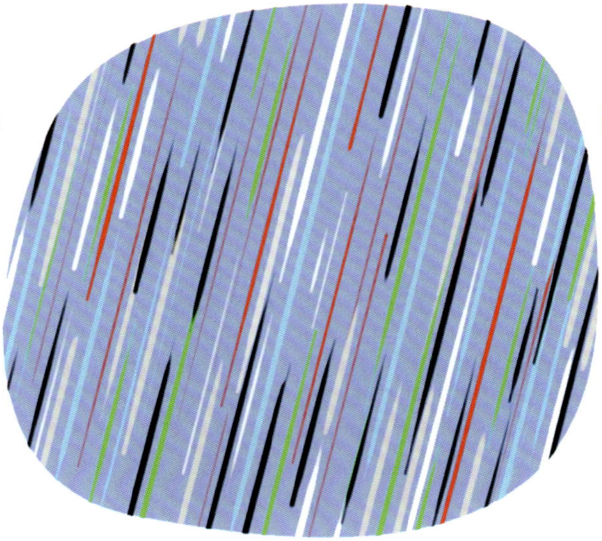

Il pleut rouge à Bruges

Il pleut blanc à Orléans

Il pleut gris à Chamonix

Il pleut noir à Belvoir

Il pleut roux à Saint-Cloud

Filons vite à Vaucouleurs
Où il pleut, où il pleut
De toutes les couleurs !

Un peu de fun !

Maybe you could make up a little comptine of your own using weather phrases.

Exemple : Il fait beau à Carlow
Il y a de la brume à Macroom
Il y a de la pluie à Borrisalea
Le soleil brille à Kilkee
Il y a du vent à Drimcong
Mais, il fait doux à Ballymaloe !

Lisons maintenant !

Qu'est-ce que tu portes à l'école ? Lisez les blogs des élèves et répondez aux questions.

Posté le 10 octobre

Moi, je dois porter un uniforme scolaire que je déteste – un pantalon gris, une chemise blanche, un pull bleu marine et une cravate rayée, grise et bleu marine. C'est vraiment triste – les couleurs sont si sombres ! En plus, nous devons aussi porter des chaussures noires et des chaussettes noires ! Quelle horreur ! **James**

Posté le 10 octobre

Pauvre James ! Moi aussi, je porte un uniforme dans mon école, mais ce n'est pas mal comme uniforme. Nous portons un pantalon gris ou une jupe grise, une chemise blanche, mais nous pouvons choisir la couleur du pull – soit rouge, soit vert, soit bleu marine. Si on veut, on peut porter une cravate, mais ce n'est pas obligatoire. Je trouve l'uniforme pratique le matin. **Amy**

Posté le 11 octobre

Dans notre collège, il n'y a pas d'uniforme. On peut porter ce qu'on veut, mais en gris, noir ou bleu marine. Le seul problème, c'est qu'on doit choisir des vêtements chaque matin et c'est vraiment difficile quelquefois. **Rory**

Posté le 11 octobre

Nous aussi, nous devons porter un uniforme et les profs sont très sévères si on ne le porte pas correctement. La jupe est marron et le pull aussi – c'est vraiment affreux. La chemise est crème. Nous avons des chaussures marron aussi. Je ne suis pas contre l'idée de porter un uniforme, mais je voudrais changer les couleurs. **Niamh**

Posté le 11 octobre

J'ai lu avec intérêt les blogs au sujet de l'uniforme. Ici, en France, on peut porter ce qu'on veut – soit un sweat ou un pull, un pantalon, une jupe ou un jean, ce qui est le plus confortable. J'aime bien ça. **Yann**

Who says …

1 there is a choice of colour for the jumper? ______________
2 you can wear whatever you like to school? ______________
3 their uniform is really awful? ______________
4 it's easier in the mornings when you wear a uniform? ______________
5 their uniform is really dull? ______________
6 it's difficult to choose an outfit each morning? ______________
7 wearing what you like is more comfortable? ______________
8 the teachers are very strict about students wearing the right uniform? ______________

Parlons maintenant !

(a) Talk to your partner about the clothes you are wearing to school today.

Exemples : *Je porte une jupe verte.* *Je porte un pantalon gris.*

(b) What would your ideal uniform be? Describe it to your partner.

Je voudrais porter . . .

Don't forget to use the correct form of the colour – masculine or feminine, singular or plural.

3.7 Écoutons maintenant !

What you wear will often depend on where you are going. Listen to Malik, Manon, Leila, Nicolas, Camille and Thomas describing what they wear on different occasions and complete the following grid.

name	where they are going	what clothes they wear
Malik		
Manon		
Leila		
Nicolas		
Camille		
Thomas		

Écrivons maintenant !

What does each person say they wear? Write the answers in your copy.

Exemple :

Quand il y a du soleil, je porte un short, un tee-shirt et une casquette.

1

2

3

4

5

Coin grammaire : Les adjectifs

In Book 1, Unités 5 and 6, you learned about adjectives (les adjectifs) and how to use them in French. You also revised some of the rules in Unité 1. Remember, an adjective is a describing word which tells you more about a noun.

Exemples :

le pull bleu

la jupe courte

les vents violents

les pluies fortes

- In French, adjectives must agree with the noun they are describing.
- If the noun is masculine singular, the adjective is **masculine singular** – le pull bleu.
- If the noun is feminine singular, the adjective is **feminine singular** – la jupe courte.
- If the noun is masculine plural, the adjective is **masculine plural** – les vents violents.
- If the noun is feminine plural, the adjective is **feminine plural** – les pluies fortes.
- The first form you will find in the dictionary (lexique) is the **masculine singular** form.

The first general rule is:

masculine singular	feminine singular	masculine plural	feminine plural
add nothing	add an **-e**	add an **-s**	add an **-es**

Here are some examples of adjectives which follow these rules:

fort **chaud** **court** **bleu** **ensoleillé** **noir** **haut**

Exercice 6

Complétez la grille suivante avec la forme juste de l'adjectif.

	masculin singulier	féminin singulier	masculin pluriel	féminin pluriel
bleu				
fort				
grand				
fort				
poli				

Coin grammaire : Les adjectifs (suite)

Here are some other rules to learn:

1 If the adjective already ends in an **-e**, there's no change for the feminine. Add **-s** for plurals.

Exemples :

rose
calme
rapide
faible
rouge
jaune

2 If the adjective ends in an **-s**, add **-e** for the feminine and **-es** for feminine plural.

Exemples :

irlandais(e)
gris(e)
mauvais(e)

3 Change **-eux** to **-euse** for the feminine. There's no change for the masculine plural. Add **-s** for feminine plural.

Exemples :

pluvieux/euse
nuageux/euse
orageux/euse
brumeux/euse
courageux/euse

4 Change **-if** to **-ive** for the feminine. Add **-s** for plurals.

Exemples :

sportif/ive
positif/ive
négatif/ive
actif/ive
vif/vive

5 Change **-er** into **-ère** for the feminine. Add **-s** for plurals.

Exemples :

dernier/ère
premier/ère
léger/ère
cher/ère

6 A few adjectives double the final consonant and add **-e** for feminine. Add **-s** for plurals.

Exemples :

bas/basse
moyen/moyenne
gros/grosse
gras/grasse
bon/bonne
violet/violette

7 Some adjectives don't change for either the feminine or the plural.

Exemples :

sympa
super
marron
noisette

8 A few adjectives have more unusual forms in the feminine. Add **-s** for plurals or those in **-x** remain the same.

Exemples :

long/longue
doux/douce roux/rousse
blanc/blanche
favori/favorite frais/fraîche
nouveau/nouvelle
vieux/vieille beau/belle

Some special forms of adjectives

Nouveau (*new*) and beau (*fine/beautiful*) change to nouveaux and beaux in the masculine plural. Special forms of beau, nouveau and vieux (*old*) – bel, nouvel and vieil – are used if the masculine noun they are describing begins with a vowel (a, e, i, o, u) or silent 'h'.

Exemples : un bel hiver, un nouvel uniforme, un vieil homme

Exercice 7

Complétez la grille suivante.

	masculin singulier	**féminin singulier**	**masculin pluriel**	**féminin pluriel**
vert	vert		verts	
calme		calme		calmes
courageux			courageux	
sportif			sportifs	
premier	premier			
blanc				blanches

3.8 Écoutons maintenant !

Listen to the adjectives and in each case tick the form of the adjective that you hear. The first one is done for you.

masculin	chaud		dernier		favori		vif		nuageux		bon		vieux		bas	
féminin	chaude	✓	dernière		favorite		vive		nuageuse		bonne		vieille		basse	

Exercice 8

Écrivez la bonne forme pour les adjectifs.

1 La mer est très (froid) ______________ sur la côte atlantique.

2 Il y a des nuages (gris) ______________ dans le ciel.

3 Les routes sont (dangereux) ______________ car il gèle.

4 C'est la (premier) ______________ fois qu'il y a du soleil.

5 Les hivers froids sont (bon) ______________ pour les stations de ski.

6 J'ai passé des vacances (actif) ______________ cet été.

7 La neige est (blanc) ______________ sur le toit de la maison.

8 Il y a des vents (frais) ______________ sur la mer.

Où mettre l'adjectif ?

Où est-ce que je vais mettre l'adjectif ?
bon

- In English, adjectives always come **before** the noun they describe – a **nice** day, a **red** sky, **strong** winds.
- In French almost all adjectives are put **after** the noun they describe – un jour **orageux**, un ciel **rouge**, des vents **forts**.
- However, there are a small number of French adjectives which *are* put before the noun they describe:

? ______ séjour ______ **?**
(before) **(after)**

beau	le beau temps	long	la longue jupe
bon	le bon séjour	mauvais	le mauvais temps
grand	les grandes vacances	nouveau	le Nouvel An
gros	les gros nuages	petit	le petit copain
jeune	le jeune animal	vieux	le vieux port
joli	la jolie robe		

Exercice 9

Complétez les phrases. Find the right form of the adjective and decide where it should go in the sentence.

1 Mon frère a une ______ souris ______ . (gris)

2 Elle a acheté un ______ cadeau ______ pour sa mère. (joli)

3 Je vais porter ma ______ jupe ______ à la fête de Lucie. (nouveau)

4 Il y a quelques ______ vents ______ sur l'Atlantique. (fort)

5 Je te souhaite un ______ anniversaire ______ . (bon)

6 Le président des États-Unis habite la ______ Maison ______ . (Blanc)

7 Ils doivent porter une ______ cravate ______ pour l'école. (rayé)

8 Je mets mon ______ jean ______ quand je travaille dans le jardin. (vieux)

Parlons maintenant !

How does the weather affect your activities? With your partner, discuss what you do according to the weather.

Exemples : *Quand il y a du soleil, je vais à la plage / je retrouve mes amis.*
Quand il pleut, je reste à la maison / je regarde la télévision.

Coin grammaire : Le passé composé (suite)

- You have learned in Unités 1 and 2 that you need **two** parts to form le passé composé :

- Le verbe auxiliaire is always le présent of avoir or of être. So far, you have used the verb avoir :

Exemples :

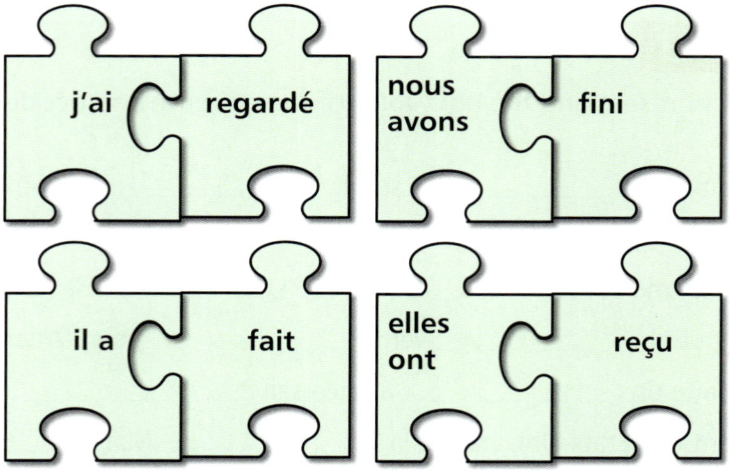

Le passé composé avec le verbe « être »

- A number of verbs use être as their verb auxiliaire instead of avoir.

Rappel !

je suis	nous sommes
tu es	vous êtes
il est	ils sont
elle est	elles sont

Do you remember **le présent** of the verb **être** ?

- The verbs that use être are often verbs of movement or motion. There are 13 of them in total, of which 10 form pairs of opposites. Here they are in alphabetical order.

aller (*to go*)

arriver (*to arrive*)

descendre (*to go down*)

entrer (*to enter*)

monter (*to go up*)

mourir (*to die*)

naître (*to be born*)

partir (*to leave*)

rester (*to stay*)

retourner (*to return*)

sortir (*to go out*)

tomber (*to fall*)

venir (*to come*)

- To form the participes passés of these 13 verbs:
  - all the **-er** verbs – cross off the **-er** and add '**é**'
  - all the **-ir** verbs – cross off the **-ir** and add '**i**' **except** mourir (**mort**), venir (**venu**)
  - all the **-re** verbs – cross off the **-re** and add '**u**' **except** naître (**né**).

Attention!

Remember this list of être verbs – they must be remembered and learned!

- Here is a list of the 13 être verbs set out in their opposite pairs – only rester, retourner and tomber do not have an opposite.

infinitif	participe passé	infinitif	participe passé
aller (*to go*)	allé	venir (*to come*)	venu
entrer (*to go in*)	entré	sortir (*to go out*)	sorti
arriver (*to arrive*)	arrivé	partir (*to leave*)	parti
descendre (*to come down / go down*)	descendu	monter (*to come up / go up*)	monté
naître (*to be born*)	né	mourir (*to die*)	mort

rester (*to remain/stay*)	resté	retourner (*to return*)	retourné	tomber (*to fall*)	tombé

- Here is a rap with all 13 être verbs – this is a good way to remember them!

3.9 Écoutons maintenant!

Le rap du passé composé

Entré, tombé, né, allé
Resté, monté, arrivé

Sorti, parti, mort, venu
Retourné et descendu

- There is one other important point to remember: verbs which use être as le verbe auxiliaire need to **agree** with their subject – that is, the person or thing doing the action:
  - If the subject of the sentence is **feminine singular**, you add an '**e**' to le participe passé.

  Exemples: *elle est sortie* *elle est née* *elle est tombée*

  - If the subject of the sentence is **masculine plural**, you add an '**s**' to le participe passé.

  Exemples: *ils sont arrivés* *ils sont morts* *ils sont venus*

  - If the subject of the sentence is **feminine plural**, you add '**es**' to le participe passé.

  Exemples: *elles sont nées* *elles sont retournées* *elles sont sorties*

You always need to ask yourself: who or what is doing the action?

3.10 Écoutons et lisons maintenant !

Here is the verb aller in the passé composé. Look carefully at the spelling each time!

je suis allé	… if the subject is masculine	nous sommes allés	… if the subject is masculine plural
je suis allée	… if the subject is feminine	nous sommes allées	… if the subject is feminine plural
tu es allé	… if the subject is masculine	vous êtes allés	… if the subject is masculine plural
tu es allée	… if the subject is feminine	vous êtes allées	… if the subject is feminine plural
il est allé	… because the subject is masculine	ils sont allés	… because the subject is masculine plural
elle est allée	… because the subject is feminine	elles sont allées	… because the subject is feminine plural

Don't forget to use **vous êtes allé/allée** if you are using the polite form to someone. In this case you **do not need** to add an '**s**', as there is just one person!

Exercice 10

Remplissez la grille avec le verbe «monter» (*to come / to go up*) au passé composé.

m.	je		monté
f.	je	suis	
m.	tu		monté
f.	tu	es	
m.	il	est	
f.	elle		montée

m. pl.	nous	sommes	
f. pl.	nous	sommes	
m. pl.	vous		montés
f. pl.	vous	êtes	
m. pl.	ils		montés
f. pl.	elles	sont	

The Maguire family is in France on holiday. They go to the shopping centre to buy clothes.

(a) Write the story of the shopping trip by matching the first phrases on the left (1–13) with those on the right (a–m) to make a complete sentence. You can look at the pictures below to help you. Write the story in your copy.

1 La famille Maguire est partie …	**a** … dans la voiture.
2 La famille est arrivée …	**b** … du café en toute vitesse !
3 Tara est descendue …	**c** … dans sa voiture rouge.
4 Mark est tombé …	**d** … le 20 avril.
5 Paul, un fan de sport, est entré …	**e** … dans le magasin de sport.
6 Papa est resté …	**f** … l'escalier roulant au café.
7 Maman est allée …	**g** … de la voiture avec impatience.
8 Tante Pauline est aussi venue …	**h** … sous la table au café !
9 Son bébé est né …	**i** … à la boutique des robes.
10 Les enfants sont montés …	**j** … au centre commercial à 10h.
11 Une souris est morte …	**k** … pour aller aux magasins.
12 Les enfants sont sortis …	**l** … à la voiture à 14h.
13 Tout le monde est retourné …	**m** … devant l'entrée du centre.

1

2

3

4

5

6

7

8

9

10

11

12

13

(b) Using the verbs in the box below, now write the correct verb under each picture above.

partir tomber aller monter arriver sortir descendre
mourir venir naître entrer rester retourner

Exercice 11

Complétez les phrases suivantes.

You need **two** words to complete these sentences, a part of **être** and **le participe passé**! Always ask yourself: Do I need an '**e**', '**es**' or '**s**' at the end of **le participe passé**?

1 Marie ______________ ______________ hier soir. (sortir)

2 « Je ______________ ______________ de bonne heure, » dit Marine. (arriver)

3 Nous ______________ ______________ en Irlande. (naître)

4 Le groupe ______________ ______________ à la Tour Eiffel. (monter)

5 Malheureusement, notre chien ______________ ______________ . (mourir)

6 Ma grand-mère ______________ ______________ sur l'escalier roulant. (tomber)

7 Thomas et Bernard, vous ______________ ______________ en autobus ? (venir)

8 Manon, tu ______________ ______________ chez toi le week-end dernier ? (rester)

Coin grammaire : Le passé composé (suite)

La forme négative du passé composé

- In the passé composé the ne is placed before the verbe auxiliaire and the pas is placed after the verbe auxiliaire.

Exemples :

Je suis montée dans ma chambre.

Je ne suis pas montée dans ma chambre.

Ils sont entrés dans la pâtisserie.

Ils ne sont pas entrés dans la pâtisserie.

Rappel !

Ne needs to be shortened to n' before a vowel.

Tu n'es pas venu me voir.

3.11 Écoutons maintenant !

Listen to how the verb aller sounds à la forme négative.

je ne suis pas allé	nous ne sommes pas allés
je ne suis pas allée	nous ne sommes pas allées
tu n'es pas allé	vous n'êtes pas allés
tu n'es pas allée	vous n'êtes pas allées
il n'est pas allé	ils ne sont pas allés
elle n'est pas allée	elles ne sont pas allées

3.12 Écoutons maintenant !

Cochez la bonne case ! Is the sentence you hear positive or negative?

	positif	négatif
1		
2		
3		
4		
5		
6		
7		
8		

Exercice 12

Écrivez les phrases suivantes au passé composé avec une négation.

1 Je suis allé au centre commercial. ______________________________

2 Nous sommes partis à deux heures. ______________________________

3 Elle est née en avril. ______________________________

4 Vous êtes sortis hier soir ? ______________________________

5 Ils sont venus avec leurs parents. ______________________________

6 Marie et Luc sont arrivés pour le concert de bonne heure. ______________________________

7 Tu es restée longtemps dans le café. ______________________________

8 Robert est tombé sur l'escalier roulant. ______________________________

Juste un petit mot – Leaving a note for a friend

Sometimes you will need to leave a message (un petit mot) in French for somebody. This is one of the tasks that you need to know for the Junior Certificate. There are 30 marks for this question.

Generally you are given three tasks. You do not get marks for the format, but it is important to write the **day** (don't forget the small letter!) and the **time** on the top right-hand side of the page:

Exemple : lundi, 11 heures

or you may shorten heures to h:

Exemple : lundi, 11h00

Lisons maintenant !

samedi, 10h00

Salut Corinne !

Je laisse un petit mot pour te dire que nous allons faire du shopping.

Est-ce que tu veux venir avec nous ? Rendez-vous devant Décathlon à midi. Si tu ne viens pas, téléphone-moi sur mon portable.

À bientôt

Deirdre.

Écrivons maintenant !

Remplissez chaque blanc avec le mot juste.

voudrais
mot
sorti
avant
bientôt

Salut Paul ! jeudi, 11h30

Juste un petit (1)__________ pour te dire que je suis (2)__________ faire une promenade. Il fait si beau !

Je suis de retour (3)__________ le déjeuner.

Tu (4)__________ aller au cinéma avec les autres ce soir ?

À (5)__________ ,

Conor.

The letter 'e' in French is pronounced 'eh', as in le and me. However, when you put the accent aigu on an 'é', the sound changes to 'ay' as in English hay or say. The participe passé of all -er verbs ends in 'é', so practise this sound – allé, monté, tombé, resté, retourné. Even when you add another 'e' or an 's', the sound stays the same – entrée, restés, arrivés. The letter 'é' is also pronounced in this way at the start or in the middle of a sentence – élève, écouter, télévision, électricité, Mélodie.

Useful phrases for notes

Getting started

Juste un petit mot pour te dire que …	Just a note to tell you that …
Je laisse ce petit mot pour te dire que …	I'm leaving this note to tell you that …

Where you're going or what you are going to do

Je vais	*au cinéma*	to the cinema
Je suis allé	*chez Jean*	to John's house
Je suis sortie	*à la piscine*	to the swimming pool
Nous allons	*aux magasins*	to the shops
Nous sommes allés	*au centre commercial*	to the shopping centre
Nous sommes sorties	*à la plage*	to the beach

Would you like to come?

Tu veux venir avec nous?	Do you want to come with us?
Tu voudrais venir?	Would you like to come?
Ça te dit de venir avec nous?	How about coming along with us?

Where to meet

Rendez-vous …	Meeting …
chez moi.	at my house.
devant le centre commercial.	in front of the shopping centre.
au coin de la place.	at the corner of the square.
à l'arrêt de bus.	at the bus stop.
Nous nous retrouvons devant le cinéma.	We're meeting in front of the cinema.

At what time

à six heures	at six o'clock
vers trois heures	about three o'clock
à quatre heures pile	on the dot of four
ce soir	this evening
demain matin	tomorrow morning

When you'll be back

Je rentre dans une heure.	I'll be home in an hour.
Nous rentrons à midi.	We'll be home at midday.
De retour à six heures.	Back at 6 o'clock.
De retour avant le dîner.	Back before dinner.
Je serai de retour.	I'll be back

What to bring / don't forget!

Apporte ton maillot de bain!	Bring your swimsuit!
Apporte des sandwichs!	Bring some sandwiches!
N'oublie pas ton argent!	Don't forget your money!
N'oublie pas ton billet!	Don't forget your ticket!
N'oublie pas ton portable!	Don't forget your mobile phone!
N'oublie pas ta clé!	Don't forget your key!

Contact me!

Téléphone-moi si tu veux venir!	Ring me if you want to come!
Donne-moi un coup de fil si tu ne viens pas.	Give me a call, if you can't come.

How to finish your note

À bientôt!	See you soon!
À ce soir!	See you this evening!
À plus tard!	See you later!

3.13 Écoutons maintenant !

Complétez la grille !

	what is suggested	meeting place
Valérie		
Charles		
Alexis		
Juliette		
Matthieu		

Écrivons maintenant !

Michel/Mélanie is staying in your house. You have to go out. Leave a note in French for him/her in which you …

- say you have gone to the supermarket
- say you will back in an hour
- ask if he/she wants to go to the pool in the afternoon.

Mots clés – apprenez par cœur !

la couleur
le froid
la météo
le petit mot
la pointure
la région
le rendez-vous
la taille
la température
le temps
l'uniforme (m.)
le vêtement

Épreuve

Question 1

What type of weather is preferred by these people and why?

	type of weather	activity mentioned
1		
2		
3		
4		
5		

Question 2

Read the weather forecast below and then answer the questions which follow in your copy.

Météo pour le samedi 10 mai

Côte sud-est : Le beau temps ensoleillé va continuer avec des températures en hausse.

Côte est : On va voir de belles éclaircies aujourd'hui.

Côte nord : Un peu moins froid aujourd'hui avec des averses le soir.

Côte ouest : De la pluie le matin, avec du vent venant de l'Atlantique.

Côte sud-ouest : Du brouillard le matin et l'après-midi.

Centre : Des nuages pendant toute la journée.

la légende

1 This is the weather forecast for which day?

2 Which area will be cloudy all day?

3 Where will the temperature rise?

4 What will the weather be like in the west?

5 Where might it rain in the evening?

6 Where will the sun break through?

Question 3

Read the following article and comments and answer the questions that follow in your copy.

Séisme et tsunami : le Japon tremble encore !

Un mois après le séisme et le tsunami qui ont frappé les côtes du Japon, la terre tremble encore au Japon. Lundi, le 11 avril, un séisme d'une magnitude de 6,6 a été enregistré dans le nord-est du pays déjà ravagé par la catastrophe du 11 mars.

150 000 personnes toujours privées de maison

Depuis le 11 mars, 150 000 personnes sont toujours sans domicile. Leurs maisons, situées en bord de mer, ont été dévastées par le tsunami. La plupart vivent dans des centres d'accueil : mairies ou gymnases, réaménagés pour les loger.

Marc – 12h44
Je trouve ça horrible. Les Japonais, les pauvres, ils me font de la peine. Je voudrais bien leur envoyer de l'argent. C'est très triste.

Laure – 12h42
Je suis très triste pour le Japon et je voudrais bien les aider, mais je ne sais pas comment. Je voulais juste dire que ça me rend triste de voir des gens malheureux.

Nadine – 12h38
Je trouve que ce site est très bien et il m'apprend beaucoup de choses.

1. What happened a month after the tsunami in Japan? ____________
2. Which part of the country was affected? ____________
3. What is said about 150,000 people in Japan at the moment? ____________
4. Name **one** place where these people are now living. ____________
5. What does Marc want to do to help? ____________
6. How is Laure feeling after reading the latest news? ____________

Question 4

What region of France is mentioned? You may use the French or the English name.

1 ____________ 2 ____________ 3 ____________

4 ____________ 5 ____________ 6 ____________

Question 5

Complete the sentences below and match these people to their descriptions.

a Alexandre

b Mélodie

c Amélie

d Jonathan

e Lucien

f Magali

1 J'adore le look décontracté. Je porte un débardeur, avec un jean et des ______________ beiges.

2 Moi, je préfère le style habillé – je porte une chemise bleue, une cravate bleu marine, et un ______________ bleu marine aussi.

3 Quand je vais au collège, je veux mettre des vêtements confortables. Je porte un ______________ rouge, un jean et des baskets blanches.

4 J'adore ma cravate rose ! Je la porte avec une ______________ noire et un pantalon noir.

5 Sur cette photo, je porte un ______________ noir, un sweat bleu à capuche et des tongs.

6 Je sors avec mes amis – je porte un tee-shirt violet, un ______________ et j'ai un sac noir.

1 = ☐   2 = ☐   3 = ☐   4 = ☐   5 = ☐   6 = ☐

Question 6

Which items of clothing are on special offer this week and in what colours are they available?

	item	colours available
1		
2		
3		
4		
5		
6		

Question 7

Complete the following sentences using the correct form of the adjective.

1 Sur le drapeau suisse, il y a une croix ______________ . (blanc)
2 J'adore ma nouvelle jupe ______________ . (vert)
3 Il y a un orage ______________ aujourd'hui. (affreux)
4 Elle a porté une ______________ robe à la fête. (beau)
5 Nous avons mangé les ______________ pommes de la saison. (premier)
6 Elle est de taille ______________ pour son âge. (moyen)

Question 8

Write les participes passés for the following verbs:

1 venir ______________ 2 tomber ______________ 3 naître ______________
4 sortir ______________ 5 descendre ______________ 6 mourir ______________

Question 9

Complete these sentences using the correct form of the passé composé of the verbs in parentheses.

1 Je __________ ______________ à la piscine tous les jours. (aller)
2 Nous __________ ______________ faire du ski en décembre. (partir)
3 Maman __________ ______________ en vacances au printemps mais il a plu. (venir)
4 Elles __________ ______________ en automne. (naître)
5 Marc __________ ______________ de son vélo dans le brouillard. (descendre)
6 Est-ce que tu __________ ______________ dans le jardin pendant l'orage ? (rester)

Question 10

Rewrite the following sentences in the negative.

1 Paul est arrivé à midi. ______________________________
2 Nous sommes partis à pied. ______________________________
3 Ils sont restés à la maison hier soir. ______________________________
4 Tu es entrée par la porte verte. ______________________________
5 Toute la famille est partie en voiture. ______________________________
6 Vous êtes retournés la semaine dernière. ______________________________

Question 11

You are staying with your French penpal Louis. One morning you get up early before everyone else. Write a note for Louis to say that …

– it is sunny and you have gone for a walk
– you have your mobile phone with you
– you will be back about 12 for lunch.

Mes progrès personnels

Visit
www.edco.ie/bontravail2
for interactive revision exercises

Having completed Unité 3 ...

	Oui	Non	Retourne à
I can write and talk about the weather	☐	☐	55
I know the names of the regions of France	☐	☐	59
I can use words to describe what I wear	☐	☐	62–3
I have revised the words for colours	☐	☐	66
I have learned about the feminine and plural forms of adjectives	☐	☐	70–72
I know where to put an adjective in a sentence	☐	☐	73
I can form le passé composé of verbs which use être	☐	☐	74–6
I have practised the sound of the letter 'é' in French	☐	☐	81
I can write a note/message	☐	☐	81–3
I have learned the key words for this unit	☐	☐	83

Unité 4

Comment vas-tu?

Objectifs

Vocabulaire: Parts of the body; illnesses and injuries; personal descriptions; visiting the doctor/dentist; in a pharmacy; signs of the Zodiac

Grammaire: à + le, la, l', les; le passé composé of verbes pronominaux (reflexive verbs); comparative of adjectives

Techniques: Writing a letter about illness, making an appointment at a doctor's

Prononciation: Pronouncing 'eu' in French words

Civilisation

- Hopefully you won't become ill when you are in France, but if you do, it's good to know where you can get help. The first port of call is often la phamacie, the pharmacy/chemist's. You will recognise this shop by its green cross sign. Here you will meet a trained person, un pharmacien / une pharmacienne, who can give you advice and treatment for minor ailments.
- If you need further assistance, you may need to visit un cabinet d'un médecin (doctor's office) in order to have a more thorough examination and get une ordonnance (prescription) for medication. In large towns there may be a medical centre, where you can call in and see a doctor, but usually you will need to prendre un rendez-vous (make an appointment).
- French people are particularly health conscious and spend quite a lot on medication each year. If you stay in a French house, you can be sure that the family medicine cabinet will be well stocked!
- Historically, France has provided the world with many advances in the area of health.

?

- **Jean-Baptiste Denys** (1643–1704) carried out the first known blood transfusion in 1667.
- In 1819 **René Laennec** (1782–1826) developed the stethoscope which doctors still use today to diagnose chest and heart problems.
- **Louis Pasteur** (1822–1895) is famous for his work on disease causes and prevention. He introduced a method of treating milk, called pasteurisation. He also studied the immune system and developed a vaccine against rabies.

Les parties du corps

Exercice 1

Nommez la partie du corps !

C'est le / la / l' / les ...

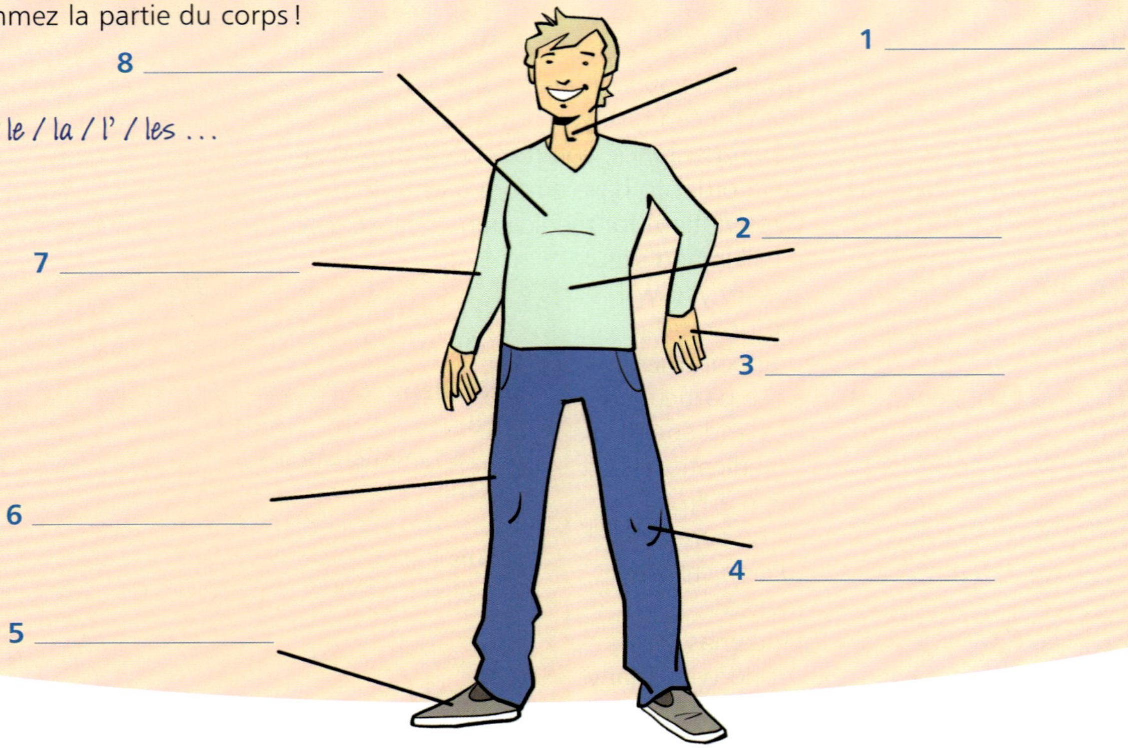

Exercice 2

Faites des paires ! Write the French word together with its English meaning.

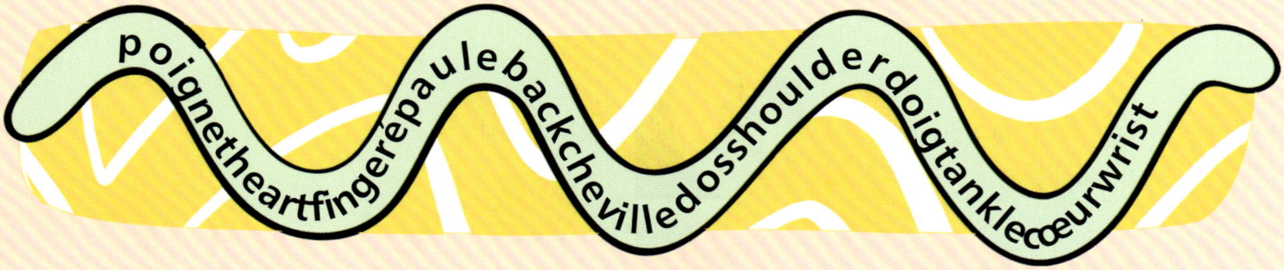

1 ____________ / ____________ 2 ____________ / ____________ 3 ____________ / ____________

4 ____________ / ____________ 5 ____________ / ____________ 6 ____________ / ____________

4.1 Écoutons maintenant !

What part of the body is mentioned in each sentence?

1 ____________ 2 ____________ 3 ____________

4 ____________ 5 ____________ 6 ____________

Et la tête

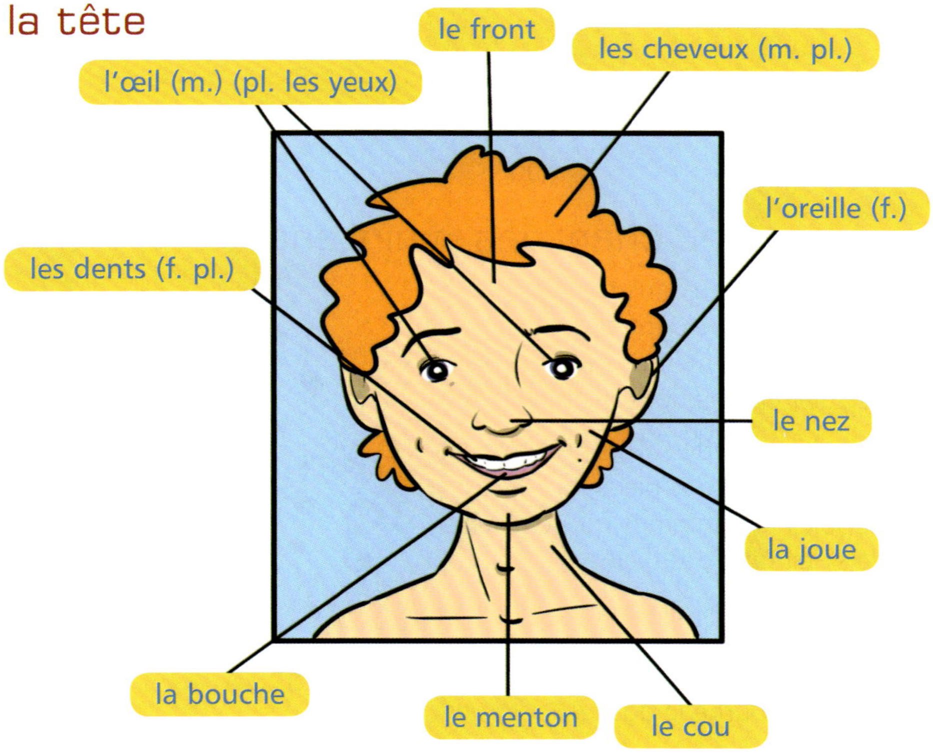

Exercice 3

Vrai ou faux?

Exemple : *C'est le nez ?*

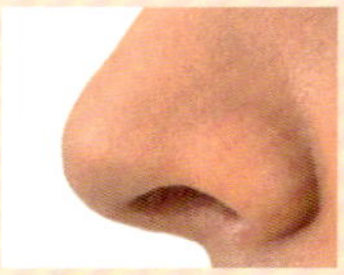

Oui, c'est le nez.

1 C'est la bouche ?

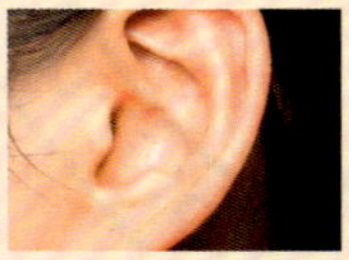

Non, c'est ______________ .

2 C'est le cou ?

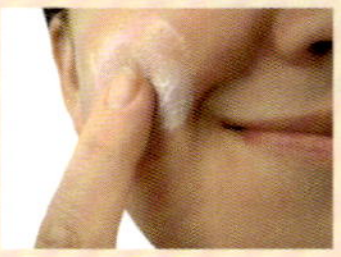

______________ .

3 C'est l'œil ?

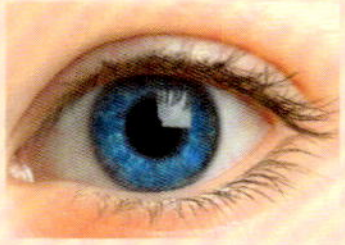

______________ .

4 C'est le menton ?

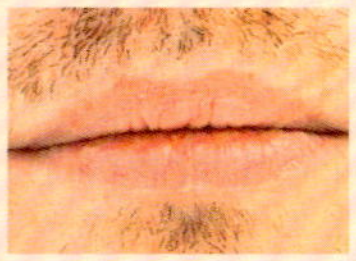

______________ .

5 Ce sont les dents ?

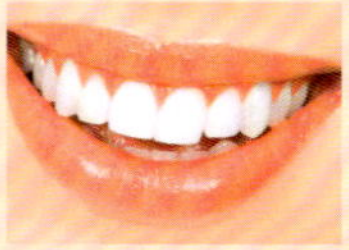

______________ .

6 Ce sont les cheveux ?

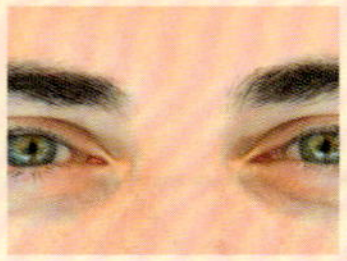

______________ .

4.2 Écoutons et chantons maintenant !

Si tu aimes le soleil frappe dans tes mains
Si tu aimes le soleil frappe dans tes mains
Si tu aimes le soleil le printemps qui se réveille
Si tu aimes le soleil frappe dans des mains.

Si tu aimes le soleil tape des pieds
Si tu aimes le soleil tape des pieds
Si tu aimes le soleil le printemps qui se réveille
Si tu aimes le soleil tape des pieds.

Si tu aimes le soleil claque des doigts …

Si tu aimes le soleil lève les bras …

Si tu aimes le soleil tourne le dos …

Si tu aimes le soleil crie « bonjour » …

Quelques locutions françaises !

Here are some common phrases that use parts of the body. Can you work out what they mean in English? Make a note of them in your copy!

donner un coup de main

donner un coup de pied

de bouche à l'oreille

apprendre par cœur

C'est une tête en maths !

faire la tête

Lisons maintenant !

La foudre a traversé le corps d'Erin, 10 ans

Un éclair, un coup de tonnerre et la foudre. Erin a eu beaucoup de chance. Il y a dix jours, alors qu'elle regardait un orage par sa fenêtre, au pays de Galles (Royaume-Uni), cette jeune fille de dix ans a été frappée par la foudre ! Une puissante décharge électrique a traversé la vitre puis son corps : le courant est entré par son épaule gauche et il est ressorti par le gros orteil de son pied droit ! Bilan : une petite brûlure en forme d'éclair sur l'épaule. Rien d'autre ! Erin a pu retourner à l'école dès le lendemain. Si elle n'a pas été plus touchée, c'est qu'elle « n'a sûrement reçu qu'une toute petite partie de la décharge électrique totale », d'après Daniel Brazzale, spécialiste de foudre.

1 How would you best describe the weather at the time?

a wet and windy

b cloudy and overcast ☐

c thunder and lightning

2 What was Erin doing when the incident occurred? ____________________

3 What was the only injury she received? ____________________

4 What did she do the following day? ____________________

5 Who is Daniel Brazzale? ____________________

J'ai mal!

When you want to say that some part of your body is hurting you, you use the expression avoir mal au / à la / à l' / aux.

Exemples:

J'ai mal à la main.

Le pauvre Rolo a mal à l'oreille.

J'ai mal aux dents.

4.3 Écoutons maintenant!

Ces gens ne vont pas très bien. Décidez qui parle. Can you number the cartoons in the order you hear them?

a

b

c

d

e

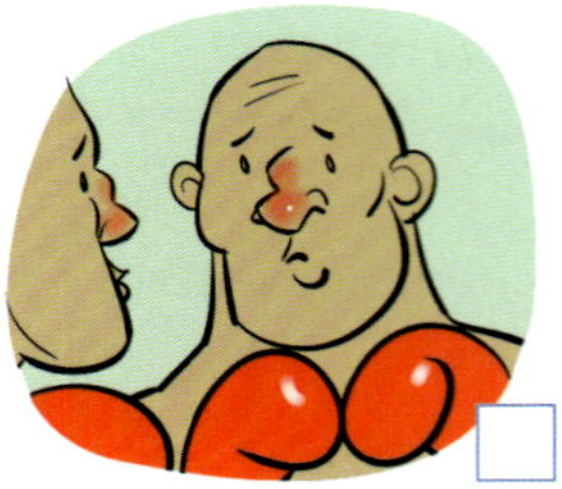

f

Un peu de fun!

Draw a grid, four boxes across and three boxes down. In each box draw a part of the body. Listen to your teacher call out different body parts. If you get four in a row, you win – the game continues until someone has crossed off all the boxes. You shout 'Eureka!'

Coin grammaire : à + le / la / l' / les

Don't forget that when the preposition à comes before a definite article – le, la, l', or les – you find the following:

à + le	= au
à + l'	= à l'
à + la	= à la
à + les	= aux

Exercice 4

Complétez les phrases suivantes :

1 Malika est tombée dans la rue. Elle a mal ____________ cheville.

2 Faire du ski, c'est très fatigant – Alexis et Lucien ont mal ____________ dos.

3 Lucien a fini la marathon. Maintenant, il a mal ____________ pieds.

4 Nous avons trop chanté au concert. Nous avons mal ____________ gorge.

5 J'ai passé trop de temps devant l'ordinateur. J'ai mal ____________ yeux.

6 Tu as trop mangé ? Tu as mal ____________ ventre ?

Les descriptions

De quelle couleur sont tes yeux … ?

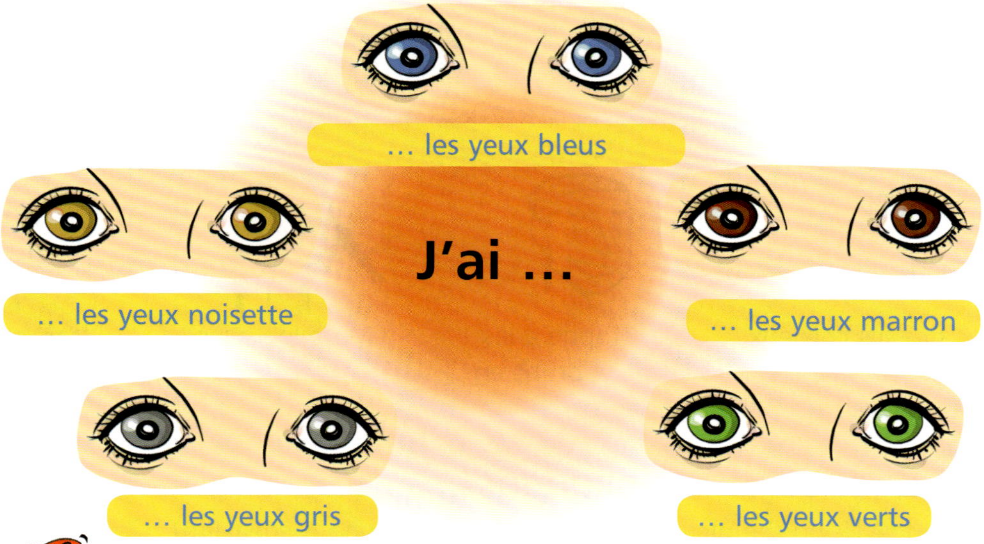

Rappel !

Notice neither **marron** nor **noisette** takes an **'s'** in the plural.

Chez l'opticien

Les cheveux

Attention!
The colour in French for red hair is roux.

Jonathan a les cheveux courts et blonds.

Louise a les cheveux longs et bruns.

Max a les cheveux frisés et châtains.

Sophie a les cheveux raides et roux.

Magali a les cheveux teints, en queue de cheval.

Christophe a les cheveux bruns en brosse.

Mathilde a les cheveux noirs tressés.

Jean-Louis a une barbe grise et il est chauve.

4.4 Écoutons maintenant!

Qui parle? Using the pictures above, write down who is speaking.

1 ____________ 2 ____________

3 ____________ 4 ____________

5 ____________

Lisons maintenant !

Tes tifs* et toi

- 120 000 – c'est le nombre moyen de cheveux sur la tête
- 50 / 100 – c'est le nombre de cheveux qu'on perd tous les jours
- 3 ans – la vie moyenne d'un cheveu
- 1,5 cm – c'est la vitesse de pousse d'un cheveu chaque mois

*les tifs (m. pl.) = *hair/locks* (slang)

1 The number 120 000 refers to

a the number of hairs we lose each year

b the average number of hairs you have on your head ☐

c the number of days it takes to grow an average head of hair

2 What is the average age of a hair on your head? ____________________

3 What does 1,5 cm refer to? ____________________

Exercice 5

Complete the following words with the correct letters.

1
J'ai les ye____x mar____on et les chev____ux noirs.

2
J'ai les y____u____ ma____ro____ et j'ai les che____eu____ blonds.

3
J'ai les ____eux bl____ et les c____eveux blonds.

4
J'ai les y____x marro____ et les c____eveux noirs.

Écrivons maintenant !

Now write a similar description **(a)** for yourself and **(b)** for the person sitting beside you.

Moi, j'ai les cheveux … et …
Moi, j'ai les yeux …
Mon ami a les cheveux … et …
Mon ami a les yeux …

4.5 Écoutons et répétons maintenant!

Listen, and practise the sound of these words:

cheveux yeux bleu heureux deux
peu peut veux affreux jeu

The sound 'eu' in French is sometimes difficult to get correct. Listen and practise the sound of these words: **cheveux**, **yeux**, **bleu**, **heureux**, **deux**, **peu**, **peut**, **veux**, **affreux**, **jeu**.

4.6 Écoutons maintenant!

Listen to the following people describing themselves and fill in the grid.

		eyes	hair colour	hairstyle
1	Charlotte			
2	Karim			
3	Ludovine			
4	Bastien			
5	Émilie			
6	David			

Parlons maintenant!

With your partner, describe the following people:

Coin grammaire: Le passé composé des verbes pronominaux

You learned about les verbes pronominaux au présent in Book 1 – see Unité 4, page 103. Do you remember that they all take **two** pronouns?

Exemples: je me repose elle s'habille nous nous amusons

- Don't forget – when you want to make le passé composé of a verb, you need un verbe auxiliaire and un participe passé.
- All verbes pronominaux use être as their auxiliary verb (verbe auxiliaire), just like the verbs you learned in the rap in Unité 3 (page 76).
- This means that their participes passés need to agree with the subject of the sentence.

Exemples: elle s'est lavée ils se sont réveillés elles se sont habillées

- Les participe passés of les verbes pronominaux are formed as normal:

all -er verbs → 'é' regular -ir verbs → 'i' regular -re verbs → 'u'

4.7 Écoutons maintenant !

Listen to how the verb se coucher sounds au passé composé:

m.	je 	me	suis	couché	m. pl.	nous 	nous	sommes	couchés
f.	je 	me	suis	couchée	f. pl.	nous 	nous	sommes	couchées
m.	tu 	t'	es	couché	m. pl.	vous 	vous	êtes	couchés
f.	tu 	t'	es	couchée	f. pl.	vous 	vous	êtes	couchées
m.	il 	s'	est	couché	m. pl.	ils 	se	sont	couchés
f.	elle 	s'	est	couchée	f. pl.	elles 	se	sont	couchées

Exercice 6

Fill in the grid below with the missing parts of the reflexive verb s'amuser (*to enjoy oneself*).

m.	je	me		amusé
f.		me	suis	
m.		t'		amusé
f.	tu	t'	es	
m.	il		est	amusé
f.		s'	est	
m. pl.	nous		sommes	amusés
f. pl.		nous	sommes	
m. pl.	vous		êtes	
f. pl.		vous	êtes	amusées
m. pl.	ils	se		
f. pl.		se	sont	

Quelques verbes utiles !

se blesser	*to injure oneself*
se brûler	*to burn oneself*
se casser …	*to break* (*a limb such as a leg or an arm*)
se couper	*to cut oneself*
se coucher	*to go to bed*
se fouler …	*to sprain* (*a limb such as a wrist or an ankle*)
s'habiller	*to dress oneself*
se laver	*to wash oneself*
se reposer	*to relax / to rest*
se réveiller	*to wake up*

Some French reflexive verbs are not reflexive in English.

Exemples : se rappeler = to remember
(literally: 'to recall to oneself')
se demander = to wonder
(literally: 'to ask oneself')

Coin dictionnaire

Where will you find un verbe pronominal in the dictionary? Because they all have se or s' in front of them, you might be tempted to look up under 's'. However, this is only a pronoun and to find the verb, you need to look it up under the first letter of the verb itself.

Exemples : *To find the meaning of se baigner, you need to look under 'b'.*
To find the meaning of se terminer, you need to look under 't'.

Exercice 7

Cherchez dans le dictionnaire. Using your dictionary, find the meaning of these verbs:

se demander **se disputer** **se promener** **se rappeler** **se souvenir de**

4.8 Écoutons maintenant !

Here are some reflexive verbs that are all used to describe accidents or ailments. Listen and match the verb with the correct image.

1

2

3

4

5

6

a Ils se sont coupés.

b Elle s'est enrhumée.

c Il s'est foulé la cheville.

d Elle s'est brûlée.

e Il s'est blessé le pied.

f Il s'est cassé le bras.

1 = ☐ 2 = ☐ 3 = ☐ 4 = ☐ 5 = ☐ 6 = ☐

Ècrivons maintenant !

Quelle semaine désastreuse ! Twins Jules and Julie seem to have had a very bad week. Can you fill in the missing verb in each sentence, using the picture to help you?

lundi

a brûlé
b cassé
c lavé

Il s'est ______________ le bras.

mardi

a foulée
b levée
c brûlée

Elle s'est ______________ la joue.

mercredi

a lavés
b réveillés
c brûlés

Ils se sont ______________ à 10h.

jeudi

a habillée
b blessée
c reposée

Elle s'est ______________ dans le parc.

vendredi

a foulé
b coupé
c lavé

Il s'est ______________ le pied.

samedi

a couchée
b habillée
c coupée

Elle s'est ______________ dans le jardin.

La forme négative des verbes pronominaux

When you want to make un verbe pronominal negative, you need to be careful where you put the ne and pas. Look at the examples below:

Exemples :

Je ne me suis pas amusé.

Elle ne s'est pas enrhumée.

Ils ne se sont pas disputés.

4.9 Écoutons maintenant !

This is how the reflexive verb se laver sounds in the negative:

je	**ne**	me	suis	**pas**	lavé(e)
tu	**ne**	t'	es	**pas**	lavé(e)
il	**ne**	s'	est	**pas**	lavé
elle	**ne**	s'	est	**pas**	lavée
nous	**ne**	nous	sommes	**pas**	lavé(e)s
vous	**ne**	vous	êtes	**pas**	lavé(e)(s)
ils	**ne**	se	sont	**pas**	lavés
elles	**ne**	se	sont	**pas**	lavées

Rappel !

If you are using **vous** in the polite form for 'you', you don't need to add an '**s**', as you are speaking to just one person.

Rappel !

If the subject is both male and female, you use the male form!

Exercice 8

Fill in the grid with the missing parts of the verb.

je		me	suis	pas	couché
tu	ne	t'	es		couché
il		s'	est	pas	
		s'	est		couchée
nous (f. pl.)	ne		sommes	pas	
vous (m. pl.)	ne			pas	couchés
ils		se	sont	pas	couchés
elles	ne	se	sont		

Exercice 9

Faites des paires ! Here are some verbs in the positive form that have separated from their negative form. Match them up and write them in your copy.

1 Je me suis couché.
2 Il s'est levé.
3 Nous nous sommes lavés.
4 Maman s'est reposée.
5 Elles se sont amusées.
6 Tu t'es habillé.
7 Charlotte s'est coupée.
8 Antoine s'est douché.

a Elles ne se sont pas amusées.
b Charlotte ne s'est pas coupée.
c Maman ne s'est pas reposée.
d Antoine ne s'est pas douché.
e Je ne me suis pas couché.
f Tu ne t'es pas habillé.
g Nous ne nous sommes pas lavés.
h Il ne s'est pas levé.

Civilisation : Prendre rendez-vous chez le médecin

Attention! The French word for a 'doctor' is **un médecin**. The word for 'medicine' which you would take is **le médicament**.

- If you are unlucky enough to become ill while in France, you may need to visit un cabinet du médecin. You will usually need to make an appointment – prendre un rendez-vous. The doctor may give you a prescription, une ordonnance, which you can take to the nearest chemist's. Sometimes you may need to go to a hospital (un hôpital) for an x-ray (une radio) or, if there is a serious problem which needs immediate attention, to les urgences (accident and emergency).

Ça ne va pas !

Voici quelques expressions utiles. Here are some phrases that you may need to describe what the problem is:

Je me sens mal.

J'ai de la fièvre.

J'ai chaud.

J'ai froid.

Je suis allergique au / à la / aux …

J'ai mal au ventre.

Je tousse.

J'ai pris un coup de soleil.

When you want to say how long you have had the complaint, you use the French preposition depuis, which means 'for' or 'since'.

Exemples : *depuis hier soir*
depuis trois jours
depuis ce matin

4.10 Écoutons maintenant !

The secretary in the surgery of Docteur Lapeine, which is near the Camping Maritime, is very busy this morning. Why does each person want an appointment and when will the appointment be?

	one symptom mentioned	appointment time
1		
2		
3		
4		
5		
6		

Lisons maintenant !

Madame Durand brings her daughter Manon to see Docteur Lapeine. Lisez le texte et complétez les phrases.

Docteur Lapeine : Bonjour, Madame Durand. Bonjour, Manon. Alors, Manon, qu'est-ce qui ne va pas ?

Manon : Je me sens très mal. J'ai mal à la gorge et j'ai chaud.

Docteur : Mmmm … fais voir ! Ouvre la bouche, s'il te plaît, Manon !

Manon : Ahhhh …

Docteur : Ah ! je vois ! La gorge est toute rouge. Depuis quand est-ce que tu es malade ?

Manon : Depuis hier.

Mme. Durand : Manon est allée au concert au stade le week-end dernier.

Docteur : Oh ! Et tu as beaucoup chanté et crié sans doute. Et tu as aussi attrapé froid.

Manon : Oui. J'ai eu froid … Mais le concert était fantastique !

Docteur : Eh bien ! Je vais te faire une ordonnance pour des antibiotiques. Prends un antibiotique trois fois par jour pendant cinq jours. Et reste au chaud à la maison.

Manon : Cinq jours ? Mais, c'est la fête de Sylvie vendredi prochain !

Docteur : Vendredi ? Euh … dans quatre jours. Si tu n'as pas de fièvre vendredi et si ta gorge va mieux, tu pourras y aller.

Manon : Oh ! Merci ! Et est-ce que je vais au collège ?

Docteur : Non, pas pour le moment. Je te conseille aussi de boire beaucoup.

Mme. Durand : Bon, je vais téléphoner au collège pour leur dire que tu seras absente quelques jours.

Docteur : Et voilà l'ordonnance. Commence les antibiotiques aussi vite que possible. Et ne chante pas à la fête de Sylvie !

Mme. Durand et Manon : Merci, Docteur Lapeine. Au revoir.

1 Manon va chez le médecin car …
2 Le médecin examine …
3 Le week-end dernier …
4 Elle doit prendre …
5 Elle voudrait aller …
6 Elle doit rester chez elle …
7 Sa mère va téléphoner …
8 Manon ne doit pas …

a des antibiotiques.
b au collège.
c elle est allée au concert.
d chanter à la fête.
e sa gorge.
f elle a mal à la gorge.
g chez son amie Sylvie vendredi.
h pour le moment.

1 = ☐ 2 = ☐ 3 = ☐ 4 = ☐ 5 = ☐ 6 = ☐ 7 = ☐ 8 = ☐

Écrivons maintenant !

Remplissez les blancs. Manon sends her friend Sylvie an email telling her what has happened.

À: sylvie123@frmail.fr

Objet: Des nouvelles

Salut Sylvie !
Résultat du concert : j'ai mal à la (1) ________________. Je suis allée chez le (2) ________________ aujourd'hui. Je dois (3) ________________ chez moi. Je dois prendre des (4) ________________ pendant (5) ________________ jours. Beurk ! Je déteste ça. Je ne vais pas au (6) ________________ Super ! Mais, une bonne nouvelle, je peux aller à ta (7) ________________. Mais le médecin dit que je ne dois pas (8) ________________ ! Bonjour à tout le monde. À vendredi soir. Manon.

Chez le dentiste

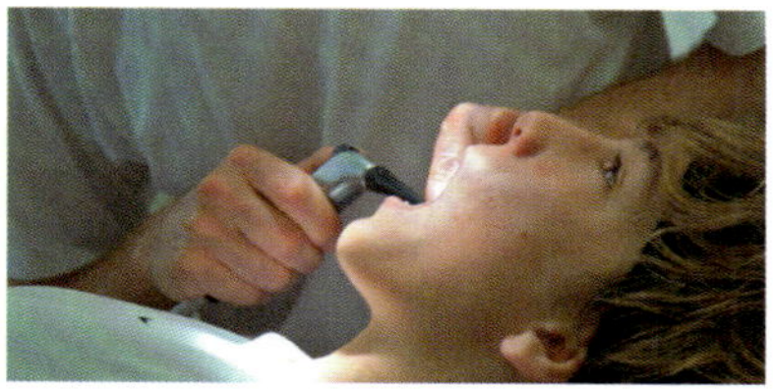

4.11 Écoutons maintenant !

Alexandre a mal aux dents et il est allé chez le dentiste.

(a) Remplissez les blancs dans la conversation.

Dentiste : Bonjour, Alexandre ! Quel est le problème ?
Alexandre : J'ai mal à une dent – ici à (1) ________________. J'ai du mal à manger et à boire.
Dentiste : Eh bien ! Ouvre ta (2) ________________ et je vais voir. Depuis quand as-tu le problème ?
Alexandre : Depuis (3) ________________ jours.
Dentiste : Ah ! Ce n'est pas trop grave. Je peux sauver la (4) ________________ . Tu as besoin d'un plombage.
Alexandre : Un plombage ? Ça va. Je ne voudrais pas (5) ________________ la dent.
Dentiste : Alors, je vais te (6) ________________ une piqûre.
Alexandre : Je (7) ________________ les piqûres, mais j'essaie de me relaxer. Ça va prendre beaucoup de temps ?
Dentiste : Quinze (8) ________________ à peu près. Et maintenant, relaxe-toi !
Alexandre : D'accord.

(b) Complétez la grille – vrai ou faux ?

		vrai	faux
1	Alexandre has a sore tooth on the left-hand side		
2	The doctor needs to take the tooth out		
3	Alexandre has problems eating and drinking		
4	Alexandre hates getting injections		
5	It's been bothering him for about a week		
6	The dentist can do the job in a quarter of an hour		

4.12 Écoutons maintenant !

Des personnes prennent rendez-vous. Listen to people making an appointment and complete their family names.

1 Édouard _ _ _ _ _

2 Marianne _ _ _ _ _

3 Alexia _ _ _ _ _ _

4 Magali _ _ _ _ _ _

5 Natacha _ _ _ _ _ _ _

6 Nicolas _ _ _ _ _ _ _

7 Manon _ _ _ _ _ _ _

8 Valentin _ _ _ _ _ _

Civilisation : À la pharmacie

- If you have a minor health problem or you want to have a prescription filled, you will need to go to une pharmacie. You will recognise this shop by the large green cross it has on the outside. In large cities there are 24-hour chemists and in most small towns there will always be a chemist on duty (la pharmacie de garde) who can help you with your problem. There is a website **www.pharmaciedegarde.com** which you can look up to find the nearest emergency chemist to where you are staying in France.
- Here are some items that you would find in the chemist's:

les comprimés

le sirop

la crème solaire

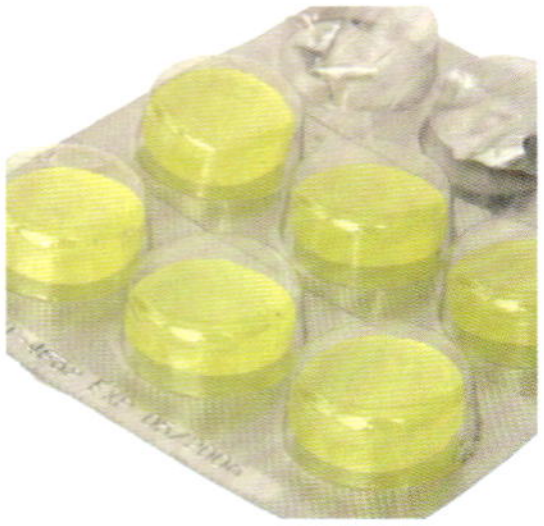

les pastilles

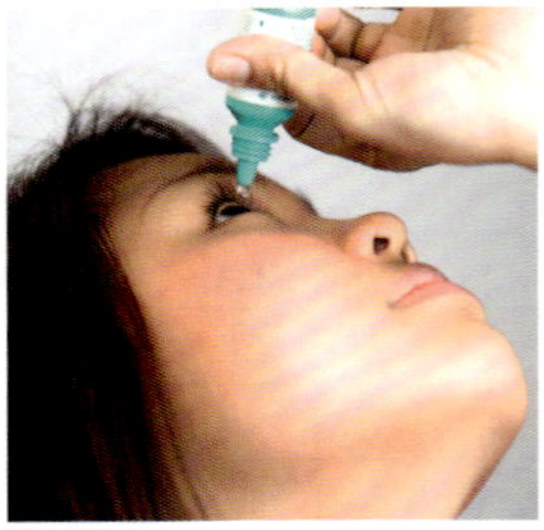

des gouttes pour les yeux

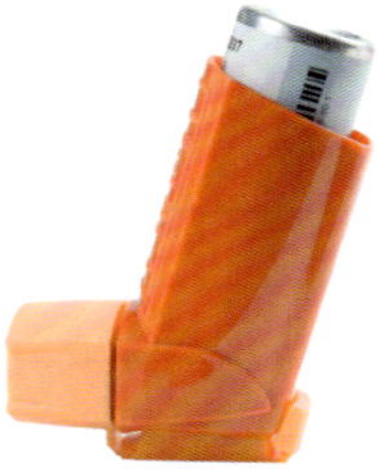

l'inhalateur

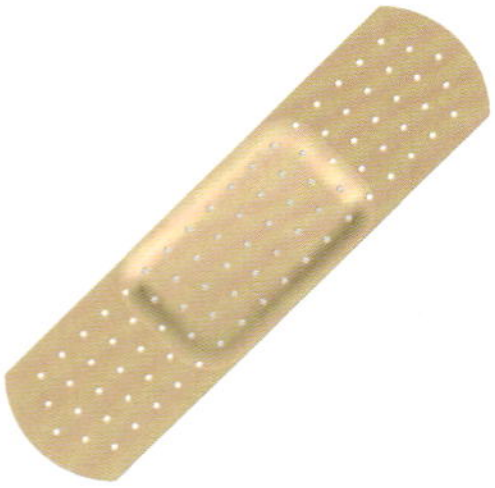

le sparadrap

la bande

4.13 Écoutons maintenant !

Quel médicament ? What does the pharmacist recommend for the following customers?

1 J'ai mal à la gorge. ______________

2 Je tousse. ______________

3 J'ai mal à la tête. ______________

4 Je ne veux pas attraper de coup de soleil. ______________

5 Mes yeux sont tout rouges. ______________

Encore des produits !

Besides medical products, you can buy a wide range of health and beauty products in une pharmacie. Roc, l'Oréal, Vichy and Yves Rocher are some French brand names which you may know of.

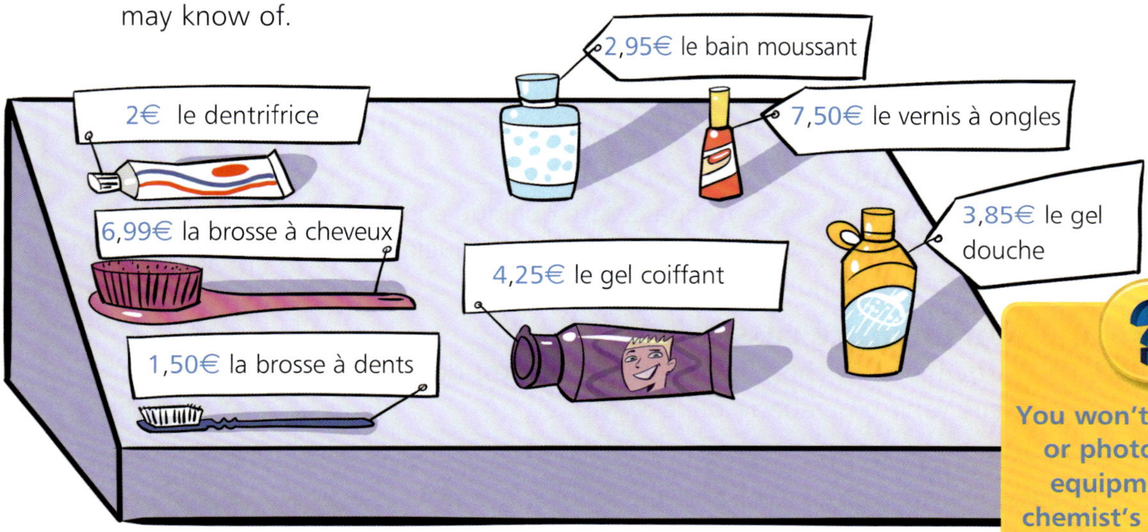

? **You won't find films or photographic equipment in a chemist's in France. You need to go a camera shop for these.**

Exercice 10

Combien coûte chaque article ? Écrivez le nom de l'article en français.

1 1,50€ ______________

2 2€ ______________

3 2,95€ ______________

4 6,99€ ______________

5 7,50€ ______________

6 4,25€ ______________

4.14 Écoutons maintenant !

What does each customer buy and how much do they pay?

	item bought	price
1 François		
2 Juliette		
3 Grégor		

	item bought	price
4 Anthony		
5 Mme Leduc		

Lisons maintenant!

Read this article about minor accidents that can happen in school and answer the questions which follow.

Les accidents pendant l'heure du déjeuner – premier secours

Le nez qui saigne

Rester assis, pencher la tête en avant, comprimer la narine qui saigne durant 2–3 minutes.

Les petites blessures

Bien se laver les mains avant de toucher la blessure. Nettoyer avec un produit antiseptique. Appliquer une bande.

Attention aux petits objets

Si un petit objet se loge dans le nez, dans une oreille ou dans la bouche, ne pas essayer de l'enlever. Aller immédiatement chez le médecin.

Des bleus

Si on tombe ou on se frappe contre quelque chose, on peut avoir un gros bleu qui gonfle. Appliquer immédiatement quelque chose de froid pendant deux à trois minutes.

Un membre cassé

Atttention! La chose la plus importante est de ne pas bouger la personne. Faire venir un médecin ou le SAMU.

1 In the case of a nose bleed, which of the following is **not** mentioned in the article?

a tilt the head forward

b pinch the nostril ☐

c lie the person down

2 What should you do before touching the wound?

____

3 Name **two** places where an object might become lodged.

____________ ____________

4 What should you apply to reduce the swelling of a bruise?

____

5 For how long should you keep it there?

____

6 What is the most important thing to remember if you think someone has broken a limb?

____

The word for the 'ambulance service' in France is le SAMU – Service d'aide médicale urgente.

Coin grammaire : Le comparatif des adjectifs

When you want to make comparisons, you need to use the comparative form of the adjective. For example, if you wanted to say 'Cian is taller than Ryan', 'Aoife is not as tall as Megan' or 'The boys are as tall as the girls', this is how you would write these sentences in French:

The phrases you need are:

plus …	que	*more …*	*than*
moins …	que	*less …*	*than*
aussi …	que	*as …*	*as*

Cian est plus grand que Ryan.

Aoife est moins grande que Megan.

Les garçons sont aussi grands que les filles.

Exercice 11

Complétez les phrases suivantes :

1 Julie a treize ans. Elle est ________________ grande que sa petite sœur.

2 Luc a quatre ans. Ses pieds sont ________________ petits que les pieds de son père.

3 Alexis et Nathan ont reçu les mêmes notes en maths, donc Alexis est ________________ content ________________ Nathan.

4 Les cheveux de ma mère sont ________________ blancs que les cheveux de ma grand-mère.

5 La barbe de mon grand-père est ________________ blanche que la barbe de mon oncle.

6 Obélix est ________________ gros qu'Astérix.

7 Je me promène rarement. Alex marche tous les jours. Je suis ________________ actif que lui.

8 Marine fait 1m 60 et sa cousine fait 1m 60. Louise est ________________ grande ________________ Marine.

4.15 Écoutons maintenant !

Remplissez les blancs dans la lettre d'Emer.

Moycullen, le 23 octobre

Chère Lucie,

Merci pour ta longue lettre. Semaine chaotique ici, car toute ma famille est malade. Mon père a mal à la (1)  ______________ et ma mère a la grippe.

Et moi, j'ai de la (2)  ______________ et je tousse. Ce matin, Maman et moi sommes allées chez le médecin. Il nous a donné une (3)  ______________ pour des (4) 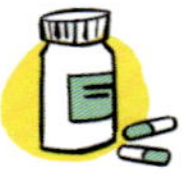 ______________ . Je dois rester au (5) 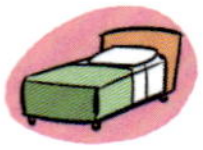 ______________ pendant quelques jours. Après, nous sommes allées à la (6)  ______________ et Maman a acheté des (7)  ______________ pour Papa.

Quand nous sommes rentrées, nous avons appris que mon frère s'est foulé la (8)  ______________ à l'école. Imagine !

Cet après-midi, mes amis sont venus me voir et ils m'ont apporté un (9)  ______________ et des (10)  ______________ . C'est gentil, non ?

J'espère que tout va bien chez toi et que tu échappes aux maladies ! Dis bonjour à tes parents de ma part.

Amitiés,

Emer.

Les lettres concernant la santé

Le premier paragraphe

Comment va ta famille ?	*How is your family?*
J'espère que tout le monde va bien.	*I hope everyone is well.*
Ici, beaucoup de maladies.	*A lot of illness here.*

Des phrases utiles

Malheureusement …	*Unfortunately …*
Je suis malade.	*I am sick.*
Je me sens mal.	*I don't feel well / I feel sick.*
J'ai la grippe.	*I've got the flu.*
J'ai mal au / à la / aux …	*I have a sore …*
Mon bras me fait mal.	*My arm is sore.*
Je me suis cassée la jambe.	*I broke my leg.*
Je suis tombé(e) de mon vélo.	*I fell off my bike.*

De mauvaises nouvelles

Mon père a la grippe.	*My dad has the flu.*
Ma sœur tousse.	*My sister is coughing/ has a cough.*
Elle doit rester au lit.	*She has to stay in bed.*
Mon frère a eu un accident hier.	*My brother had an accident yesterday.*
Il s'est foulé le poignet.	*He sprained his wrist.*
Il doit passer deux nuits à l'hôpital.	*He has to spend 2 nights in hospital.*

Le dernier paragraphe

Il me tarde de te lire bientôt.	*I look forward to hearing from you soon.*
J'espère que tu iras mieux bientôt.	*I hope you'll be better soon.*

Les signes du Zodiaque

Lisons maintenant !

Qu'est-ce qui va se passer ce mois-ci ? Read the horoscopes and answer the questions which follow. You can use the French or English name for the star sign.

Verseau, 21 janvier – 18 février
Vie quotidienne : Évitez le stress, faites vos devoirs tous les soirs.
Santé : Il fait froid – portez assez de vêtements chauds pour la saison.

Poissons, 19 février – 20 mars
Vie quotidienne : Surprise ! Un changement dans la routine scolaire.
Santé : Faites plus d'exercice ce mois-ci. Allez au moins une fois au gymnase ou faites du sport.

Bélier, 21 mars – 20 avril
Vie quotidienne : Une dispute avec un ami. Faites des efforts pour vous reconcilier ! La vie est trop courte pour se disputer.
Santé : Vous avez des envies de sucreries – attention aux kilos en trop !

Taureau, 21 avril – 20 mai
Vie quotidienne : Un nouvel élève arrive. Essayez de lui donner un coup de main.
Santé : C'est le printemps. Profitez des soirées plus longues pour faire une promenade.

Gémeaux, 21 mai – 21 juin
Vie quotidienne : La fin de l'année scolaire est en vue. Vous faites des préparatifs pour l'été.
Santé : Évitez le stress des examens – faites des révisions régulièrement et couchez-vous de bonne heure.

Cancer, 22 juin – 22 juillet
Vie quotidienne : Les vacances arrivent. Vous pouvez vous détendre. Un bon mois pour faire de nouvelles rencontres.
Santé : Vous êtes toujours en forme. N'oubliez pas la crème solaire pour aller au soleil.

Lion, 23 juillet – 22 août
Vie quotidienne : Un colis mystérieux arrive et un bon ami à vous part à l'étranger.
Santé : Profitez des beaux jours pour être plus actif.

Vierge, 23 août – 22 septembre
Vie quotidienne : Préparez la rentrée. N'attendez pas le dernier moment pour acheter de nouveaux cahiers.
Santé : Vous allez dans un nouveau collège ou lycée ? Ne vous inquiétez pas. Soyez ouvert et vous allez vous faire de nouveaux amis.

Balance, 23 septembre – 22 octobre
Vie quotidienne : Vous avez tendance à souvent faire la tête. Arrêtez de toujours vouloir le dernier mot !
Santé : Continuez à manger des repas équilibrés – il est important d'éviter les friandises.

Scorpion, 23 octobre – 21 novembre
Vie quotidienne : Vous trouvez que les parents et les profs vous en demandent trop en ce moment ! Soyez patient avec tout le monde.
Santé : Évitez les disputes – elles sont trop stressantes.

Sagittaire, 22 novembre – 22 décembre
Vie quotidienne : Ne passez pas trop de temps collé à votre ordinateur ! Une heure par jour c'est bien assez.
Santé : Pensez à faire une nouvelle activité pendant votre temps libre.

Capricorne : **21 décembre – 21 janvier**
Vie quotidienne : Grâce à votre sens de l'humour, vous vous amusez bien avec vos amis à Noël.
Santé : Ne mangez pas trop pendant les fêtes et prenez des vitamines pour éviter les rhumes.

In which star sign are you told …

1 to avoid arguments which cause stress? ____________________

2 to use sun cream when you go out in the sun? ____________________

3 not to spend too much time at the computer? ____________________

4 to watch your weight? ____________________

5 to dress warmly? ____________________

6 not to sulk? ____________________

Mots clés – apprenez par cœur !

l'accident (m.)
la blessure
le cabinet
le corps
la maladie
le médecin
le médicament
le membre
l'ordonnance (f.)
le pharmacien / la pharmacienne
le premier secours
le produit de beauté

Épreuve

Question 1

Mots croisés: Le corps

Horizontalement →

1 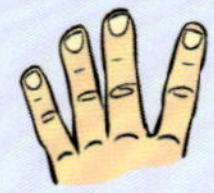
2 
5 
7 
9 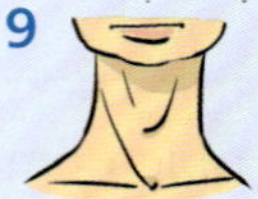
10 
12 

Verticalement ↓

1 
3 
4 
6 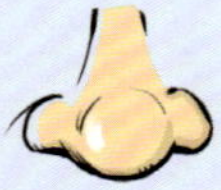
8 
9 
11 

Question 2

What's wrong with you?

1  J'ai mal ________ ____________ .

2  J'ai mal ________ ____________ .

3  J'ai mal ________ ____________ .

4  J'ai mal ________ ____________ .

5  J'ai mal ________ ____________ .

6  J'ai mal ________ ____________ .

Question 3

Listen to these four people talking about themselves and their families and fill in the grids below.

1 **Marine**

Colour of hair	
Style of hair	
Number of sisters	
Tallest in family	

2 **Fréderic**

One detail about his hair	
Colour of his sister's eyes	
Colour of his brother's beard	
Smallest in the family	

3 **Romain**

One detail about his hair	
Colour of brother's eyes	
Age of sister	
Who wears glasses	

4 **Mélodie**

Age	
One detail about her hair	
Whom she looks like	
Colour of mother's eyes	
Who wears lenses	

Question 4

Fill in the gaps in the following sentences. Use the verbs in the medicine cabinet.

1 Je ______________________________ le bras pendant le match de hockey.

2 Il ______________________________ le doigt dans la cuisine.

3 Nous ______________________________ à onze heures chez nos cousins.

4 Ils ______________________________ pendant le match de basket.

5 Marion ______________________________ pour aller à la fête de son amie.

6 Mes sœurs ______________________________ à sept heures pour aller à l'école.

Question 5

Why will these pupils not be at school today? Listen to these messages left on the school answerphone. What is the reason for the absence and when will they return to school?

		reason for absence	will return to school …
1	Béatrice Bideault		
2	Bernard Molinaro		
3	Alex Meunier		
4	Morgane Bisson		
5	Quentin Ménard		
6	Océane Martinez		

Question 6

Here is a list of 12 items. Write the 6 items that you would put into a medicine cabinet on the shelves.

1 ______

2 ______

3 ______

4 ______

5 ______

6 ______

Question 7

How do these people keep fit? Read these blogs and answer the questions which follow.

Essayez de ne pas vous coucher trop tard le soir ! Prenez le temps de vous détendre le week-end avec vos copains !
Louis

Moi, je fais du basket deux fois par semaine. C'est bien de se défouler dans une bonne ambiance !
Alice

Le meilleur moyen de rester en forme, c'est d'être actif ! Allez à la salle de gymnase, faites une promenade en plein air, faites un peu de jogging !
Matthieu

Pour moi la meilleure façon de rester en forme, c'est le sommeil ! Je me fixe une limite à ne pas dépasser : 22h pendant la semaine scolaire.
Audrey

Se vider la tête tous les jours ! Par exemple, le mercredi je fais de la danse, le week-end je prends le temps de bien rigoler avec mes meilleures amies.
Laure

Moi, je fais bien attention à ce que je mange – beaucoup de fruits et de légumes frais. J'évite les produits sucrés ou salés. De cette manière, j'arrive à être en bonne forme.
Adrien

Who is the person who…

1 plays a sport twice a week? ____________

2 thinks it's important not to go to bed late during the week? ____________

3 eats sensibly? ____________

4 thinks it's important to be active? ____________

Question 8

Complete the following sentences using plus, moins or aussi.

1 Le nouveau médecin à l'hôpital est ____________ jeune que le vieux Docteur Maladroit.

2 La vieille pharmacie du petit village est ____________ moderne que la pharmacie du nouveau centre médical en ville.

3 La bouteille de parfum de 30 ml est ____________ grande que la bouteille de 100 ml.

4 Les fruits sont ____________ bons pour le corps que les légumes.

5 Mireille et Julie sont de vraies jumelles. Les yeux de Mireille sont ____________ bleus que les yeux de Julie.

6 Comme cadeaux d'anniversaire, j'ai reçu ____________ de produits de beauté que mon frère.

Question 9

Read the article and complete the sentences which follow.

Le printemps – la saison du pollen !

Sortez vos mouchoirs !

Le printemps est arrivé et cela entraîne des allergies, surtout des allergies aux pollens. Si tu éternues beaucoup, ton nez coule sans cesse et tes yeux pleurent, tu es peut-être allergique. Beaucoup d'ados sont concernés – selon un sondage récent, plus d'un adolescent (âgé de 14 ans) sur dix a une allergie respiratoire. On ne sait pas exactement comment guérir une allergie.

Il existe plusieurs solutions : des médicaments qui peuvent limiter les effets désagréables ; éviter d'ouvrir les fenêtres quand il y a du vent ; aérer les pièces tôt le matin quand il y a moins de pollen dans l'air ; éviter les pique-niques et ne pas faire sécher le linge dehors. On conseille aussi de se laver les cheveux tous les jours.

1 The worst season for those who suffer from pollen allergy is ______________ .

2 Sneezing, a runny nose and ______________ are symptoms of this allergy.

3 One in ______________ 14-year-olds suffer from a breathing allergy.

4 Avoid opening the windows if it is ______________ .

5 Air rooms ______________ in the day.

6 You should ______________ every day if you are allergic to pollen.

Question 10

Fill in the gaps in the following notes by using the words in the box underneath.

mardi, 19h

Cher Monsieur Clavel,
Je regrette l'absence de Nathan hier. Pendant son match de rugby, il (1) ______________ plu et il s'est (2) ______________ . Il n'a (3) ______________ fait ses devoirs car il a été trop (4) ______________ . Il va faire ses (5) ______________ ce soir.
Merci,
Mélanie Dumont.

lundi, 11h

Salut Valérie !
Christelle a téléphoné. Elle ne (6) ______________ pas faire de natation aujourd'hui. Elle s' (7) ______________ réveillée avec la grippe. Elle a de la (8) ______________ et elle (9) ______________ sent mal. Elle va au (10) ______________ du docteur Martin. Elle va te téléphoner plus tard.
À tout à l'heure,
Christelle.

fièvre | peut | est | pas | enrhumé | a | se | devoirs | cabinet | fatigué

Mes progrès personnels

Visit **www.edco.ie/bontravail2** for interactive revision exercises

Having completed Unité 4 ...

	Oui	Non	Retourne à
I can name the parts of the body	☐	☐	90–1
I have learned to use the expression avoir mal à to say something is sore or painful	☐	☐	94
I can describe how someone looks	☐	☐	95–6
I have practised the sound eu in French words	☐	☐	98
I can use the passé composé of verbes pronominaux	☐	☐	98
I have learned some useful verbes pronominaux	☐	☐	100
I have learned about visiting a doctor/dentist in France	☐	☐	105–7
I know the words for items you can buy in a pharmacy	☐	☐	108–9
I know how to use the comparative form of an adjective	☐	☐	111
I can recognise the names of the signs of the Zodiac	☐	☐	114–15
I have learned the key words for the unit	☐	☐	115

Unité 5

On bouge !

Objectifs

Vocabulaire : How you travel around; reading road signs; parts of a car; at a service station; in a railway station; buying tickets; telling the time (revision); in an airport; travelling by boat

Grammaire : Revision of aller and prendre; more about the comparative of adjectives; le futur simple

Techniques : Buying rail tickets; writing an informal letter

Prononciation : How to pronounce verbs in the future tense

Civilisation : Les transports français

- Although France is quite a large country compared to Ireland, getting around is not too difficult. There is a very good network of motorways (les autoroutes) and main roads (les routes nationales). For those who don't want to drive, France has an extensive railway system. The national railway company is called la SNCF – la Société nationale des chemins de fer français. In fact, travelling by train is often the quickest and easiest way to travel around the country. Unlike Ireland, there is no single national bus company. Buses are organised by each local authority or council.
- Many 'firsts' in the area of transport have been achieved by French innovators. Before the era of aeroplanes, the Montgolfier brothers pioneered air travel by hot-air balloons. During the 1880s, Édouard Michelin developed inflatable tyres, first for bicycles and later for motorcars.

In 1909, Louis Blériot became the first pilot to successfully cross a large body of water (la Manche, or English Channel). In more recent times, the Airbus aircraft assembled in Toulouse, the Train à Grande Vitesse (le TGV) and the development of the Eurotunnel and the Eurostar have been success stories for France in the area of transport.

Comment est-ce que je me déplace?

5.1 Écoutons maintenant!

Listen and follow the string to the correct form of transport.

- en autobus
- en train
- en car
- à vélo
- à Mobylette
- en ferry
- en tramway
- à moto
- en voiture
- à pied

Attention!

Verbs whose infinitive ends in -ger take an extra 'e' in the nous form of the verb – e.g. nous bougeons, nous voyageons. It makes the word easier to pronounce.

Exercice 1

Complétez les phrases suivantes. Use as many different means of transport as you can to complete these sentences:

1 Je vais chez mon copain ________________ .

2 Maman va au centre-ville ________________ .

3 Marine va au cinéma ________________ .

4 Les élèves vont à l'école ________________ .

5 Mon correspondant Alexis va au collège ________________ .

6 Ma cousine va en Australie ________________ .

7 Vous allez en voyage scolaire ________________ .

8 Tu vas en France cet été ________________ .

Rappel!

N'oublie pas le verbe «aller».

je vais	nous allons
tu vas	vous allez
il va	ils vont
elle va	elles vont

5.2 Écoutons maintenant!

Quel moyen de transport est-ce qu'ils utilisent? Complétez les textos suivants.

1
Sal! Tu v.all à la plage sam.? Nous y all. ________ ________ R.V. dev la gare, 10h30. Laure
2
Marc! L' ________ en retard. Mets le plat au four. Maman
3
Luc! je vais à la pisc dim. Tu v. venir? Allons à ________ . Louis
4
Sal! ce w/end je v.all.au match à Nantes. Tu pe.venir? Il y a un ________ @ 10h. D'acc? Richard
5
Papa! L' ________ arr. à 22h. Viens me chercher,stp. Mélodie

Coin grammaire : Révision !

A very useful verb to use when talking about transport is prendre (*to take*):

je prends	nous prenons
tu prends	vous prenez
il prend	ils prennent
elle prend	elles prennent

The passé composé is j'ai pris, etc.

Exercice 2

Complétez les phrases suivantes avec le présent du verbe prendre.

1 Quand je vais en ville, je ________ le train.
2 Les élèves ________ le car scolaire pour arriver au collège.
3 Pour aller en Australie, mon frère ________ l'avion.
4 Tu ________ la voiture aujourd'hui, Maman ?
5 Solène ________ le TGV pour arriver de bonne heure.
6 Il fait beau – nous ________ les vélos pour aller à la plage.

Lisons maintenant !

Céline's student brother wants help planning a trip from Paris to London. Céline goes online to look for advice for him. Read the advice she is given and answer the questions which follow.

Posté le 8 mai : Mon frère veut aller de Paris à Londres. Quel moyen de transport est-ce que vous lui conseillez ? Céline

Posté le 8 mai : À mon avis, s'il n'a pas beaucoup de temps, l'avion est le plus rapide, un peu plus d'une heure. **Laurent**

Posté le 9 mai : Oui, mais l'avion coûte cher. Prendre le train Eurostar. Voyage le plus confortable et le moins stressant. **Sylvie**

Posté le 9 mai : Céline, pourquoi il ne prend pas la voiture ? Les routes sont très bonnes et le ferry est rapide. **Alexandre**

Posté le 10 mai : S'il fait beau, le moyen le moins cher, c'est à moto. **Mélanie**

Posté le 10 mai : Céline, s'il n'est pas pressé, il y a un autocar qui fait le trajet Paris–Londres deux fois par jour. Moins confortable, mais moins cher que l'avion. **Quentin**

1 Which form of transport may not be very comfortable? ________
2 Which form of transport is said to be the fastest? ________
3 Which form of transport is said to be the cheapest? ________
4 Which form of transport is said to be least stressful? ________

Coin grammaire: Le comparatif des adjectifs (suite)

In the blogs on the previous page, comparisons were made by using the phrases moins … que (*less … than*), plus … que (*more … than*) and aussi … que (*as … as*).
Some adjectives form their comparatives in different ways. Here are two of the most important:

1 Bon (*good*)

When you want to say 'better' you use the word meilleur, and for 'best' you use le meilleur.

Mon vélo est bon.

Mon vélo est meilleur.

Mon vélo est le meilleur.

The feminine forms are bonne, meilleure, la meilleure. Don't forget to add an 's' if using in the plural!

2 Mauvais (*bad*)

When you want to say 'worse' you use plus mauvais, and for 'worst' you can use either le plus mauvais or le pire.

4h, c'est un mauvais moment pour circuler.

5h, c'est encore plus mauvais pour circuler.

6h, c'est le pire moment pour circuler.

The feminine forms are mauvaise, plus mauvaise, la plus mauvaise or la pire. Don't forget to add an 's' if using in the plural!

Parlons maintenant!

In Unité 4 you learned how to make comparisons using the phrase plus + an adjective, aussi + an adjective, or moins + an adjective. Now, with a partner, discuss the following means of transport.

Exemple: l'avion contre la voiture

Moi, je préfère l'avion, parce que c'est plus rapide que la voiture.

Oui, mais l'avion, c'est plus cher que la voiture.

1 le bus contre le train

2 la voiture contre l'autocar

3 la moto contre le vélo

4 l'avion contre le ferry

5 aller à pied contre aller en taxi

plus (+) aussi (=) moins (–)	+	cher confortable écolo fatigant rapide	+	que

Exercice 3

Remplissez les phrases avec les mots le meilleur, plus mauvais, le pire, meilleure, la meilleure, la pire.

1 La France a de bons trains et le TGV est ______________ .

2 La qualité des routes est ______________ en France qu'en Irlande.

3 La circulation est __________ à 18 heures.

4 Un camion est ______________ pour l'environnement qu'un vélo.

5 Loger chez une famille française est ______________ façon d'apprendre la langue.

6 Notre équipe a perdu le match 0–6 – ______________ résultat cette saison.

Parlons maintenant !

Comment est-ce que vous vous déplacez ? How do you get around? What form of transport do you use? Form a small group and ask each other the following question:

Comment tu vas à / au … ? *Je vais à / au …*

Then prepare a short resumé of each group's findings and find the most common forms of transport used by the class members. You could make a poster of the results and put it up in your classroom.

Comment …	**à pied**	**à vélo**	**en voiture**	**en train**	**en car**	**autre moyen**
tu vas au collège ?						
tu vas chez ton ami / ton amie ?						
tu vas faire du shopping ?						
tu vas à la capitale ?						
tu vas à un match ?						
tu vas à un concert ?						
tu vas chez tes grands-parents ?						
tu vas au cinéma ?						

Lisons maintenant !

Read the following article and answer True or False to the questions which follow.

Deux jeunes français, Hélène et Thomas, sont partis le 18 avril de Bretagne avec leurs vélos. Leur but ? Voyager dans presque tous les pays d'Europe pour documenter les facilités offertes aux cyclistes et l'attitude des gens des différents pays par rapport aux cyclistes.

Thomas, qui a 29 ans, travaille dans le monde de l'informatique. Hélène a 27 ans. Ils ont obtenu une bourse pour réaliser leur rêve.

Le premier pays sur leur route était l'Irlande. Ils se sont arrêtés d'abord à Cork, malheureusement sous la pluie. D'abord, ils ont passé quelques jours dans une ferme biologique, à faire du « woofing »*. Puis ils se sont mis en route à travers le sud-est pour enfin arriver à Skerries, une ville au nord de Dublin. Cette ville est la ville jumelée avec leur canton en France. Pendant trois jours, ils ont visité la ville de Dublin, où ils se sont rendus à « City Hall ». Là, ils ont rencontré le responsable du Conseil en ce qui concerne les initiatives pour encourager l'usage du vélo dans la ville. Ils ont passé une journée avec les membres du club de cyclisme de Skerries et ont exploré les routes dans le nord du comté de Dublin.

De Skerries, ils sont partis vers Belfast d'où ils ont pris le ferry pour l'Écosse. Après quelques jours là-bas, ils ont continué leur voyage en Norvège. Chaque jour, ils ont écrit un journal et vous pouvez suivre leur aventure sur le site Web : http://rouleurope.free.fr

*faire du woofing – travailler gratuitement dans une ferme biologique. En retour, on reçoit le logement et les repas.

		True	False
1	Hélène and Thomas are gathering information about cycling facilities in European countries.	☐	☐
2	They saved up money to pay for their trip.	☐	☐
3	They helped on an organic farm.	☐	☐
4	They cycled along the southwest coast of Ireland.	☐	☐
5	They spent three weeks in Skerries.	☐	☐
6	They visited Dublin City Council's cycling development officer.	☐	☐
7	They flew to Scotland to continue their trip.	☐	☐
8	They kept a daily account of their travels.	☐	☐

Civilisation : Conduire en France

- Driving around France can initially seem a bit daunting. The first thing for an Irish driver to remember is to drive on the right-hand side of the road – Roulez à droite !
- Les autoroutes (f. pl.) – motorways – are indicated by the letter A before the road. Because most of these are toll roads, you should have your toll money or credit card ready. There are frequent rest areas (aires de repos) and service areas (aires de service) along the way which provide a welcome break on the journey.
- If you would rather see some of the countryside, you may choose to use a main road – une route nationale – or une route départementale – a local road – which will take you through more rural areas of France.
- Most road signs are international, but there are a few you may need to know in France.

Lisons maintenant !

Regardez les panneaux et trouvez l'équivalent en anglais.

a

b

c

d

e

f

g

h

1 Road closed ☐
2 Service area ahead ☐
3 Diversion ☐
4 Stop ☐
5 One-way street ☐
6 All routes ☐
7 Toll ☐
8 No parking ☐

? The French traffic police are called **les gendarmes**. Among their duties is a responsibility for road safety and traffic control. The building they work from is called **la gendarmerie**.

Quelle belle voiture!

Exercice 4

Faites des paires! Make pairs and write them in your copy. (There are eight pairs.)

5.3 Écoutons maintenant!

Quelle partie de la voiture? What car part is mentioned in each of these conversations?

1 ______________________ 2 ______________________

3 ______________________ 4 ______________________

5 ______________________ 6 ______________________

Lisons maintenant !

Conducteur précoce !

Samedi dernier, un jeune âgé de onze ans, a été arrêté au volant d'une voiture.

En s'approchant de la voiture, les gendarmes ont remarqué que le garçon semblait très à l'aise au volant et qu'il était étonné d'être arrêté. L'enfant a expliqué que son oncle, avec la permission de ses parents, lui avait donné les clés pour pouvoir s'entraîner à conduire. Plus tard à la gendarmerie, l'oncle a tout confirmé. L'oncle lui donnait les clés le week-end et le garçon conduisait régulièrement sur des routes très fréquentées. Le résultat ? Le garçon ne peut plus conduire seul avant de passer son permis, à dix-huit ans.

1 What age was the driver of the car? ______

2 When the policemen stopped the car, the driver seemed …

a surprised

b alarmed ☐

c unhappy

d nervous

3 Who had given him the keys of the car? ______

4 When did he usually practise his driving? ______

5 What kind of roads did he use? ______

6 For how long was he banned from driving on his own? ______

D'autres véhicules routières

un camion

une camionnette

un camion-citerne

une dépanneuse

un poids-lourd

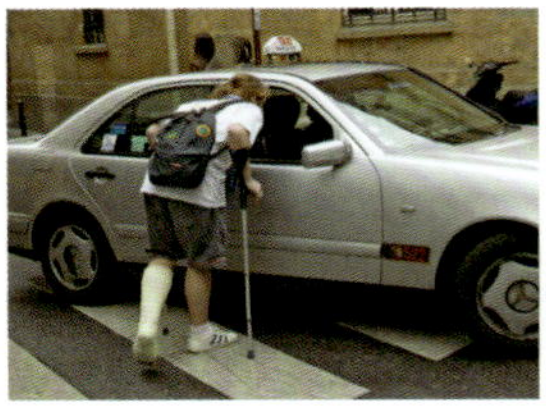
un taxi

un autobus / un bus

un tramway

5.4 Écoutons maintenant !

Interview avec Michel Hervé, camionneur. Listen to this interview with Michel and complete the grid below.

Name	Michel Hervé
Age	
Number of children	
Length of time in this job	
Time at which he starts work	
Two facilities in a motorway rest area	**(i)** **(ii)**
What he says about the journeys	
Where he spends the night on long trips	

Lisons maintenant !

Read the following newspaper articles and say what vehicle was involved in each news item.

a Dimanche prochain, les habitants de Lille ont été invités à limiter l'utilisation de leur voiture pour faire baisser le niveau de pollution de l'air.

b Un homme a sauvé la vie à une trentaine de passagers dans un tramway. Quand le chauffeur a eu une crise cardiaque, il a pris le volant et a réussi à arrêter le véhicule.

c Quarante-huit élèves de primaire et six adultes sont sortis à temps d'un bus scolaire qui prenait feu mardi dernier. La cause de l'incendie reste inconnue.

d Le chauffeur d'un taxi a été arrêté après avoir roulé à 160 km/h près de Nîmes. C'est plus de trois fois la vitesse autorisée. Ivre, il a aussi essayé de prendre un rond-point en sens inverse.

e La circulation a été perturbée sur l'autoroute mardi. Un camion a perdu son chargement de poissons ! Les gendarmes ont dû en ramasser des milliers sur la route.

f Deux hommes armés ont attaqué une camionnette et ont volé sa cargaison de cigarettes mardi. Après avoir attaqué le chauffeur, ils ont pris la fuite avec leur butin, estimé à plus de 400 000 d'euros.

1. A passenger in which vehicle saved lives? ____________________
2. The driver of which vehicle exceeded the speed limit? ____________________
3. In which vehicle was there a fire? ____________________
4. From which vehicle did the load spill onto the road? ____________________
5. Owners of which type of vehicle were asked to restrict its use? ____________________
6. From which vehicle were goods stolen? ____________________

Civilisation : À la station-service !

More and more service stations (les stations-service) in France are self-service (les stations self), but you may still find someone (un/une pompiste) who will put petrol into your car and take your money. Prendre de l'essence means 'to get petrol'.

Attention !

To refer to petrol, don't use the word le pétrole , which means 'crude oil' or 'paraffin'! The correct word for 'petrol' is l'essence (f.).

la pompe à gazole

la pompe à SP* 98

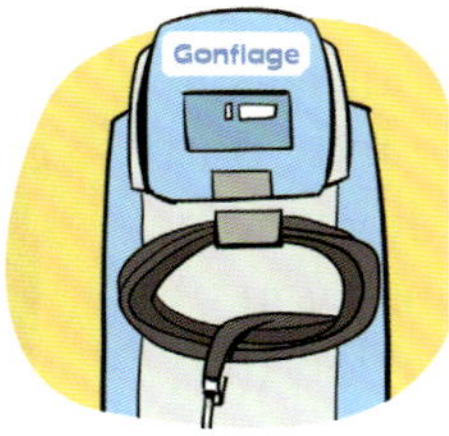

la station de gonflage

le lavage automatique

la réparation pneus

l'huile (f.)

le service dépannage

la pompe à eau

*SP = sans plomb (*lead-free petrol*)

5.5 Écoutons maintenant !

À la station-service. What service does each person require? Number the illustrations in the order in which you hear them.

Civilisation: Les voyages en train

- Travelling by train in France is very easy. For long journeys, you avoid all the bother of traffic jams and toll roads and you get to see the countryside as you go. If you are on a long journey, you can sleep overnight in une couchette. And, if you do want to take your car, you can load your car on the train at the ferry-port and unload it at your final destination, while you travel in comfort on the train.

- The most revolutionary development in recent years was the building of l'Eurotunnel, the rail tunnel under the English Channel. This has meant that passengers from Great Britain are linked to almost every country in Europe, as the network of trains has increased into Belgium, the Netherlands and, of course, all over France. And, naturally, it also means that travellers from the continent of Europe can travel by rail to Great Britain. The Eurostar train also runs daily from London to Disneyland Paris.

Dans la gare

Here are some of the signs you may see in a large railway station in France:

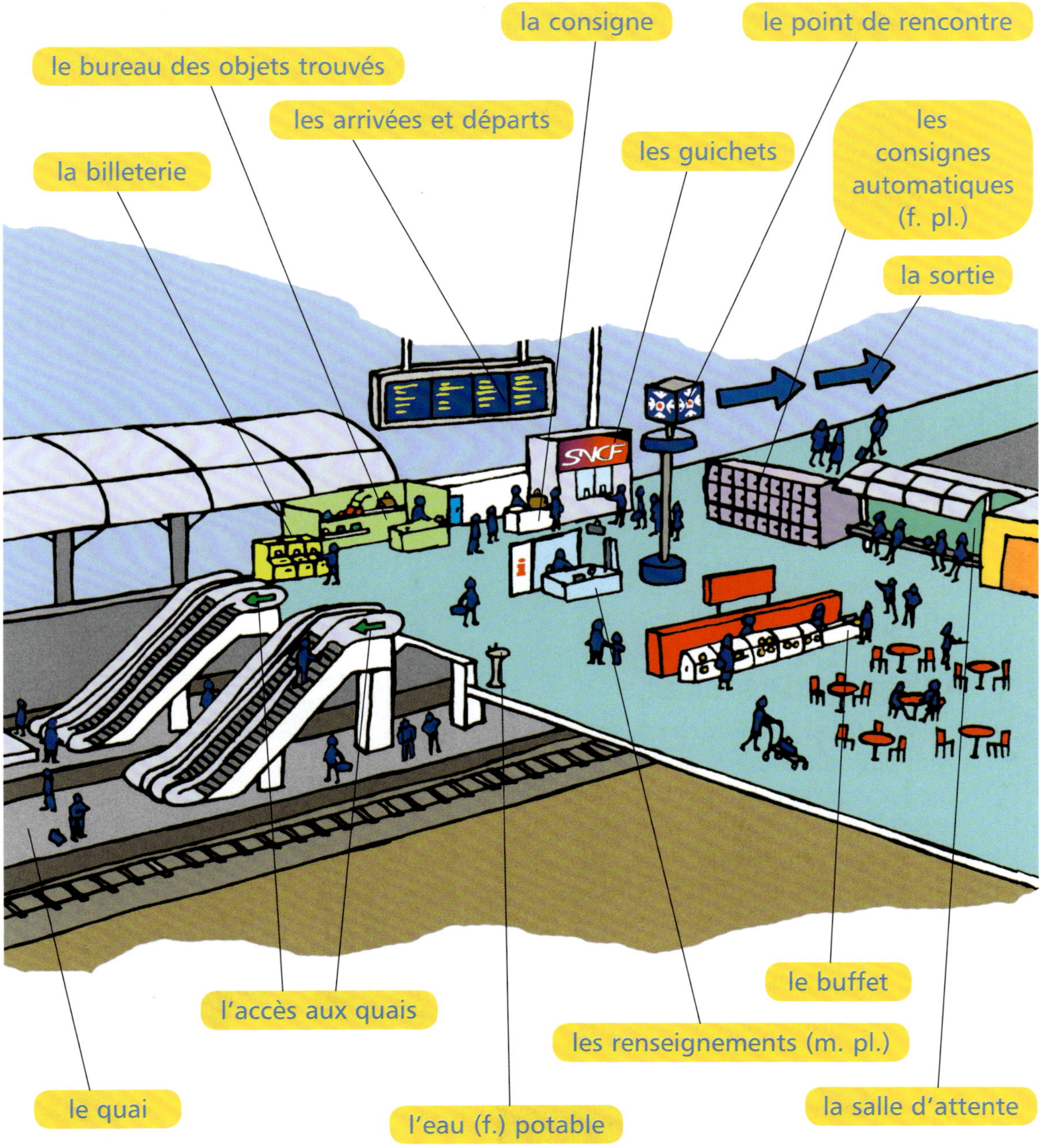

Exercice 5

Quel panneau ? Write the French word.
What sign would you look for, if …

1 you wanted to find the ticket office? ______________

2 you wanted to find the waiting room? ______________

3 you wanted the information desk? ______________

4 you wanted to find the exit? ______________

5 you wanted something to eat? ______________

6 you had mislaid something? ______________

7 you wanted a luggage locker? ______________

8 you wanted to check the departure time? ______________

5.6 Écoutons maintenant !

Où est-ce que nous nous retrouverons ? Where will these people meet each other in the station?

1 Marine ______________

2 Manon ______________

3 Sophie ______________

4 Alexis ______________

5 Louis ______________

6 Tony ______________

Acheter des billets

Buying a ticket in a French railway station is not difficult. You buy your ticket at le guichet – ticket office – or la billeterie automatique (the automatic machine). You can then check your departure time and platform number using le tableau général. Next validate your ticket (compostez votre billet) in le composteur, and finally make your way to the platform you want (le quai / la voie).

a

J'achète mon billet.

b

Je consulte le tableau général.

c

Je composte mon billet.

d

Je vais au quai no.6.

Mais quel billet ?

un aller simple →

un aller-retour ⇄

première classe

deuxième classe

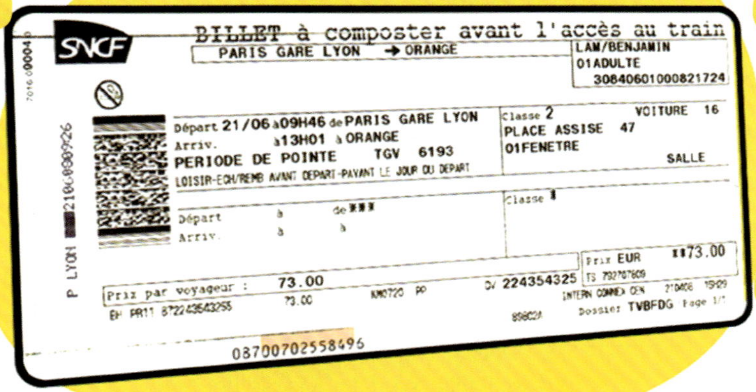

On a long journey, you will be asked if you would like a window seat or an aisle seat.

côté fenêtre

côté couloir

5.7 Écoutons maintenant !

Quel billet ? Listen to the following people who are buying tickets. Where are they going and what type of ticket do they buy? Complete the grid below. The first one is done for you.

	destination	single / return ticket	class	aisle / window seat	platform no.
1	Paris	single	2nd	window	10
2					
3					
4					
5					
6					

Parlons maintenant !

Using the format below, work with your partner to make up a conversation at a French railway station. Use the suggestions **a** to **f** or make up destinations of your own.

Le voyageur / la voyageuse : Bonjour. Je voudrais un ___________ pour ___________ .

Le vendeur / la vendeuse : Oui. ___________ ou ___________ classe ?

Voy. : ___________ classe, s'il vous plaît.

Vend. : Côté ___________ , côté ___________ ?

Voy. : Côté ___________ , s'il vous plaît.

Vend. : Voilà. Un ___________ pour ___________ , ___________ classe, côté ___________ .

a Single ticket, second class, aisle seat to Marseille
b Return ticket, first class, window seat to Arles
c Two single tickets, second class, window seats to Lille
d Return ticket, second class, aisle seat to Cannes
e Single ticket, first class, window seat to Cherbourg
f Two return tickets, second class, window seats to Perpignan

À quelle heure arrive/part le train ?

The 24-hour clock is used for all arrival and departure times of bus, train and air journeys. You don't need to use a.m. (du matin) or p.m. (du soir). You are probably used to this if you travel by public transport to and from school or on trips around Ireland.

Exemple :  *Le train part à quinze heures.*

Exercice 6

Remplissez les blancs. Use the 24-hour system.

1	2	3	4	5	6

a.m.	**a.m.**	**p.m.**	**p.m.**	**p.m.**	**a.m.**
Le train part à ___________ heures.	Le car arrive à ___________ heures.	L'avion part à ___________ heures.	Le train arrive à ___________ heures.	L'avion part à ___________ heures.	L'avion part à ___________ heures.

When using the 24-hour clock, you do not use the words … et quart, … et demie or … moins le quart. You use the exact number of minutes.

Exemples : *Le train part à vingt heures quinze.* 20h15
L'avion arrive à quinze heures trente. 15h30

5.8 Écoutons maintenant !

Le train part à quelle heure ? Listen to these announcements in Lyon railway station and fill in the departure times.

Trains au départ

Train	Heure	Destination	Particularités	
875715		CLERMONT-FERRAND	RETARD DE 30 MINS	1 ______
6616		GENÈVE	À L'HEURE	2 ______
9336		PERPIGNAN	À L'HEURE	3 ______
5151		MARSEILLE ST.-CHARLES	RETARD DE 15 MINS	4 ______
886741		ST.-ÉTIENNE	À L'HEURE	5 ______
6262		LYON	À L'HEURE	6 ______

Civilisation : Le Métro

- The idea of having an underground railway system had already been pioneered in London, New York and Budapest by the time Paris opened its first line in 1900. The first line, Ligne 1, ran from the Porte de Vincennes to Porte Maillot.
- Today there are 16 lines and approximately 6 million passengers use the service each day. Trains typically start early in the morning from 5.30 and run until 00.40, although on Fridays, Saturdays and the eve of bank holidays the service runs until 02.15. It is a cheap, fast way of getting around Paris, where traffic jams and congestion are common occurrences.
- Some of the stations are very highly decorated to reflect the name of the station, e.g. the Louvre. You might even think you had pulled into the museum itself!
- Travelling by Métro is very simple. You go to the nearest station, une station, which you will easily locate by its big M sign. Outside and inside each station is a big map of the entire network. Lignes are colour-coded and numbered and many bear the name 'porte' referring to the old city gates.
- You buy un ticket and this allows you to travel around the system for 2 hours, changing trains as often as you like, provided you do not leave a station. You look for the sign 'Correspondance' when you want to change train.
- If you are making a number of journeys, it is better value to buy un carnet, a book of tickets. These tickets can be used on the bus and train, as well as on the Métro.

Hold on to your ticket until you actually exit the barriers. Otherwise you risk having to pay an on-the-spot fine!

Coin dictionnaire: Faux amis

You may come across a French word which is spelled like an English word but which has a totally different meaning. These are called faux amis (literally 'false friends'). You will see a number of them in this unit:

une station	... is not used for a railway or bus station, but for a Métro station.
un car	... is not 'a car', but means 'a coach'.
le pétrole	... is not 'petrol', but means 'paraffin' or 'crude oil'.
la correspondance	... is not 'correspondence' or 'letters', but means 'connection'.
le ticket	... is not usually used for a railway ticket, but is used for bus and Métro tickets.

Coin grammaire: Le futur simple

You have already learned how to form le présent, le futur proche and le passé composé. You are now going to learn le futur simple. This tense is used to say what you will do tomorrow or later on, or for any action/ event that will happen.

- To form this tense ...
  - for -er and -ir verbs you add the future endings to the infinitive

    Exemples: jouerai, finirai
  - for -re verbs you keep the 'r' of the infinitive but drop the 'e' and then add the future endings.

    Exemple: vendrai

Remember! All verbs have an '**r**' and then the endings.

- The endings are:

je	-ai
tu	-as
il	-a
elle	-a
nous	-ons
vous	-ez
ils	-ont
elles	-ont

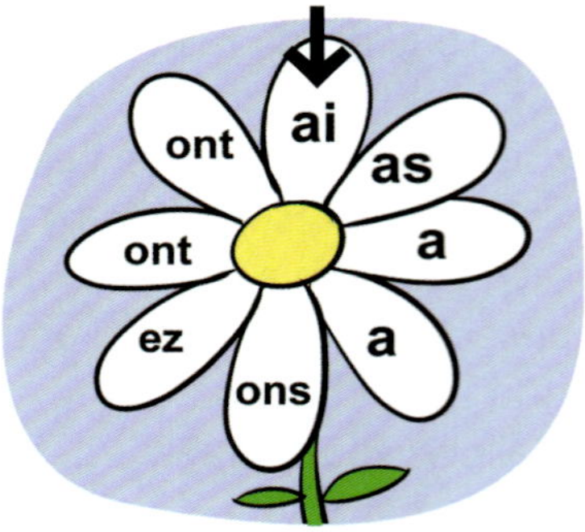

- What verb do the first four endings remind you of? Yes, avoir.
- You need to learn these endings par cœur.

Exemples:
-er je téléphonerai
-ir je remplirai
-re j'attendrai

5.9 Écoutons maintenant !

Listen to how the verb téléphoner sounds au futur simple. Note the 'r' sound!

je	téléphonerai	I will phone/ring
tu	téléphoneras	you will phone/ring
il	téléphonera	he will phone/ring
elle	téléphonera	she will phone/ring
nous	téléphonerons	we will phone/ring
vous	téléphonerez	you will phone/ring
ils	téléphoneront	they will phone/ring
elles	téléphoneront	they will phone/ring

Rappel !

La forme négative « ne … pas ».

Je **ne** téléphonerai **pas** trop tôt.

Exercice 7

Fill in the following grid with the correct form of partir and répondre au futur simple.

je		je	répondrai
tu	partiras	tu	
il		il	
elle	partira	elle	répondra
nous		nous	répondrons
vous	partirez	vous	
ils		ils	
elles		elles	

Exercice 8

Here are Julie's plans for tomorrow. Write the correct ending of the verb au futur simple.

Je me lever______ à six heures. Je prendr______ mon petit déjeuner. Le taxi arriver______ à six heures et demie. Ma famille et moi quitter______ la maison pour aller en vacances. Ma tante et ma cousine voyager______ à l'aéroport. Ma petite cousine dir______ « Est-ce que tu nager______ en France ? » Elle continuer______ m'énerver pendant tout le trajet.

Parlons maintenant !

Talk to your friend about what you will do for the weekend. You may use some of the verbs in the suitcase to help you.

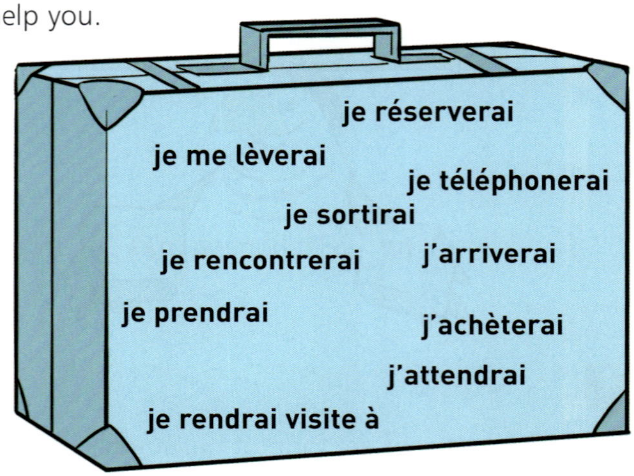

Exercice 9

Here are some useful words which need le futur simple and should be learned par cœur. Faites des paires ! Follow the string and write the French words in your copy.

demain	next weekend
le lendemain	soon
mardi prochain	next week
le week-end prochain	next Tuesday
l'été prochain	tomorrow
la semaine prochaine	next summer
bientôt	the following day

5.10 Écoutons maintenant !

When will these people travel and how?

name	when	how
Olivier		
Céline		
David		
Lucas		
Coralie		
Lisa		

Les verbes irréguliers au futur simple

These verbs change their stem but the endings remain the same:

verb	new stem	future
aller (*to go*)	ir-	j'irai
appeler (*to call*)	appeller-	j'appellerai
avoir (*to have*)	aur-	j'aurai
courir (*to run*)	courr-	je courrai
devoir (*to have to*)	devr-	je devrai
envoyer (*to send*)	enverr-	j'enverrai
être (*to be*)	ser-	je serai
faire (*to do / to make*)	fer-	je ferai
pouvoir (*to be able*)	pourr-	je pourrai
pleuvoir (*to rain*)	pleuvr-	il pleuvra
recevoir (*to get / to receive*)	recevr-	je recevrai
tenir (*to hold / to keep*)	tiendr-	je tiendrai
venir (*to come*)	viendr-	je viendrai
voir (*to see*)	verr-	je verrai
vouloir (*to wish / to want*)	voudr-	je voudrai

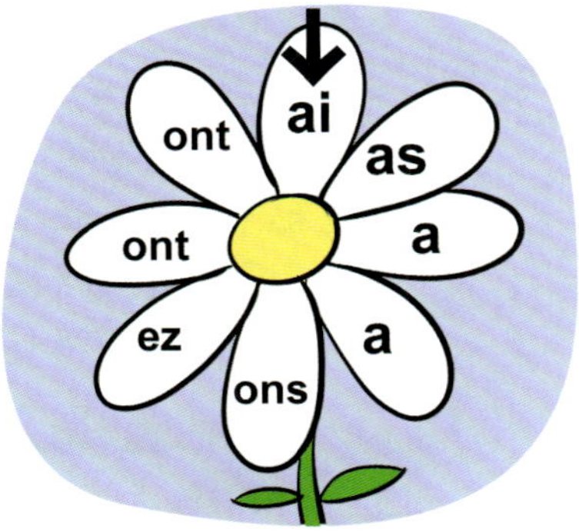

Exercice 10

Write the correct form of le futur simple in the following sentences:

1 J'(avoir) __________ le temps de voyager en train le week-end prochain.

2 Nous ne (être) __________ pas à l'aéroport demain.

3 Eléonore (pouvoir) __________ venir en vacances.

4 Jean (voir) __________ sa sœur le lendemain.

5 Est-ce que tu (recevoir) __________ le billet de la billetterie ?

6 Nous (envoyer) __________ le cadeau demain.

7 Louis et Vincent ne (venir) __________ pas en tramway.

8 Khalid et moi (vouloir) __________ prendre le métro.

5.11 Écoutons maintenant !

Les projets de Seán. Seán's French teacher has asked the class to present their plans for the summer. Can you help him by filling in the gaps on the whiteboard?

L'été prochain j' (1) __________ en vacances chez mon correspondant Éric à Nantes. Je (2) __________ l'avion. Mon correspondant (3) __________ me chercher à l'aéroport. Pendant mon séjour, nous (4) __________ faire de la voile, jouer au foot et faire du tourisme. Avec sa famille, nous (5) __________ à la plage. Nous (6) __________ les amis d'Éric tous les jours. J'espère qu'il ne (7) __________ pas. Je (8) __________ du shopping à Nantes. Ce (9) __________ formidable. Éric (10) __________ chez moi en Irlande le 2 juillet.

You will always hear an 'r' sound before the verb ending in le futur simple. This is often what makes it sound different from le présent.

Exemples : nous regardons (le présent) nous regarderons (le futur simple)
vous vendez (le présent) vous vendrez (le futur simple)

Practise saying these verbs in the future – je parlerai, je finirai, j'attendrai, j'irai, je voudrai, je serai, j'aurai. Sometimes there are two 'r's, so you need to make a special effort – je courrai, je verrai, je pourrai, j'enverrai.

Civilisation : Par avion

As France is a very large country, air transport is very common, with most of the main cities having an airport. The two main airports in Paris are Paris-Orly and Paris-Charles de Gaulle. The best-known French airline is Air France-KLM, which has bases in Orly, Charles de Gaulle and Lyon Saint-Exupéry.

Bienvenue à l'aérogare

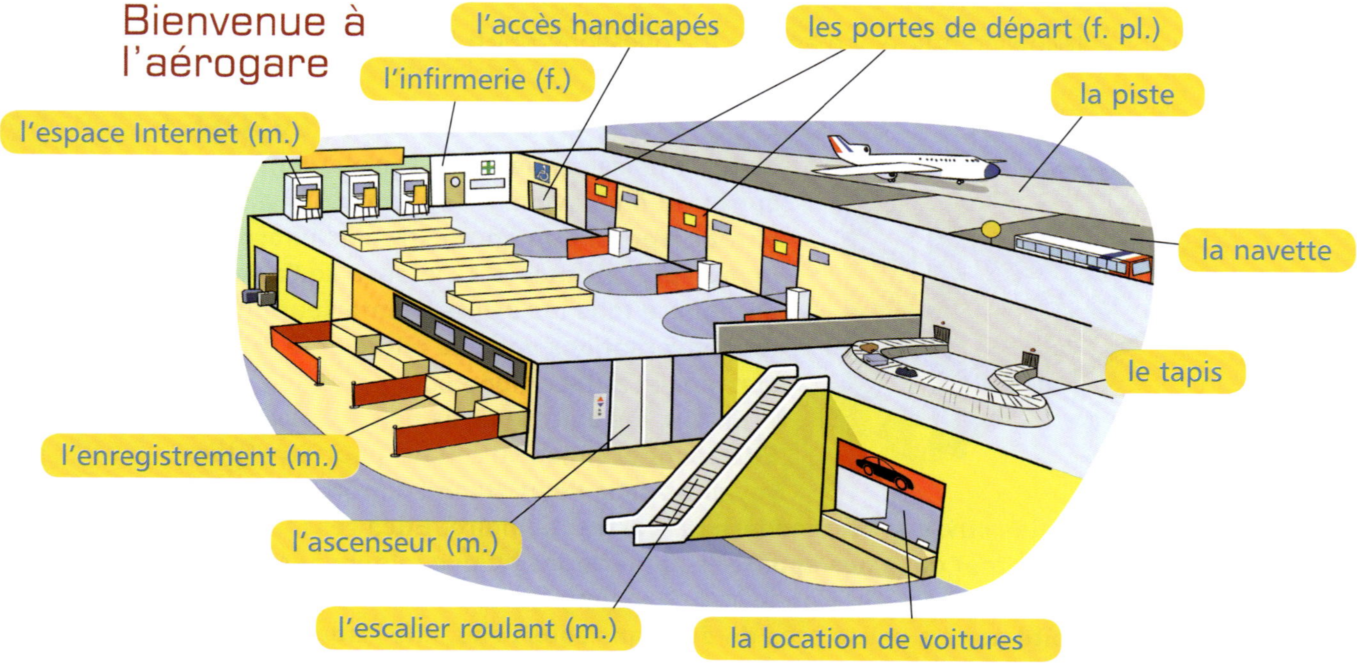

Exercice 11

Où aller ? Use the illustration above to write down the French words for the following airport locations.

Where do you go in an airport to …	**location**
collect your case?	
check in?	
hire a car?	
check your Facebook page?	
get to the departure gates?	
get the shuttle service?	

5.12 Écoutons maintenant !

Les destinations. Listen and write down the name of these cities where flights are going to.

1 ____________ 2 ____________ 3 ____________

4 ____________ 5 ____________ 6 ____________

Lisons maintenant !

Read the following article and answer the questions which follow.

À quoi sert la boîte noire dans un avion ?

La boîte noire contient des renseignements sur le vol d'un avion. À l'intérieur, il y a deux enregistreurs. L'un enregistre des informations sur le moteur, l'altitude et la vitesse de l'avion. L'autre enregistre tous les bruits à l'intérieur du cockpit – les conversations entre le pilote et le copilote, les alarmes et autres signaux.

En fait, les boîtes noires ne sont pas noires ! Elles sont oranges ou rouges pour être plus voyantes sous l'eau. Quand on retrouve les boîtes noires, on les ouvre et on récupère les cartes mémoire. Elles ressemblent aux cartes qu'on met dans nos appareils numériques ou nos téléphones. On lit les cartes sur un ordinateur. L'analyse est un long travail.

Si la boîte noire a passé près de deux ans sous l'eau, elle risque d'être inutile.

1 How many recorders are in the black box? ____________

2 Name **one** thing they record from inside the cockpit. ____________

3 What colours are the 'black' boxes? ____________

4 Why is this so? ____________

5 Where would you find similar memory cards? ____________

6 How might a box become useless? ____________

5.13 Écoutons maintenant !

Listen to the announcements and fill in the grid.

flight no.	destination	reason for announcement
1 PL 724		
2 AF 6216		
3 FR 1780		
4 EI 1207		
5 AF 6236		

Exercice 12

Match the picture to the correct phrase.

1	avion	A	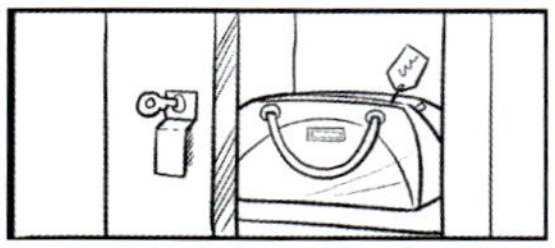
2		B	tapis
3	consigne automatique	C	
4		D	portes de départ
5	location de voitures	E	
6		F	escalier roulant
7	ascenseur	G	
8		H	sortie
9	point Internet	I	
10		J	enregistrement

No.	Letter
1	
2	
3	
4	
5	
6	
7	
8	
9	
10	

Civilisation

- Travelling by water is another means of transport which you will come across in France. Many of you will have taken le ferry from Cork or Rosslare to France. You can travel either with your car, or as a foot passenger. You leave and arrive from la gare maritime.
- France has a network of canals and you can travel en péniche (in a barge), from north to south, east to west, using inland waterways and rivers. Freight is also carried by canal, which is very energy efficient and good for the environment. Cruising on le Canal du Midi, which is designated as a World Heritage Site, is a particularly popular way of spending a holiday on water.
- Canoeing holidays are good fun. Faire une randonné en canoë, on the Dordogne river, for example, is exciting and needs lots of energy!
- Sometimes you may be staying in a holiday resort and want to take a trip by boat or cross to an island off the coast. To do this, you usually take a trip en navette maritime (local sea ferry).

Lisons maintenant !

a

Canoë Vacances ! Canoë Vacances !

Grand parking ombragé gratuit
Snack-bar face à la rivière
Ouvert à partir de 9 heures

50% enfant – 12 ans

Randonnées libres : 2–6 jours : nous consulter. Nos tarifs comprennent :

- un parking ombragé gratuit
- le canoë, le gilet (aide à la flottabilité)
- les pagaies, le container
- le transport en minibus
- l'assurance

Recommandations : savoir nager 25m et s'immerger, porter le gilet, respecter les hôtes de la rivière.

Réservations : 05 35 82 71 70

b

Navettes maritimes

Horaires des services :

Toute l'année, premiers départs à 06h45 et 07h45

Haute saison (juillet–août), départs toutes les 45 minutes

Tarifs :

Gratuit pour les enfants de moins de 4 ans
Groupe : à partir de 10 personnes
Famille : à partir de 4 personnes dont au moins un enfant de moins de 12 ans

Vente de billets au guichet, le jour du déplacement

c

Mer et vacances

Week-end activités nautiques!

- Dans une charmante cité balnéaire vous pouvez vous initier à la voile ou au speed sail.
- Trouvez le bon équilibre entre sport et détente !
- 2 jours / une nuit
- À partir de 63,50€ par personne en chambre d'hôte
- Instruction pour les débutants incluse

Write the letter of the advertisement in which …

1 children under 4 years go free. ☐
2 you need to be able to swim 25 metres. ☐
3 instruction for beginners is free. ☐
4 there's free parking available. ☐
5 you stay in bed and breakfast homes. ☐
6 there is a reduction for groups of 10 people. ☐

Les lettres informelles

You have already learned how to write informal letters (les lettres informelles) in Unités 1 and 4 of *Bon Travail! 1*. Remember when writing une lettre informelle …

- You have to use the tu form, because you are writing to a friend or close relative. When you want to say 'your', you must use ton, ta or tes.
- The layout of the letter is very important as you get marks for it in the exam. You must write the name of the town and the date at the top right-hand side of the page.
- Start your letter with 'Cher' for a boy or 'Chère' for a girl.
- Finish your letter with a phrase such as 'Amitiés' or 'Amicalement' and sign your name.

Rappel!
When planning your letter, always make a note of the tense you need beside each task.

Now we are going to learn more useful phrases for les lettres informelles:

Task 1: Thank your penfriend for your stay in France (le présent)

Dis merci à tes parents pour mon séjour en France.	*Say thank you to your parents for my stay in France.*
Je te remercie beaucoup pour ces merveilleuses vacances chez toi.	*Thanks a lot for the wonderful holiday at your house.*
Je me suis très bien amusé(e).	*I really enjoyed myself.*
Ta mère est une super cuisinière.	*Your mum is a super cook.*
Ton père est un super cuisinier.	*Your dad is a super cook.*

Task 2: Say something about the journey home (le passé composé)

Malheureusement, j'ai eu une heure de retard.	*Unfortunately, I had an hour's delay.*
Le vol est parti à …	*The flight left at …*
Je suis arrivé(e) à …	*I arrived at …*
Le voyage a été agréable.	*The journey was pleasant.*
Le trajet a été affreux.	*The trip was terrible.*
L'avion a décollé à …	*The plane took off at …*
L'avion a atterri à …	*The plane landed at …*
J'ai lu un roman / j'ai écouté de la musique.	*I read a novel / I listened to music.*
J'ai bu … J'ai mangé …	*I drank … I ate ….*
Je suis arrivé(e) sain et sauf / saine et sauve.	*I arrived home safe and sound.*
Mes parents sont venus me chercher.	*My parents came to collect me.*

Task 3: Say how you are getting on at school at the moment (le présent)

Tout va bien à l'école en ce moment.	*Everything is going well at school at the moment.*
J'ai un nouveau prof d'irlandais.	*I have a new Irish teacher.*
Il/elle est très strict(e).	*He/she is very strict.*
Il/elle donne trop de devoirs.	*He/she gives too much homework.*
J'étudie d'arrache-pied.	*I am studying very hard.*
Il y a tellement de travail pour le Junior Cert.	*There is so much work for the Junior Cert.*

Task 4: Say how you are planning to spend next weekend (le futur)

Vendredi, je me reposerai après une longue semaine scolaire.	*On Friday I will relax after a long week at school.*
Samedi matin, je ferai la grasse matinée.	*On Saturday morning I will have a lie-in.*
Samedi après-midi, …	*On Saturday afternoon …*
je ferai mes devoirs.	*I'll do my homework.*
je sortirai avec mes copains.	*I'll go out with my friends.*
je ferai les magasins.	*I'll go shopping.*
j'étudierai.	*I'll study.*
Samedi soir, …	*On Saturday evening …*
je prendrai le bus pour aller au cinéma.	*I'll get the bus to go to the cinema.*
j'irai à une fête.	*I'll go to a party.*
Dimanche, je jouerai un match.	*On Sunday I'll play a match.*

Task 5: Give some news about your family (le présent / le passé composé / le futur)

Ma mère a un nouveau vélo.	*My mum has a new bike.*
Ma sœur a une nouvelle voiture.	*My sister has a new car.*
La voiture est rouge/noire/grise.	*The car is red/black/grey.*
Mon cousin a eu un accident à moto.	*My cousin had a motorbike accident.*
Mon père est parti en France en avion.	*My dad's gone to France by plane.*
La famille fera une randonnée à pied ce week-end.	*My family will go on a hike this weekend.*
Mon frère fera un tour d'Europe en train.	*My brother is going to tour Europe by train.*
Il devra passer quelques nuits à l'hôpital.	*He'll have to spend a few nights in hospital.*
Nous irons en France en ferry cet été.	*We're going to France by ferry this summer.*

To end

Bon voyage pour tes vacances !	*Have a good holiday!*
Bon retour de vacances !	*Hope you get home safely from holidays!*
Je dois faire mes devoirs maintenant.	*I have to do my homework now.*
Amitiés, …	*All the very best, …*
Amicalement, …	*Best wishes, …*

Écrivons maintenant !

Write a letter to your penpal Julie/Julien in which you …

- thank him/her for your stay in his/her house
- say something about your trip home
- tell him/her something about school
- say what plans you have for the weekend
- give him/her some news about your family.

Mots clés – apprenez par cœur !

l'accident de la route (m.)	la navette
l'aire (f.) de repos	le péage
l'autoroute (f.)	le trajet
le carnet de tickets	la traversée
la gare	le vol
le moyen de transport	le voyage

Épreuve

Question 1

Read the following Garda information leaflet about road safety and answer the questions.

Information sur la sécurité routière

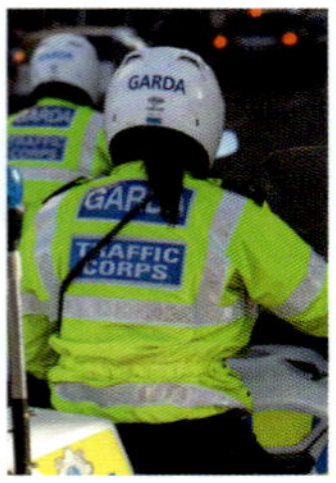

La conduite en Irlande se fait à GAUCHE.

Avant de prendre le volant en Irlande, vérifiez que le véhicule est assuré, taxé, qu'il a passé le contrôle technique (National Car Test) ou le test environnemental, que les vignettes sont collées sur le pare-brise conformément à la loi. Vous devez également être titulaire de permis de conduire.
À partir du 4 avril 2011, les jeunes conducteurs devront comptabiliser 12 heures de conduite sous la supervision d'un moniteur qualifié pour obtenir leur permis de conduire une voiture. Pour conduire une moto, il faudra, à partir du 6 septembre 2010, justifier de 16 heures de cours de conduite. Les jeunes conducteurs ne sont pas autorisés à rouler sur les autoroutes, doivent afficher l'autocollant « L » (pour Learner) et être accompagnés d'une personne ayant son permis depuis plus de deux ans.

1 What is the very important difference when driving in Ireland that is highlighted in the headline?

____

2 Before driving in Ireland you have to check that you have certain items. Name **two** of these items.

____

3 Since April 2011 new drivers must have completed supervised driving for how long?

____

4 You need to have 16 hours of driving lessons in order to drive what vehicle?

a a motorcar
b a motorbike
c a motorised wheelchair
d a motor van

☐

5 Where may learner drivers **not** drive?

a in towns
b on side roads
c in built-up areas
d on motorways

☐

Question 2

Match the following sets of signs and pictures. Indicate your answers by inserting the letters which correspond to the numbers in the boxes below.

1		A	Stationnement interdit
2	Service dépannage	B	
3	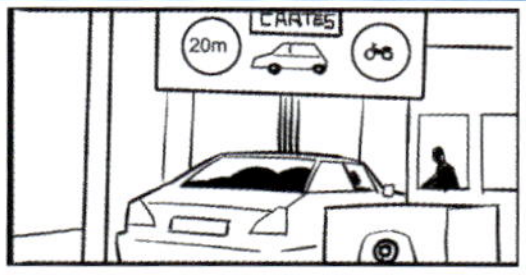	C	Sens unique
4	Aire de repos	D	
5		E	Péage
6	Essence sans plomb	F	
7		G	Lavage automatique
8	Déviation	H	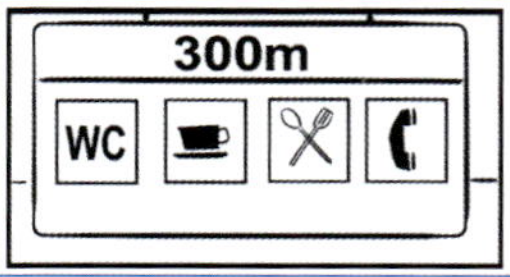
9		I	Attention ! Sortie camions
10	Gendarmes	J	

No.	Letter
1	
2	
3	
4	
5	
6	
7	
8	
9	
10	

Question 3

How do these people travel to school and what reason do they give for this?

name	means of transport	reason
Manon		
Thomas		
Nicolas		
Malik		
Camille		

Question 4

Listen and complete the conversations which take place in a railway station.

a Bonjour, est-ce qu'il y a un (1)_______________ pour Marseille cet après-midi ?

Oui, monsieur. À (2)_______________ *heures dix. Il arrive à Marseille à quinze heures vingt.*

Un aller (3)_______________ s'il vous plaît. (4)_______________ classe.

Voilà, monsieur. Le train part du (5)_______________ *numéro 6.*

b Bonjour, donnez-moi un aller- (6)_______________ pour Lille, s'il vous plaît.

En quelle classe, madame ?

(7)_______________ classe, s'il vous plaît.

Côté fenêtre, côté couloir ?

Côté (8)_______________ . Le train part à quelle heure ?

Il part à (9)_______________ *heures, du quai numéro* (10)_______________ .

c Excusez-moi, je voudrais laisser mes bagages. Il y a une (11)_______________ automatique ici ?

Oui, monsieur. C'est à côté du (12) _______________ .

Merci. Et est-ce que je peux trouver des renseignements sur les (13)_______________ .

Oui. Vous pouvez consulter le (14)___________ *général. Il se trouve près du* (15)_______________ .

Merci.

Je vous en prie.

Question 5

Match the correct time with each clock.

a	b	c	d	e	f	g	h
14:00	16:45	18:15	20:25	22:10	13:50	17:10	21:55

1 Il est dix-huit heures quinze. ☐

2 Il est vingt et une heure cinquante-cinq. ☐

3 Il est quatorze heures. ☐

4 Il est dix-sept heures dix. ☐

5 Il est vingt heures vingt-cinq. ☐

6 Il est vingt-deux heures dix. ☐

7 Il est seize heures quarante-cinq. ☐

8 Il est treize heures cinquante. ☐

Question 6

Read the advertisements and answer the questions which follow.

(a)

Montgolfières du Périgord

Décollez du quotidien et survolez le Périgord Noir !
Depuis vingt ans, une équipe de professionnels est à votre service toute l'année pour vous faire découvrir le Périgord Noir et ses châteaux en montgolfières. De deux à seize passagers peuvent prendre place à bord de nos montgolfières.

(b)

Vallée de la Dordogne en parapente

La vallée de la Dordogne ou de la Vézère vue du ciel ! En parapente avec un moniteur qualifié. Ouvert à tous sans limite d'âge. D'avril à octobre, chaque jour (en fonction de la météo).

Moniteur breveté d'État parapente
N0. 34567907632198
Téléphone 06.56.67.32.90

Tarifs à partir de cinquante euros

(a)

1 For how long has this attraction been operating? ______________________

2 What will you see from the air balloon? ______________________

3 How many passengers can an air balloon carry? ______________________

(b)

1 For what age group is the paraglider flight suggested? ______________________

2 When can you take a flight? ______________________

3 How much does a flight cost? ______________________

Question 7

Write the following verbs in the future tense.

1 Je (prendre) ___________ la navette à la gare du Nord.
2 Le trajet (durer) ___________ quinze minutes en métro.
3 Le vol (avoir) ___________ un retard d'une demi-heure.
4 Nous (faire) ___________ une promenade en bateau demain.
5 Est-ce que tu (voyager) ___________ en avion ou par le ferry pour aller en France?
6 Le vol (atterrir) ___________ à l'heure.
7 Gilles et Rémy (devoir) ___________ prendre le car à Bordeaux.
8 Yannick (vendre) ___________ sa Mobylette l'année prochaine.

Question 8

Read the details from this brochure and answer the questions which follow.

Vols directs

DUBLIN
3 vols par semaine avec Aer Lingus
2 vols par semaine en juillet et août avec Ryanair

FÈS
2 vols par semaine avec Royal Air Maroc
5 vols par semaine avec Ryanair

ISTANBUL
4 vols par semaine avec Pegasus

LONDRES
3 vols par jour avec British Airways
3 vols par jour avec easyJet
3 vols par jour avec Ryanair

PRAGUE
1 vol par jour sauf samedi avec Czech Airlines

SEVILLE
3 vols par semaine avec Ryanair

ÉDIMBOURG
3 vols par semaine avec Ryanair

HELSINKI
2 vols par semaine avec Blue1

LISBONNE
2 vols par jour avec TAP

MARRAKECH
5 vols par semaine avec Ryanair
1 vol par jour avec Royal Air Maroc

ROME
2 vols par jour avec Air France

TANGER
2 vols par semaine avec Ryanair

1 Give the details of the Ryanair flights to Dublin. ___________

2 Are the flights to Istanbul every day or every week? ___________

3 How many airlines fly to London? ___________

4 Which airline doesn't operate on Saturday? ___________

5 How often are there flights to Rome? ___________

Question 9

Six young people talk about their holidays. Read what each person has to say and answer the questions in your copy.

1 Salut ! Moi, j'ai eu des vacances super l'année dernière. Nous sommes allés au Canada pour aller voir mes cousins à Montréal. Nous avons pris une navette pour explorer les lacs près de leur maison. **Laure**

2 Pendant les vacances, nous sommes allés en Angleterre. Nous avons pris le ferry et sommes arrivés à Portsmouth. Le voyage était assez rapide. **Sébastien**

3 Nous sommes une famille très sportive. L'année dernière, nous sommes descendus en Dordogne. Nous avons loué des canoës. C'était vraiment super. **Alex**

4 Cet été, mon frère et moi espérons aller dans une école de voile. Il y aura des cours tous les matins avec des responsables. Il me tarde d'y aller! **Lucie**

5 Mes grands-parents sont partis en croisière au printemps. Ils ont visité plusieurs ports de la mer Méditerranée. Le bateau était énorme et très luxueux. **Mehdi**

6 Je suis allée en Irlande l'année dernière. La famille de mon correspondant a une péniche et nous avons passé une semaine sur la rivière Shannon. Je me suis bien amusée. La péniche était très bien équipée et très confortable. **Emmanuelle**

Who is the person …

1 who spent a holiday on a barge?

2 who wants to take a sailing course?

3 whose grandparents went on a cruise?

4 who had a canoeing holiday?

Question 10

You are staying in a French household. You are going out and you leave a note for Jules/Julie in which you say …

- you are going to town to meet your friend Luc
- you are taking the bus
- you invite your correspondant/correspondante to meet you later
- you will meet him/her at the railway station at 15h00.

Question 11

Write a letter to your French penpal in which you tell them …

- how you get to school each day and why you use this form of transport
- about a visit you made to another town and how you got there
- what you did when you were there
- what you plan to do during the coming weekend
- some details of what the various members of your family will do next summer.

Mes progrès personnels

Visit
www.edco.ie/bontravail2
for interactive revision exercises

Having completed Unité 5 ...

	Oui	Non	Retourne à
I can name different forms of transport	☐	☐	123
I have revised the verbs aller and prendre	☐	☐	124, 125
I have learned more about the comparative of adjectives	☐	☐	126
I can recognise road signs in France	☐	☐	129
I know the names for the parts of a car			130
I can name different types of road vehicles	☐	☐	131
I have learned about a railway station and buying tickets	☐	☐	135–7
I have revised how to tell the time	☐	☐	138
I have learned about the Paris Métro	☐	☐	139
I have learned how to form le futur simple	☐	☐	140, 143
I can pronounce le futur simple	☐	☐	144
I can recognise signs in a French airport	☐	☐	145
I can write a letter to a friend	☐	☐	150–51
I have learned the key words for the unit	☐	☐	152

Unité 6

Choisissons une carrière !

Objectifs

Vocabulaire : **People's jobs; where people work; expressing your opinion about a job; what career you would like; how you are doing in your school subjects; work experience; helping at home; part-time and holiday jobs**

Grammaire : Le conditionnel; **feminine form of jobs and professions**

Techniques : **Leaving a message following a phone call**

Prononciation : **Pronouncing the letter 'r' at the end of French words**

Civilisation : Les métiers

- Just as in Ireland, people in France work in a wide variety of jobs and professions. There are people who provide food, such as farmers (fermiers), fishermen (pêcheurs) and fruit and vegetable producers (horticulteurs). There are people who provide services such as bus drivers (chauffeurs d'autobus), hairdressers (coiffeurs) and child-minders (assistant(e)s maternel(le)s). Other people are employed as government officials and civil servants, called fonctionnaires. Some people work in the world of the arts such as actors (comédiens), painters (peintres) and musicians (musiciens).
- Of course, there are some people who do not have a job, who for one reason or another are unemployed. They are called chômeurs. Other people have retired from working and they are called retraités.

6.1 Écoutons maintenant !

Que font tes parents dans la vie ? Whose parents do which job? Write the name of the person under each job.

un professeur ______________

un/une dentiste ______________

un/une journaliste ______________

un policier / une policière ______________

un chef cuisinier ______________

Thomas

Leila

Nicolas

un mécanicien / une mécanicienne ______________

un/une réceptionniste ______________

Camille

Malik

Manon

un/une photographe ______________

un/une secrétaire ______________

un ingénieur / une femme ingénieur ______________

un chauffeur / une chauffeuse de taxi ______________

un pharmacien / une pharmacienne ______________

Écrivons maintenant !

Complétez les phrases suivantes.

1 La mère de Leila est ______________ .
2 Le beau-père de Manon est ______________ .
3 Le père de Nicolas travaille comme ______________ .
4 La mère de Camille est ______________ .
5 Le père de Thomas travaille comme ______________ .
6 La mère de Malik est ______________ .

When you are talking about someone's profession or job, you do not usually include the article – **Mon père travaille comme pilote, et ma mère est fleuriste.**

Exercice 1

Devinez les métiers suivants – fill in the missing words.

1 Ce M travaille dans un garage. un ______________________
2 Cette C conduit un car scolaire. une ______________________
3 Cette S travaille dans un bureau. une ______________________
4 Ce F cultive la terre. un ______________________
5 Ce C coupe les cheveux. un ______________________
6 Cette P prend des photos. une ______________________

Parlons maintenant !

Talk with your partner about some of the jobs you have learned and say what you think of them.

C'est un métier …

C'est un métier …	*intéressant*	*stressant*
	créatif	*fatigant*
	satisfaisant	*ennuyeux*
	pratique	*varié*
	stimulant	*bien payé*

Encore des métiers !

Madame Bizarre and her family have just returned from their skiing holiday in les Alpes to find that a pipe has burst in the house while they were away. Now the builders are in the house to fix the rooms that were affected.

Exercice 2

Qui travaille où ? Can you say who is repairing the damage in each room?

1 La salle de bains ______________ 2 Le séjour ______________
3 La cuisine ______________ 4 Le bureau ______________
5 La buanderie ______________ 6 La chambre ______________

Laissez un petit mot

You may be asked on the Junior Certificate paper to imagine that you are leaving a note if somebody has called to or rang the house where you are staying. Don't forget the following:

- Write the day and time you took the message.
- If you are leaving a note for your friend, use tu and ton, ta and tes.
- If you are leaving a note for an adult, use vous and votre and vos.

N'oubliez pas de signer votre nom !

Here are some phrases to help you:

Qui ?	**Quoi ?**	**Pourquoi ?**
David / Sophie		il / elle est malade
Ton ami / amie		il / elle ne va pas au / à la / à l'
Ton père / ta mère	est passé(e) à la maison	il / elle ne peut pas aller au / à la / à l'
Votre ami / amie	est arrivé(e) à la maison	
Votre mari / femme	a téléphoné	il / elle sera en retard
Votre père / mère	a appelé	il / elle veut annuler
Le mécanicien / la mécanicienne		il / elle arrivera demain
Le peintre-décorateur		il / elle viendra le week-end
Monsieur / Madame Jugie		il / elle vous téléphonera ce soir

6.2 Écoutons maintenant !

Remplissez la grille. Listen to these telephone messages and fill in the details in the grid below.

name of caller	reason for phone call
1 Alain	
2 Madame Paradis	
3 Grand-père	
4 Monsieur Terral	
5 Madame Lablonde	
6 Madame Lapeine	

Exercice 3

You are staying with a French family. You answer a phone call for them and leave a note of what was said. Using the information from the telephone calls 1 and 2 in the listening exercise 6.2, write the notes you leave.

(a)

MESSAGE

16h00

David,

Alain a ________ . Il sera en ________ pour le match ce ________ . Il arrivera à ________ heures. Je sors maintenant. Caoimhe.

(b)

MESSAGE

15h30

Madame Bonnet,

Madame Paradis a ________ . Elle ne ________ pas ________ au cinéma ________ . Elle est ________ . À plus tard,

Cian.

Exercice 4

You are staying with your correspondant Simon. While he is out, you answer a phone call for him. Write a **note** in which you say …

- his friend Éric has phoned at 5 p.m.
- Éric cannot go to town with him tomorrow
- his mother is sick
- he will phone back at the weekend.

Travailler en ville

6.3 Écoutons maintenant !

Marcel est facteur. Il décrit sa tournée quotidienne dans la ville. Listen and write in the job or occupation of the people on whom he calls each day. Use the pictures below to help you.

1  ______________

2  ______________

3  ______________

4  ______________

5  ______________

6  ______________

7  ______________

8  ______________

la comptable

l'épicier

l'infirmière

la coiffeuse

le boucher

le vétérinaire

le gérant

la vendeuse

Exercice 5

C'est quel métier ?

1 Il vend de la viande. C'est le ______________ .

2 Il traite des animaux malades. C'est le ______________ .

3 Elle coupe les cheveux. C'est la ______________ .

4 Il distribue le courrier. C'est le ______________ .

5 Elle aide les clients dans un magasin. C'est la ______________ .

6 Elle soigne les personnes malades. C'est l' ______________ .

Coin grammaire : Le conditionnel

You have already learned how to form le présent (what is happening now), le futur proche (what is going to happen), le passé composé (what has happened) and le futur simple (what will happen).

You are now going to learn le conditionnel. This tense is used to say …

- what would happen

  Exemple : *J'irais avec toi, si j'avais l'argent.* I would go with you, if I had the money.
- what you would like to do

  Exemple : *J'aimerais aller au cinéma avec toi.* I would like to go to the cinema with you.
- saying what you could/would be able to do

  Exemple : *Nous pourrions rendre visite chez mes grand-parents.* We could visit my grandparents.
- asking politely for something

  Exemple : *Pourriez-vous m'envoyer une brochure ?* Could you send me a brochure?

Because you know how to make le futur, this tense is very easy to form, as you make it in a similar way.

- The endings are:

je	-ais
tu	-ais
il	-ait
elle	-ait
nous	-ions
vous	-iez
ils	-aient
elles	-aient

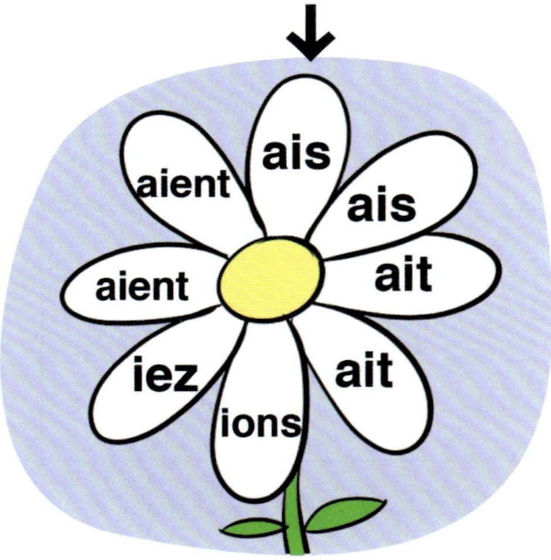

You need to learn these endings **par cœur**.

6.4 Écoutons maintenant!

Listen to how the verb parler sounds au conditionnel. Note the 'r' sound!

je	parlerais	*I would speak*
tu	parlerais	*you would speak*
il	parlerait	*he would speak*
elle	parlerait	*she would speak*

nous	parlerions	*we would speak*
vous	parleriez	*you would speak*
ils	parleraient	*they would speak*
elles	parleraient	*they would speak*

Rappel!
La forme négative
ne ... pas.

Je ne parlerais pas impoliment au professeur.

Exercice 6

Fill in the following grid with the correct form of remplir and vendre au conditionnel.

je	remplirais	
tu		vendrais
il	remplirait	
elle		vendrait
nous		vendrions
vous	rempliriez	
ils	rempliraient	
elles		

6.5 Écoutons maintenant!

Listen to the difference between le présent and le conditionnel of these verbs:

1	je travaille	je travaillerais
2	je joue	je jouerais
3	vous sortez	vous sortiriez
4	elle finit	elle finirait
5	tu vends	tu vendrais
6	tu attends	tu attendrais

Exercice 7

Write the correct form of le conditionnel in the following sentences:

1 Il (aimer) ________________ travailler comme journaliste.
2 Nous (adorer) ________________ aller au concert.
3 Tu (choisir) ________________ d'être footballeur.
4 Vous n'(attendre) ________________ pas une heure avant de partir ?
5 Je (prendre) ________________ des cours pour devenir décorateur.
6 Est-ce que les vacances (finir) ________________ le 12 avril ?

6.6 Écoutons maintenant !

Qu'est-ce qu'ils voudraient devenir et pourquoi ? What career would these six people like to pursue and why?

name	career	why?
Alexis		
Julie		
Louis		
Lucie		
Maxime		
Mélodie		

Les verbes irréguliers au conditionnel

The verbs that have an irregular stem in le futur simple (see Unité 5, page 143) have the same irregular stem in le conditionnel.

verb	new stem	conditionnel
aller (*to go*)	ir-	j'irais
appeler (*to call*)	appeller-	j'appellerais
avoir (*to have*)	aur-	j'aurais
courir (*to run*)	courr-	je courrais
devoir (*to have to*)	devr-	je devrais
envoyer (*to send*)	enverr-	j'enverrais
être (*to be*)	ser-	je serais
faire (*to do / to make*)	fer-	je ferais
pouvoir (*to be able*)	pourr-	je pourrais
pleuvoir (*to rain*)	pleuvr-	il pleuvrait
recevoir (*to get / to receive*)	recevr-	je recevrais
tenir (*to hold*)	tiendr-	je tiendrais
venir (*to come*)	viendr	je viendrais
voir (*to see*)	verr-	je verrais
vouloir (*to wish / to want*)	voudr-	je voudrais

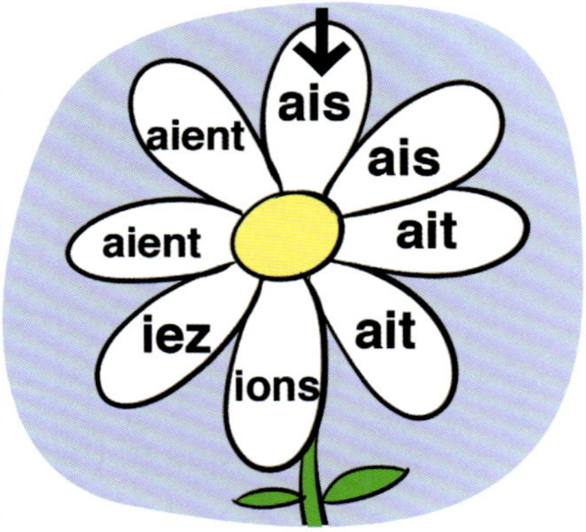

6.7 Écoutons maintenant !

Listen to these students' ideas about education and fill in the missing verbs au conditionnel.

Si vous étiez le ministre de l'Éducation, qu'est-ce que vous changeriez ?

David, 14 ans et demi

Ce (1) ____________________ formidable. Je (2) ____________________ la journée scolaire. Elle (3) ____________________ à dix heures et elle (4) ____________________ à deux heures. Le gouvernement (5) ____________________ donner un ordinateur à tous les les élèves, comme ça ils (6) ____________________ faire des recherches à la maison.

Émilie, 14 ans

J'aime la science. Je (7) ____________________ tout pour encourager la science. Tous les élèves (8) ____________________ étudier les sciences tous les jours. Ils (9) ____________________ les sciences pour le brevet et le bac. Les classes (10) ____________________ plus petites. Il y (11) ____________________ quinze élèves par classe et le prof (12) ____________________ plus de temps avec ses élèves.

Exercice 8

Write the correct form of le conditionnel in the following sentences:

1. Je (vouloir) ______________ voir le nouveau film au cinéma.
2. Est-ce que tu (faire) ______________ les lits pour aider Maman ?
3. Est-ce que vous venez ici samedi ? Ce (être) ______________ super !
4. Est-ce que vous (pouvoir) ______________ m'envoyer des renseignements, s'il vous plaît ?
5. Vous (devoir) ______________ étudier beaucoup plus pour devenir scientifique.
6. Ils (recevoir) ______________ un diplôme après leurs études.

Lisons maintenant !

Read the following article in which a pilot, Jean-Bernard, explains what his job entails, and then answer the questions that follow.

Métier Passion !

Je veux devenir pilote – Envoyé par Aline

1 Moi, j'ai eu envie d'être pilote quand j'étais au lycée. Après vingt ans de vol, j'aime toujours autant piloter. Aujourd'hui, je suis commandant de bord sur un Boeing 747.

2 **Un vol se prépare soigneusement**
Deux heures avant le décollage, je prends les informations techniques : la météo sur le trajet, le plan de vol, les consignes de sécurité …

Je dois calculer la quantité de carburant à embarquer en fonction du trajet, des vents ou du givre. Ensuite je fais le tour de l'appareil pour vérifier son état extérieur et, avec le copilote, je teste tous les équipements essentiels. Pendant ce temps, les hôtesses installent les passagers, et les bagages sont embarqués dans l'avion.

3 **« Décollage, top ! »**
La tour de contrôle m'autorise à décoller. Je suis très concentré car, avec l'atterrissage, c'est la phase la plus difficile du vol. Une fois le train d'atterrissage rentré, je me détends et je mets le pilote automatique. Bien sûr, il faut sans arrêt lui donner des instructions.

4 **Nous sommes au-dessus des nuages**
J'admire le ciel. Ce n'est pas toujours facile de quitter ma famille pendant dix jours, mais c'est extraordinaire de voyager dans le monde entier.

5 **Et toi, es-tu fait pour ce métier ? Aimes-tu la technique ?**
Les avions évoluent en permanence, donc il faut toujours mettre ses connaissances à jour. Et il y a pas mal de calculs à faire.

6 **As-tu le sang-froid nécessaire ?**
Il en faut pour faire face aux imprévus et aux pannes, sans paniquer. Le pilote est responsable des passagers.

1 For how long has Jean-Bernard been a pilot? **(part 1)** ______________________

2 Name **2** jobs he does before take-off. **(part 2)** ______________________

3 When can he relax a bit? **(part 3)** ______________________

4 What can be difficult about his job? **(part 4)** ______________________

5 Why is it important to keep up-to-date with the technology? **(part 5)** ______________________

6 Why do you need to be level-headed as a pilot? **(part 6)** ______________________

6.8 Lisons et écoutons maintenant !

Qu'est-ce qu'ils voudraient faire dans la vie ? Listen to and read these comments made by six French teenagers and answer the questions below.

Florian
J'ai quatorze ans, et j'ai toujours voulu être médecin. Je voudrais aider les autres. Pour faire ça, je devrais être patient et fort en sciences. Je voudrais travailler avec les enfants malades.

Julie
Moi, j'ai quatorze ans. Mon rêve c'est d'être mannequin. J'adore la mode. Pour faire ça il faut être en bonne santé et avoir de la patience pendant les longs défilés. Je voudrais voyager.

Max
Moi, j'ai quinze ans. Je voudrais devenir footballeur professionnel. Pour faire ça, il faut avoir un talent pour le football, bien sûr, et être très sportif. Mon rêve serait de jouer pour un des premiers clubs français.

Margot
Moi, j'ai quatorze ans. Je rêve d'être pianiste. Je prends des cours depuis l'âge de cinq ans. Pour faire ce métier, je devrais avoir du talent. Au collège, je suis forte en musique et en maths. J'espère réaliser mon rêve.

Noémie
J'ai quinze ans. Quand je quitterai l'école, je voudrais devenir mécanicienne. Oui, c'est vrai ! J'adore les voitures et les motos. Pour faire ce métier, je devrais être travailleuse et être en bonne santé car le travail est fatigant. Au collège, je suis forte en technologie et en maths.

(a) Which person says he/she …

1. thinks the work is tiring? ______
2. loves fashion? ______
3. is good at sports? ______
4. would like to work with children? ______
5. would like to travel? ______

(b) Now match the person to their chosen career.

1  ______

2  ______

3  ______

4  ______

5  ______

Écrivons maintenant !

Léa is writing to her correspondante, Shona, telling her about her dream job. Complete the email, using the words in the box below.

Salut Shona !

J'espère que tu es en pleine forme et que tes (1)__________ se passent bien.

Aujourd'hui, en cours, nous avons parlé de nos rêves pour l'avenir. Comme tu sais, je voudrais bien (2)__________ professeur d'EPS. Pour (3)__________ ça, il faut être en (4)__________ santé et avoir beaucoup de (5)__________ .
Je suis très (6)__________ . Je suis (7)__________ en tennis et en (8)__________ .

Et toi ? Tu as des idées de carrière pour plus tard ?
À bientôt, Léa.

devenir **patience** **bonne** **examens** **badminton** **forte** **sportive** **faire**

Parlons maintenant !

Et toi, qu'est-ce que tu voudrais faire dans la vie ? Using some of the phrases below, talk about your ideas. What would your dream job be?

Quand je quitterai l'école, je voudrais devenir …
- *musicien(-ienne)*
- *avocat(e)*
- *infirmier(-ière)*
- *ingénieur / femme ingénieur*
- *scientifique*
- *footballeur/footballeuse*

Je suis fort/forte …
- *en technologie*
- *en dessin*
- *en langues*
- *en musique*

Je suis faible …
- *en sciences*
- *en géographie*
- *en sport*
- *en maths*

Je suis nul/nulle …
- *en comptabilité*
- *en histoire*
- *en anglais*
- *en gaélique*

Exercice 9

Frédéric Folle and his family are staying in the Hôtel Splendide. The hotel staff (le personnel) is busy during their stay. Can you link the person with the work description he/she does?

1 Monsieur Hamel, qui accueille les clients et répond aux appels téléphoniques ☐

2 Charlotte, qui prend les commandes des clients ☐

3 Georges, qui aide les clients avec leurs bagages ☐

4 Madame Bonnard, qui est chargée du personnel de l'hôtel ☐

5 Monsieur Blanc, qui fait une cuisine de haute qualité ☐

6 Charles, qui s'occupe du jardin de l'hôtel ☐

a  la serveuse

b  le chef cuisinier

c  le réceptionniste

d  la gérante

e  le jardinier

f  le porteur

You do not hear the sound 'r' at the end of French words that end in -er and -ier.

Exemples : *plombier, boulanger, boucher, fermier, épicier.*
However, in the feminine form of such words, when there is an extra 'e' afer the 'r', you always have the 'r' sound:
Exemples : *plombière, boulangère, bouchère, fermière, épicière.*

Coin dictionnaire : Les formes féminines des métiers

When you look up your dictionary to check the French for a particular occupation or job, you will usually find the **masculine singular form**, with the ending for the feminine form (if there is one) afterwards.

Rappel!
See Bon Travail ! 1, page 141.

Exemples : butcher – boucher n.m. -ère
hairdresser – coiffeur n.m. -euse
pharmacist – pharmacien n.m. -ienne

Some professions have the same form for both masculine and feminine.

Exemples : le/la photographe   le/la comptable
le/la vétérinaire   le/la journaliste

As a rule:

- Profession/trades which already end in -e do not add another e.
  Exemple : journaliste → journaliste
- Professions/trades which end in -er in the masculine end in -ère in the feminine.
  Exemple : boulanger → boulangère
- Professions/trades which end in -ier in the masculine end in -ière in the feminine.
  Exemple : fermier → fermière
- Professions/trades which end in -ien in the masculine end in -ienne in the feminine.
  Exemple : électricien → électricienne
- Professions/trades which end in -eur in the masculine take either -euse or -trice in the feminine – you need to check which it is.
  Exemples : chauffeur → chauffeuse
  acteur → actrice

Exercice 10

Complétez les phrases avec la forme féminine du nom.

1 Marcel est infirmier et Marcelline est ______________ .
2 Lucien est plombier et Lucie est ______________ .
3 Laurent est réceptionniste et Laurence est ______________ .
4 François est pharmacien et Françoise est ______________ .
5 Christophe est chanteur et Christèle est ______________ .
6 Stéphane est pilote et Stéphanie est ______________ .

Civilisation : Les stages

Most Irish students who do Transition Year are accustomed to the idea of doing a work placement – un stage en enterprise. Many French students have the opportunity to complete a similar placement before they enter the real world of work. These students are called stagiaires.

Lisons maintenant !

Lisez les témoignages de ses six adolescents qui ont fini leur stage.

Faire un stage en entreprise

1 **Laurine**
Moi, j'ai fait un stage dans une école primaire. J'ai aidé l'instituteur avec les enfants de 7–8 ans. J'ai aidé avec les petits groupes – pour la lecture, l'écriture, le dessin, la peinture. Pendant la récré, je les ai surveillés dans la cour. On doit avoir beaucoup de patience et de créativité. C'est un métier fatigant !

2 **Clément**
Moi, j'ai fait un stage dans le bureau d'un comptable. Tous les jours, j'ai commencé à 8h45 et j'ai fini à 17h15. J'ai noté les messages des clients au téléphone et j'ai fait du classement. On doit aimer travailler avec les chiffres. C'est un métier intéressant !

3 **Lucie**
Moi, j'ai fait un stage avec un boulanger, car je m'intéresse beaucoup à ce métier. J'ai commencé à travailler à 6h chaque matin ! Pénible ! J'ai aidé à faire du pain, des croissants, des petits pains. Il faut aimer se lever de bonne heure !

4 **Kévin**
Moi, j'ai trouvé un stage dans une ferme. J'adore travailler en plein air. Ma journée a commencé à 7h30 et nous avons fini vers 17h. J'ai conduit le tracteur, j'ai aidé le fermier avec les animaux. Il faut être en bonne santé pour faire ce travail.

5 **Alice**
Moi, j'ai travaillé dans le cabinet d'un vétérinaire. J'adore les animaux, surtout les chiens. Ma journée a commencé à 9h et nous avons fini vers 17h. J'ai nettoyé les cages des animaux, j'ai observé le vétérinaire quand il a examiné les animaux. On doit être très énergique et avoir de la patience pour faire ce métier.

6 **Samuel**
Pour mon stage, j'ai travaillé avec mon oncle qui est mécanicien. Je me passionne pour les voitures et les motos. J'ai observé les autres mécaniciens et j'ai aidé avec les réparations. On doit aimer travailler avec les moteurs.

Fill in the grid with the details of each work placement.

	where did they work	one detail of work done
1 Laurine		
2 Clément		
3 Lucie		
4 Kévin		
5 Alice		
6 Samuel		

6.9 Écoutons maintenant !

Niall is emailing his penfriend Arnaud about his brother's work experience (stage en entreprise). Listen to his account and fill in the blanks.

Salut Arnaud !
Mon frère Killian a commencé son stage dans une entreprise (1) ______________ . Il (2) ______________ pendant une semaine dans une entreprise au centre-ville. Il prend le train pour aller au (3) ______________ chaque jour. Il travaille avec un (4) ______________ . Il est (5) ______________ et généreux. Hier, il a rencontré la (6) ______________ . Il dit qu'elle est drôle et (7) ______________ . Bien sûr, le gérant est exigeant.

Moi aussi, je dois faire mon (8) ______________ l'année prochaine et comme je voudrais être avocat, j' (9) ______________ travailler avec un avocat. Est-ce que tu fais un stage en entreprise en France ?

Après le Junior Cert., je voudrais trouver un boulot. Comme j'ai quinze ans, je devrai faire du (10) ______________, laver les fenêtres ou tondre la pelouse pour les voisins.

C'est tout pour l'instant. Je travaille d'arrache-pied en ce moment car les examens approchent.
Niall.

Aider à la maison

In Book 1, Unité 5 you learned about the various jobs to be done around the house. Can you remember some of them? Fill in the boxes with the correct letter a–f.

Exercice 11

Faites des paires !

1 faire le repassage ☐

2 faire son lit ☐

3 faire la vaisselle ☐

4 faire le ménage ☐

5 faire la lessive ☐

6 faire les courses ☐

a 

b 

c 

d 

e 

f 

Here are some more jobs you could do to help.

tondre la pelouse

mettre la table

remplir le lave-vaisselle

promener le chien

débarrasser la table

laver la voiture

faire du babysitting

ranger le garage

sortir la poubelle verte

trier les déchets

6.10 Écoutons maintenant !

Comment est-ce qu'ils aident à la maison et quelle tâche n'aimeraient-ils pas faire ?

What job does each person do and what job would they not like to do?

person	household job he/she does	household job he/she would not like to do
1 Thomas 		
2 Leila 		
3 Nicolas 		
4 Camille 		
5 Malik 		
6 Manon 		

Parlons maintenant !

Talk to your partner about some of the jobs you **would do** around the house and garden and those you **would not like** to do.

Exemples : *Je ferais la vaisselle … mais je n'aimerais pas trier les déchets.*
Je rangerais le garage … mais je ne voudrais pas débarrasser la table.

Faites un bilan !

Quelles sont les cinq tâches les plus populaires et quelles sont les cinq tâches les moins populaires parmi les élèves de la classe ?

Why not carry out a survey in class to see which household jobs are the most popular and which are the ones which are not liked?

Lisons maintenant !

Est-ce que vous pouvez aider Joanne ? Read the following blogs and complete the grid that follows.

Je cherche un petit boulot pour l'été, mais je ne trouve rien ! J'ai essayé de trouver du travail au café du coin, à l'hôtel, au supermarché, chez le coiffeur, etc. Je ferais n'importe quel travail. Aidez-moi ! Avez-vous des idées, des suggestions ? Joanne, 15 ans.

a Joanne, tu pourrais travailler pour des voisins. Pourquoi ne pas faire du repassage pour quelques euros par panier de dix articles ? Mets une petite annonce sur le panneau d'affichage de ton supermarché. Bon courage ! **Alex**

b Je te suggère de laver des voitures. Laver des voitures n'est pas très fatigant, c'est même amusant ! Prends un seau et une éponge et gagne un peu d'argent ! **Léa**

c Une suggestion pour Joanne – faire des courses pour les personnes âgées dans ton village. Ces personnes ne veulent pas toujours sortir s'il fait mauvais ou si elles sont malades. Ils font une liste et tu vas aux magasins pour eux. **Luc**

d Joanne, si tu aimes les chiens, je te suggèrerais de les promener au parc. Tu pourrais aller les chercher chez les gens et les promener pendant une heure. Les chiens aiment les promenades en plein air. **Karima**

e J'ai trouvé un super boulot d'été pour gagner un peu d'argent. Je fais du jardinage pour ma tante. Je tonds la pelouse deux fois par semaine. J'aime bien le travail et c'est agréable parce qu'il y a une très grande piscine dans le jardin. Qu'en penses-tu ? **Martin**

f Pour moi, faire le ménage, c'est l'idéal parce que j'aime nettoyer et ranger. Tu pourrais aussi passer l'aspirateur et faire la vaisselle. Tu serais payée à l'heure, c'est pratique. Bonne chance, Joanne ! **Magali**

Who suggests …

ideas for summer jobs	person
1 walking dogs?	
2 getting messages for older people?	
3 doing the ironing for neighbours?	
4 gardening?	
5 cleaning and tidying houses?	
6 washing cars?	

Lisons maintenant !

Read this account of how a young person was exploited in a French home and then match up the phrases below.

Une adolescente traitée comme une esclave !

Un couple a fait travailler illégalement une ado de quatorze ans. Les parents de quatre enfants ont été condamnés à deux ans de prison. Ils avaient réduit en esclavage Mariam, une ado de quatorze ans qu'il avaient ramenée illégalement du Maroc durant l'été. Sa mère avait accepté de la leur confier contre 200 euros par mois.

La misère de Mariam a duré six mois. « Quand je ne voulais plus faire le ménage parce que j'étais fatiguée, ils me frappaient. Je ne me couchais pas avant 2h du matin » a-t-elle raconté au tribunal. En février, elle a réussi à s'enfuir. Elle a été retrouvée couverte de bleus et les vêtements déchirés. Depuis, elle habite dans un foyer, c'est-à-dire une maison qui accueille des gens en difficulté.

1 Mariam a …
2 Le couple a …
3 Ils ont payé la mère de Mariam …
4 Le couple a frappé Mariam si …
5 Elle se couchait …
6 Elle s'est enfuie …
7 Elle était …
8 Maintenant, elle est …

a au mois de février.
b très tard le soir.
c dans un foyer.
d 200 euros par mois.
e couverte de bleus.
f quatorze ans.
g elle ne faisait pas le ménage.
h quatre enfants.

1 = ☐ 2 = ☐ 3 = ☐ 4 = ☐ 5 = ☐ 6 = ☐ 7 = ☐ 8 = ☐

6.11 Écoutons maintenant !

Listen and write down the correct spelling of these well-known French employers.

1 _ _ _ _ _ _

2 _ _ _ _ _ _ _

3 _ _ _ _ _

4 _ _ _ _ _ _ _ _ _

5 _ _ _ _ _ _

6 _ _ _ _ _ _ _ _

La lettre formelle (2): Faire une demande d'emploi

Although it is unlikely you would be applying for a job (faire une demande d'emploi) yourself in France, you could be asked to write a job application letter on the Junior Certificate paper. You learned how to set out a formal letter in Unité 2. Remember:

- You must use the vous form of the verb when addressing somebody in a formal letter.
- You also have to use votre and vos if you want to say 'your'.

?

You can get a job in France if you are 16 years of age, but for full-time work you must be 18. If you are under 18, you cannot work during the night.

Here are some expressions to help you write a letter to apply for a job. Remember, you do not need to know every phrase. Select a couple from each section and learn these.

Opening phrases

Je cherche un emploi pour l'été prochain.	*I am looking for a job for next summer.*
Je voudrais travailler comme	*I would like to work as a ......*
dans votre hôtel.	*in your hotel.*
dans votre camping.	*on your campsite.*
dans votre magasin.	*in your shop.*
dans votre supermarché.	*in your supermarket.*

Personal details

Je m'appelle ...	*My name is ...*
J'ai ...... ans.	*I am ...... years old.*
Ma date de naissance est le ...	*My date of birth is the ...*
Je suis irlandais/irlandaise.	*I am Irish.*
J'étudie le français depuis .... ans.	*I have been studying French for ...... years.*
Je suis bilingue.	*I am bilingual.*
Je suis ...	*I am ...*
honnête.	*honest.*
patient(e).	*patient.*
enthousiaste.	*enthusiastic.*
calme.	*quiet/calm.*
travailleur(-euse).	*hard-working / conscientious.*
Je vais à l'école à ...	*I go to school in ...*
Je suis fort(e) en ...	*I am good at ...*

Rappel!

When planning your letter, always make a note of the tense you need beside each task.

Why you want to work in France

Je voudrais travailler en France car …	*I would like to work in France because …*
j'adore le français.	*I love French.*
j'espère étudier le français à l'université.	*I hope to study French at university.*
je voudrais perfectionner mon français.	*I would like to improve my French.*
c'est mon rêve de travailler à Paris.	*it's my dream to work in Paris.*

Experience

J'ai déjà travaillé comme	*I have already worked as a ......*
J'ai aimé le travail.	*I loved the work.*
Ma famille a un hôtel ici à	*My family has a hotel here in ......*
J'ai l'expérience du travail dans un hôtel.	*I have experience of working in a hotel.*
Le week-end, j'aide ma tante qui a un magasin.	*At weekends I help my aunt who has a shop.*
J'ai servi les clients.	*I served the customers.*
J'ai mis la table.	*I set the tables.*
J'ai débarrassé les tables.	*I cleared the tables.*
J'ai nettoyé les chambres.	*I cleaned the rooms.*
J'ai garni les rayons.	*I stocked the shelves.*

Questions about the work

Il y a combien de chambres dans l'hôtel ?	*How many rooms are in your hotel?*
Il y a quelles installations dans ....?	*What facilities are there in ...... ?*
Je peux loger dans l'hôtel ?	*Can I stay in the hotel?*
Est-ce qu'il y a … ?	*Is there / Are there … ?*
Quels seraient les heures de travail ?	*What hours would I have to work?*

To finish up

Je serai disponible du ...... au	*I will be available from the ...... to the ......*
J'attends votre réponse avec impatience.	*I look forward to your reply.*
J'espère vous lire bientôt.	*I hope to hear from you soon.*
Vous trouverez ci-joint(e) …	*I am enclosing …*
mon CV.	*my CV.*
une lettre de recommandation.	*a reference.*
une photo récente.	*a recent photo.*

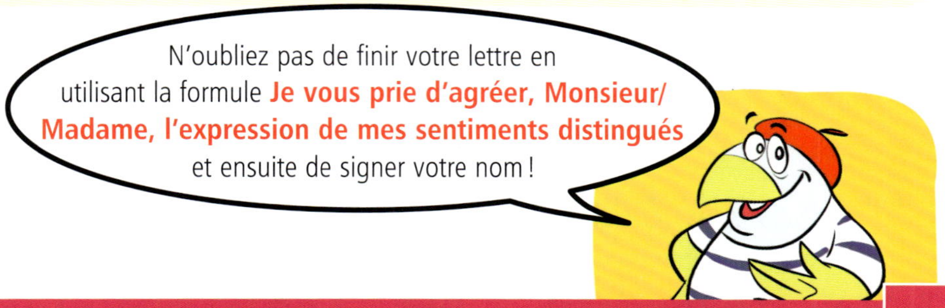
N'oubliez pas de finir votre lettre en utilisant la formule **Je vous prie d'agréer, Monsieur/Madame, l'expression de mes sentiments distingués** et ensuite de signer votre nom !

In 2007, one of the options in the Written Expression section on the Junior Certificate paper was to apply for a job in a hotel in Paris.

(ii) Your name is Martin / Martina Doyle. Your address is 4 Summerfield Drive, Patrickswell, Co. Limerick. You wish to spend some time working in a hotel in Paris during the summer holidays.

Write a formal letter to the Manager (M. or Mme Sibut, Hôtel de la Paix, rue du 14 juillet, 75000 Paris, France) in which you …

- give some relevant information about yourself
- state why you wish to spend the summer working in France
- give details of your experience of hotel work
- ask for information about the hotel.

Here is a possible answer to the above exam question. Some of the words are missing.

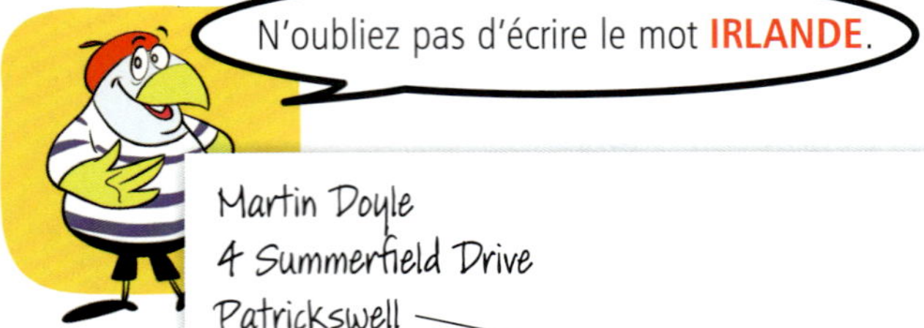
N'oubliez pas d'écrire le mot **IRLANDE**.

Martin Doyle
4 Summerfield Drive
Patrickswell
Co. Limerick
IRLANDE

Madame Sibut
Hôtel de la Paix
rue du 14 juillet
75000 Paris
FRANCE

Madame Sibut,

Patrickswell, le 4 mai

Je (1) ________________ travailler dans votre hôtel cet été. Je m'appelle Martin Doyle et je suis (2) ________________ . J'ai dix-sept (3) ________________ mais j'aurai dix-huit ans la semaine prochaine. En ce moment, je prépare le Leaving Cert. Je suis (4) ________________ mais enthousiaste.

J' (5) ________________ travailler en France car j'espère étudier le français à l'université en octobre et je voudrais perfectionner mon accent.

J'ai déjà travaillé dans l'hôtel de ma tante l'été dernier. J'ai (6) ________________ les clients, j'ai mis les tables et j'ai aussi débarrassé les tables.

Il y a combien de (7) ________________ dans l'hôtel ? Quels seraient les heures de travail ?

Vous trouverez ci-joint mon CV et une lettre de (8) ________________ . J'espère vous lire bientôt.

Je vous (9) ________________ d'agréer, Madame, l'expression de mes (10) ________________ distingués.

Martin Doyle

chambres
sentiments
aimerais
ans
calme
prie
irlandais
recommandation
voudrais
servi

Mots clés – apprenez par cœur !

le boulot
l'emploi (m.)
l'employé(e) (m./f.)
la lettre de recommandation
le métier
le poste
le rêve
le salaire
le stage
le stage en entreprise
le/la stagiaire
la tâche

Épreuve

Question 1

Mots croisés : Les métiers

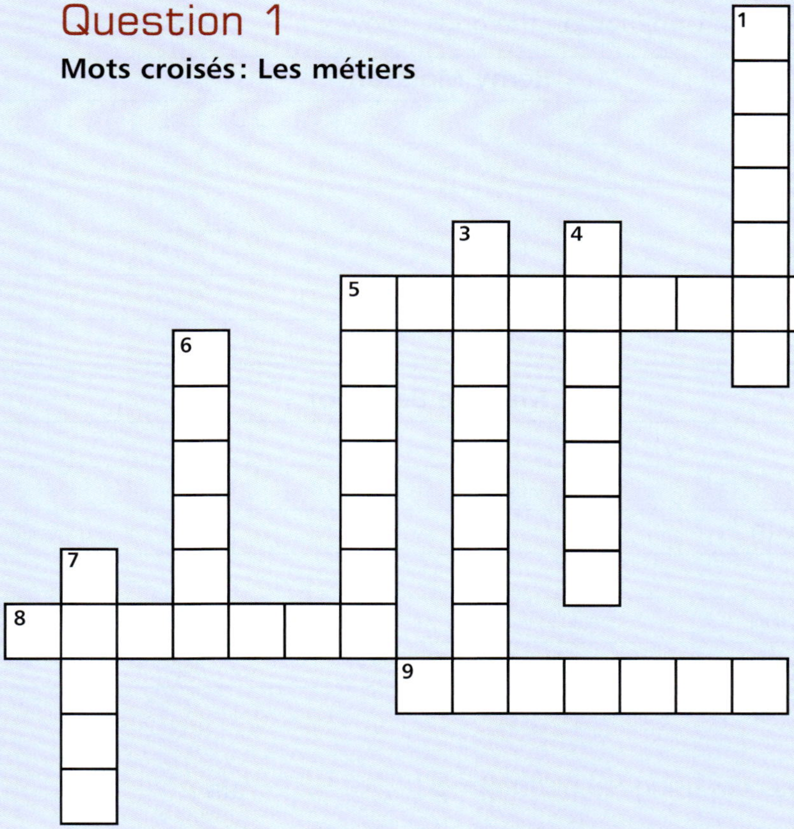

Horizontalement →

5 secondary school teacher

8 postman

9 doctor

Verticalement ↓

1 farmer (m.)

2 nurse (f.)

3 hairdresser (f.)

4 salesperson (m.)

5 fisherman

6 lawyer (m.)

7 builder (m.)

Question 2

Match the correct pairs. What do these people do every day?

1 Un gendarme …
2 Une fleuriste …
3 Un mécanicien …
4 Une photographe …
5 Un chef cuisinier…
6 Une journaliste …
7 Un chauffeur…
8 Un professeur…

a … prend des photos.
b … écrit des articles.
c … enseigne à des élèves.
d … conduit un véhicule.
e … dirige la circulation.
f … répare des voitures.
g … vend des fleurs.
h … prépare des repas.

1 = ☐
2 = ☐
3 = ☐
4 = ☐
5 = ☐
6 = ☐
7 = ☐
8 = ☐

Question 3

You will hear two people introducing themselves, first Rémy and then Mélanie. Listen carefully and fill in the required information on the grids below.

name	**Rémy Moisson**
Age	
Job	
For how many years	
One reason why he likes his job	
What his son hopes to do	
Reasons for this	

name	**Mélanie Bachelot**
Age	
Job	
Whom she mainly works with	
Why she chose this job	
What her boyfriend is studying	
Where they hope to visit	

Question 4

Complete the following sentences using le conditionnel.

1 Je (vouloir) ________________ trouver un petit boulot cet été.
2 Tu (pouvoir) ________________ m'envoyer un plan de ta ville ?
3 Il (aimer) ________________ aller en France en juin.
4 Marine (préférer) ________________ travailler avec son oncle.
5 Nous (adorer) ________________ voir le nouveau film de Colin Farrell.
6 Ils (être) ________________ contents de vous voir.

Question 5

What are these people good at and what are they not so good at?

name	good at	not so good at
Amandine		
Théo		
Julien		
Fatima		
Océane		
Alexandre		

Question 6

Read the following small ads and fill in the grid that follows.

a

Entreprise Victor Vaissel
maçonnerie générale, petits et grands travaux, rénovation charpente
cherche un apprenti
Téléphone 06 67 43 83 66

b

Jeune artisan propose ses services pour tous petits travaux de la maison – peinture, réparations, jardinage et tous nettoyages. Sérieux et motivé.
Téléphone 06 61 56 70 99

c

Charles Chartier, plomberie sanitaire, chauffage. Les rénovations salle de bains – tous travaux garantis. Pour tous vos projets contactez le 06 77 36 32 04

d

Responsable boucherie. Après une formation commerciale, vous seconderez le chef de rayon dans un grand supermarché Casino. Merci d'adresser rapidement votre candidature à M. Olivier, Casino, ……

e

URGENT
Clinique de Soins cherche infirmière à temps plein (remplacement maternité). Expérience nécessaire et bon salaire pour la candidate choisie. Téléphone 06 66 86 98 32

f

Magasin recherche **vendeur/vendeuse** immédiatement. Envoyez C.V. et lettre de recommandation à Mme Marlène Thibaut, Gérante 8 à 8, rue de Gaulle
Téléphone 06 81 62 88 54 pour plus amples détails.

In which advertisement is somebody …

comment	small ad
1 looking for a nurse?	
2 offering work for an apprentice builder?	
3 offering plumbing service with a guarantee?	
4 looking for a salesperson?	
5 offering to do painting or gardening?	

Question 7

Write the feminine form of the following professions:

un fermier → une ______________

un styliste → une ______________

un informaticien → une ______________

un chanteur → une ______________

un pâtissier → une ______________

un pianiste → une ______________

un avocat → une ______________

un boucher → une ______________

un instituteur → une ______________

un pharmacien → une ______________

Question 8

What household chores are these people doing. Tick the correct boxes beside each person

person	vacuums	irons	cooks	washes dishes	fills dish-washer	gardens	babysits	walks dog
1 Audrey								
2 Mathéo								
3 Loïc								
4 Léa								
5 Clémentine								
6 Max								

Question 9

You would like to work as a waiter/waitress in the restaurant at Camping Le Soleil in Saint-Cyprien-Plage. You will be 18 years of age in July. Write to the campsite owner, Monsieur Yves Gachot, Camping Le Soleil, rue de la Grande Plage, 66750 Saint-Cyprien-Plage. In your letter …

- give some personal information
- say you stayed at the campsite last year and liked it
- say what experience you have had of being a waiter/waitress
- say you are sending a CV and a photo.

Question 10

You are alone in the house in your French correspondant's family. Monsieur Dubois, the carpenter, calls. Leave a note for Madame Lajeune to say …

- the carpenter phoned at 3 o'clock
- he cannot come tomorrow morning
- he will come on Friday at 10 a.m.
- you are going out now but will be back for dinner.

Question 11

Read the following interview with Juliette Martin, who is a painter and decorator, and answer the questions which follow.

Part 1. Pourquoi est-ce que vous avez choisi ce métier ?
J'ai toujours été très manuelle. Mon père était maçon et ma mère était fonctionnaire. J'ai toujours travaillé dans la décoration et j'adore travailler avec les mains.

Part 2. Est-ce qu'il est difficile de travailler sur un chantier ?
Bien sûr, c'est un métier physique et fatigant. On doit travailler dur. On doit manipuler des matériaux qui sont difficiles à manier. Il faut avoir beaucoup de patience parce qu'il faut attendre qu'une couche sèche avant d'en mettre une autre. La journée est très longue quand on travaille seul sur un chantier.

Part 3. Est-ce qu'il est difficile d'être femme dans un univers d'hommes ?
La plupart de mes collègues sont plombiers et électriciens. Quand j'arrive, ils me regardent bizarrement. Mais après avoir vu mon travail, ils me respectent.

Part 4. Quelle est votre spécialité ?
J'utilise de la peinture biologique et des produits naturels.

Part 5. Quel est votre métier de rêve ?
Quand j'étais un enfant, je voulais être comédienne mais j'adore être peintre-décoratrice.

1 Why did Juliette choose this profession? **(Part 1)**

____

2 What were her parents' jobs? **(Part 1)**

(i) ______________ (ii) ______________

3 Name **one** thing she says about her work on building sites. **(Part 2)**

____

4 She has to be patient …

(i) waiting for the other workmen to come

(ii) waiting for each coat of paint to dry ☐

(iii) waiting for the lunch break to come

(iv) waiting to have a sleep during the day. **(Part 2)**

5 With what other kinds of professionals does she usually work? **(Part 3)**

____

6 How do they treat her? (**one** point) **(Part 3)**

____

7 With what materials does she like to work? **(Part 4)**

____

8 What did Juliette dream of becoming when she was a child? **(Part 5)**

____

Mes progrès personnels

Visit
www.edco.ie/bontravail2
for interactive revision exercises

Having completed Unité 6 ...

	Oui	Non	Retourne à
I have learned words for jobs and professions	☐	☐	160, 161, 164
I can make comments about a job	☐	☐	161
I have learned more about leaving a written note or telephone message	☐	☐	162
I have learned how to form le conditionnel	☐	☐	165
I can talk about what career I would like to do	☐	☐	171
I have practised the sound 'r' at the end of French words	☐	☐	172
I have learned the feminine form of various jobs	☐	☐	173
I have learned about work experience in France	☐	☐	174
I have revised vocabulary for household jobs	☐	☐	176
I can talk about helping at home	☐	☐	176
I can write a letter of application for a job	☐	☐	180–82
I have learned the key words for this unit	☐	☐	183

Unité 7

Faire la fête !

Objectifs

Vocabulaire: Popular public holidays and festivals; celebrating Christmas; New Year; Feast of Kings; St Valentine's Day; Easter; other popular celebrations; celebrating your birthday; revision of months of the year; organising a party

Grammaire: L'imparfait; using the pronoun on

Techniques: Writing an invitation

Prononciation: Pronouncing 'ais' / 'ait' / 'aient' in French words

Civilisation: Les fêtes françaises et jours fériés

French people love to celebrate and there are many feasts and special days (les fêtes). You will learn about some of these in this unit. As there are people of many different faiths in France, children celebrate a wide range of festivals. Children who are Jewish celebrate la Hanouka, while Muslim children enjoy the celebration of l'Aïd (Eid). Public holidays, like our bank holidays, are called jours fériés. There are 11 official jours fériés celebrated each year in France.

Exercice 1

Faites des paires. Follow the strings to find out what is being celebrated.

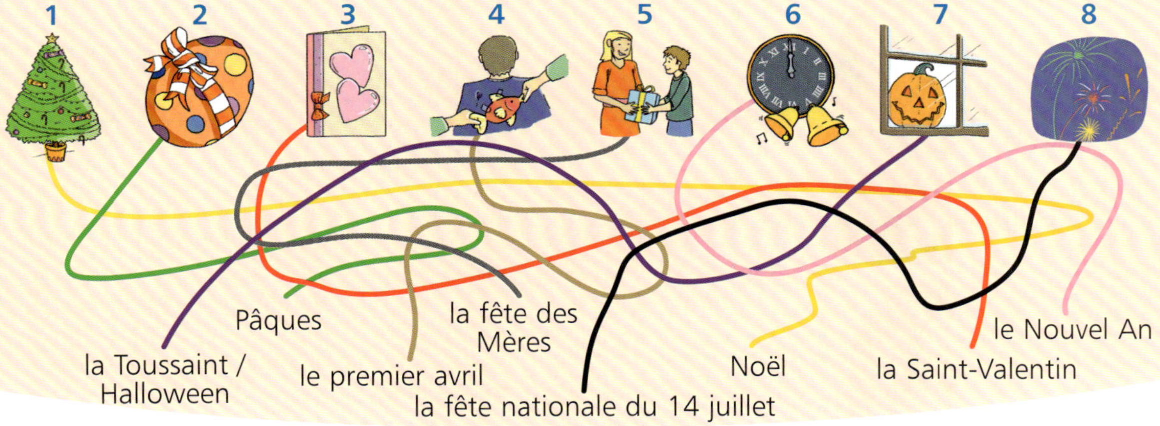

Écrivons maintenant !

Here are some greetings used on special days. Join the greeting to the fête and write them in your copy.

Exemple : *Joyeux Noël !* → *Noël*

1	Bonne fête, chère Maman !	→	a	le premier avril
2	Poisson d'avril !	→	b	la Saint-Valentin
3	**Joyeuses Pâques !**	→	c	le Nouvel An
4	Bonne fête à nos amis français !	→	d	la fête des Mères
5	Je t'adore, chérie !	→	e	la fête nationale
6	**Bonne année !**	→	f	le Pâques

7.1 Écoutons maintenant !

Listen to the comments about festivals and fill in the grid with the name of the festival.

name	**festival mentioned**
Thomas 	
Leila 	
Nicolas 	
Camille 	
Malik 	
Manon 	

Civilisation : Noël en France

- Just like most countries in Europe, many French people celebrate Christmas. It is, however, a much shorter celebration than we have in Ireland. The 25th December is a bank holiday and all shops and businesses are shut, but many reopen on the 26th. Celebrations vary from region to region. In the eastern and northern parts of France, the festivities begin with la Saint-Nicolas on 6th December, while in the south of France celebrations continue until la fête des Rois on 6th January.
- Christmas Eve – la Veille or le Soir de Noël – is an important family time. Traditionally, families gather together on Christmas Eve for a celebration meal, called le réveillon de Noël. What is eaten at this meal varies from region to region, but there are many courses of special food. Some families go to church for midnight mass before the meal.
- Small children set out their shoes in the hope that Père Noël will bring gifts. Most French families will decorate their homes with a Christmas tree (un sapin de Noël), and holly (le houx) and mistletoe (le gui) is hung in some homes. Family and friends exchange gifts and nowadays some French people send Christmas cards (les cartes de Noël), which was not always a French tradition. Previously, French people would send a card to wish friends and family a Happy New Year.
- There are Christmas markets (les marchés de Noël) in many towns, and people go there to buy special food and drink for the Christmas meal. They can also buy Christmas decorations and small gifts for their family and friends.

Exercice 2

Faites des paires. Join the French words to their English meaning.

1	le Père Noël	a	Christmas Eve
2	le sapin de Noël	b	holly
3	la veille de Noël	c	Christmas Eve meal
4	le houx	d	mistletoe
5	le gui	e	Santa Claus
6	le réveillon de Noël	f	Christmas tree

1 = ☐ 2 = ☐ 3 = ☐ 4 = ☐ 5 = ☐ 6 = ☐

Lisons maintenant!

Read the following blogs and answer the questions which follow.

Posté 15 décembre

Moi, j'adore Noël et j'adore recevoir et offrir des cadeaux. Je n'ai pas beaucoup d'argent, mais j'aime acheter de petits cadeaux au marché.

Marine, 14 ans

Posté 15 décembre

Je refuse d'acheter des cadeaux à Noël ! C'est une grande perte d'argent ! Il y a des gens qui n'ont pas d'argent et rien à manger. On devrait se concentrer sur leurs besoins.

Laurent, 15 ans

Posté 16 décembre

Je crois que Laurent a raison, mais j'aime recevoir et offrir des cadeaux. La solution est d'acheter des cadeaux «éthiques» qui aident les pauvres partout dans le monde.

Émilie, 14 ans

Posté 16 décembre

Je dois avouer que je déteste Noël. Ça nous encourage à dépenser beaucoup d'argent. On mange trop, on boit trop, et on s'ennuie !

Zoé, 14 ans

Posté 16 décembre

Noël sans cadeaux !!! Je ne le supporterais pas ! Moi, je fais des économies depuis le mois de septembre et samedi dernier, j'ai tout dépensé. J'ai acheté des cadeaux pour toute ma famille et pour tous mes amis.

Aurore, 15 ans

Posté 17 décembre

Nous sommes une famille musulmane, mais nous aimons Noël car c'est une vraie fête de famille et il y a du bonheur partout.

Ahmet, 14 ans

Who …

1 thinks Christmas is boring? ______

2 buys presents for all their family and friends? ______

3 thinks Christmas is a real family festival? ______

4 thinks buying presents is a waste of money? ______

Why not add a blog of your own to those above?

Parlons maintenant !

Et vous ? Que croyez-vous ? What do you think? Discuss with your partner which of the blogs is the closest to your own opinion and what you think about Christmas. Here are some phrases to help you:

Je suis d'accord avec …	I agree with …
Je ne suis pas d'accord avec …	I don't agree with …
Moi, j'adore …	I love …
faire la fête.	celebrating.
décorer la maison.	decorating the house.
acheter des cadeaux.	buying presents.
envoyer des cartes.	sending cards.
recevoir des cadeaux.	getting presents.
faire des préparatifs.	making preparations.
Moi, je trouve que Noël est …	I think Christmas is …
ennuyeux.	boring.
génial.	enjoyable.
une fête trop commerciale.	too commercial.
une vraie fête de famille.	a real family celebration.

Qu'est-ce qu'on mange ?

les huîtres

le foie gras

le saumon fumé

le boudin blanc

la dinde aux marrons

l'oie rôtie

la bûche de Noël

7.2 Écoutons maintenant !

Qu'est-ce qu'on va manger ? Listen to these five French people talk about what they will eat at Christmas time. Tick the foods that each person mentions in the grid below.

	speaker 1	speaker 2	speaker 3	speaker 4	speaker 5
oysters					
terrine de foie gras					
smoked salmon					
white pudding					
roast chicken					
goose					
turkey with chestnuts					
chocolate cake					
chocolate log					
fruit in cider					

Lisons maintenant !

Delphine is a 15-year-old French girl who lives with her mother and father, and brother Julien. She writes a diary each day of what she has done. Here is her diary entry for 24th December. Read the passage and answer the questions that follow.

Il est 3 heures du matin ! Tout le monde est couché. Et il y a du monde ! En plus de nous quatre, il y a Uncle Michael et tante Françoise (c'est la sœur de ma mère) d'Angleterre. Il y a Thomas, mon cousin anglais (20 ans). Il dort en bas, dans son sac de couchage, à côté de la cheminée dans le salon. Il y a aussi papic et mamic*. Et, pour le réveillon, on a eu aussi Marco et Marie-Paule, qui sont arrivés avec leur fille Anne, la grand-mère d'Anne, mamie Bellego et … les langoustines (j'aime pas ça …). Papic a apporté les huîtres de Saint-Malo (et j'aime pas ça non plus). Maman a sorti son pâté de foie gras de canard aux truffes (et j'aime toujours pas ça). Ce n'est pas ma faute, mais quand je pense au canard […] ça me rend malade, mais vraiment malade.

J'ai quand même bien aimé les œufs mimosa** (spécial pour Julien, Anne et moi) et le fromage et les chocolats.

J'étais assise entre Thomas et Anne et en face de mamie Bellego. Elle a un œil de verre. Il est plus grand que l'autre œil et il ne bouge pas. Elle a 80 ans et elle est gentille. […]

Quelle bonne soirée ! Et je suis bien, là, dans mon sac de couchage. J'ai une lampe de poche pour voir ce que j'écris. […]

Demain … les cadeaux ! Génial !

* papic / mamic = autres mots pour grand-père / grand-mère

** œufs mimosa = des œufs farcis

Source: Monique Alcott, *Le Journal de Delphine*, pages 9–10 (© Cambridge University Press)

1 Who is Tante Françoise?

____

2 Where is her cousin Thomas sleeping?

____

3 Name **two** things Delphine did not like to eat at the réveillon.

____

4 Where was Delphine seated?

____

5 What is unusual about mamie Bellego?

____

6 What is Delphine looking forward to tomorrow?

____

7.3 Écoutons maintenant !

Les chants de Noël. Here are some Christmas carols in French that you might like to learn.

Vive le vent, vive le vent
Vive le vent d'hiver,
Qui s'en va sifflant, soufflant,
Dans les grands sapins verts, oh !

Vive le vent, vive le temps
Vive le temps d'hiver
Boules de neige et Jour de l'An
Et bonne année grand-mère !

Douce nuit, sainte nuit !
Tout s'endort, plus de bruit,
Veille seul le couple sacré
Doux enfant aux fins cheveux
Clos tes yeux et repose
Sous les yeux vigilants.

Douce nuit, sainte nuit
Dans les champs, les bergers,
Par les anges avertis
Font partout retentir leurs voix
Le Sauveur vient de naître
Le Sauveur est là.

Civilisation : Le Nouvel An

- Although people return to work immediately after Christmas, an important celebration takes place on New Year's Eve – called La Saint-Sylvestre. Friends meet together for a meal, which is called le réveillon de la Saint-Sylvestre, and this includes champagne, more oysters and foie gras. At midnight, people kiss each other under the mistletoe and greet each other with « Bonne Année ! » – 'Happy New Year!' Quite often, a village or town organises a soirée dansante followed by fireworks, les feux d'artifice.

Just as we sing 'Auld Lang Syne', French people sing these words to the same tune:

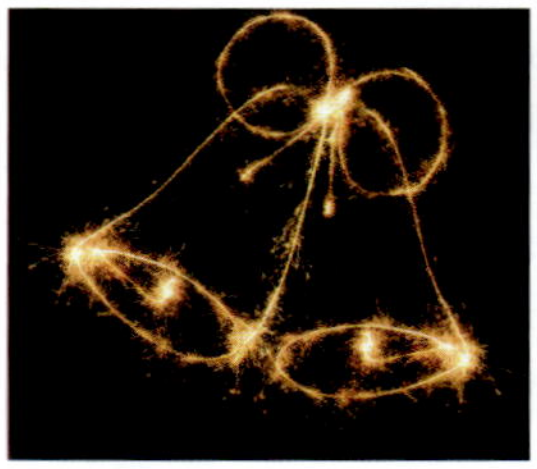

Ce n'est qu'un au revoir, mes frères,
Ce n'est qu'un au revoir.
Oui, nous nous reverrons, mes frères,
Ce n'est qu'un au revoir.

On New Year's Day, le Jour de l'An, New Year's resolutions are made. Gifts of money, called les étrennes, are given to children and to people who provide a service to the community during the year – including le facteur, l'éboueur, les sapeurs-pompiers and le/la concierge.

La fête des Rois

The final celebration of the Christmas season takes place on 6th January and is called la fête des Rois. It marks the coming of the three kings. A special cake, called la galette des Rois, is made. In it, there is a little figure or a bean (une fève). Whoever gets the slice of galette with this in it becomes the 'king' or 'queen' of the celebration.

Lisons maintenant!

Here is a recipe for the galette des Rois. Read it and answer the questions that follow.

Ingrédients:
500 g de pâte feuilletée
150 g de poudre d'amandes
75 g de sucre
1 œuf
50 g de beurre mou
quelques gouttes d'extrait d'amande
1 jaune d'œuf pour dorer
1 fève

Préparation: 15 minutes
Cuisson: 30–40 minutes
Méthode:

1 Couper la pâte en deux. Déposer 250 g de pâte dans un moule à tarte et la piquer avec une fourchette.
2 Mélanger tous les ingrédients (poudre d'amandes, sucre, œuf, beurre mou, extrait d'amande) dans un bol.
3 Étaler le mélange sur la pâte et y mettre la fève.
4 Couvrir la galette avec les autres 250 g de pâte et bien coller les bords.
5 Dorer au jaune d'œuf.
6 Mettre au four (210 °C) pendant environ 30 minutes.

1 Tick **four** of the following ingredients which are included in the recipe.

eggs ☐	flour ☐	butter ☐	milk ☐
salt ☐	sugar ☐	dried fruit ☐	ground almonds ☐

2 What instruction are you given in Step 5? ______________________

Exercice 3

Quelques verbes utiles pour faire la cuisine ! Faites des paires.

Coin grammaire : L'imparfait

You have already learned le présent, le futur proche, le passé composé and le futur simple. You are now going to learn l'imparfait. This tense is used to describe…

- what was happening when …

  Exemple : *J'allais à une fête quand j'ai vu l'accident.*
  I was going to a party when I saw the accident.

- what used to happen in the past

  Exemple : *Nous passions Noël chez mes grands-parents.*
  We used to spend Christmas with my grandparents.

- what someone or something was like

  Exemple : *Le cadeau était super.*
  The present was great.

- feelings in the past

  Exemple : *Il était content avec le cadeau.*
  He was happy with the present.

- an opinion in the past

  Exemple : *C'était magnifique !*
  It was magnificent !

- To form l'imparfait:
  - go to the nous form of the **present tense** of the verb
  - take away the nous and the -ons

  - now add the imparfait endings to what's left (the imparfait stem)

This is the same for -er, -ir and -re verbs.

Attention!
With -ir verbs take away only the -ons, keeping the -iss of the nous form!

- The endings are:

je	-ais
tu	-ais
il	-ait
elle	-ait
nous	-ions
vous	-iez
ils	-aient
elles	-aient

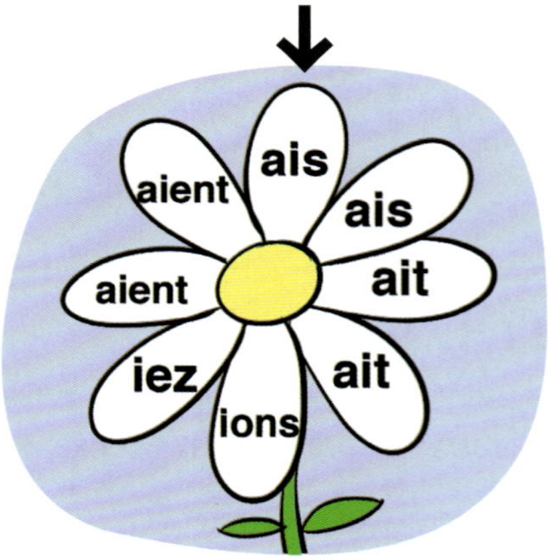

- What tense has similar endings? Correct, le conditionnel.

Attention!
There is only one exception! When using être (*to be*), the imparfait stem is ét-, and the imparfait endings are the same:

j'	étais	I was/used to be
tu	étais	you were/used to be
il	était	he was/used to be
elle	était	she was/used to be
nous	étions	we were/used to be
vous	étiez	you were/used to be
ils	étaient	they were/used to be
elles	étaient	they were/used to be

7.4 Écoutons maintenant !

Listen to how the verb fêter sounds à l'imparfait.

je	fêtais	I was celebrating / used to celebrate
tu	fêtais	you were celebrating / used to celebrate
il	fêtait	he was celebrating / used to celebrate
elle	fêtait	she was celebrating / used to celebrate
nous	fêtions	we were celebrating / used to celebrate
vous	fêtiez	you were celebrating / used to celebrate
ils	fêtaient	they were celebrating / used to celebrate
elles	fêtaient	they were celebrating / used to celebrate

Aurélien ne fêtait pas le 14 février.

Exercice 4

In your copy, write the verbs from the three baubles on the left in the correct form à l'imparfait by using the endings in the fourth big bauble on the right.

7.5 Écoutons maintenant !

Complétez la grille ! These six people are describing what they used to do on special occasions when they were younger.

	what occasion	activity
1 David		
2 Sophie		
3 Lucie		
4 Laurent		
5 Océane		
6 Clément		

Attention !

You are already familiar with the phrase il y a – 'there is' or 'there are'. The imparfait of this phrase is il y avait, which means 'there was' or 'there were'. This is a very useful phrase for your Junior Certificate when you are writing.

Exemples :

Il y avait beaucoup de personnes à ma fête.	There were lots of people at my party.
Il y avait beaucoup à manger pour le réveillon.	There was lots to eat at the Christmas Eve meal.
Il y avait de la musique à la fête.	There was music at the party.
Il y avait beaucoup à faire en France.	There was a lot to do in France.
Il y avait un spectacle chaque soir au camping.	There was a show every night on the campsite.

Exercice 5

Write **five** sentences using the expression il y avait to describe a party you attended recently.

Exemple : *Il y a avait un tas de nourriture à la fête.*

1 ______________________________

2 ______________________________

3 ______________________________

4 ______________________________

5 ______________________________

L'imparfait avec le temps

Quel temps faisait-il ? (*What was the weather like?*)

When you are describing weather in the past you usually use l'imparfait.

Exercice 6

Follow the strings and write the expression à l'imparfait in your copy.

1 Il fait beau

2 Il fait mauvais

3 Il fait du vent

4 Il fait froid

5 Il fait du soleil

6 Il pleut

Exercice 7

Write the following sentences à l'imparfait.

1 J'(habiter) ________________ à la campagne.

2 Il y (avoir) ________________ du vent hier.

3 Mes cousins (venir) ________________ en vacances avec nous.

4 Quand j'(avoir) ________________ dix ans, je suis allé en France.

5 L'accident s'est passé quand Mamie (traverser) ________________ la rue.

6 Vincent et moi sommes allés à la plage quand il y (avoir) ________________ du soleil.

7 J'(étudier) ________________ avec mon ami avant les examens.

8 Elle (se sentir) ________________ triste quand le chat est mort.

9 Les vacances chez toi (être) ________________ formidables !

10 La cuisine de ta mère (être) ________________ délicieuse.

When you are using the verbs in **l'imparfait**, you pronounce the final **-ais**, **-ait** and **-aient** with an '-ay' sound, as in 'say' and 'hay'. Here are some other examples for you to practise:

était avait mai Beauvais Calais maison fêtaient vrai anniversaire français

Civilisation: La Saint-Valentin

St Valentine's Day is celebrated on 14th February. In France, as in Ireland, people send cards to each other and exchange gifts, flowers or chocolates or maybe a small piece of jewellery.

Lisons maintenant!

Here are some short articles about St Valentine's Day. Read the statements below and say whether they are True (✓) or False (✗).

a

La plus ancienne carte de la Saint-Valentin se trouve au British Museum à Londres. Elle date de 1415 ! Le duc d'Orléans était emprisonné à la Tour de Londres et il avait envoyé un poème d'amour à sa femme en France.

b

Qui était Saint Valentin ? Il était prêtre à Rome. L'empereur Claude interdisait aux jeunes hommes de se marier pour être de meilleurs soldats. Valentin encourageait les fiancés à venir et il les mariait en secret.

c

Il y a un lien entre Saint Valentin et Dublin. Le pape Grégoire XVI a envoyé les reliques de Saint Valentin à Dublin au dix-neuvième siècle. Elles sont toujours dans l'église des Carmélites, à Whitefriar Street.

d

Aux États-Unis, la Saint-Valentin est avant tout la fête de l'amitié. Tout le monde envoie des cartes à ses amis et aussi à sa famille – à tous ceux qui les ont aidés et aimés pendant l'année. On estime qu'environ un milliard de cartes de la Saint-Valentin sont envoyées chaque année par les Américains !

e

Avant même Valentin, les Romains fêtaient l'amour à la mi-février. Les filles avaient l'habitude de regarder les oiseaux pour savoir comment serait leur futur mari. Le moineau signifiait un mariage heureux, mais sans beaucoup d'argent. Le rouge-gorge indiquait un mariage avec un marin.

Vrai ou faux ?

1. The oldest Valentine's card still in existence is in the Tower of London. ______
2. The oldest Valentine's card was a love poem sent from a prisoner to his wife in France. ______
3. St Valentine used to marry couples in secret. ______
4. You can see the remains of St Valentine in Dublin. ______
5. In America about one million cards are sent each Valentine's Day. ______
6. In Roman times, if a young girl saw a robin on St Valentine's Day, it was said that she would marry a sailor. ______

Civilisation : Le Pâques

There is a tradition in France that the church bells (les cloches) fly away to Rome on the evening of Holy Thursday (le jeudi saint). There they are blessed and the bells fly back on the morning of Easter Sunday (le dimanche de Pâques) with chocolate goodies for the children, which they drop in the gardens of towns and villages. A treasure hunt – une chasse aux œufs – is organised to find the hidden chocolate treasure. As well as egg shapes, the chocolates might also be in the form of bells or rabbits (les lapins en chocolat). Many children also paint and decorate hens' eggs.

Here is a traditional rhyme about the Easter Bells:

Cloches de Pâques
Cloches de Pâques
Bon voyage à Rome
Revenez et m'apportez
Des œufs et des bonbons.

Attention !

When you are talking about the feast of Easter, you use the singular form, Pâques prochain. But if you are using the word in a greeting it becomes feminine plural, such as in Joyeuses Pâques.

Écrivons maintenant !

Julien sends Donal an email about Easter in France. Fill in the missing words using the symbols as clues.

Salut Donal !

Merci de ta (1)  ____________ de Pâques. J'adore Pâques. J'adore les (2)  ____________ de Pâques et les (3)  ____________ en chocolat aussi. Nous avons caché les œufs de Pâques dans le (4)  ____________ . Mon frère et ma petite (5)  ____________ ont cherché les œufs. Les (6)  ____________ de l'église de notre ville se sont arrêtées de sonner le jeudi saint et elles ont recommencé le dimanche de Pâques.

Mes grands-parents sont venus fêter Pâques avec nous. Nous avons mangé de l' (7) 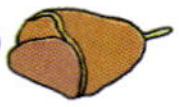 ____________ rôti comme plat principal. Délicieux !

Le lundi, il faisait du (8)  ____________ et nous avons fait un barbecue. Et toi ? Comment est-ce que tu as célébré Paques ? Réponds-moi vite, Julien.

Civilisation: Fêtes des Mères et des Pères

French people also celebrate la fête des Mères and la fête des Pères. Mother's Day in France is celebrated on the last Sunday in May and Father's Day on the third Sunday of June.

La fête des Mères

La fête des Pères

7.6 Écoutons maintenant!

Listen to these six people talking about la fête des Mères et la fête des Pères and then fill in the grid.

un portefeuille en cuir

un chèque-cadeau

un collier en or

un foulard

une montre en argent

une bouteille de parfum

	what gift was bought	**reason**
Thomas		
Leila		
Nicolas		
Camille		
Malik		
Manon		

Autres fêtes populaires

7.7 Écoutons et lisons maintenant !

Listen and read the following extracts and answer the questions that follow.

Mardi gras
C'est la dernière fête avant le Carême. On fait des crêpes et des beignets avec des œufs, de la farine et du beurre. On fait sauter les crêpes.

Poisson d'avril, le 1 avril
Le premier avril, les enfants dessinent des poissons en papier. Ils essaient alors de les accrocher aux dos des adultes, surtout de leurs professeurs. On crie « Poisson d'avril ».

La fête nationale, le 14 juillet
La fête nationale commémore la prise de la Bastille en 1789. La Bastille était une grande prison à Paris. Il y a un grand défilé militaire sur les Champs-Elysées avec le président. Il y a de grands feux d'artifice et des bals dans les rues.

Halloween, le 31 octobre
Les Celtes célébraient 'Samhain' qui est devenu la fête d'Halloween. On la fête le 31 octobre. À la nuit tombée, les enfants déguisés frappent aux portes des maisons en criant « Un bonbon ou un sort ». La célébration d'Halloween est assez récente en France.

L'Armistice, le 11 novembre
Ce jour-là, on fête la fin de la Première Guerre mondiale. Aujourd'hui, on pose des fleurs sur les monuments aux morts dans les villes et les villages de France. À Paris, le président dépose une gerbe sur la Tombe du Soldat inconnu à l'Arc de Triomphe.

On which day do the French …

1 play tricks with paper fish? ____________________

2 dance in the streets? ____________________

3 eat pancakes? ____________________

4 celebrate the end of the First World War? ____________________

Coin grammaire: Le pronom personnel « on »

If you look carefully at the 5 pieces of text on page 205 you will notice that the word on is used in several sentences.

- This pronom personnel is used when you want to say that 'somebody' or 'someone' is doing the action.

  Exemple: *On frappe à la porte.* Someone is knocking at the door.

- You can also use it when you want to say 'people in general' are doing the action.

  Exemple: *On fête le 14 juillet avec des feux d'artifice.* People celebrate Bastille Day with fireworks.

- On uses the same verb endings as il or elle in every tense.

Civilisation: Bon anniversaire! / Bonne fête!

For most children, their birthday is one of the highlights of the year. You may remember from Book 1 that as well as celebrating their anniversaire, French children often celebrate their fête, or name day, as well (see *Bon Travail! 1*, Unité 4).

7.8 Écoutons maintenant!

Do you remember the months of the year? Listen to them again to make sure you know them.

janvier	février	mars	avril
mai	juin	juillet	août
septembre	octobre	novembre	décembre

Rappel!

Don't forget that the months of the year do not take a capital letter in French!

C'est quand ton anniversaire ?

Exercice 8

When do these stars celebrate their birthdays? Write the date and month in French.

Daniel Radcliffe
23/07/1989

Natalie Portman
9/06/1981

Brad Pitt
18/12/1963

Madonna
16/08/1958

Colin Farrell
31/05/1976

Beyoncé Knowles
4/09/1981

1 Je m'appelle Daniel Radcliffe. Mon anniversaire, c'est le vingt-trois juillet.

2 Je m'appelle Natalie Portman. Mon anniversaire, c'est le ______________ ______________.

3 Moi, c'est Brad Pitt. Mon anniversaire, c'est le ______________ ______________.

4 Madonna ici. Je fête mon anniversaire le ______________ ______________.

5 Salut ! Je m'appelle Colin Farrell. Mon anniversaire, c'est le ______________ ______________.

6 Je suis Beyoncé. Mon anniversaire, c'est le ______________ ______________.

Un peu de fun !

Maintenant à toi ! Using the Internet, find the birthdays of the following Irish sports stars and write the date and month in French.

1 Tommy Bowe ______________ ______________
2 Katie Taylor ______________ ______________
3 Kevin Doyle ______________ ______________
4 Rory McIlroy ______________ ______________
5 Colm Cooper ______________ ______________
6 Nicolas Roche ______________ ______________

Lisons maintenant !

Comment est-ce qu'ils ont fêté leur anniversaire ? Read the following texts and write the name of the person under the correct cartoon.

Pour mon anniversaire, j'ai fait une fête super cool ! Avec deux copains, nous avons fait du camping dans une tente à la ferme de mon oncle. Comme il faisait beau, nous avons joué au foot et nous sommes allés à la pêche. Le soir, nous avons préparé un repas délicieux sur le camping-gaz ! Nous nous sommes bien amusés. **Laurent**, 15 ans

Je viens de fêter mon anniversaire. Pour ça, ma marraine m'a emmenée faire du shopping à Paris ! Nous avons passé toute la journée dans les grands magasins et après, nous avons mangé dans un restaurant très, très chic ! Elle m'a aussi offert une paire de chaussures super ! Quel bonheur ! **Mélanie**, 14 ans

Comme mon anniversaire est en juillet, nous avons fait un barbecue dans le jardin. J'ai invité mes meilleures amies. À manger, il y avait des saucisses, des hamburgers et beaucoup de salades. Il y avait aussi un grand gâteau au chocolat. Il faisait beau et nous sommes restés dans le jardin jusqu'à minuit. **Sophie**, 14 ans

Cette année, avec la permission de mes parents, j'ai organisé une ciné-party ! J'ai invité une dizaine de mes amis à venir chez moi. On a regardé le dernier film de Harry Potter sur un grand écran dans le salon. Il y avait du popcorn, des glaces et des boissons fraîches. On se croyait au cinéma ! C'était un grand succès ! **Lucie**, 14 ans

Récemment, j'ai fêté mon quatorzième anniversaire. Comme je suis fana de foot, mon parrain m'a offert des billets pour aller au Stade de France voir le match France–Italie. C'était fantastique ! C'était ma première visite au stade. Il est vraiment impressionnant. En plus, la France a bien joué et on a gagné le match. **Kévin**, 15 ans

Moi, j'ai récemment fêté mon soixantième anniversaire ! En secret, ma famille a organisé une grande fête pour moi. Il y avait environ trente personnes, avec tous mes enfants et mes petits-enfants. On a fait un repas fantastique avec du champagne, bien sûr ! On m'a offert un chèque-voyage pour aller en Irlande avec mon mari. C'était vraiment génial ! **Marie-Claire**, 60 ans

1

______

2

______

3

______

4

______

5

______

6

______

7.9 Écoutons maintenant

Organiser une fête – des renseignements ! Listen to this advice on organising a party and number the pieces of advice in the order in which you hear them.

a Demandez à vos copains d'être DJ

b Achetez la nourriture et les boissons

c Décidez de l'endroit idéal avec vos parents

d Envoyez les invitations

e Remettez tout en ordre après la fête

f Disposez la nourriture sur les tables

g N'oubliez pas de prévenir les voisins

h Rangez et décorez l'endroit pour la fête

1 ☐
2 ☐
3 ☐
4 ☐
5 ☐
6 ☐
7 ☐
8 ☐

Exercice 9

Clément a reçu une invitation – lisez-la et répondez aux questions qui suivent.

Cher *Clément*
Je t'invite à venir chez moi le
17 juillet à l'occasion de *mon anniversaire*.
Rendez-vous à *19h30*
Adresse : *10, rue du Pont (au bout de la rue)*
Signature : *Amandine Pottier*
Téléphone : *05 84 66 49 12*

Réponse à détacher et à envoyer.
Cher/Chère *Amandine*
Merci pour ton invitation pour le *17 juillet*
J'accepte avec grand plaisir ☑
Je ne peux pas accepter ton invitation ☐
Signature : *Clément*

1 Who is giving the party? ______

2 What is the reason for the party? ______

3 What time does the party start? ______

4 What does Clément have to do to accept the invitation? ______

7.10 Écoutons maintenant !

Amandine sends invitations to her friends. To whom does she send them? Write down their family names

1 Matthieu __________
2 Chlóe __________
3 Noé __________
4 Sébastian __________
5 Caroline __________
6 Émilie __________

Écrivons maintenant !

À vous maintenant ! Write out an invitation to a French friend for a similar party at your house. Give details of the date, the time, etc.

De la nourriture pour une fête – food for a party

la pizza

les petites saucisses

le pain

le poulet rôti

la charcuterie

la quiche

la salade mixte

les huîtres

le hamburger

les frites

le pop-corn

les chips

les sodas

le jus de fruit

le champagne

les profiteroles

la glace

le gâteau

Exercice 10

Qu'est-ce que c'est ? Write the words in your copy.

1  u c i q e h

2 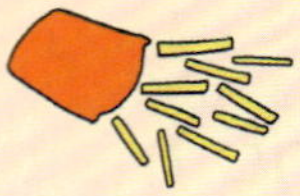 t i f r e s

3  l o t u p e

4  c a g e l

5  p h i c s

6  t â e g u a

Parlons maintenant !

Qu'est-ce que vous choisiriez ? Imagine you are giving one of the following parties – which five items from the opposite page would you choose? Discuss your choices with your partner.

a Une fête pour l'anniversaire de ta maman

b Une fête pour ton petit frère qui a dix ans

c Une surprise-party pour un bon ami / une bonne amie

Here are some phrases to help you.

Pour manger …
- *j'aimerais avoir …*
- *je choisirais …*
- *je ferais …*
- *j'achèterais …*
- *je préparerais …*

Et pour boire …
- *il y aurait …*
- *on boirait …*

7.11 Écoutons et écrivons maintenant !

Mélanie organise une fête pour son anniversaire. Avec sa mère, elle fait une liste de courses. Listen and complete the list Mélanie makes.

1 kilo (1) __________
(2) __________ minced beef
(4) __________ of crisps
6 (3) __________
1 head of (5) __________
(6) __________ tomatoes
1 (7) __________
2 (8) __________ peppers
(9) __________ baguettes
(10) __________ cans of coke
2 large (11) __________ of (12) __________

Écrivons maintenant !

You have just celebrated your birthday on 2nd December. Write a letter to your French penfriend in which you …

- thank him/her for the card and present
- say what you did to celebrate the day
- tell him/her about some of the presents you got
- tell him/her about your plans for Christmas
- send good wishes to his/her parents.

Mots clés – apprenez par cœur !

l'anniversaire (m.)	Noël (m.)
la boisson	la nourriture
le cadeau	le Nouvel An
la carte	Pâques (m.) / les Pâques (f. pl.)
le chant	le repas
la fête	
les feux d'artifice (m. pl.)	

Épreuve

Question 1

Match the date to the celebration.

1	le vingt-cinq décembre	**a**	la fête nationale
2	le dix-sept mars	**b**	Noël
3	le quatorze février	**c**	l'Armistice
4	le quatorze juillet	**d**	la Saint-Patrick
5	le premier janvier	**e**	la Saint-Valentin
6	le onze novembre	**f**	le Nouvel An

1 = ☐ **2** = ☐ **3** = ☐ **4** = ☐ **5** = ☐ **6** = ☐

Question 2

Find the hidden words.

anniversaire
cadeaux
chant
chocolat
crêpe
Halloween
Noël
œuf
sapin

Les fêtes

w	é	d	e	v	p	s	j	y	g	ê	y	s	s	t
w	s	l	f	r	c	g	h	b	k	b	a	b	a	j
t	k	b	j	u	i	y	m	b	w	p	k	l	o	r
z	o	c	a	d	e	a	u	x	i	a	o	u	à	d
t	n	a	h	c	c	o	s	n	h	c	r	e	î	t
ç	x	q	s	q	z	n	d	r	o	r	c	k	w	s
t	m	n	p	o	e	r	d	h	e	b	p	q	ô	x
x	m	e	c	q	g	f	c	u	z	v	d	y	u	o
r	w	e	u	o	b	w	m	v	m	c	i	o	j	x
c	w	w	q	o	p	w	u	r	h	g	v	n	z	m
y	o	o	v	w	â	â	u	b	z	n	u	c	n	q
q	s	l	f	x	l	p	q	t	r	x	q	r	u	ä
ê	v	l	x	b	ë	g	z	u	i	k	v	ê	v	j
w	y	a	g	d	o	u	y	f	e	n	x	p	x	o
w	v	h	h	c	n	q	v	s	w	s	k	e	p	h

Question 3

Read these descriptions of Christmas celebrations and answer the questions which follow.

Le Portugal
Pas de sapin pour les Portugais ! Par contre, le soir du 24 décembre, on fait brûler une petite branche d'olivier ou de châtaignier dans la cheminée. On mange de la morue avec des pommes de terre et du chou. Après, la spécialité, c'est les Treize Desserts – treize desserts différents !

La Suisse
C'est la saison de la neige ! On décore les chalets avec des guirlandes lumineuses. Avant de recevoir les cadeaux du Père Noël, les enfants reçoivent de petits paquets avec une orange, une barre de chocolat et un pain sucré.

L'Allemagne
On commence à fêter Noël début décembre. On fait une couronne de l'Avent avec des feuilles et quatre bougies. Chaque dimanche, on allume une bougie. La sapin est décoré le 24 décembre par les enfants. Au repas de Noël, on mange une oie grillée avec du chou rouge et des pommes.

L'Espagne
En Espagne, les enfants ont deux fois des cadeaux ! Les premiers sont apportés par le Père Noël et le 6 janvier, les Rois Mages arrivent avec d'autres cadeaux.

La Finlande
Le 24 décembre, on décore le sapin de Noël avec des pommes, des fruits et des bougies. On commence à manger quand la première étoile apparaît dans le ciel.

Le Danemark
On suspend une couronne, garnie de quatre bougies, au plafond du salon. La maison est décorée de branches de sapin, de petits anges et d'étoiles en paille. Le soir du 24, on fait un cercle autour du sapin. Chaque personne choisit un chant de Noël et tout le monde le chante.

L'Irlande
En Irlande, le soir du 24, on place une bougie allumée derrière chaque fenêtre. Pour le repas de Noël, le 25, on mange de la dinde, du jambon, des pommes de terre rôties, et après il y a le pudding de Noël – fait avec des fruits secs et du whiskey ou de la Guinness !

Write the name of the country in which …

Christmas tradition	name of country
1 an olive branch is burned on Christmas Eve	
2 children receive a second set of presents in January	
3 the family eat goose with red cabbage	
4 the family sing around the Christmas tree	
5 children receive an orange	
6 a candle is lit in the windows on Christmas Eve	
7 the family meal begins when the first star appears in the sky	

Question 4

Listen to this recipe for les beignets de Mardi gras and fill in the gaps.

Ingrédients (pour 15 à (1)________ beignets):
(2)________ cuillère à café de sel
1 cuillère à soupe de (3)________
¼ de (4)________ d'eau
(5)________ g de farine
70 g de (6)________
(7)________ œufs
cannelle et zeste de (8)________
huile pour cuire les beignets

Question 5

Write the following sentences in the imperfect tense.

1 Il y (avoir) beaucoup de magasins dans la ville. ________
2 Il (faire) du soleil hier. ________
3 C'(être) magnifique. ________
4 Est-ce que tu (pouvoir) sortir en France? ________
5 J'(aller) à la salle de jeux chaque soir. ________
6 Tes amis (être) gentils. ________
7 Lucien et Charlie (boire) beaucoup d'eau en vacances. ________
8 Nous (avoir) soif. ________
9 Est-ce que vous vous (sentir) triste pendant votre séjour? ________
10 Est-ce que tu (être) contente de rentrer chez toi? ________

Question 6

Read the following accounts of how various celebrations were spent and change the verbs into the imperfect tense.

Hugo: Quand j'(être) (1)________ petit, nous (aller) (2)________ toujours chez mes grands-parents pour fêter Pâques. Ils (habiter) (3)________ à la campagne. Le dimanche de Pâques, nous (attendre) (4)________ avec impatience la chasse aux œufs. Après, Mamie (préparer) (5)________ un énorme rôti d'agneau.

Eloise: Quand j'(avoir) (6)________ onze ans, ma famille et moi (habiter) (7)________ au Canada. La fête d'Halloween (être) (8)________ très populaire là-bas. Tout le monde (se déguiser) (9)________ avec des masques et des costumes bizarres! Nous (sonner) (10)________ à la porte de nos voisins en criant «un bonbon ou un sort».

Question 7

Listen to these conversations and say which celebration they are talking about.

1 ______ 2 ______

3 ______ 4 ______

5 ______ 6 ______

Question 8

Listen to these special offers for Mother's Day and Father's Day. Match the item to the price.

2

des jumelles de poche

3
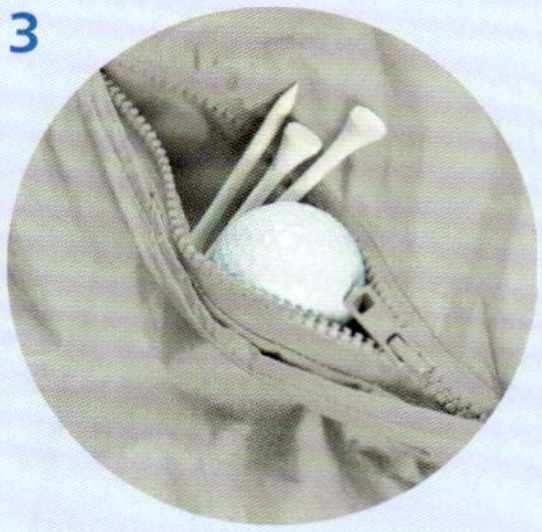
un blouson imperméable

1
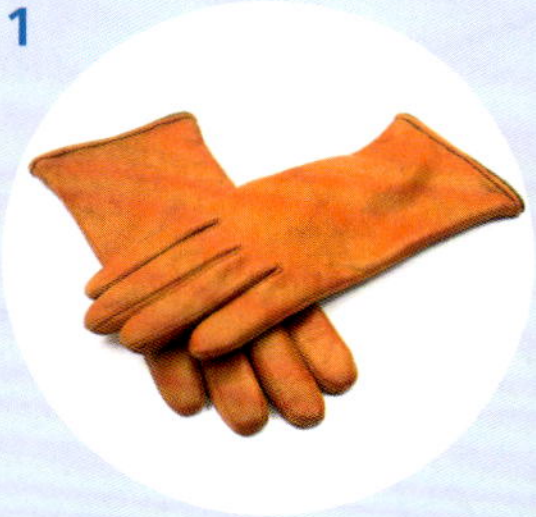
des gants en cuir

4

une boîte de chocolats

5
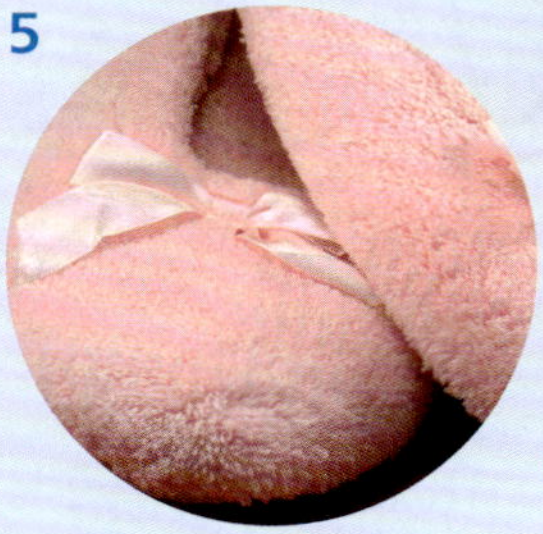
des pantoufles

8

des lunettes de soleil

6

une cravate

7

un bouquet de fleurs

Question 9

Write out these birthday dates (day and month) in French.

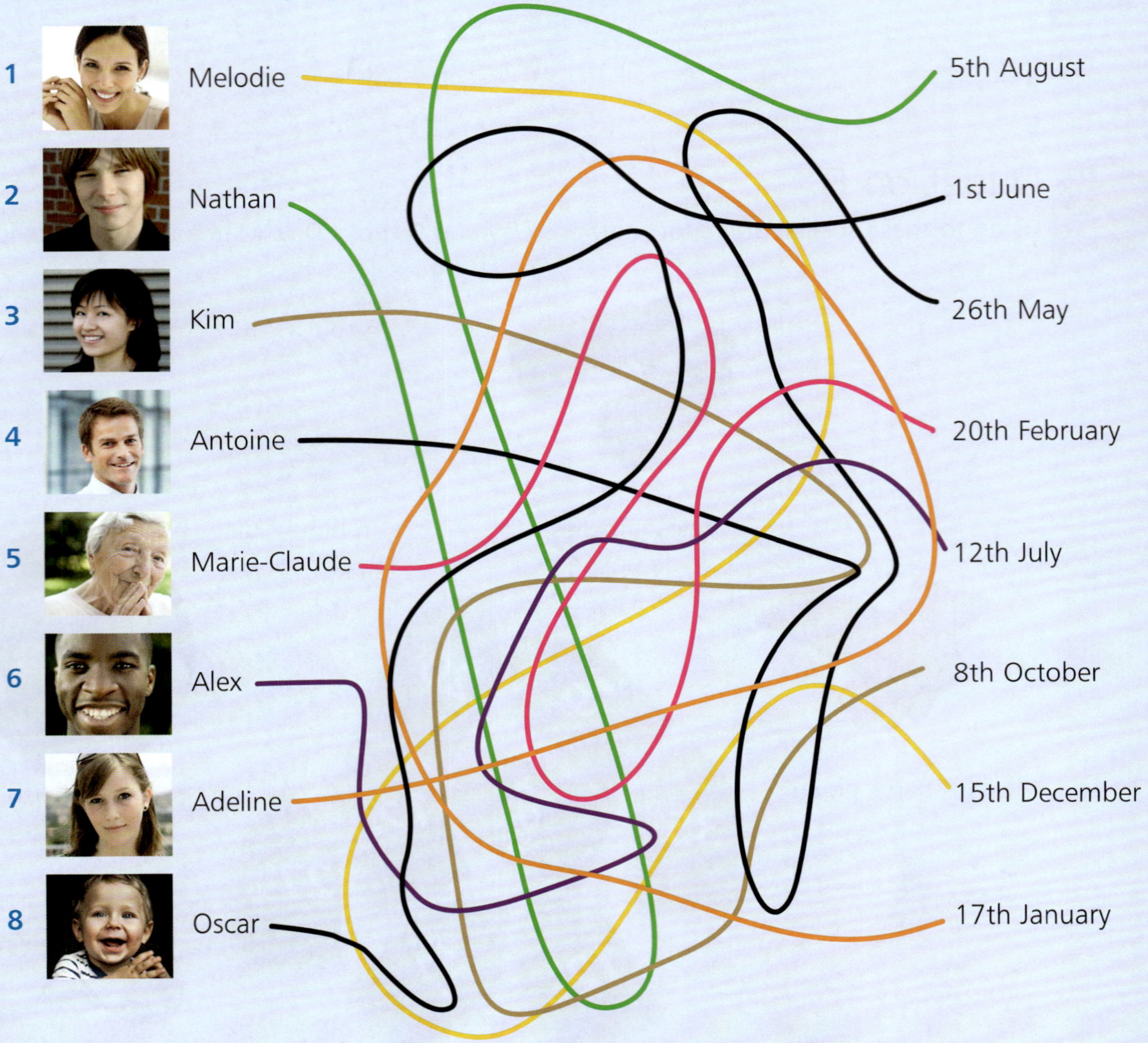

1 Mélodie ______________________

2 Nathan ______________________

3 Kim ______________________

4 Antoine ______________________

5 Marie-Claude ______________________

6 Alex ______________________

7 Adeline ______________________

8 Oscar ______________________

Question 10

Read what each person says about their favourite food and then say if the statements below are true or false.

1 Moi, j'adore la cuisine italienne – les pizzas et les pâtes. Ma pizza préférée, c'est la pizza aux champignons et aux tomates. **Lucas, 13 ans**

2 En été, nous faisons souvent des barbecues dans le jardin. J'adore ça, surtout les steaks et les hamburgers. Avec ça, nous mangeons des salades. **Charlotte, 14 ans**

3 Je fais très attention à ce que je mange. J'encourage mes enfants à manger des légumes et des fruits. Mais, de temps en temps, nous mangeons aussi des gâteaux, surtout des beignets ! **Marianne, 37 ans**

4 Ma famille est d'origine chinoise. Donc ma mère fait du riz presque tous les jours. Par contre, j'aime aussi aller dans un fast-food pour manger des hamburgers et des frites. **Kim, 13 ans**

5 Chez nous, ma mère prépare des repas traditionnels – des ragoûts, des rôtis. Mon plat préféré, c'est le rôti d'agneau avec des pommes de terres rôties. **Julien, 15 ans**

6 Mon repas préféré, c'est le réveillon de Noël ! J'adore la dinde aux marrons et la bûche de Noël. Je mange toujours trop ce jour-là ! **Jean-Paul, 47 ans**

True or false?

1 Lucas loves pâté. ________

2 Charlotte doesn't like barbecued food. ________

3 Marianne loves doughnuts now and again. ________

4 Kim's mother makes chips. ________

5 Julien loves roast beef with roast potatoes. ________

6 Jean-Paul loves his Christmas dinner. ________

Question 11

It is the month of May. You are working hard for your Junior Cert. exams. Write a letter to your French penpal Bernard in which you …

- thank him for the Easter card
- tell him what you did for your Easter holidays
- tell him how you celebrated your birthday
- ask him about his plans for the summer
- give him some news about your family.

Mes progrès personnels

Visit
www.edco.ie/bontravail2
for interactive revision exercises

Having completed Unité 7 ...

	Oui	Non	Retourne à
I have learned greetings for different feasts / festivals	☐	☐	190
I know how Christmas is celebrated in France	☐	☐	191
I have learned some Christmas songs	☐	☐	195
I have learned some cookery terms	☐	☐	197
I have learned to form *l'imparfait*	☐	☐	197–8
I have practised pronouncing the endings of *l'imparfait*	☐	☐	201
I know how Easter is celebrated	☐	☐	203
I can talk about gifts for Mother's/Father's Day	☐	☐	204
I have learned how to use *on* in a sentence	☐	☐	206
I have revised the months of the year and dates	☐	☐	206–7
I have learned how to write an invitation to a party	☐	☐	209
I have learned about planning a party and the food needed	☐	☐	209–10
I have learned the key words for this unit	☐	☐	211

Unité 8

On se connecte !

Objectifs

Vocabulaire: Technology in the classroom; what you have in your schoolbag; revision of numbers; using a computer; using the Internet; mobile phones; text language; making a phone call in France

Grammaire: Ce, cet, cette, ces; adverbes négatifs; pronoms objets directs

Techniques: Typing French accents; making a phone call; leaving a message

Prononciation: Pronouncing the letter 'i' in French words

Civilisation : Les nouvelles technologies

- As in Ireland, many schools in France are installing new technologies to help pupils with their learning. This may take the form of interactive boards in classrooms (le tableau numérique interactif – le TNI), using swipe cards (les cartes magnétiques) to record attendance, or using the Internet for virtual experiments in science (les expériences virtuelles). Many schools now have classrooms where each pupil has their own individual laptop.

L'école de demain

Salle de classe multimédia

- le TNI (le tableau numérique interactif)
- le stylet
- l'ultraportable (m.)
- le chariot multimédia – vidéoprojecteur, ordinateur connecté à Internet, imprimante

L'entrée

Grâce à une carte magnétique, les élèves s'enregistrent chaque jour au lecteur des cartes.

I see, I saw, I will see …
I hear, I heard …
Bienvenue en France!

À la maison

- Martin peut se concentrer sur le cours d'anglais en ligne pour refaire l'exercice réalisé aujourd'hui en classe.
- Marine écoute une émission en anglais enregistrée par son professeur. Le lendemain, son professeur pourra vérifier sa prononciation et sa compréhension.

- Le lecteur MP3

Cours de langues

- Le professeur fait l'appel et enregistre les absences sur l'ENT.
- Les élèves communiquent avec les élèves allemands par visioconférence.

La salle des profs

Les professeurs peuvent voir les devoirs donnés par tous les professeurs, et suivre le progrès d'un élève dans toutes ses matières.

Le parent

Le parent reçoit un SMS qui informe que son enfant est arrivé en retard ou n'est pas présent aux cours.

Le bureau

La secrétaire reçoit les absences et envoie un SMS aux parents.

Lisons maintenant !

Comment est-ce que vous voyez le collège à l'avenir ? Comment sera-t-il à l'ère numérique ?
Read what these people say about the Collège Blaise Pascal and how they use technology in their school.

Le Collège Blaise Pascal en 2020

Luc (élève de quatorze ans) : Moi, j'ai un ultraportable* à moi. Pas de livres de texte, pas de cahiers, pas de cartables lourds !

Inès (élève de treize ans) : Moi, j'ai un cartable numérique**. Je peux, par exemple, me connecter chez moi, pour refaire un exercice déjà réalisé en classe.

Jean-Claude (parent) : J'apprécie d'avoir les informations du collège en ligne. Je peux facilement voir les devoirs de mon fils Anthony, lire les remarques de ses profs et voir ses résultats chaque semaine.

Cécile (parent) : Moi, je quitte la maison avant le départ de mes enfants pour le collège. Je suis contente parce que la secrétaire du collège me contacte par SMS*** s'ils n'arrivent pas au collège ou s'ils sont en retard.

Françoise (professeur) : Grâce au cahier de textes en ligne, je peux ajuster les devoirs que je donne à mes élèves quand je vois les devoirs déjà donnés par les autres professeurs.

Philippe (professeur d'allemand) : Grâce au tableau numérique interactif, je peux me connecter avec une salle de classe en Allemagne et les élèves peuvent communiquer par visioconférence.

Lucie (secrétaire) : C'est beaucoup plus facile pour moi. Au début de chaque cours, les professeurs m'envoient par ENT les noms des élèves qui sont absents ou qui arrivent en retard. Alors je peux envoyer un SMS aux parents des élèves qui sont absents ou en retard.

* un ultraportable = un petit ordinateur portable individuel
** un cartable numérique (l'ENT) = un espace numérique de travail (ENT). Les élèves, les professeurs, les parents y ont accès avec un identifiant. On y trouve en ligne, le cahier de textes, les notes, etc.
*** un SMS = un message par téléphone portable ; un texto

A certificate in computer studies, called le B2i – le Brevet Informatique et Internet – was introduced into French schools in 2000. Pupils learn how to read and produce computer documents and to do research.

1 What does Luc use instead of copybooks and a textbook? ______
2 What can Inès do when she goes online at home? ______
3 Name **one** piece of information Jean-Claude can access about his son Anthony. ______
4 Why does Cécile find the new technology helpful? ______
5 How does Françoise use the technology when she wants to give homework? ______
6 Thanks to the digital interactive board, what can Philippe's students do? ______
7 According to Lucie, what happens at the start of each class? ______
8 What does she do with the information? ______

8.1 Écoutons maintenant !

Qui dit quoi ? Write the number (a–f) of the comment made by each person.

1

Léa

2

Paul

3

Alex

a We did a virtual experiment today in science class.

b I was able to look up the homework for tonight.

c We watched a video instead of reading a book.

d I was able to catch up on my school subjects when I was sick.

e My teacher downloads all the information we need each day.

4

Mélanie

5

Lucie

6

Tony

f I couldn't find my mp3 player and couldn't do my homework.

1 = ☐ 2 = ☐ 3 = ☐ 4 = ☐ 5 = ☐ 6 = ☐

Sans cartable!

If you were a pupil at the Collège Blaise Pascal, you wouldn't have to carry a schoolbag each day, nor would you have to bring so many pieces of equipment. You learned many of the words for school equipment in Unité 2 of *Bon Travail! 1* – how many can you remember?

Exercice 1

Écrivez le mot juste sous chaque image.

une règle **un taille-crayon** **un classeur** **un crayon** **un stylo** **un cartable** **un compas** **une trousse** **un agenda** **une gomme** **un cahier** **un carnet** **un feutre** **une calculatrice**

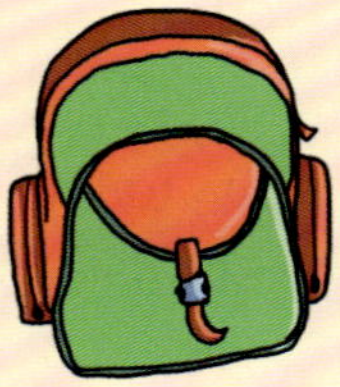

1 ____________

2 ____________

3 ____________

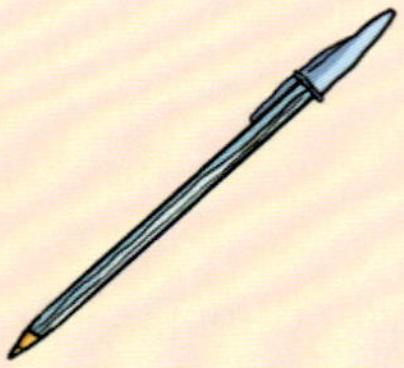

4 ____________

5 ____________

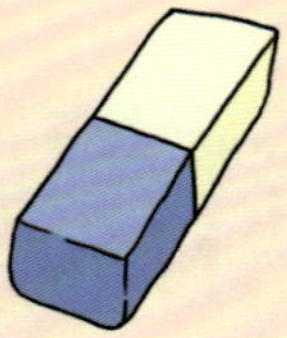

6 ____________

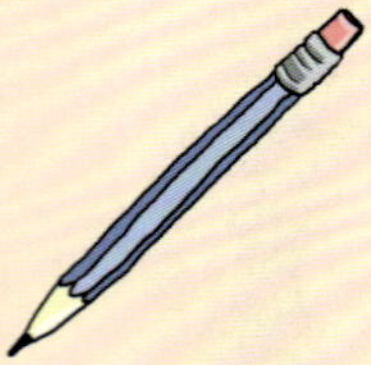

7 ____________

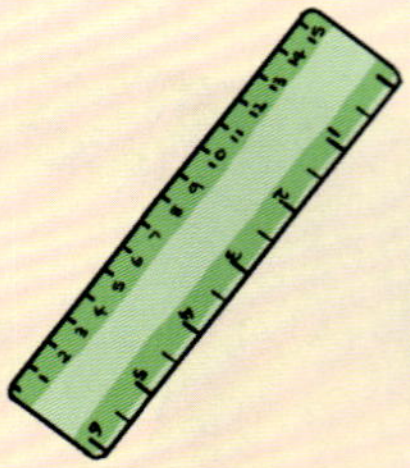

8 ____________

9 ____________

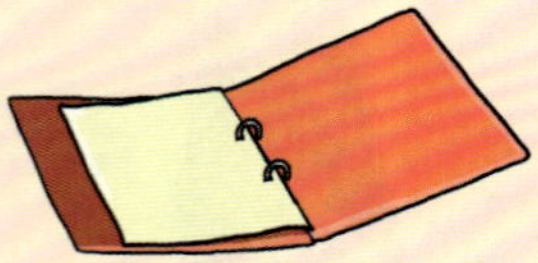

10 ____________

11 ____________

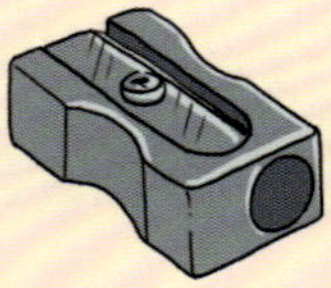

12 ____________

13 ____________

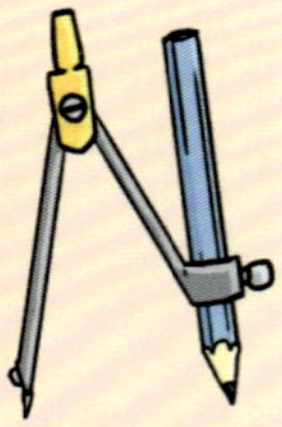

14 ____________

8.2 Écoutons maintenant !

Qu'est-ce qu'il y a dans mon cartable ? Complete the list of items that each of the following speakers has in their schoolbag:

1 **Aurélie** In my schoolbag I have a pencil case, some copies, a notebook and a ________________ .

2 **Samuel** In my schoolbag I have some copies, a pencil case, a ________________ and some pens.

3 **Khalida** In my schoolbag I have a pencil case, a ________________ , pens and pencils.

4 **Romain** In my schoolbag I have a folder, copies, some ________________ and a compass.

5 **Sophie** In my schoolbag I have a ________________ , copybooks, a ruler and a pencil sharpener.

6 **Max** In my schoolbag I have a diary, a pencil case, an eraser and a ________________ .

Parlons maintenant !

Imagine that you are a pupil at the Collège Blaise Pascal. With a partner, discuss which of the above pieces of equipment you use and which you do not use in your digital classroom. Here are some phrases to help you:

Je continuerais à utiliser un stylo. I would continue to use a pen.
Je n'utiliserais pas de calculatrice. I wouldn't use a calculator.
Je n'aurais pas besoin de cahiers. I wouldn't need copybooks.
Je n'aurais pas besoin d'acheter des crayons et des stylos. I wouldn't need to buy pencils and pens.
Je pourrais faire mes devoirs sans avoir un compas. I would be able to do my homework without having a compass.
Je devrais avoir toujours une gomme. I ought to always have an eraser.
Je préférerais utiliser une règle. I would prefer to use a ruler.

Essayez d'utiliser
le conditionnel !

D'autres fournitures scolaires

Here are some more items you might need to use each day in school:

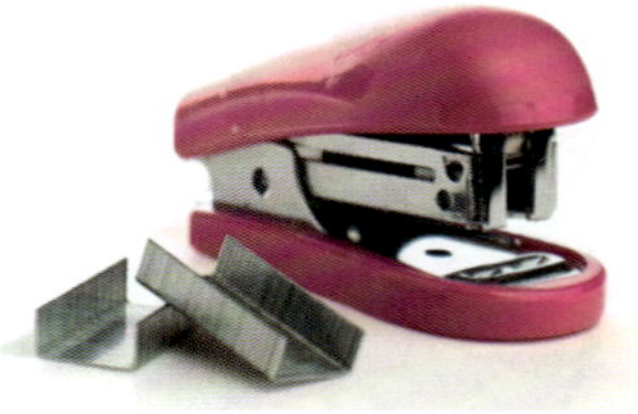

une agrafeuse

des ciseaux (m. pl.)

un surligneur

les trombones (m. pl.)

un bloc-notes

un bâton de colle

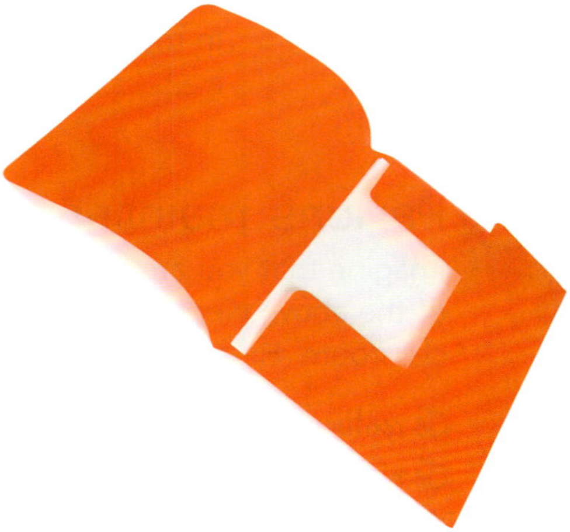

une pochette

Exercice 2

Qu'est-ce que c'est ?

1 On utilise des ________________ pour couper du papier ou de la ficelle.

2 On utilise une ________________ pour attacher des feuilles de papier ensemble.

3 On utilise une ________________ pour protéger un document.

4 On utilise un ________________ pour prendre des notes en cours.

5 On utilise un ________________ pour attirer l'attention sur des mots ou une phrase.

6 On utilise un ________________ pour coller deux choses ensemble.

N'oubliez pas les nombres !

Rappel !

20 = vingt	60 = soixante
30 = trente	70 = soixante-dix
40 = quarante	80 = quatre-vingts
50 = cinquante	90 = quatre-vingt-dix

8.3 Écoutons maintenant !

C'est la rentrée. It's back-to-school time. Listen to these supermarket advertisements for back-to-school items on offer. Fill in the name of each item and the missing part of the price.

	item	price
1		4, ______ €
2		2, ______ €
3		1, ______ €
4		1, ______ €
5		2, ______ €
6		1, ______ €
7		1, ______ €
8		5, ______ €

Un peu de fun !

Jeu de mémoire – Avec un partenaire vous commencez une liste de choses que vous avez achetées à la papeterie. Working with a partner, say what you bought in the stationery shop. Take turns to add a new item each time – you must repeat each item in the order they were said. The winner is the person who can remember all the items in the correct order.

Exemple : *Personne 1 : Je suis allé(e) à la papeterie et j'ai acheté des stylos.*
Personne 2 : Je suis allé(e) à la papeterie et j'ai acheté des stylos et une règle.

Des cadeaux recherchés !

1

un portable

2

des écouteurs

3

un baladeur MP3

4

une console PS3

5

un dock pour iPod

6

un appareil photo numérique

8.4 Écoutons maintenant !

Nos six amis parlent des cadeaux idéaux. Qu'est-ce qu'ils voudraient comme cadeaux ?

1

Thomas

____

2

Leila

____

3

Nicolas

____

4

Camille

____

5

Malik

____

6

Manon

____

Mon ordinateur

Exercice 3

Faites des paires ! Link the picture to the string and write the words in your copy.

1
2
3
4
5
6
7
8

une souris

un ordinateur portable

un scanner

une clé USB

un clavier

les touches (f. pl.)

un écran

une imprimante

Lisons maintenant!

Read the following advertisements and answer the questions which follow. Write the answers in your copy.

Imprimante:
Copie, scanne, installation simple, couleurs au choix noir ou blanc
Capacité de 40 000 pages
Garantie un an
149,90€

Ordinateur portable:
Webcam intégrée, poids 3.9 kg, taille écran 43 cm
Couleurs au choix noir, rouge ou blanc
380€

Souris sans fil:
Longévité des piles
Garantie quatre ans
19,99€

Clé WiFi USB
– simple et pratique à l'emploi
Brancher-la sur votre ordinateur ou portable pour bénéficier de la technologie WiFi – sans fil – **17,90€**

Scanner couleur à plat:
Format A4
Résolution optique
Compatible PC et Mac 69,99€

1 What size is the laptop screen? ______

2 What does the USB allow you to do? ______

3 What is guaranteed for one year? ______

4 What is the French for 'cordless'? ______

5 Name **one** feature of the scanner. ______

6 What is easy to use? ______

Les accents : taper en français

To type French accents (les accents), here are the keys (les touches) you need to use.

Alt + 1 3 1	= â	Alt + 1 4 7	= ô
Alt + 1 3 3	= à	Alt + 1 4 8	= ö
Alt + 1 3 0	= é	Alt + 1 5 1	= ù
Alt + 1 3 8	= è	Alt + 1 5 0	= û
Alt + 1 3 6	= ê	Alt + 1 3 5	= ç
Alt + 1 3 7	= ë	Alt + 0 1 5 6	= œ
Alt + 1 4 0	= î		

The French keyboard is arranged differently from the English-language one and is known as AZERTY from the first six letters on the first row of the alphabetical keys. Accented letters are found at the very top of the keyboard.

Attention !

Remember to turn on the number lock and use the numerals to the right of your keyboard!

Exercice 4

Testez-vous ! Why not test yourself by typing the following French words? Don't forget to hold down the Alt key while you use the number code.

boîte	fenêtre	hôtel	sûr
écran	français	leçon	télécharger
élève	gâteau	modèle	téléphone

Des verbes utiles pour parler de technologie

allumer

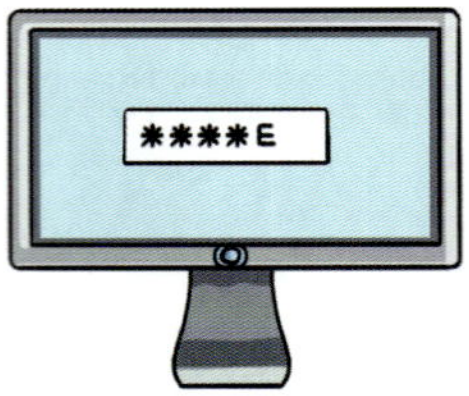

se brancher / se connecter

télécharger

envoyer

surfer

recharger

taper

éteindre

Exercice 5

Utilisez les verbes sur l'écran dans la forme correcte pour compléter les phrases suivantes.

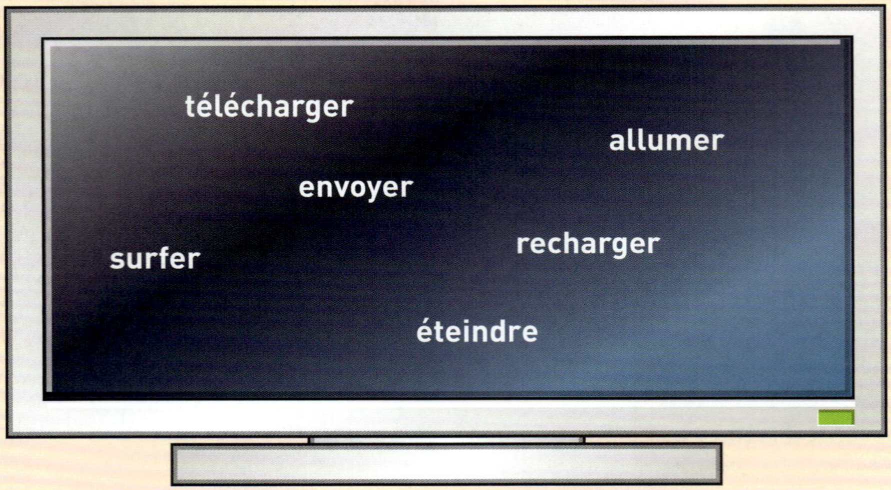

1 Quand je commence à travailler, j'________________ mon ordinateur.

2 Je ________________ de la musique sur mon MP3.

3 J'aime ________________ des SMS à mes amis.

4 Je ________________ le Net quand j'ai le temps.

5 Je dois ________________ mon portable tous les deux jours.

6 Quand je suis en cours, je dois ________________ mon portable.

8.5 Écoutons et lisons maintenant !

Louis is doing a report for the school magazine on how different pupils use the Internet to help them with their schoolwork.

a **Louis :** Léo, est-ce-que tu utilises Internet pour tes révisions ?
Léo : Oui, surtout quand je révise pour les contrôles à l'école et pour les examens de fin d'année. C'est pratique parce qu'il y a des sites où on peut faire les examens et voir les corrigés de ces examens.

b **Louis :** Julie, est-ce-tu utilises Internet pour t'aider avec ton travail scolaire ?
Julie : Oui, bien sûr ! Par exemple, en géographie, c'est super pour trouver des cartes et des photos des pays qu'on étudie. J'apprends aussi beaucoup de choses sur les habitants, le climat et les produits de ces pays.

c **Louis :** Samuel, tu utilises la salle d'informatique de ton collège ?
Samuel : Oui, pour faire mon B2i, c'est-à-dire mon Brevet Informatique et Internet. Pour cet examen, j'apprends à lire et à produire des documents numériques. Je suis capable de rechercher des informations utiles et de communiquer par messagerie électronique.

d **Louis :** Chloé, tu trouves Internet utile ?
Chloé : Oui, surtout pour mes cours de musique. Je peux écouter de la musique et la télécharger pour l'apprendre. La musique est ma matière préférée et j'adore regarder les groupes sur les sites Internet. C'est comme un concert gratuit !

e **Louis :** Max, ton professeur encourage l'utilisation d'Internet en classe ?
Max : Oui, nous avons un lien avec une école en Irlande et nous envoyons des emails chaque mois à cette classe irlandaise. Nous parlons de nos vies – de nos familles, nos amis, nos passe-temps, etc. C'est très intéressant et un bon moyen de communiquer.

f **Louis :** Mélanie, tu utilises Internet pour tes études ?
Mélanie : Oui, mais aussi j'adore faire du shopping sur Internet. En fait, c'est très bien pour mon anglais parce que je lis plein de descriptions en anglais ! Après mes devoirs et le week-end, j'adore aller sur des sites de mode pour voir le style de mes stars préférées et je copie souvent ce style ! Mes amies aussi adorent surfer sur le Net.

Who says …?

comment	name
1 We have a link in class with an Irish school	
2 I use the Internet to look at maps	
3 I love to look at fashion sites	
4 I use the Internet to help me prepare for exams	
5 I download music and this helps with my studies in music	
6 I am studying Computer Studies for my Certificate in school	

Coin grammaire: Les adjectifs démonstatifs

In Louis's survey, the pupils sometimes used the words ce, cet, cette and ces when they wanted to say 'this', 'that', 'these' or 'those'. These little words are called demonstrative adjectives – les adjectifs démonstratifs.

	masculine	feminine
singular	ce, cet*	cette
plural	ces	ces

*cet is used before masculine singular nouns that begin with a vowel or silent 'h' – cet hôtel, cet homme.

Exemples: *Tu aimes ce portable ?*
Tu aimes cet appareil photo ?
Tu aimes cette machine karaoké ?
Tu aimes ces jeux vidéo ?

Exercice 6

Complétez les phrases suivantes avec ce, cet, cette ou ces.

1 ________ cadeau est super, merci !

2 ________ imprimante ne marche pas !

3 ________ appareil photo est formidable !

4 Je préfère ________ stylos.

5 ________ cartable est très cher.

6 J'écris ________ exercice en classe.

7 Le professeur utilise ________ exemples pour expliquer la réponse.

8 Aimes-tu ________ trousse en rouge ?

The French vowel 'i' is usually pronounced with an 'ee' sound.

Exemples: *hier, prix, numérique, musique, lexique, pratique, chic, venir*

Lisons maintenant !

Attention ! il faut être vigilant sur l'Internet !

Anthony

Facebook, c'est super, mais on doit être vigilant quand on l'utilise. On peut mettre beaucoup de choses sur sa page Facebook, des photos, des messages pour les autres membres et pour ses amis. Mais attention ! Il ne faut jamais inscrire ni son adresse ni son numéro de téléphone ! On doit se rappeler que tout sur Facebook est accessible à tout le monde. J'ai un voisin qui a affiché son adresse et les dates de ses vacances, et deux personnes sont venues cambrioler chez lui pendant son absence ! Depuis, il ne met plus de détails personnels sur sa page.

Émilie

Tous mes copains et copines sont sur Facebook et c'est facile de rester en contact avec eux. Je vais en ligne tous les soirs : je tchate, je regarde leurs pages mais moi, je ne mets jamais rien sur ma vie privée. On ne sait jamais qui peut lire mon profil. Je ne mets donc ni le numéro de mon portable ni l'adresse sur ma page. Le seul risque pour moi, c'est que je passe trop de temps en ligne dans le monde virtuel, et pas assez avec mes amis dans le monde réel !

1 What sort of things does Anthony put on his Facebook page?

2 Name **one** piece of information he advises you never to put on your page.

3 What happened when his neighbour gave details of his holiday plans?

4 When does Émilie go online?

5 What danger does she see in using Facebook?

6 How does this affect her social life?

Coin grammaire : Les adverbes négatifs

You already know how to use ne and pas to make a sentence negative. There are some other negative adverbs which are useful for you to know. You may have noticed them in the two reading texts on the previous page. Anthony says: 'il ne faut jamais inscrire … ni son adresse ni son numéro de téléphone …' and 'il ne met plus de détails personnels …' and Émilie also uses ne … jamais and ne … ni … ni. Here are some of the most important negative adverbs.

ne (n') … jamais	*never*
ne (n') … plus	*no longer*
ne (n') … rien	*nothing*
ne (n') … ni … ni	*neither … nor*
ne (n') … que	*only*

Exercice 7

Complétez les phrases suivantes avec jamais, rien, plus ou ni … ni.

1 Je n'allume ________________ mon portable en cours.
2 Nathan déteste l'informatique. Il ne fait ________________ dans ce cours.
3 Mon frère a changé d'emploi. Il n'est ________________ à Galway.
4 Où est mon portable ? Il n'est ________________ dans mon sac !
5 Tu ne télécharges ________________ de musique de l'Internet ?
6 Nous n'avons ________________ un vieux ordinateur chez nous.
7 Je n'ai ________________ trouvé sur ce site !
8 Nous n'avons ________________ tableau interactif ________________ ordinateurs dans notre salle de classe.

Civilisation : Le portable

- Carrying a mobile phone is just as popular in France as it is in Ireland. Many people are inseparable from their mobile phones. The main mobile phone providers in France are Orange, Bouygues Telecom and SFR. Mobile phone numbers in France start with 06 or 07.
- You can use your phone to send a text message (envoyer un texto / un SMS), to download music (télécharger de la musique), to take a photograph (prendre une photo), to send pictures and videos (envoyer des images fixes ou animées), and to go on the Net (aller sur Internet), besides of course making a phone call! You can also enter competitions such as the one on the next page by sending an SMS.

Lisons maintenant !

Jouez par SMS et vous pouvez gagner des cadeaux

Voici les cadeaux cette semaine !

1 

Souris Écolo
La souris a deux clics et elle est faite en bambou pour cliquer écolo € ! Valeur 39 €.
Jouez par SMS, mot-clé PB 390 au 76733.

3 

Appareils photo
Superbe appareil numérique. Très léger avec 10 millions de pixels ! Disponible dans plusieurs couleurs. Valeur 148 €.
Jouez par SMS, mot-clé PF390 au 76732.

5 

Sacoche pour portable
Un super look pour cette sacoche. Fabriquée en néoprène, votre sacoche ne prendra pas l'eau. La poche extérieure est pour le stockage de vos documents. Valeur 79 €.
Jouez par SMS, mot-clé PC390 au 76731.

2 

iPhone
Un écran avec la plus haute résolution pour un téléphone. Activé par une simple pression du doigt. Il y a une vaste collection d'apps pour ce téléphone.
Jouez par SMS, mot-clé PP390 au 76735.

4 

iPad
Un tout nouveau design – 33% plus fin et 15% plus léger. C'est rapide avec des vidéos en haute définition. Avec un Smart Cover pliable. Valeur 489 €.
Jouez par SMS, mot-clé PD390 au 767334.

1 This computer mouse is made from …
- **a** metal
- **b** plastic
- **c** leather
- **d** bamboo wood

☐

2 Which part of the body is mentioned in connection with the iPhone?
- **a** finger
- **b** ear
- **c** eye
- **d** hand

☐

3 This digital camera …
- **a** is only available in one colour
- **b** is multi-coloured
- **c** is available in several colours
- **d** is available in three colours

☐

4 The cover of this iPad is …
- **a** rigid
- **b** flexible
- **c** multi-coloured
- **d** zipped

☐

5 This carrier …
- **a** is waterproof
- **b** is light to carry
- **c** has three pockets
- **d** is made from leather

☐

6 You can carry documents …
- **a** in a secret pocket
- **b** in an inside pocket
- **c** in the outside pocket
- **d** in plastic folders

☐

Parlons maintenant !

Discuss with a partner which of the prizes on the previous page you would like to win and why?

Here are some useful phrases:

Moi, je voudrais gagner un/une …
J'adorerais avoir un/une …
C'est pratique ! / c'est moderne ! / c'est indispensable !

Écrivons maintenant !

Imagine that you have just won one of the prizes above. Send an email to your French penfriend to tell them about your good luck.

Here are some useful phrases:

Tu ne vas pas le croire !	*You won't believe it!*
Je viens de gagner un/une …	*I've just won a …*
J'ai lu l'annonce …	*I read the ad …*
dans un magazine.	*in a magazine.*
dans un journal.	*in a newspaper.*
sur Internet.	*on the Internet.*
J'ai envoyé un SMS.	*I sent a text message.*
J'ai reçu la bonne nouvelle hier.	*I got the good news yesterday.*
Tous mes amis ont admiré mon prix.	*All my friends admired my prize.*
Je joins une photo de mon prix.	*I'm attaching a photo of my prize.*

La langue des textos !

Here are some examples of text language in French:

text	meaning
a2m1	à demain
auj	aujourd'hui
bsr	bonsoir
6né	ciné (cinéma)
c super	c'est super !
c cho	c'est chaud
d'ac	d'accord
2m1	demain
eske	est-ce que ?
g	je

text	meaning
ght	j'ai acheté
gt	j'étais
jn	jean
kestu fé	qu'est-ce que tu fais ?
kand	quand
kwoi29	quoi de neuf ?
o	au
qq	quelque chose
rdv	rendez-vous
rstp	Réponds s'il te plaît

Voici quelques SMS.
Vous pouvez les lire ?

Un peu de fun !

Voici quelques SMS. Vous pouvez les lire ? Read the following text messages and rewrite them in full on the screens below.

1

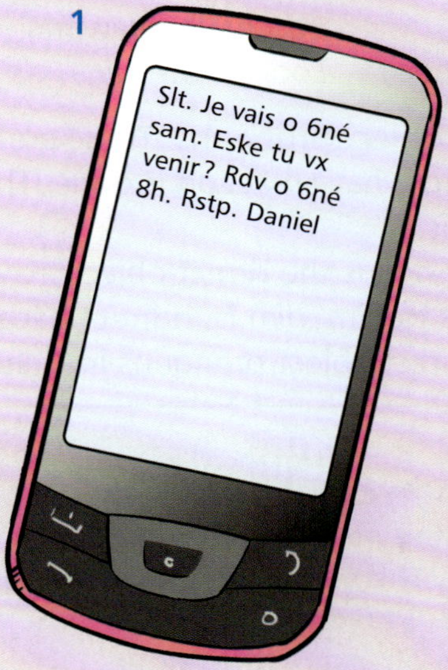
Slt. Je vais o 6né sam. Eske tu vx venir ? Rdv o 6né 8h. Rstp. Daniel

2

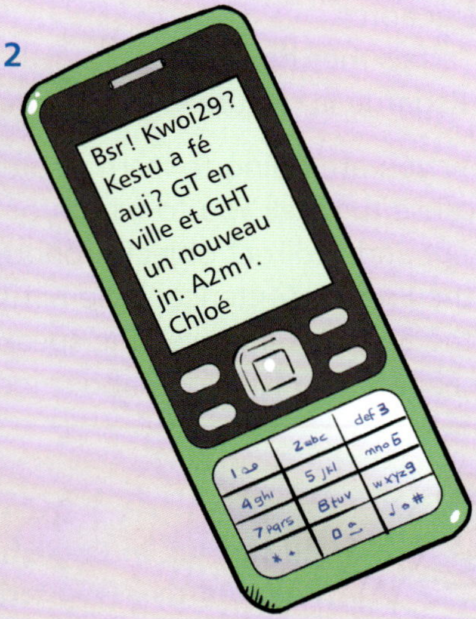
Bsr ! Kwoi29 ? Kestu a fé auj ? GT en ville et GHT un nouveau jn. A2m1. Chloé

1

2

Coin grammaire : Les pronoms objets directs

What are pronouns?

- You have already learned the subject pronouns – je, tu, il, elle, on, nous, vous, ils and elles. They are called subject pronouns because they tell you who or what is doing the action:

Je fais mes devoirs.	*I do my homework.*
Regarde la voiture – elle est grande !	*Look at the car – it's big !*

- Now you are going to learn about object pronouns. These are called object pronouns because they tell you to whom or to what an action is done. There are two types – direct and indirect object pronouns.
- In the English sentence 'I see him!' *him* is the direct object.
- In the English sentence 'She speaks to him' *him* is indirect because the preposition 'to' is needed. You will learn about indirect object pronouns in Unité 10.

Attention !

Be careful, in English the indirect pronoun is sometimes 'hidden'. The sentence 'I give him the book' means 'I give the book *to* him' and so the 'him' is an indirect pronoun.

Remember, pronouns are useful because they save you repeating a noun!

The third-person direct object pronouns

In French the following are the third-person direct object pronouns – pronoms objets directs :

- le replaces a masculine noun and means 'him' or 'it' (m.)
- la replaces a feminine noun and means 'her' or 'it' (f.)
- les replaces any plural noun and means 'them' (m. or f.)

Exemples :

Je contacte mon frère par Skype.	Je le contacte par Skype.
Tu connais Luc ?	Tu le connais ?
Je contacte ma sœur par Skype.	Je la contacte par Skype.
Tu connais Camille ?	Tu la connais ?
Je contacte mes grands-parents par Skype.	Je les contacte.
Tu connais Luc et Camille ?	Tu les connais ?

As you can see, les pronoms objets directs go in front of the verb. (In le passé composé they go in front of le verbe auxiliaire.)

Exemple : Les élèves ↓ regardent.

Attention !

Le and la become l' if the verb starts with a vowel or silent h. Les is never shortened.

Exemples : J'écris le courriel. → Je l'écris.
J'écoute Beyoncé sur mon iPod. → Je l'écoute sur mon iPod.
Mais j'écris les lettres. → Je les écris.

8.6 Écoutons maintenant !

Remplissez les blancs avec le, la ou les.

1 Tu regardes le tableau blanc, Marine ? Oui, je ________ regarde, monsieur.

2 Le professeur distribue les cahiers. Il ________ distribue.

3 Je déteste la couleur de ton portable. Je ________ déteste.

4 Max et moi voyons Luc tous les jours. Max et moi ________ voyons tous les jours.

5 Est-ce que vous rencontrez Madame Dubois ? Oui, nous ________ rencontrons au parc.

6 J'emprunte les DVD de Lucie. Je ________ emprunte.

Exercice 8

Et maintenant à vous. Remplissez les blancs avec le, la ou les.

1 Je vois mon oncle Luc assez souvent. Je ________ vois assez souvent.

2 J'envoie ma photo à mon correspondant. Je ________ envoie à mon correspondant.

3 Marie lit ses messages en ligne. Marie ________ lit en ligne.

4 Tu cherches ta clé USB ? Oui, je ________ cherche.

5 Je contacte mes amies en Australie par Skype. Je ________ contacte par Skype.

6 Nous lisons le profil de Julie sur Facebook. Nous ________ lisons.

Some other direct object pronouns

Direct object pronoun	English
me	*me*
te	*you*
nous	*us*
vous	*you* (pl. and polite form)

Me and te are shortened to m' and t' before a verb beginning with a vowel or silent h. Les is never shortened.

Exemples : Je t'adore. I love you.

Il m'attend. He waits for me.

Exercice 9

Complétez les phrases en utilisant me, te, nous or vous.

1 Je vais au supermarché et Caroline va ________________ retrouver là-bas.

2 Nous sommes en classe et le professeur ________________ gronde.

3 Je ________________ retrouverai quand vous serez en Irlande.

4 Bonne fête, Maman, je ________________ aime.

5 Je n'aime pas les escargots, ils ________________ rendent malade !

6 Nous aimons notre professeur d'anglais. Il ________________ encourage beaucoup.

La négation

In a négation, the ne goes before the pronoun and, as usual, the pas goes after the verb.

Exemples :

ne
Louis le regarde pas.

ne
Sophie nous regarde pas.

Rappel!
An object pronoun always goes nearest the verb.

Civilisation : Le téléphone fixe

- France Telecom is the main telecommunications company in France. And, although there are an increasing number of people using mobile phones, phone boxes are still to be seen in French towns and villages, particularly where mobile phone coverage is not good.
- As you already know phone numbers in France are made up of les numéros à dix chiffres (ten-digit numbers). If you see a number beginning with 0800, it is a numéro Vert (a free phone number) and if you see 0818, it is a numéro Azur and you pay only the local rate. Don't forget 06 and 07 are common mobile phone prefixes.
- There are five area codes in France and these are the first two digits you dial:

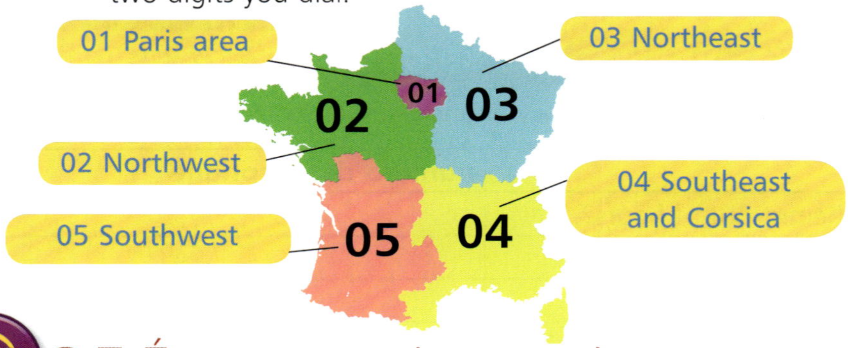

8.7 Écoutons maintenant !

Why are these people making a call and what is the phone number?

	reason for call	telephone number
1		06. ______. 08. ______. 16.
2		01. ______. 04. 33. ______.
3		05. 18. ______. ______. ______.
4		03. ______. 22. ______. ______.
5		04. 13. ______. ______. ______.
6		02. ______. ______. ______. ______.

Lisons maintenant !

Et en cas d'urgence, quel numéro est-ce que je compose ?

Bienvenue à Marseille !

Police-Secours	**17**
Sapeurs-pompiers	**18**
SAMU	**15**
Centre anti-poison	**04 91 75 25 25**
Dépannage électricité	**0 810 501 900**
Accident de plongée	**04 91 74 49 96**
Objets trouvés	**04 91 14 68 97**
Urgences dentaires	**0892 566 766**
Dépannage gaz	**0 810 433 013**
Pharmacie de garde	**3237**

Des numéros utiles pour un bon séjour dans notre ville

You are on holiday in Marseille. What emergency phone number would you use …

		numéro de télephone
1	if you needed a chemist out of hours?	
2	if you needed an ambulance?	
3	if you needed a dentist urgently?	
4	if you had left your laptop on the beach?	
5	if your barbecue caught fire?	

Passer un appel / un coup de fil

Exercice 10

Faites des paires ! These are the steps you take to make a phone call.

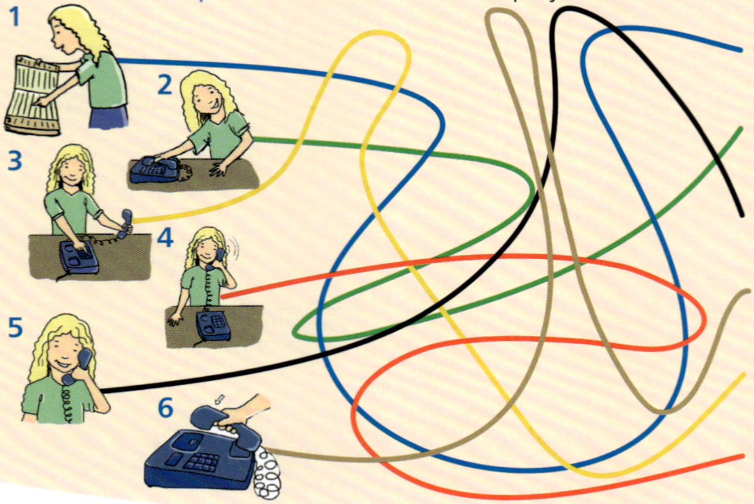

a Je cherche le numéro dans l'annuaire.

b Je décroche.

c Je parle.

d Je raccroche.

e Je compose le numéro.

f Le téléphone sonne.

8.8 Écoutons maintenant !

Here are some useful phrases for when you want to make a phone call or answer a call:

Passer un appel

C'est Marie à l'appareil.	*Marie speaking.*
Je peux parler à Léo, s'il te plaît / s'il vous plaît ?	*Can I speak to Léo, please?*
Est-ce que Sarah est là, s'il te plaît / s'il vous plaît ?	*Is Sarah there, please?*
Je voudrais parler à Matthieu, s'il te plaît / s'il vous plaît ?	*I'd like to speak to Matthieu, please.*
Oui, j'attends.	*Yes, I'll hold on.*
Je rappellerai plus tard.	*I'll call back later.*

Répondre à un appel

Allô, maison Gilbert.	*Hello, this is the Gilbert's house.*
Oui, attends/attendez.	*Yes, just wait a minute.*
Oui, ne quitte pas / ne quittez pas.	*Yes, just hold on.*
Je vais le/la chercher.	*I'll get him/her.*
Il n'est pas ici en ce moment.	*He's not here now.*
Tu peux rappeler dans dix minutes ?	*Can you phone back in ten minutes?*

Rappel !

You use **s'il te plaît** when speaking to someone your own age, or whom you know well. Use **s'il vous plaît** for an adult or someone you do not know.

In French, you only use **'Allô !'** on the telephone. When you want to greet someone with 'Hello' in person, you use **'Salut !'** or **'Bonjour !'**

8.9 Écoutons maintenant!

Remplissez les blancs dans les conversations suivantes.

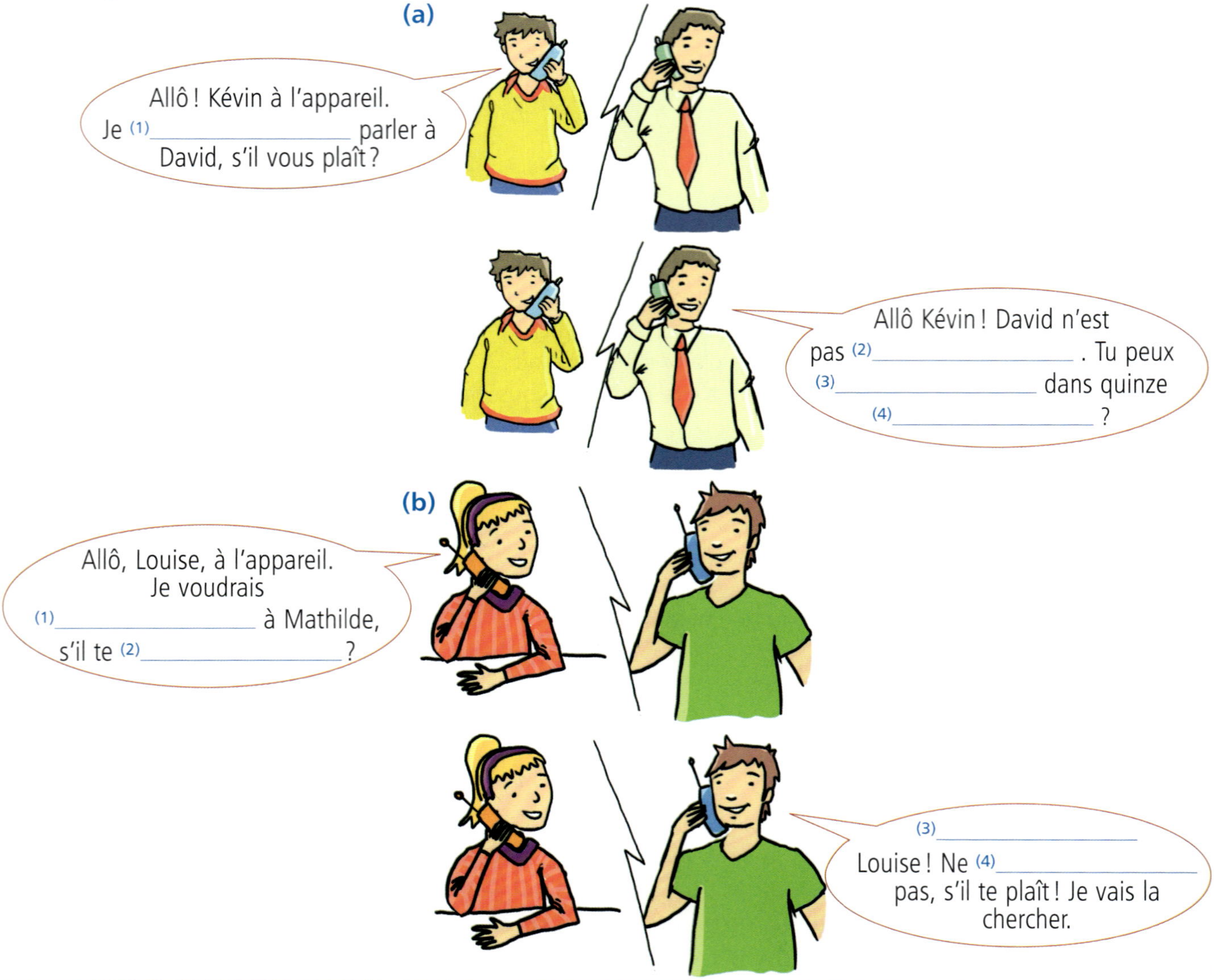
(a)
Allô ! Kévin à l'appareil. Je (1) ________ parler à David, s'il vous plaît ?
Allô Kévin ! David n'est pas (2) ________ . Tu peux (3) ________ dans quinze (4) ________ ?
(b)
Allô, Louise, à l'appareil. Je voudrais (1) ________ à Mathilde, s'il te (2) ________ ?
(3) ________ Louise ! Ne (4) ________ pas, s'il te plaît ! Je vais la chercher.

Exercice 11

Complétez la conversation suivante en remplissant les blancs.
Khalid téléphone à son ami Malik Ferdinand.

Madame Ferdinand : Allô! Madame Ferdinand à l'appareil.
Khalid : Bonjour, madame. Ici Khalid. Je (1) ________ parler à Malik, s'il (2) ________ plaît ?
Madame Ferdinand : Oui, ne (3) ________ pas. Je vais (4) ________ chercher. Il fait ses devoirs.
Khalid : Merci, madame. J' (5) ________ .

Parlons maintenant !

Using the two conversations in 8.9 as examples, practise making a phone call with your partner. You can invent a phone number – remember, 10 digits in groups of 2!

(a) – Madame/Monsieur Mercier answers the phone and gives her phone number.
- Your name is .... You want to speak to Noémie Mercier.
- Noémie is tidying her room, but Madame/Monsieur Mercier will get her.
- Say: thank you, you will hold on.

(b) – Your name is .... You want to speak to Alexis.
- His brother Clément / his sister Clémence answers the phone. Alexis is not at home.
- Say you will call back at 9 o'clock.
- Clément/Clémence says goodbye.

Ça ne répond pas ?

When a person doesn't answer the phone you can usually leave a message on **le répondeur**.

8.10 Écoutons maintenant !

Monsieur et Madame Bonnet and their children Léa and Thomas are out. When they come home they find the following messages were left on le répondeur. For whom is the message and why did the people ring?

who is phoning	reason for call
1 Claire	
2 Luc	
3 Mélanie	
4 Hôtel du Palais	
5 Louis	
6 Jean-Paul Gachot	

Mots clés – apprenez par cœur !

l'appareil (m.)
la carte identifiante
le clavier
l'écran (m.)
l'informatique (f.)
l'ordinateur (m.)
le portable
le répondeur
la souris
le tableau numérique
le téléphone
les touches (f. pl.)

8.11 Écoutons maintenant!

Listen to these people who have left their names on the answering machine of the Collège Saint-Julien to say their child is absent today. Complete their son's or daughter's name.

1	Samuel _ _ _ _ _ _ _ _	2	Alice _ _ _ _ _ _ _	3	Raphaël _ _ _ _ _ _ _
4	Nerissa _ _ _ _ _ _ _ _ _	5	Lucas _ _ _ _ _ _ _ _ _ _	6	Florence _ _ _ _ _ _ _ _ _ _

Épreuve

Question 1

Mots croisés: La technologie

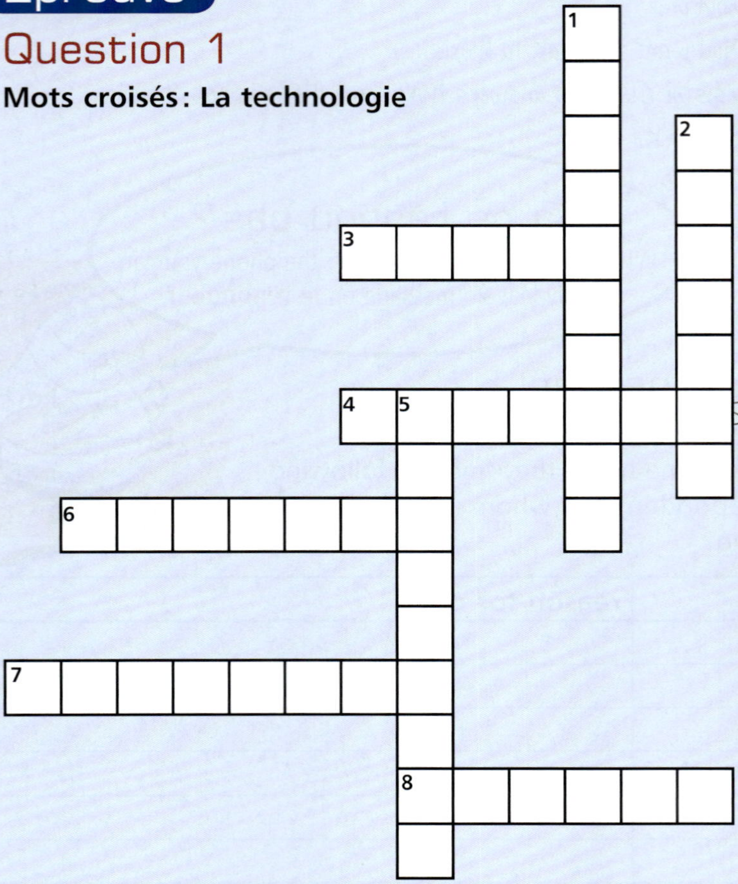

Horizontalement →

3 

7 

4 

8 

6 

Verticalement ↓

1 

5 

2 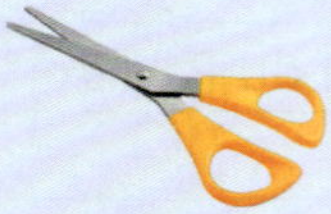

Question 2

1 You are in a large store. Which of the following signs tells you where the computer section is?

- **a** légumes
- **b** ordures
- **c** informatique
- **d** électro-ménager

☐

2 You need some stationery items for going back to school. Which shop will supply the items?

- **a** la librairie
- **b** la bibliothèque
- **c** le marchand de journaux
- **d** la papeterie

☐

Question 3

Write down the number mentioned in each sentence.

1 My grandmother was born in 19_______________ .

2 Our basketball team scored _______________ points yesterday evening.

3 The Gilbert family live at number _______________ .

4 In the sales you can buy a digital camera for _______________ .

5 My grandad will have his birthday in March. He's going to be _______________ .

6 In our tennis club there are _______________ under-14 members.

7 To get to the centre of the city, take the _______________ bus.

8 My mam leaves the house every morning at 7 _______________ .

Question 4

Read the comments about a French educational website.

a Le site m'a vraiment aidé toute l'année. J'ai beaucoup progressé, surtout en histoire.

b Le site est super ! Je suis devenu premier de ma classe en géo. Mes parents sont contents aussi.

c Le site m'a motivé quand j'ai eu des difficultés à faire mes devoirs le soir. Mes amis l'utilisent aussi.

d C'est génial ! J'aurai de bons résultats pour mon brevet. Mes notes en classe s'améliorent.

e Je n'arrivais pas à apprendre mes verbes en anglais. J'ai révisé sur le site et les cours étaient très instructifs. Maintenant, je comprends tous les verbes !

f Excellent site pour les élèves si on était absent pour le cours.

In which comment did the person say …?

comment	a–f
I used this site all through the year	
The site helped me with homework	
This site helped me with my English verbs	
I will have good results in my exam	
The site is useful for students who have missed a lesson	
My parents are happy with my place in the class	

Question 5

Sometimes it's hard to be separated from your computer. Read this article about a class of students and their teachers who gave up using the Internet for 7 days.

La classe de 5ème du Collège Sainte-Marie de Sarzeau a tenté une drôle d'expérience, début mars. Objectif pour les 20 élèves et 5 enseignantes : se passer d'Internet pendant 7 jours. Résultat : 2 élèves sur 3 n'ont pas réussi.

Léo, 12 ans : J'ai craqué tout de suite, dès le premier jour ! J'ai resisté aux jeux. À la place, j'ai joué au foot avec des amis.

Nicolas, 13 ans : C'était dur. Je m'ennuyais et je restais au lit sans rien faire. Le mercredi, j'ai regardé mes emails sur mon téléphone.

Carole, mère de Nicolas : Nicolas était plus présent dans la vie de famille, moins dans sa chambre.

Chloé, 13 ans : Je discute au moins trois heures par jour sur MSN avec mes copines. Pourtant, je n'ai pas craqué. Mais c'était très dur. C'était ennuyeux sans ordinateur. J'ai envoyé des SMS à mes amis. J'ai regardé la télé et j'ai même fait le ménage !

Gwenaëlle, enseignante : Les élèves ont eu du mal à occuper leur temps libre. C'était très difficile pour moi aussi ! Je n'ai pas pu communiquer avec mes amis. L'an prochain, nous étendrons l'expérience à tout le collège.

Which person …

1 played football instead of playing games online? ________________

2 helped with the housework? ________________

3 gave up after the first day? ________________

4 thought her son spent more time with the family? ________________

5 hopes to extend the programme next year to the whole school? ________________

6 looked at emails on the mobile phone? ________________

Question 6

Use les pronoms objects directs le, la, l' or les to complete the following sentences:

1 L'ordinateur est pratique pour moi. Je ________________ utilise régulièrement.

2 Ma mère a un nouveau portable. Elle ________________ recharge dans le salon.

3 Je prends des photos et je ________________ regarde sur mon ordinateur portable.

4 J'écoute de la musique et je ________________ télécharge sur mon iPod.

5 Ma sœur a un nouvel iPad. Elle ________________ adore !

6 J'envoie souvent des textos à mes amis mais je ne ________________ envoie pas pendant les cours.

7 À l'école, il y a une salle d'informatique. Nous ________________ occupons le lundi matin.

8 Zut, mon portable est cassé ! Il faut ________________ faire réparer immédiatement !

Question 7

Recharger un téléphone portable à la lumière du soleil !

- On a inventé un film plastique transparent qui capte la lumière et la transforme en électricité.
- Le film plastique transforme de la lumière en énergie électrique.
- Le film est placé sur l'écran du téléphone portable et il le recharge.

Pendant la journée le téléphone est en contact avec la lumière et se recharge. Sa batterie n'est donc jamais vide. Il faut 6 heures pour recharger complètement le téléphone. Pour une conversation de 30 minutes, il faut une heure de lumière. Utiliser l'énergie de la lumière pour produire de l'électricité est plus écologique et plus économique.

1 This article is about …
   - a a film about mobile phones
   - b a plastic film which a boy invented for his mobile phone
   - c a plastic film which converts sunlight to electricity
   - d a mobile phone with apps for weather conditions

☐

3 This mobile phone …
   - a takes 6 hours to charge
   - b takes 6 days to order
   - c takes 6 weeks to deliver
   - d takes 6 minutes to download apps

☐

2 During the day the phone is in contact with …
   - a the owner while it is charging
   - b the phone company
   - c the weather station
   - d the light while it is charging

☐

4 Using energy from natural light …
   - a is not good for the environment
   - b costs less and is good for the environment
   - c costs more to produce
   - d means the phone can be used only in daylight

☐

Question 8

Write the correct form of ce, cet, cette or ces in the following sentences:

1 J'envoie ________________ courriel maintenant.
2 ________________ ordinateur est nouveau.
3 ________________ clés USB sont dans la sacoche.
4 ________________ souris ne marche pas.
5 ________________ écran n'est pas clair.
6 Je cherche ________________ numéro dans l'annuaire.
7 Elle télécharge ________________ musique maintenant.
8 ________________ portables sont chers.

Question 9

It is 10 a.m., your French family is out and your penpal's friend Louis rings. Leave a note for your penfriend on the kitchen table.
In your note say …

- Louis phoned while you were out
- he cannot meet you tomorrow afternoon as he has to play a match
- he will ring you back on Wednesday morning.

Question 10

Read the following advertisements and answer the questions that follow.

Une personne aimant les animaux est disponible pour garder tout animal pendant les vacances.
Tel: 05 53 25 72 30
Vente
Vente de matériel informatique, pièces détachées. Réparations. Interventions à domicile.
Tel: 05 56 28 65 32
Je rachète des objets d'occasion – portables, ordinateurs, iPods et enceintes stéréo. Déplacement gratuit. Monsieur Vannier –
Tel: 05 52 28 67 38
Cabinet de comptable recherche assistant (à temps partiel pour l'été) qui sait utiliser les ordinateurs et parler anglais.
Tel: 05 50 29 60 39
Recherche jeune personne pour faire le ménage pour l'été à Sarlat.
Références souhaitées.
Tel: 05 59 23 78 45
Recherche jeune personne pour distribuer les journaux chaque mercredi pour deux mois.
Références souhaitées.
Tel: 05 56 24 72 40

Write the telephone phone number you would dial if …

		number
1	you wanted to sell your computer	
2	you wanted somebody to mind your rabbit while you are on holidays	
3	you needed your computer repaired	
4	you were looking for an office job for the summer	

Question 11

This listening comprehension is divided into **4** segments. You will hear the conversation **3** times. First you will hear it right through, then it is replayed in 4 segments with pauses for you to write your answers. **Finally**, you will hear the whole conversation right through again. Max has moved to a new school. He meets Morgane whom he hasn't seen for a long time.

First Segment

1 (a) Name **one** thing he says about his new school. ____________________

(b) What do they decide to do? ____________________

Second Segment

2 (a) What does Morgane order to eat? ____________________

(b) What does Max say about his teacher? ____________________

(c) How does Max do his homework? ____________________

Third Segment

3 (a) What happens if a student is late for class? ____________________

(b) Where was his mother when she received the message? ____________________

Fourth Segment

4 What does Morgane's dad sell in his new shop?

(a) fashion accessories

(b) bicycle accessories ☐

(c) computer accessories

(d) school supplies

5 Name **one** way in which they plan to stay in contact. ____________________

Question 12

Write out the email Neil sends to Nathan. Use the words below to help you.

professeur **tableau interactif** **carte** **dock** **branché** **cartables** **cahiers** **ordinateur** **Internet** **informatique**

Cher Nathan !

J'étais très content d'avoir de tes nouvelles.

Ton nouveau collège a l'air vraiment super ! Un (1)__________ dans chaque salle de classe. Pas de craie, pas de stylo pour le (2)__________ ! Est-ce que tous les élèves ont un (3)__________ portable ? Et tu parles avec les élèves en Italie par (4)__________ . Incroyable !

Ici, dans mon collège, nous avons encore des (5)__________ lourds avec des (6)__________ et des stylos. Nous avons une (7)__________ de France au mur – c'est tout ! Bien sûr, nous allons dans la salle d' (8)__________ une fois par semaine. Mais toi, en classe, tu es (9)__________ sur Internet tout le temps. Tu vis vraiment dans un monde numérique !

Chez nous, tout va bien. Mon anniversaire est dans deux semaines. J'espère avoir un nouveau (10)__________ pour mon iPod, mais je sais que ça coûte assez cher.

Je dois faire mes devoirs maintenant – avec un stylo et un cahier. Je t'envie !

À bientôt, Neil.

Mes progrès personnels

Visit
www.edco.ie/bontravail2
for interactive revision exercises

Having completed Unité 8 ...

	Oui	Non	Retourne à
- I know the words for IT in the classroom	☐	☐	219–21
- I have revised the vocabulary for items in my schoolbag	☐	☐	224, 226
- I have revised the numbers in French	☐	☐	227
- I can name the parts of a computer	☐	☐	229
- I can type French accents using the keyboard	☐	☐	231
- I know some useful verbs to do with technology	☐	☐	232
- I have learned to use ce, cette, cet and ces	☐	☐	234
- I have practised pronouncing the letter 'i' in French	☐	☐	234
- I have learned some more negative phrases	☐	☐	236
- I know about mobile phones in France	☐	☐	236
- I have learned French text language	☐	☐	238
- I have learned how to use direct object pronouns	☐	☐	240
- I have learned how to make a phone call in France	☐	☐	243–4
- I have learned the key words for this unit	☐	☐	247

Unité 9

Nous aussi, nous parlons français

Objectifs

Vocabulaire: French-speaking countries; celebrating la Journée internationale de la Francophonie; exotic recipes; cooking terms; saying where you would like to visit and why

Grammaire: Saying 'in', 'at' or 'from' a country or town; adverbes; pronoms objets indirects (indirect object pronouns)

Techniques: Sending a holiday postcard

Prononciation: Pronouncing the letter 'c' in French words

Civilisation: Les pays francophones

Vue du centre-ville de Montréal, Québec

- French is not only spoken in France. In Europe and in other parts of the world there are many pays francophones – countries where French is one of the recognised languages. There are 220 million people in the world who speak French as their everyday language!
- In Africa alone there are 24 countries where French is an official language.
- Canada is officially a bilingual country. In the sixteenth century, French explorers such as Jacques Cartier (1491–1557) went to North America and settled in Canada with the result that the provinces of Québec and New Brunswick (le Nouveau-Brunswick) in Canada are French-speaking. In the province of Québec, French is the main language spoken daily.
- France still has several départements d'outre-mer (DOMs), such as la Guadeloupe and la Réunion, and territoires d'outre-mer (TOMs), such as la Nouvelle-Calédonie and la Polynésie française.
- The state of Louisiana (la Louisiane) in the United States was another French territory and was named after a French king, Louis XIV. The state capital, New Orleans, was named for the king's brother, the duc d'Orléans. Even today some people in Louisiana speak a form of French called Cajun French (le français cadien).

Le monde francophone

Have a look at the map below to see where you can find people who speak French as one of their everyday languages.

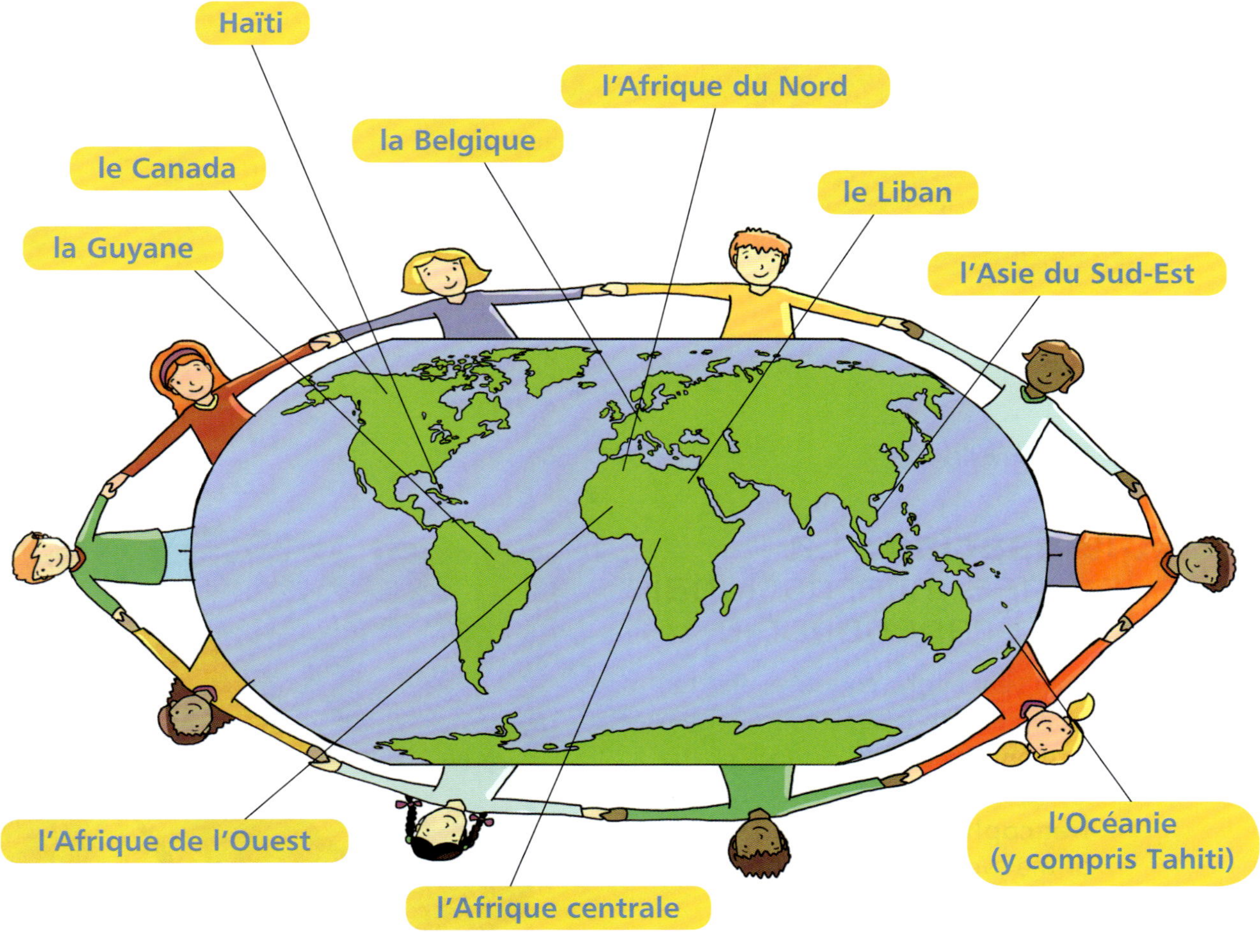

The French TV channel TV5MONDE broadcasts programmes to cater for French speakers around the world. You can check all the resources this station has on www.tv5.org.

9.1 Écoutons maintenant!

(a) Listen to these tourists who have been on holidays. Match the person to the place they visited.

1	Laure	a	Canada
2	Jérémy	b	Lebanon
3	Chloé	c	Morocco
4	Kévin	d	Mauritius
5	David	e	Louisiana
6	Karima	f	Belgium

1 = ☐
2 = ☐
3 = ☐
4 = ☐
5 = ☐
6 = ☐

(b) Now write down these countries that are spelled out.

1 la _ _ _ _ _ _

2 la _ _ _ _ _ _ _

3 le _ _ _ _ _ _ _

4 la _ _ _ _ _ _ _ _ _ _

5 La Nouvelle _ _ _ _ _ _ _ _ _

6 le _ _ _ _ _

Civilisation : La Journée internationale de la Francophonie

Each year all the countries and territories where French is spoken organise events to highlight the importance of the French language. The website **www.francophonie.org** will give you details of the events organised in each country every year.

9.2 Lisons et écoutons maintenant!

Here are some events which were held around the world to mark la Journée internationale de la Francophonie. Read about the events, and then listen to some young people talking about the celebrations and decide who comes from which country.

a Sainte-Lucie

Cette année au Centre culturel national: concert pour les écoles – primaire, secondaire, lycée. Les élèves préparent des présentations culturelles – musique, danse, théâtre – en français.
www.francophonie.org

b Le Cambodge

Fête de la Francophonie – jeux Internet, dictée, défilé de mode. Au Stade olympique, concours de pétanque pour la Coupe de la Francophonie.
www.ambafrance-kh.org

c Les Seychelles

Une semaine consacrée au cinéma francophone; une marche dans la capitale – pour les joggeurs et marcheurs. Concours de pétanque au boulodrome.
www.allianceseyhelles.org

d Le Viêtnam

Pour célébrer, il y a le Festival du film francophone. Au programme, des films en provenance de pays francophones.
www.francophonie.org

e Le Cameroun

Après-midi culturel, précédé d'un débat sur le thème «Jeunesse et Francophonie». Au programme, danses, chœurs, poèmes. La cérémonie a lieu à la salle de spectacle.
www.francophonie.org

f Le Sénégal

Une quinzaine d'activités organisées pour fêter le Festival de la Francophonie. Gala de lutte traditionnelle. Aussi au programme concert de rap, graffiti, animations.
www.au-senegal.com

1 Célanie comes from ______________ .

2 David comes from ______________ .

3 Kaneka comes from ______________ .

4 Khai comes from ______________ .

5 Angélique comes from ______________ .

6 Latif comes from ______________ .

Coin grammaire : Saying 'in' or 'to' a country or town

In French, all countries are either **masculine** – e.g. le Canada, le Japon – or **feminine** – e.g. la France, l'Irlande.

To say 'in' or 'to' a country …

- that is **masculine singular** – use **au**:

J'habite au Japon.

Je vais au Pays de Galles.

- that is **feminine singular** – use **en**:

J'habite en Irlande.

Je vais en Belgique.

- that is **plural** – use **aux**:

J'habite aux Pays-Bas.

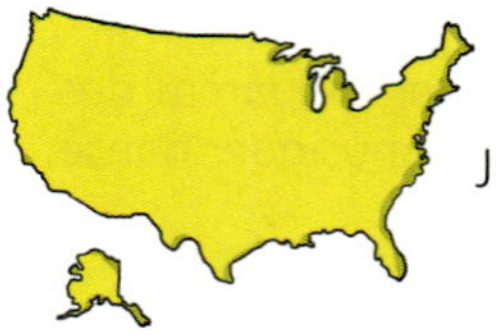

Je vais aux États-Unis.

Rappel!

You always use à to say 'to' or 'in' a town or city!

Exemples : *Je suis à Waterford.*
Je vais à Paris.

Exercice 1

Complétez les phrases suivantes avec la préposition qui convient.

1 Je suis né __________ Italie.

2 Mon cousin habite __________ Japon.

3 Je vais en vacances __________ Suisse.

4 Ma mère travaille __________ Rome.

5 Mon frère habite maintenant __________ États-Unis.

6 Tu habites __________ Maroc depuis longtemps ?

7 Mon cousin vient d'aller habiter __________ Australie.

8 Nous avons passé trois jours __________ Londres.

Coin grammaire: Saying 'from' a country or town

To say 'from' a country …

- that is **masculine singular** – use **du**:

Je viens du Japon.

Je rentre du Pays de Galles.

- that is **feminine singular** – use **de/d'**:

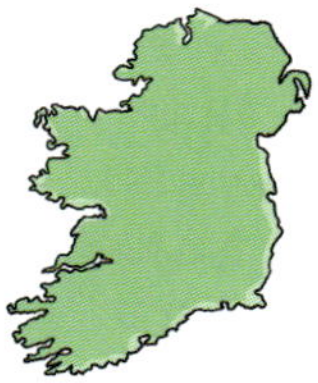

Je viens d'Irlande.

Je rentre de Belgique.

- that is **plural** – use **des**:

Je viens des Pays-Bas.

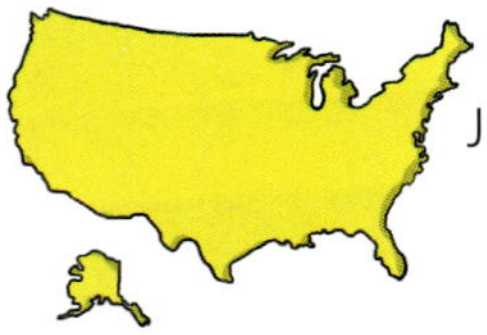

Je rentre des États-Unis.

Rappel!

You always use de when you want to say 'from' a town or city!

Exemples: *Je viens de Mallow.*
Je rentre de Bruxelles.

Exercice 2

Complétez les phrases suivantes avec la préposition qui convient.

1 Mon grand-père vient ____________ Russie.

2 Nous rentrons ____________ Antilles où nous avons passé quelques semaines.

3 Il arrive ____________ Gabon.

4 Le vol part ____________ Berlin à six heures.

5 Il m'a acheté un souvenir ____________ Autriche.

6 Didier Drogba vient ____________ Côte d'Ivoire.

7 Le ferry va ____________ Cherbourg à Cork.

8 Les footballeurs ____________ Cameroun sont très doués.

Lisons maintenant !

Martinique

a

Bonjour, tout le monde ! Me voici en Martinique. C'est une très belle île. Dans le nord, il y a une forêt tropicale et dans le sud, il y a des plages de sable fin. Nous faisons des sports nautiques tous les jours. Je voudrais rester ici pour de bon ! Mais je serai de retour le week-end prochain. À bientôt,
Marine.

Île de Maurice

b

Salut ! Un grand bonjour de l'île Maurice. Nous sommes dans la capitale, Port-Louis. Il y a beaucoup d'oiseaux exotiques – des perroquets, des hérons. Notre hôtel a une piscine. À la plage, nous jouons au foot, au volley et mes parents jouent à la pétanque. Je te verrai bientôt,
Luc.

Les Seychelles

c

Un grand bonjour de Mahé, l'île principale des Seychelles. Les fleurs sont très belles et il y a beaucoup de baies tranquilles. Nous avons fait des excursions dans d'autres petites îles voisines. Il me tarde de te voir et de te raconter toutes mes aventures ici.
Raphaël.

Grand-Place, Bruxelles

d

Nous voici à Bruxelles ! La ville est très vivante ! Et les magasins sont super ! Notre hôtel se trouve tout près de la Grand-Place. Nous avons mangé le traditionnel « moules/frites » – c'est délicieux ! Samedi dernier, nous avons pris le train pour aller à Bruges.
Clara.

Who …

comment		name
1	saw wonderful exotic birds?	
2	ate mussels and chips?	
3	doesn't want to come home?	
4	visited neighbouring islands?	

Parlons maintenant !

Having read the postcards on the previous page, talk with your partner about which of these places you would like to visit and why. Here are some phrases to help you:

Je voudrais visiter …… car …	I would like to visit …… because …
j'adore les sports nautiques.	I love water sports.
j'adore faire du shopping.	I love shopping.
j'adore la nourriture différente.	I love different types of food.
je m'intéresse à la nature.	I'm interested in nature.
il fait toujours beau.	the weather is always fine.

9.3 Écoutons maintenant !

Listen to Julien from Guadeloupe and Sophie from Luxembourg and fill in the grids below.

(a)

Name	**Julien**
Age	
One detail about where he lives	
Number of sisters	
Two pastimes	(i) (ii)
One language spoken	
When he speaks English	
Country he would like to visit	

(b)

Name	**Sophie**
Date of birthday	
Number of brothers	
Favourite school subject	
One thing she does at the weekend	
One detail about Luxembourg city	
When is the festival of music?	
One country she has visited	
Future career	

Lisons maintenant !

Lisez cette fiche sur la Guadeloupe et répondez aux questions suivantes.

Situation :	6 700 km de la France, huit heures en avion
Capitale :	Basse-Terre
Habitants :	environ 400 000 Guadeloupéens
Monnaie :	euro
Langues :	créole, français
Climat :	Il y a deux saisons – l'été est chaud et sec et l'hiver est chaud et humide.
Gastronomie :	légumes, fruits exotiques, poissons, fruits de mer
Principaux loisirs :	sports nautiques, équitation, pêche au gros, golf, randonnées
Fêtes principales :	le Carnaval – il se passe en février quand tout le monde se déguise et défile dans les rues sur des chars décorés. Noël – on mange le jambon de Noël et on boit et de la liqueur de rhum et d'orange. On s'offre des cadeaux et ensuite on danse et s'amuse dans les rues ou à la plage.

1 The flight between France and Guadeloupe takes …

- a 18 hours
- b 28 hours
- c 5 hours
- d 8 hours

☐

2 Describe the weather in winter. ______________________

3 Name **two** leisure activities. (i) ______________ (ii) ______________

4 What do Guadeloupeans eat at Christmas? ______________________

Exercice 3

À vous maintenant ! Your French penfriend has been asked to do a short presentation on an Irish town or county. Design a fiche of your own about the county or town in which you live, based on what you have read above, to send to him/her.

Nom :	Bâtiments principaux :
Situation :	Activités :
Population :	Festivals :
Langues :	

Coin grammaire : Les adverbes

Adverbs are words we use to tell how an action is done.

Example: She writes quickly.
We walk slowly.

- In English, adverbs are generally formed by adding **-ly** to an adjective. There are a few exceptions:

Example: the train travels fast.

- In French, too, most adverbs are made from adjectives.
  - If the masculine form of the adjective ends in a **consonant**, make it feminine and add **-ment**.

Exemples : seul → seule → seulement only
heureux → heureuse → heureusement happily/luckily
dernier → dernière → dernièrement lastly

  - If the masculine form of the adjective ends in a **vowel**, simply add **-ment**.

Exemples : absolu → absolument absolutely
facile → facilement easily
vrai → vraiment really/truly

  - If the masculine form of the adjective ends in **-ant** or **-ent**, change these into **-amment** or **-emment**.

Exemples : courant → couramment fluently/currently
évident → évidemment obviously
récent → récemment recently

- There are some adverbs which are formed in a different way:

bon (*good*)	→	bien (*well*)
lent (*slow*)	→	lentement (*slowly*)
mauvais (*bad*)	→	mal (*badly*)
meilleur (*better*)	→	mieux (*better*)
vite (*fast*)	→	vite (*quickly*)

Exercice 4

Faites des paires !

1	malheureux
2	clair
3	sûr
4	meilleur
5	constant
6	normal
7	lent
8	bon

a	sûrement
b	constamment
c	malheureusement
d	bien
e	lentement
f	normalement
g	clairement
h	mieux

1	
2	
3	
4	
5	
6	
7	
8	

Exercice 5

Complétez les phrases suivantes en utilisant les adjectifs entre parenthèses.

1 Ma famille va (régulier) ________________ en France.
2 Je suis (vrai) ________________ désolé de ne pas avoir écrit.
3 Ouvrez (doux) ________________ la porte !
4 La semaine scolaire passe (lent) ________________ .
5 J'écoute (rare) ________________ la radio.
6 (heureux) ________________ , mon bulletin scolaire est bon.
7 (récent) ________________ , mon père a acheté une nouvelle voiture.
8 Je suis (absolu) ________________ épuisé après mes examens blancs.

Les adverbes de temps et de degré

There are a small number of adverbs that tell you 'how often' or 'how much' an action was done.

Exemples : *Nous faisons souvent du shopping.*
Je dépense beaucoup en vêtements.

how often	how much
demain (*tomorrow*)	peu (*a little*)
d'abord (*at first*)	assez (*enough*)
de temps en temps (*now and again*)	beaucoup (*a lot*)
d'habitude (*usually*)	moins (*less*)
encore (*again*)	très (*very*)
parfois/quelquefois (*sometimes*)	trop (*too much*)
souvent (*often*)	peu à peu (*little by little*)

Exercice 6

Choisissez le bon adverbe pour chaque phrase.

1 Mon frère est gourmand. Il mange ________________ . (peu/moins/trop)

2 J'adore faire de la voile. Je fais ________________ des promenades en bateau. (encore/d'abord/souvent)

3 Usain Bolt court ________________ vite. (très/assez/moins)

4 Je vais au collège et ________________ , pour y aller, je prends le bus. (encore/d'habitude/beaucoup)

5 Quand je suis fatigué, je dors ________________ . (de temps en temps/trop/beaucoup)

6 Ma grand-mère a soixante-seize ans, et pourtant, elle joue ________________ au golf. (d'abord/encore/très)

9.4 Écoutons maintenant !

Needless to say, each of les pays francophones has its own special cuisine, using local products. Here is a dessert recipe. It comes from Louisiana, one of the southern states of America. It's called clafoutis ananas-coco.

(a) Remplissez les blancs dans les ingrédients pour cette recette. Listen to the ingredients given and fill in the gaps.

Pour six personnes
Préparation : 15 minutes
Cuisson : 45 minutes

Ingrédients :

(1) ________________ d'ananas 150 g de (2) ________________
(3) ________________ g de farine (4) ________________ g
de noix de coco râpée (5) ________________ œufs
40 cl de (6) ________________ de coco

Méthode :

1 Préchauffer le four à 200 °C.
2 Dans un bol, verser la farine et sucre. Les mélanger ensemble.
3 Ajouter les œufs et fouetter pour obtenir une pâte lisse.
4 Ajouter la noix de coco et le lait de coco et mélanger bien.
5 Éplucher l'ananas et le couper en quartiers.
6 Beurrer un moule. Poser les morceaux d'ananas dans le moule et recouvrir avec la pâte.
7 Placer au four, 45 minutes. Sortir du four et servir tiède ou bien frais.

(b) Now answer the following questions.

1 According to **instruction 2**, what do you mix together?

____

2 According to **instruction 5**, what do you do with the pineapple?

____

Exercice 7

Faites des paires ! Here are several cooking terms, some of which were used in the recipe on the previous page. Check the meaning of these verbs in your lexique/dictionnaire and then link them to the correct cartoon.

1

____

2

____

3

____

4
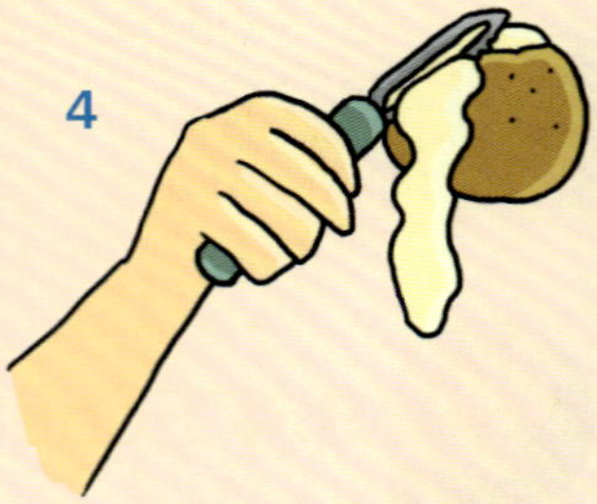
____

ajouter
éplucher
beurrer
poser
hâcher
verser
saler
préchauffer

5

____

6

____

7
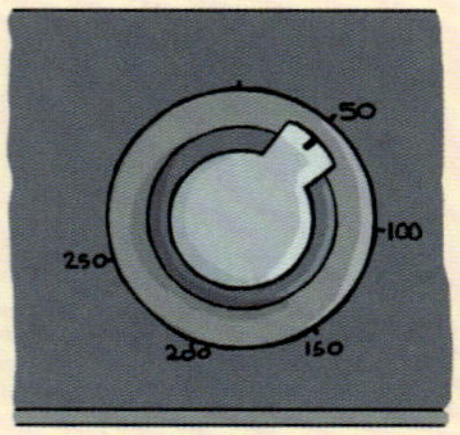

____

8

____

9.5 Écoutons maintenant !

Listen to these cookery terms being called out and number them in the order you hear them.

- **a** add the flour ☐
- **b** mix the ingredients together ☐
- **c** take the cake out of the oven ☐
- **d** add salt to the mixture ☐
- **e** heat up the oven ☐
- **f** pour in the cream ☐

Civilisation: Le sirop d'érable

As you may know, the maple tree is the national emblem of Canada; in fact, it's on the country's national flag. In the French-speaking province of Québec there are many delicious recipes made from maple syrup, le sirop d'érable. Here is one called le pouding chômeur, or 'poor man's pudding'.

Lisons maintenant!

Read the following recipe and then answer the questions below.

Le pouding chômeur

Preparation: 35 min **Cuisson:** 45 min

Ingrédients:

Sauce:	*Gâteau:*
250 ml de sirop d'érable	1 ½ tasse de farine
250 ml de cassonade*	1 cuillère à café de levure chimique
250 ml d'eau bouillante	¼ tasse de beurre
¼ tasse de beurre	1 tasse de sucre

*Cassonade = brown sugar

Méthode:

1 Préchauffer le four. Tamiser la farine et la levure dans un bol.
2 Malaxer le beurre et ajouter le sucre graduellement.
3 Verser, peu à peu, le lait. Ajouter la farine. Mélanger.
4 Beurrer un moule rectangulaire et verser la pâte dans le moule.
5 Dans une casserole, mélanger tous les ingrédients pour la sauce. Laisser bouillir quelques instants.
6 Verser la sauce sur la pâte et faire cuire pendant 45 minutes.

(a) Mark with a tick (✔) the ingredients that are included in the recipe. There are 4.

flour	☐	pasta	☐	salt	☐	butter	☐
olive oil	☐	sugar	☐	honey	☐	baking powder	☐

(b) 1 According to **instruction 3** of the method, how should you add the milk? ________

2 According to **instruction 5**, for how long should you boil the sauce? ________

The letter 'c' can be pronounced in two ways in French.

- If the c is followed by the vowels a, o or u, it is pronounced like k:
  Exemples: cadeau, carte, collège, cours, francophone, culture
- If the c is followed by the vowels e, i and y, it is pronounced like s:
  Exemples: ce, cent, cinéma, citron, cycliste, recycler
- However, if the little 'hook' known in French as the cédille is placed under the letter c before the vowels a, o or u, it is also pronounced **soft** like an s:
  Exemples: ça, français, garçon, leçon, reçoit, reçu

Coin grammaire: Les pronoms objets indirects

You already learned about les pronoms objets directs in Unité 8. Now you are going to learn les pronoms objets indirects. They are called 'indirect' because they are usually linked to the verb by a preposition, often à. So, for example, instead of 'you', you are saying 'to you'. You already know a few French verbs that take à and these include:

demander à, **dire à**, **donner à**, **envoyer à**, **offrir à**, **parler à**, **répondre à**, **permettre à**, **souhaiter à**, **téléphoner à**

- Here are all the pronoms objets indirects:

Verbs that have à after them take un pronom objet indirect.

indirect object pronoun	English
me (m')	*to me*
te (t')	*to you*
lui	*to him / to her / to it*
nous	*to us*
vous	*to you* (pl. and polite form)
leur	*to them*

Exemple: *Je t'envoie ce courriel du Canada.* I am sending this email to you from Canada.

As you can see, the pronouns are similar to les pronoms objets directs except for lui (*to him / to her / to it*) and leur (*to them*).

Exemples: *Nous offrons un cadeau à Paul.* We are giving a present to Paul.
Nous lui offrons un cadeau. We are giving a present to him.

Nous offrons un cadeau à Lucie. We are giving a present to Lucie.
Nous lui offrons un cadeau. We are giving a present to her.

Il dit « bonjour » à vos parents. He says 'hello' to your parents.
Il leur dit « bonjour ». He says 'hello' to them.

Attention!
Like direct object pronouns, indirect object pronouns go in front of the verb.

Note the following:

- The pronoun me becomes m' and the pronoun te becomes t' if the verb starts with a vowel or silent 'h'.

Exemple: *Il m'envoie une carte de ses vacances.*

- The pronoun lui, however, is **never** shortened.
- Remember, lui can mean either 'to him' or 'to her'!

Exercice 8

Faites des paires ! Find the pronouns in the word snake and then make pairs from them. Write the pairs in your copy.

Exemple : tu and te

mevousteelleslluijeluitunousilsvousleurellenousleuril

La négation

As you have learned, les pronoms objets indirects go directly before the verb in the sentence. In une négation, the ne moves backwards to let the pronouns stay close to the verb.

Exemple : Le prof 

leur distribue pas les cahiers.

9.6 Écoutons maintenant !

Remplissez les blancs avec le pronom indirect qui convient.

1 Nous ___________ donnons une recette du Maroc.

2 Elle ___________ dit « merci » pour un séjour super.

3 Est-ce que vous pouvez ___________ téléphoner du Congo ?

4 Je ___________ écrirai la semaine prochaine.

5 Nous ___________ envoyons une carte de nos vacances.

6 Je ___________ souhaite « bon voyage ».

Exercice 9

Remplissez les blancs dans ce courriel avec les pronoms objets indirects dans la boîte.

me m' te t' leur leur lui nous

Juste un petit mot – Je (1)___________ remercie pour le cadeau que tu (2)___________ as envoyé. C'est vraiment super ! J'ai fêté mon anniversaire avec mes amis. Je (3)___________ ai demandé de venir chez moi pour manger une pizza dans le jardin. Mes parents (4)___________ ont donné la permission d'avoir de la musique dans le jardin aussi. Mon grand-père a téléphoné de Suisse pour (5)___________ souhaiter une « bonne fête ». Je (6)___________ écrirai tous les détails dans un courriel plus long. C'est l'anniversaire de ta sœur aussi. Je (7)___________ envoie tous mes meilleurs vœux pour sa fête. Comment vont tes parents ? Je (8)___________ dis un grand bonjour ! Kévin.

Civilisation : Le sport en francophonie

You will probably know a large number of sports personalities who come from French-speaking countries other than France. Think about the English Premier League and see how many footballers you can come up with.

Lisons maintenant !

Read the following texts about les frères Touré, then answer the questions below.

Nom : (Gnégnéri) Yaya Touré
Né : le 13 mai 1983
Lieu de naissance : Bouaké, Côte d'Ivoire
Club : Manchester City, Royaume-Uni
Position : milieu de terrain

Recruté pour 32 millions d'euros en 2010 pour Manchester City, il a débuté sa carrière professionnelle en Belgique. Après quelques saisons en Ukraine et en Grèce, il a signé un contrat avec l'AS Monaco. Au FC Barcelone, il a remporté la Ligue des Champions et la Coupe d'Espagne.

Nom : Ibrahim Oyala Touré
Né : le 27 septembre 1985
Lieu de naissance : Bouaké, Côte d'Ivoire
Club : Makasa, Egypte
Position : attaquant

Il a débuté en Côte d'Ivoire comme adolescent pour Toumodi. En 2006, il a signé un contrat d'un an avec l'OGC Nice. En 2009, il est parti pour Al Ittihad, en Syrie. En 2010, il a décidé de poursuivre sa carrière en Égypte avec le Club Makasa, club de la ligue 1 en Égypte.

Il y a encore un autre frère, **Abib Kolo**, qui joue aussi pour le club britannique de Manchester City. Les frères Touré ont représenté leur pays, la Côte d'Ivoire.

1 In which month was Yaya Touré born? ____________________

2 In which position does Ibrahim play? ____________________

3 To what does the figure 32 million euros refer? ____________________

4 Name **two** countries where Yaya has played. (i) __________ (ii) __________

5 How long did Ibrahim spend in Nice? ____________________

6 Who is Abib Kolo? ____________________

Un peu de fun !

À vous maintenant ! Besides footballers, there are many other sportspeople who come from un pays francophone. Here are some examples – why not research one of them and produce a profile of them for your classroom?

9.7 Écoutons maintenant !

Write down the names of these lieux francophones.

1 la ________ 2 les ____________ 3 le __________

4 le __________ 5 la _____________ 6 la ________

Écrivons maintenant !

You are on holidays in a French-speaking country other than France. Write a postcard to your French teacher saying …

- where you are and for how long
- what the weather is like
- some of the things you have seen
- you are speaking French in the local shops.

Mots clés – apprenez par cœur !

la cuisine	la journée	le pays
la danse	le monde	la recette
le festival	la musique	la spécialité
l'île (f.)	la nationalité	le théâtre

Épreuve

Question 1

Mots croisés: La Francophonie

Complete the following crossword using the clues given below.

Horizontalement →

3 A French-speaking province of Canada

7 An island in the Caribbean beginning with the letter G (Hint – has the French word for 'wolf' in its name!)

8 A country in North Africa (Hint – could be rocky!)

9 Neighbour of no. 8 (Hint – hope you don't get jeered here!)

Verticalement ↓

1 Another small country in North Africa (Hint – you may get tuna to eat here!)

2 A European country famous for watches (Hint – you may think of the Red Cross here!)

4 Back to Africa, this time on the west coast (Hint – some famous footballers were born here!)

5 A tiny principality in the Pyrenees mountain range between France and Spain (Hint – Dora the Explorer may live here!)

6 This island is in the Pacific Ocean and is part of French Polynesia (Hint – begins with the letter T – hope you don't get 'hit' here!)

Question 2

Read Mélanie's diary and then answer the questions which follow.

Le journal de Mélanie

mardi 5 novembre

Nous sommes arrivés ici à Beyrouth hier soir, papa, maman et mon frère, Alain. Nous sommes dans un petit hôtel tout près du centre de la ville. Aujourd'hui, nous avons fait une promenade dans la ville. Beaucoup de bâtiments ont été détruits entre 1975 et 1990 pendant la guerre civile. Et maintenant il y a de grands immeubles modernes. Il fait assez chaud.

mercredi 6 novembre

J'adore la nourriture – surtout le mezze – beaucoup de petits plats différents, servis avec du pain libanais. J'adore aussi les pâtisseries libanaises à base de miel. Aujourd'hui, nous sommes allés à la plage. Imagine ! La mer est encore chaude en novembre. J'ai nagé et il y avait beaucoup de petits poissons multicolores.

jeudi 7 novembre

Aujourd'hui, nous avons retrouvé nos amis, les Hamel. Ils habitent ici depuis deux ans. J'étais ravie de revoir mon amie, Sarah. Elle va au Grand Lycée Franco-Libanais de Beyrouth. Elle apprend l'arabe – c'est assez difficile ! Elle me raconte sa vie quotidienne ici au Liban. C'est bizarre – elle peut faire du ski à une heure de sa maison ! Elle m'a invitée à venir chez elle pendant les vacances de Noël. Je ne suis pas sûre si mes parents seront d'accord, mais je vais leur demander . . .

1 When did Mélanie arrive in Beirut? ____________

2 What had happened to a lot of buildings?

a they had fallen down
b they had been destroyed in the war ☐
c they had been destroyed in storms

3 What ingredient was used in the pastries? ____________

4 What surprised Mélanie about the sea?

a it was so cold
b it was so blue ☐
c it was so warm

5 How long have the Hamel family been in Beirut? ____________

6 What is Mélanie going to ask her parents? ____________

Question 3

Listen to these six people saying 'hello' from their holidays and answer the questions which follow.

1 

2 

3 

4 

5 

6 

1 **Thomas**

a Where has he gone on holidays?

____

b For what reason?

____

2 **Leila**

a What is the weather like in Mauritius?

____

b What was being sold in the market?

____

3 **Malik**

a With whom is Malik staying in Algeria?

____

b What does he like best about the holiday?

____

4 **Camille**

a How long is Camille spending in Montréal?

____

b What does she notice about the people?

____

5 **Nicolas**

a Where are Nicolas and his friends camping in Luxembourg?

____

b What do they do from time to time?

____

6 **Manon**

a What country is Manon visiting?

____

b What do they often do?

____

Question 4

Use à, au, aux or en in these sentences.

1 Me voici __________ Irlande. C'est super !
2 Mon frère a émigré __________ États-Unis.
3 Mes parents passent un week-end __________ Cork.
4 Je vais __________ Pays de Galles voir un match de rugby à Cardiff.
5 Ma mère est allée __________ Rome avec une amie.
6 Ma sœur va __________ Japon avec des collègues de bureau.

Question 5

Use de, d', du or des in these sentences.

1 Notre nouveau professeur de français vient ____________ Montpellier.
2 Mon oncle vient d'arriver ____________ Suisse.
3 Ces olives viennent ____________ Portugal.
4 Le vol partira ____________ Algérie à 20h.
5 Les sombreros sont des chapeaux ____________ Mexique.
6 Mon père revient ____________ Japon aujourd'hui.
7 J'ai acheté des chocolats suisses comme souvenir ____________ Genève.
8 L'avion en provenance ____________ Pays-Bas arrivera à l'heure.

Question 6

Listen to these weather forecasts from around the world and complete the grid.

area	type of weather	when
Réunion		
Andorra		
Tunisia		
Cambodia		
Switzerland		
Québec province		

Question 7

Write out the correct form of the adverb.

1 (Malheureux) ______________________ il pleut ici à Luxembourg.
2 Je lis (constant) ______________________ au bord de la piscine.
3 L'appartement aura (sûr) ______________________ un fer à repasser.
4 Je dois parler (poli) ______________________ aux professeurs.
5 Est-ce que vous pensez que les Canadiens parlent (bon) ____________ français?
6 C'est (meilleur) ______________________ d'arriver à l'heure.
7 La fille plonge (courageux) ______________________ dans la mer.
8 Nous devons participer (actif) ______________________ à la classe.

Question 8

Match the following verbs with the correct phrase.

1 mélanger
2 ajouter
3 mettre
4 couper
5 préchauffer
6 verser

a le moule au four
b le four à 200 °C
c les ingrédients ensemble
d le lait dans une casserole
e les œufs peu à peu
f les fruits en petits morceaux

1	
2	
3	
4	
5	
6	

Question 9

Complete the ingredients for the following recipe from Switzerland. Then answer the questions below about the cooking instructions.

(a)

(1)__________ g de fromage du gruyère
(2)__________ g de vacherin suisse doux
2,25 cl de (3)__________ blanc
(4)__________ gousses d'ail
$\frac{1}{4}$ de cuillère à (5)__________ de muscade
1 cuillère à café de kirsch
poivre
500 g de pain (6)__________

Méthode

1 Couper les fromages en petits morceaux et réserver.
2 Couper le pain en tranches.
3 Écraser les gousses d'ail et ajouter le vin blanc. Faire chauffer.
4 Ajouter le fromage et laisser fondre en remuant sans arrêt avec une spatule en bois.
5 Finalement, ajouter le kirsch, le poivre et la muscade.
6 Servir immédiatement.

(b) **(i)** According to **instruction 2**, what should you do with the bread?

(ii) According to **instruction 4**, what should you use to stir the fondue mixture?

Question 10

Replace the underlined words with the correct **indirect object pronoun** and rewrite the sentence in your copy.

Rappel!
Don't forget to put the pronoun in front of the verb!

1. Mes parents donnent vingt euros à mon frère chaque semaine.
2. Mon correspondant écrit un courriel à Marie et à moi.
3. Mon frère présente sa petite amie à moi.
4. Je demande à ma tante de m'offrir des bijoux du Canada.
5. Est-que vous envoyez une invitation à Jacques et David?
6. L'office de tourisme envoie des brochures et une carte à moi.

Question 11

Your name is Emily or Eddie O'Brien. You are on holidays and you write a letter to your French penfriend Samuel or Sarah. In the letter ...

- say where you are and with whom
- tell him/her what the weather is like and what you have been doing
- say you have been shopping for souvenirs and what you have bought
- tell him/her what you hope to do when you return home to Ireland.

Mes progrès personnels

Visit
www.edco.ie/bontravail2
for interactive revision exercises

Having completed Unité 9 ...

	Oui	Non	Retourne à
I know the names of some French-speaking countries and regions	☐	☐	257
I know how la Journée internationale de la Francophonie is celebrated	☐	☐	258–9
I know how to say 'in', 'to' and 'from' a country or town	☐	☐	260–61
I have learned how to use adverbs in a sentence	☐	☐	265
I have read some recipes and learned more cookery terms	☐	☐	267–8
I have practised pronouncing the letter 'c'	☐	☐	269
I have learned to use indirect object pronouns	☐	☐	270
I have read about some French-speaking sportspeople	☐	☐	272
I have learned the key words from this unit.	☐	☐	273

Unité 10

Voyageons en France !

Objectifs

Vocabulaire: A school exchange; arriving in a French household; making requests; making choices; describing your house/bedroom; eating in a French home; offering and accepting; street directions; at the post office; numbers (revision); weekend activities; recycling; an outing to the Parc Astérix

Grammaire: Possessive adjectives (revision); using the verb préférer; quel/quels/quelle/quelles

Technique: Completing an application form about yourself; asking for directions; buying stamps; leaving a written message; sending a postcard after a visit to a theme park

Prononciation: Pronouncing the letter 'u' in French words

Civilisation : Faire un échange

- A good way to improve your French and to learn more about what everyday life is like in France is to take part in an exchange with a French family (faire un échange). You spend some time with a French family and then your correspondant/correspondante comes back and stays with you. In this way, you learn a lot about how French teenagers live and spend their free time.
- If the exchange takes place during term time, you will probably have the opportunity of going to school in France. After school, there may be activities organised for you. In order to make sure you are matched up with someone who has similar interests to you, you will probably have to fill out a form giving details about yourself, your family and your interests.

Lisons maintenant !

Ms McNally, the French teacher, is bringing a group of pupils from St Patrick's Community School in Clonardin to the Collège Henri Matisse in Compiègne. Here is the form that Colm and his parents have filled out. Read it and then decide which of the French students would be the best match for him.

Fiche de participation à un échange scolaire

Nom : O'Brien **Prénom :** Colm **Âge :** 13 ans

Adresse : 22 Mountainview Drive, Clonardin

Tél. : 0035326821593 **Tél. portable d'un parent :** 087-1234567

Nom et profession des parents :

mère : Marie O'Brien vendeuse

père : John O'Brien électricien

Frères et sœurs : un frère, Rory, 16 ans; une sœur, Ruth, 12 ans

Passe-temps : la musique (je joue de la batterie), lire des magazines de sport, aller au cinéma

Sports : le badminton, le football, le judo

Indications médicales (e.g asthme, allergies, etc.) : allergie aux chats

Caractère : timide ☐ ouvert(e) ✓ artistique ☐ sportif(-ive) ✓ musical(e) ✓

Animaux familiers : un chien

Accepteriez-vous d'accueillir : un garçon ☐ une fille ☐ indifférent ✓

Signature d'un parent : John O'Brien

Signature de l'élève : Colm O'Brien

1

Alex J'ai quatorze ans. J'ai une sœur aînée, Noémie. J'aime lire des romans policiers et aller au cinéma. Je fais du judo et je joue au foot. Nous avons un chat et un chien.

2

Lucie J'ai treize ans. J'ai deux frères, Max (quinze ans) et Ronan (neuf ans). J'adore la musique, surtout le rock. J'aime sortir avec mes amis, faire du shopping. Je ne suis pas du tout sportive. Nous avons des poissons rouges.

3

Danny J'ai treize ans. J'ai une sœur Chloé, qui a seize ans. J'aime lire les magazines de sport et aller au cinéma. J'adore la musique, je joue du clavier. Je fais du badminton et du tennis. Nous avons un chien.

4

Mathilde J'ai quatorze ans. J'ai un frère aîné, Grégory, et une sœur cadette, Camille. J'aime surfer le Net, lire des romans policiers et aller aux concerts. Je fais du badminton et je prends des cours de danse. Nous avons deux chats.

5

Benjamin J'ai quatorze ans. J'ai deux sœurs, Magali et Justine. J'aime aller au cinéma et faire du théâtre. Je joue au foot et au tennis. Nous avons un chien et un chaton.

My choice for Colm is ______________________

because ______________________

____

____

Écrivons maintenant !

Copy the application form into your copybook and fill it out in French with your own personal details.

10.1 Écoutons maintenant !

Ms McNally, le professeur de français au Collège de St Patrick, téléphone à Madame Rocher pour confirmer quelques détails de l'échange. Answer the following questions.

1 How many Irish students are expected? ____________________

2 What time will they arrive at Beauvais airport? ____________________

3 What is planned for the first afternoon? ____________________

4 On which day will they go to the Parc Astérix? ____________________

5 Name **two** of the activities organised for the weekend. (i) ____________________
(ii) ____________________

6 What is the weather like in France at the moment? ____________________

L'arrivée en famille française

Hannah arrives at the home of her correspondante, Lucie. Lucie introduces Hannah to her family.

Hannah, je te présente ma mère.

Et je te présente mon père !

Hannah, voici mes deux frères, Max et Ronan !

Et Loulou, notre chat.

Hannah, je te présente nos voisins, Monsieur et Madame Mayet.

Regarde Hannah ! C'est leur fils Danny et son chien !

Coin grammaire : Révision des adjectifs possessifs

my	mon	ma	mes
your (sing.)	ton	ta	tes
his/her	son	sa	ses
our	notre	notre	nos
your (pl.)	votre	votre	vos
their	leur	leur	leurs

Exercice 1

Choisissez l'adjectif possessif correct pour chaque phrase.

1 Luc présente __________ grand-mère à Caoimhe.
2 Nous te présentons __________ professeur.
3 Ils arrivent à la maison de __________ correspondant.
4 Elle a laissé __________ blouson dans le car.
5 Je te montre __________ chambre.
6 Nous passons la journée avec __________ correspondants.
7 J'aime bien __________ maison, Monsieur et Madame Bernard.
8 J'adore __________ petit chien, Océane.
9 Je suis ici avec __________ amies.
10 Elles aiment bien __________ visites aux magasins de la ville.

10.2 Écoutons maintenant !

Each member of the Irish group of students is settling into their correspondant/correspondante's home. Here are some questions they might need to ask their host families. Can you say who makes which request?

1 Katie		**a**	Est-ce que je peux prendre une douche ?
2 Colm		**b**	Est-ce que je peux recharger mon portable ?
3 Luke		**c**	Est-ce que je peux monter dans ma chambre ?
4 Caoimhe		**d**	Est-ce que je peux sortir retrouver mes amis ?
5 Jack		**e**	Est-ce que je peux envoyer un courriel chez moi ?
6 Eve		**f**	Est-ce que je peux avoir encore du dessert ?
7 Richard		**g**	Est-ce que je peux avoir encore du jus d'orange ?
8 Hannah		**h**	Est-ce que je peux faire un sandwich ?

1 = ☐ **2** = ☐ **3** = ☐ **4** = ☐ **5** = ☐ **6** = ☐ **7** = ☐ **8** = ☐

Rappel !

You can revise the verb pouvoir (*to be able to / can*) on page 37.

When speaking very formally, you can say **Puis-je … ?**, instead of **Est-ce que je peux … ?**

Coin grammaire: Le verbe «préférer»

The verb préférer is a regular -er verb, but au présent there are some changes in the accent which you need to watch out for:

Le présent:	
je préfère	nous préférons
tu préfères	vous préférez
il préfère	ils préfèrent
elle préfère	elles préfèrent

Le passé composé: j'ai préféré
Le futur/conditionnel: je préférerai/ais
L'imparfait: je préférais

Parlons maintenant!

Qu'est-ce que tu préfères faire?

Your French correspondant/correspondante offers you a choice of what to do. Practise your reply with your partner.

Tu préfères jouer au foot ou jouer au tennis? — *Je préfère ...*

Tu préfères écouter de la musique ou regarder la télé?

Tu préfères faire les magasins ou aller à la piscine?

Tu préfères aller à la MJC ou aller au cinéma?

Tu préfères visiter le musée ou le château?

Tu préfères faire une promenade ou te reposer dans le jardin?

The sound of the letter 'u' in French is often difficult for English speakers. It is a very fine sound and not to be confused with the sound of the French 'ou', which is more like our 'u' sound.

10.3 Écoutons maintenant!

Listen and repeat these words with a 'u' sound.

bu lu vu brochure sur Luc Lucie excursion super d'habitude russe

Lisons maintenant !

Each Irish pupil has been asked by their French teacher to write a short description of the house in which they are staying. Read the following descriptions and answer the questions that follow.

Jack
La maison de mon correspondant est une maison jumelée au centre-ville. Il y a quatre chambres en haut et une salle de bains. En bas, il y a une cuisine, un salon et une salle à manger. Le jardin est petit. Ma chambre est petite mais elle est bien aménagée.

Richard
Ma famille habite une ferme à cinq kilomètres hors de la ville. La maison est grande et a deux étages. Il y a quatre chambres, une cuisine, une salle à manger et un salon. Je partage une chambre avec mon correspondant. Nous nous entendons très bien ensemble.

Luke
Moi, je suis dans un pavillon. C'est dans un village près de Compiègne. Il y a un jardin autour de la maison. La maison est spacieuse et claire. J'ai une chambre à moi. J'aime bien le salon car il y a un grand téléviseur à écran plat et nous regardons le sport chaque soir.

Caoimhe
Je suis chez la famille Mounier. Ils habitent un appartement près du parc. Il se trouve au troisième étage de l'immeuble. Il y a trois chambres. Ma chambre a un balcon qui donne sur le parc.

Eve
J'adore la maison de ma correspondante. C'est une maison individuelle avec des volets sur les fenêtres. Il y a une terrasse où nous mangeons quand il fait beau. J'ai une jolie chambre près de la salle de bains.

Hannah
Moi, je suis logée dans une maison qui est dans un lotissement, à cinq minutes à pied du collège. C'est pratique le matin ! Il y a trois chambres et je partage une chambre avec ma correspondante. Nous passons beaucoup de temps ensemble dans la chambre. On s'occupe en lisant des magazines et en surfant le Net.

Retourne à *Bon Travail ! 1*, Unité 5, pour réviser le vocabulaire pour la maison !

Write down the name of the person …

		name
1	whose bedroom overlooks the park.	
2	who is staying quite near the school.	
3	who is staying in a two-storey house.	
4	whose bedroom is small but well fitted out.	

Écrivons maintenant !

You are expecting a French visitor to stay with you. In your copy, write a short description, in French, of your house and room as part of an email you are sending him/her.

Coin grammaire : Les adjectifs interrogatifs

When you want to find out information about some of your correspondant/correspondante's likes and dislikes, you can use the interrogative adjective quel – 'which' or 'exactly what'. Just like all adjectives, you need to check if the noun which follows is masculine or feminine, singular or plural.

Exemples : *Quel instrument est-ce que tu joues ?* Which instrument do you play?

Quelle chanteuse est-ce que tu préfères ? Which singer do you prefer?

Here are all the forms of quel:

m. sing.	f. sing.	m. pl.	f. pl.
quel	quelle	quels	quelles

Exercice 2

Écrivez la forme correcte de l'adjectif interrogatif dans les phrases suivantes.

1 Tu voudrais aller voir ________________ film ?
2 Vous préférez faire ________________ sports ?
3 J'aime les biographies. ________________ genre de livre aimes-tu lire ?
4 Tu manges ________________ légumes ?
5 Tu préfères ________________ parfum de yaourt ?
6 Je voudrais acheter un cadeau pour ta mère. ________________ fleurs aime-t-elle ?
7 ________________ est ta musique préférée ?
8 Moi, j'aime la biologie. ________________ sont tes matières favorites ?

You can also use **quel**/**quelle** in expressions which mean 'What a . . . !'

Exemples : *Quel désastre !*

Quelle bonne idée !

Exercice 3

Complétez les expressions suivantes ! Then write the English meaning of each expression in your copy.

1 ________________ surprise !
2 ________________ dommage !
3 ________________ horreur !
4 ________________ perte de temps !
5 ________________ pitié !
6 ________________ régal !
7 ________________ malchance !
8 ________________ beau temps !

À table en France

If you are staying with a French family, you may notice some differences in eating habits. For example, in France, if you are having cheese as part of a meal, it is always served before dessert, not after. In Ireland, we usually place our knife and fork together on the plate to show when we have finished eating – in France this indicates that you are not yet finished! Leave your knife and fork to the side of your plate to show that you've had enough.

= I've finished!

= J'ai terminé !

10.4 Écoutons maintenant !

Listen to what these Irish students have noticed about French mealtimes and number the cartoons in the order in which you hear the remark.

a

☐

b

☐

c

☐

d

☐

e

☐

f

☐

Exercice 4

Faites des paires ! Can you match these questions which you might hear at mealtimes to the appropriate answer?

1 Tu aimes la salade de concombres ?
2 Tu peux me passer le pain, s'il te plaît ?
3 Tu voudrais encore de la viande ?
4 Je peux avoir encore du riz, s'il te plaît ?
5 Tu veux goûter ces moules ?
6 Je peux avoir un verre d'eau, s'il vous plaît ?

a Non merci, j'ai assez mangé.
b Je ne suis pas sûr, mais je vais les goûter.
c Certainement, passe-moi ton assiette !
d Bien sûr, passe-moi ton verre !
e Non merci, je n'aime pas le concombre.
f Voilà ! Tu aimes le pain français ?

1 = ☐ 2 = ☐ 3 = ☐ 4 = ☐ 5 = ☐ 6 = ☐

Lisons maintenant!

Are you the dream guest when you are staying in someone else's house?

Es-tu un invité / une invitée de rêve?

1 Tu fais ton lit?

(a) Oui, tous les jours
(b) Oui, si j'ai le temps ☐
(c) Presque jamais

2 Tu offres de mettre la table?

(a) Oui, le soir
(b) Certains soirs ☐
(c) Presque jamais

3 Tu débarrasses la table?

(a) Oui, quand j'ai le temps
(b) Quelquefois ☐
(c) Non, je déteste faire ça

4 Tu aides à faire la vaisselle?

(a) Oui, quand j'ai le temps
(b) Quelquefois ☐
(c) Rarement

5 Tu offres d'aider avec la cuisine?

(a) De temps en temps
(b) Rarement ☐
(c) Jamais: on n'aime pas mes repas!

6 Qu'est-ce que tu fais avec ton linge sale?

(a) Je le lave moi-même
(b) Je le laisse dans ma valise ☐
(c) Je le laisse dans la buanderie

7 Avant de partir, est-ce que tu achètes un petit cadeau pour ton hôte / ton hôtesse?

(a) Oui, bien sûr
(b) S'il me reste de l'argent ☐
(c) Non, jamais

8 Après ta visite, tu écris un petit mot pour dire «merci»?

(a) Oui, bien sûr
(b) D'habitude, mais pas toujours ☐
(c) Non, je perds toujours les adresses

Résultats!

★ Si tu as surtout des **Réponses (a)**, tu es un invité parfait / une invitée parfaite!

★ Si tu as surtout des **Réponses (b)**, essaie d'être un peu plus aimable avec tes hôtes.

★ Si tu as surtout des **Réponses (c)**, tu es égoïste – fais des efforts pour penser aux autres!

En ville !

10.5 Écoutons maintenant !

As they leave school, the exchange students wish to go to different places in the town. Where do they want to go and what directions are they given to get there?

student	where do they want to go?	what directions are given?
Eve		
Colm		
Caoimhe		
Jack		
Katie		
Richard		

Rappel !

à gauche **à droite** **tout droit**

Retourne à *Bon Travail ! 1*, page 252.

Parlons maintenant !

Imagine you are asked by a French student how to get to the following places in your school. With your partner, work out the conversation you would have. You and your partner can take turns giving the directions.

les toilettes les plus proches (*nearest toilets*)

le bureau du directeur (*principal's office*)

la salle d'informatique (*computer room*)

le petit magasin (*school shop*)

la salle de réunion (*assembly hall*)

le bureau de la secrétaire (*secretary's office*)

Quelques phrases utiles

Tourne à …

Continue !

C'est en face de …

à côté de …

près de …

à gauche de …

á droite de …

C'est au rez-de-chaussée.

C'est en haut !

C'est en bas !

Descends l'escalier !

Monte l'escalier !

Prends l'escalier !

When speaking to an adult, don't forget to use the polite **vous** form of the verb – **Tournez ! Prenez !** etc.

Civilisation : À la poste

- When you are in France you may need to buy les timbres (stamps) for your lettres and cartes postales. You can buy them in la poste, le tabac, la papeterie or la librairie. There are also vending machines that sell stamps.
- Letter boxes in France are yellow. Sometimes you may need to send un colis (a parcel) home by post if you don't want to pay for extra kilos of weight at the airport.

Exercice 5

Can you sort out these words associated with the post?

1	LOSIC	le ______	**2**	TELERT	la ______
3	MIBETR	le ______	**4**	SPOET	la ______
5	EVÉLE	l' ______	**6**	TRACE	la ______

Here are some phrases you will need à la poste.

Pardon, monsieur/madame !	Excuse me, sir/madam!
C'est combien pour une carte postale pour l'Irlande ?	How much is it to send a postcard to Ireland?
Je voudrais un timbre à soixante centimes.	I would like a sixty-cent stamp.
Il y a une boîte aux lettres près d'ici ?	Is there a post box nearby?
Il y a une levée à quelle heure ?	At what time is there a collection?

If you want to know more about the price of sending post from France, you can check on **www.prixdestimbres.fr**

When speaking to an adult, don't forget to use the vous form of the verb, and to use s'il vous plaît.

10.6 Écoutons maintenant !

Luke va à la poste avec son correspondant Alex. Fill in the blanks in the following conversation.

Luke : Bonjour, monsieur. C'est (1) ________________ pour envoyer huit cartes à Galway (2) ________________ Irlande, s'il vous plaît ?
Caissier : Alors, pour une carte en Irlande, ça (3) ________________ soixante centimes. Donc, pour huit cartes, ça coûte quatre euros (4) ________________ centimes.
Luke : Pardon ! Alex, qu'est-ce qu'il a dit ? Je ne comprends pas bien les nombres.
Alex : Il a dit « quatre euros (5) ________________ centimes ».
Luke : Ah ! Je comprends. Voilà (6) ________________ euros, monsieur.
Caissier : Et voilà, votre monnaie, (7) ________________ centimes.
Luke : Merci, monsieur.
Alex : Il y a une (8) ________________ aux lettres devant la poste, Luke.
Luke : Bon. Au revoir, monsieur.

Exercice 6

Complétez ces phrases avec les bonnes voyelles.

1 Je voudrais envoyer un c __ l __ s et une c _ rte postale en Irlande.
2 Il y __ une levé __ à quelle h __ ure ?
3 C'est c __ mbien pour envoyer une lettre et tr __ is cartes postales en Angl __ terre ?
4 C'est combien p __ ur envoyer un __ lettre a __ Portugal ?
5 Je voudrais envoyer une carte postale à m __ tante a __ x États-Un __ s.

Les nombres

Numbers are very useful for the Junior Certificate. You need them for prices, for telling the time, for people's ages and for phone numbers.

10.7 Écoutons et répétons !

zéro	onze	vingt
un	douze	trente
deux	treize	quarante
trois	quatorze	cinquante
quatre	quinze	soixante
cinq	seize	soixante-dix
six	dix-sept	quatre-vingts
sept	dix-huit	quatre-vingt-dix
huit	dix-neuf	cent
neuf		
dix		

Par cœur ! Listen to the numbers once again to make sure you know them really well.

10.8 Écoutons maintenant!

Remplissez les blancs dans les phrases suivantes. Fill in the missing numbers in each sentence.

1 J'ai __________ ans.
2 Mon grand-père a __________ ans.
3 Je suis né en 19 __________ .
4 Mon numéro de téléphone, c'est le 01. __________ . 20. 35. __________ .
5 Il est 10 heures __________ .
6 Mon anniversaire, c'est le __________ novembre.
7 Je voudrais une chambre pour une personne pour la nuit du __________ janvier.
8 Le magazine coûte 6 euros __________ .

Écrivons maintenant!

Qui fait quoi le week-end? Faites des paires.

1
2
3
4
5
6

Je vais nager.

Je retrouve mes copines au café.

Je surfe le Net avec mes copains.

J'écoute de la musique.

Je flâne en ville.

Je fais de l'équitation.

1 Thomas ______________________ .
2 Leila ______________________ au café.
3 Nicolas ______________________ .
4 Camille ______________________ .
5 Malik ______________________ avec ses copains.
6 Manon ______________________ .

10.9 Écoutons maintenant !

Ça te dit de ... ? The French host students are making suggestions to their Irish visitors about things to do at the weekend. What is suggested to each Irish visitor?

Irish visitor	what is suggested to him/her	when
Luke		
Katie		
Jack		
Hannah		
Richard		
Eve		
Colm		
Caoimhe		

Qu'est-ce que nous allons faire le week-end ?

Here are some useful verbs to use when you are speaking about what you do at the weekend:

retrouver **surfer** **faire** **aller** **flâner** **sortir** **jouer** **regarder** **écouter** **prendre**

Parlons maintenant !

Using the verbs above and the adverbs in the box opposite, talk about what you like to do at the weekend.

Et toi ? Qu'est-ce que tu aimes faire le week-end ?

- Le vendredi soir, je ...
- Le samedi matin, je ...
- Le samedi après-midi, je ...
- Le samedi soir, je ...
- Le dimanche matin, je ...
- Le dimanche après-midi, je ...
- Le dimanche soir, je ...

d'habitude (*usually*)
quelquefois (*sometimes*)
toujours (*always*)
de temps en temps (*now and again*)
souvent (*often*)

If you want to say that you do something every Friday, you can say **le** vendredi, instead of saying tous les vendredis.

Laissez un petit mot – révision

You may need to leave a note for your host family when you are in France or for your French partner when they are in Ireland. And, of course, it is one of the tasks which you may be asked to write in the Junior Certificate Examination.

Remember:

- Put the time on the top of the note
- There's no need to use cher/chère
- Keep the message short!

Retourne à Unité 3, pages 82–3
pour des phrases utiles !

Lisons maintenant !

(a) Léa leaves a quick note for Eve before she goes out to school.

7h45

Eve ! Juste un petit mot pour te dire qu'il y a un concert au collège ce soir. Benjamin et son groupe vont jouer. Ça te dit de venir avec nous ? Je te retrouve après les cours.

Léa.

1. What does Léa say is on this evening?
2. Where is the event taking place?
3. When will Léa meet Eve?

(b) Danny leaves a note for his mother.

8h

Maman !

Juste un petit mot pour te rappeler que j'ai un match de badminton ce soir. Est-ce que je peux manger à 6h, car le match commencera à 7h30 ? Colm viendra avec moi. Tu pourrais nous emmener au match en voiture, s'il te plaît ?

À plus tard, Danny.

1. Why does Danny leave the note for his mother?
2. What does he want to do at 6 o'clock?
3. What does he suggest that his mother might do?

Exercice 7

You have a French friend staying in your house. Leave a note to say …

- you plan to go to the cinema this evening (Friday) at 7 o'clock
- ask if he/she would like to come
- you will see him/her at lunchtime in the canteen.

La vie quotidienne pour les élèves irlandais

10.10 Écoutons maintenant !

Le Collège Henri Matisse has its own school radio station. Danny is interviewing Colm about his experience so far in France.

Part 1

a What does Colm say about the atmosphere in the collège.

____

b How have the teachers helped? ______________________________

Part 2

a Name **two** ways in which the school day is different in France.

(i) ____________________ **(ii)** ____________________

Part 3

a How many students are there in Colm's school? ______________________________

b Name **one** way in which the French pupils are conscious of the school environment?

____

c What award has Colm's school won? ______________________________

Part 4

a What colour is the school jumper in Colm's school? ______________________________

b What is the **one** thing Colm finds hard about the French school day? ____________________

Exercice 8

During the interview, Colm and Danny speak about the efforts that are being made to protect the environment in their schools. Match the caption to the cartoon.

1. Nous trions les déchets.
2. Nous recyclons le verre.
3. Nous économisons l'eau.
4. Nous éteignons la lumière quand nous quittons une pièce.
5. Nous plantons des fleurs et des arbres.
6. Nous venons à l'école à vélo ou à pied.

a

b
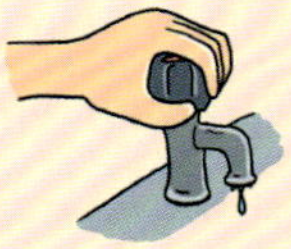

c

d

e

f

1 = ☐

2 = ☐

3 = ☐

4 = ☐

5 = ☐

6 = ☐

Une excursion au Parc Astérix

One of the highlights of the school exchange trip is a day's outing to Parc Astérix. If you would like to know more about Parc Astérix, you can look at the website: **www.parcasterix.fr**

Lisons maintenant !

This is the hand-out all the students are given about the outing. Read the hand-out and answer the questions which follow – True or False.

Collège Henri Matisse

Excursion au Parc Astérix – le jeudi 10 juin

1 Nous partirons de très bonne heure pour aller au Parc Astérix. Le car sera aux portes du collège à sept heures précises. Nous n'attendrons personne ! Le car partira à 7h10. Le voyage durera environ deux heures.

2 N'oubliez pas de mettre des chaussures confortables, car on va marcher toute la journée. Comme il va faire beau, amenez de la crème solaire et un chapeau ou une casquette.

3 En ce qui concerne l'argent de poche – je vous conseille la modération ! Les billets d'entrée sont déjà payés et les attractions sont comprises dans le prix. Amenez un peu d'argent uniquement si vous voulez acheter des boissons, des glaces, des souvenirs. Les souvenirs sont assez chers.

4 Si vous voulez, vous pouvez amener des sandwichs mais il sera interdit de manger dans le car : notre chauffeur, Monsieur Bonnet, est très gentil mais il n'aime pas que son car soit sale. Il y a beaucoup de restaurants dans le parc, donc si vous préférez manger sur place, vous aurez le choix.

5 Il faut rester toujours en groupes. Il est absolument interdit de fumer.

6 Je vous conseille de vous coucher tôt ce soir, car la journée de demain sera longue ! N'oubliez pas que nous ne serons de retour qu'après l'heure du dîner.

		true	false
1	The coach will leave at 7.15		
2	The pupils will have to walk a lot		
3	They have to bring a rain jacket with them		
4	They have to pay for entry tickets when they get there		
5	They will find the cost of souvenirs very dear		
6	They are not to bring sandwiches		
7	The driver is called Monsieur Carnot		
8	They should expect to arrive home after dinner-time		

Lisons maintenant !

Read the brochure for Parc Astérix, then answer the questions below.

Le Parc Astérix

Découvrez le monde d'Astérix et de ses amis gaulois ! Basé sur les bandes dessinées d'Albert Uderzo et René Goscinny, le parc a ouvert ses portes en 1989 et depuis accueille des milliers de visiteurs chaque année. Le parc est ouvert d'avril à octobre/ novembre de 10h à 18h.

Il y a cinq mondes à découvrir –

- La Gaule
- L'Empire romain
- La Grèce
- Les Vikings
- À travers le temps

Essayez nos attractions !

- Commencez par Tonnerre de Zeus, la plus grande montagne russe en bois d'Europe !
- Ensuite, Le grand huit Goudurix ! Un des grands huit les plus renversants d'Europe !
- Et si vous avez encore assez de courage – La Trace du Hourra – une descente vertigineuse de 900 mètres pour retrouver des sensations de vitesse absolument unique !

Adrénaline garantie pour vous et vos amis !
Des restaurants, des magasins – une journée pour toute la famille !

Quelques attractions sont déconseillées aux moins de treize ans. Demandez au kiosque.
Ouverture exceptionnelle 10h – 23h – voir le site Web **www.parcasterix.com**

1 What happened in 1989? ____________________
2 What are the normal opening hours of the park? ____________________
3 How many themed areas are there in Parc Astérix? ____________________
4 What is special about the roller coaster Tonnerre de Zeus? ____________________
5 What does the figure 900 refer to? ____________________
6 For what age group are some of the attractions not suitable? ____________________

10.11 Écoutons maintenant !

(a) Qui a dit quoi ? Match the people's names to the statements they made.

1 Hannah
2 Benjamin
3 Katie
4 Eve
5 Alex
6 Mme McNally
7 Jack
8 Mme Rocher

a J'ai trouvé toutes les attractions super – surtout La Trace du Hourra !

b Je voudrais retourner au Parc Astérix avec ma famille.

c J'étais vraiment épuisée après la journée au Parc Astérix.

d Nous nous sommes bien amusés – les élèves français et irlandais se sont vraiment bien entendus ensemble.

e J'ai beaucoup aimé le Tonnerre de Zeus – mais c'était terrifiant !

f Mon frère Conor est un vrai fan d'Astérix – je lui ai acheté un porte-clés.

g J'ai acheté quelques petits souvenirs dans le magasin.

h Pas de problèmes avec les élèves – ils se sont très bien comportés.

Sacre bleu !
The Tonnere de Zeus roller-coaster ...
- **has a track length of 1,230 metres**
- **has a top speed of 52 mph (84 km/h)**
- **at its topmost point is 30 metres high!**

1 = ☐ 2 = ☐ 3 = ☐ 4 = ☐ 5 = ☐ 6 = ☐ 7 = ☐ 8 = ☐

(b) Write the name of the person …

		name
1	whose brother loves Astérix	
2	who would like to visit the park again	
3	who was tired out after the day	
4	who thought the Irish and French pupils got on well together	

Exercice 9

Richard writes to his French friend who lives in Paris about his stay in Théo's house. Remplissez les blancs dans le courriel de Richard en utilisant les mots dans la boîte.

anglais **nager** **ferme** **parc** **regardé** **jeunes** **photos** **parlent**

À : max245@wanadoo.fr

De : richardoriordan@eirmail.ie

Objet : Mon séjour en France

Cher Max,

Je m'amuse bien ici en France. La famille est très sympa. Ils habitent une (1) __________ à cinq kilomètres hors de la ville. Madame Clavel est bonne cuisinière et Monsieur Clavel est très drôle. Je m'entends bien avec Théo. Tous les jours nous allons (2) __________ à la piscine. Nous allons aussi à la Maison des (3) __________ où nous jouons au flipper et au baby-foot.

Je vais au collège Henri Matisse tous les jours avec Théo. Il est en troisième. Je trouve les cours intéressants et les profs sont très sympa. En cours d' (4) __________ , on m'a demandé d'aider les élèves français avec leur prononciation. Maintenant, ils (5) __________ comme les Irlandais !

Hier, nous avons passé une journée super au (6) __________ Astérix. J'ai aimé la Trace du Hourra, le grand Splash et le Goudurix qui est un grand huit. J'ai vu les acrobates et les jongleurs sur la place du Moyen Âge. L'après-midi, nous avons (7) __________ les dauphins au théâtre de Poséidon.

C'était une journée absolument géniale.

J'envoie les (8) __________ de mon séjour par Internet. Il me tarde d'avoir de tes nouvelles.

Amitiés,
Richard.

Écrivons maintenant !

You have just visited un parc d'attractions (it can be real or imaginary). Send a postcard to your French friend Simon/Sylvie in which you say …

- where you were and with whom
- how you got there and what the weather was like
- what you saw and did there.

Quelques mots utiles

des montagnes russes (f. pl.)	*a roller coaster*
un toboggan	*a helter-skelter*
un grand huit	*a roller coaster*
une balançoire	*a swing*
la barbe à papa	*candyfloss*
un spectacle	*a show*
un parc aquatique	*a water park*
un toboggan à eau	*a water slide*
une cascade	*a waterfall*

Coin grammaire : Révision des principaux temps

By now you have learned the following tenses:

- **Le présent** is used to say what you do everyday
- **Le passé composé** is used to describe what you did in the past
- **Le futur** is used to describe what you will do
- **L'imparfait** is used to describe what used to happen or what happened for a period of time in the past

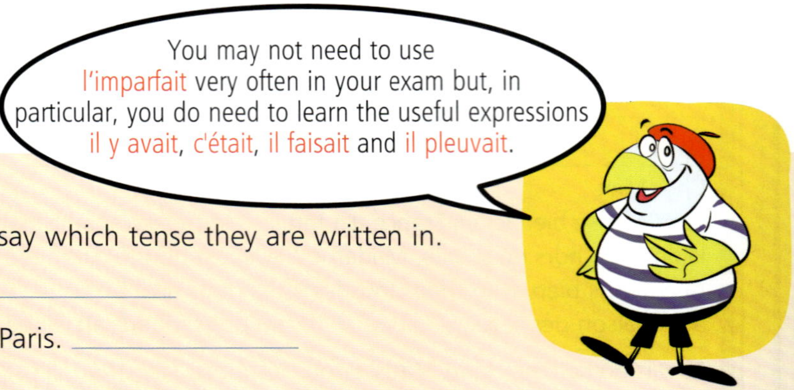
You may not need to use l'imparfait very often in your exam but, in particular, you do need to learn the useful expressions il y avait, c'était, il faisait and il pleuvait.

Exercice 10

Read the following sentences and say which tense they are written in.

1. Je vais au collège en bus. ____________
2. Nous nous amuserons bien à Paris. ____________
3. Ma mère avait la grippe. ____________
4. Mon ami lit beaucoup. ____________
5. Ils ont beaucoup d'amis. ____________
6. Ils ont aimé le film. ____________
7. Tu me retrouveras à midi ? ____________
8. Il faisait du vent le weekend. ____________
9. Nous faisons du sport le mercredi. ____________
10. Nous avons vu le film ensemble. ____________

Mots clés – apprenez par cœur !

le car	l'invitée (f.)
l'échange scolaire (m.)	la journée
l'excursion (f.)	le parc aquatique
l'hôte (m.)	le parc d'attractions
l'hôtesse (f.)	le séjour
l'invité (m.)	la visite

Coin grammaire : Révision des principaux verbes

The following verbs are very important in the written section of your paper. You should use this grid when you are revising these verbs and their tenses for the written section of your Junior Certificate exam.

les verbes	**le présent**	**le passé composé**	**le futur**
aller (*to go*)	je vais	je suis allé(e)	j'irai
avoir (*to have*)	j'ai	j'ai eu	j'aurai
devoir (*to have to*)	je dois	j'ai dû	je devrai
écouter (*to listen to*)	j'écoute	j'ai écouté	j'écouterai
être (*to be*)	je suis	j'ai été	je serai
étudier (*to study*)	j'étudie	j'ai étudié	j'étudierai
faire (*to do/make*)	je fais	j'ai fait	je ferai
habiter (*to live*)	j'habite	j'ai habité	j'habiterai
jouer à (*to play a game*) jouer de (*to play a musical instrument*)	je joue	j'ai joué	je jouerai
lire (*to read*)	je lis	j'ai lu	je lirai
partir (*to leave*)	je pars	je suis parti(e)	je partirai
pouvoir (*to be able*)	je peux	j'ai pu	je pourrai
regarder (*to look at*)	je regarde	j'ai regardé	je regarderai
rendre visite à (*to visit someone*)	je rends visite à	j'ai rendu visite à	je rendrai visite à
retourner (*to return*)	je retourne	je suis retourné(e)	je retournerai
retrouver (*to meet*)	je retrouve	j'ai retrouvé	je retrouverai
s'amuser (*to enjoy*)	je m'amuse	je me suis amusé(e)	je m'amuserai
se reposer (*to relax*)	je me repose	je me suis reposé(e)	je me reposerai
sortir (*to go out*)	je sors	je suis sorti(e)	je sortirai
travailler (*to work*)	je travaille	j'ai travaillé	je travaillerai
téléphoner (*to phone*)	je téléphone	j'ai téléphoné	je téléphonerai
voir (*to see*)	je vois	j'ai vu	je verrai
vouloir (to *wish/want*)	je veux	j'ai voulu	je voudrai

Remember that the verb faire is used in a number of phrases where it does not mean 'to do' or 'to make' – e.g. je fais les magasins = *I go shopping*, je fais du sport = *I play sport*.

Épreuve

Question 1

Complete the details about these two people.

name	Julien Dugort
Age	
Colour of eyes	
Two details about where he lives	(i) (ii)
Job he does not like doing	
Favourite subject at school	
Where he hopes to go during the summer holidays	

name	Alice Bertrand
Birthday	
Colour of hair	
Her mother's job	
Family pet	
Favourite sport	
Two things she does at the weekend	(i) (ii)
Where she went last month	

Question 2

Write the correct possessive adjective.

1 Merci de ___________ longue lettre.

2 Nous nous préparons pour ___________ examens en juin.

3 J'ai rencontré mon professeur et ___________ fils au parc.

4 Tu connais Madame Dupont ? ___________ fille est dans ma classe.

5 Le week-end, je vais au cinéma avec ___________ amis.

6 Dis « bonjour » à ___________ parents.

7 Nous aimons ___________ professeur de français. Il est amusant.

8 Comment vont tes parents ? Ils ont vendu ___________ voiture ?

9 Je n'ai pas écrit car ___________ mère était malade.

10 Elle a fini ___________ devoirs ?

Question 3

Some Irish people describe the homes in which they are staying in France. Read what they have written and answer the questions that follow.

1 Je suis dans une maison moderne au centre-ville. En haut, il y a quatre chambres et une salle de bains. En bas, il y a un grand salon avec une cheminée, où tout le monde regarde la télé le soir. La cuisine donne sur le jardin. Il y a une terrasse où nous mangeons le soir. **Liam**

2 Moi, j'ai de la chance. La maison de ma correspondante est à cinq minutes du collège. C'est une maison jumelée. Il y a trois chambres, un séjour, un petit bureau, une cuisine et une buanderie. Le jardin est joli. Monsieur et Madame Duhamel s'intéressent beaucoup au jardinage. **Siobhan**

3 Moi, je suis dans un appartement avec mon correspondant. C'est dans un grand immeuble moderne en banlieue. L'appartement se trouve au sixième étage. Il est assez spacieux. Il y a un grand balcon où nous mangeons quand il fait beau. Il y a trois chambres. **Anna**

4 La maison de mon correspondant est une maison individuelle dans un lotissement. Les voisins sont très gentils. Il y a un grand séjour, trois chambres, une cuisine, une salle de bains et une buanderie. Il y a des volets aux fenêtres. La boîte aux lettres est dans le jardin près de la barrière à l'entrée. **Stephen**

5 Ma famille habite au cœur de la campagne. La maison est assez isolée, mais le paysage est beau. Dans la maison, il y a quatre chambres, un séjour, une salle à manger et une cuisine énorme. J'ai une chambre au premier étage. Je peux voir les montagnes de ma chambre. **Cian**

6 Moi, je suis logée dans une maison qui donne sur la rue. Il y a beaucoup de circulation et il n'y a pas de jardin devant la maison. C'est une vieille maison à l'extérieur, mais dedans elle est très moderne. Ma chambre est dans le grenier. Je peux voir la mer de la fenêtre. En bas, il y a une grande pièce – cuisine et séjour ensemble. C'est génial ça. **Emma**

1. Who can see the mountains from their bedroom? ______________
2. Who is staying in a very old house? ______________
3. Who is staying in an apartment on the sixth floor? ______________
4. Whose correspondant lives in a housing estate? ______________
5. Who is staying very near school? ______________
6. Whose family eats on the patio? ______________

Question 4

Match the correct caption with each cartoon.

a Je débarrasse la table.

b Je remplis le lave-vaisselle.

c Je fais mon lit.

1

2

3

4

5

6

d Je tonds la pelouse.

e Je fais le repassage.

f Je passe l'aspirateur.

1 = ☐ **2** = ☐ **3** = ☐ **4** = ☐ **5** = ☐ **6** = ☐

Question 5

Where do these people want to go and what directions are they given? Complete the grid.

person	where	turn left	turn right	straight ahead	one other instruction
1					
2					
3					
4					
5					

Question 6

Match the pictures and words in the following grid.

1	la boulangerie	A	
2	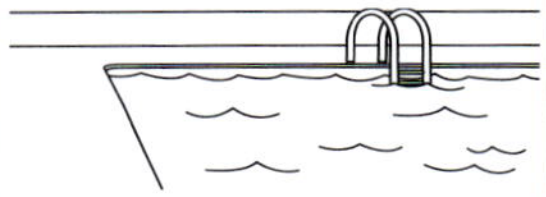	B	le marchand de journaux
3	la mairie	C	
4	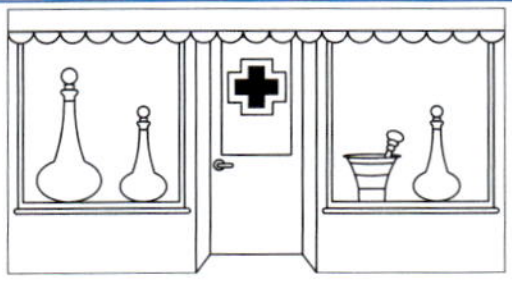	D	la poissonnerie
5	la gare routière	E	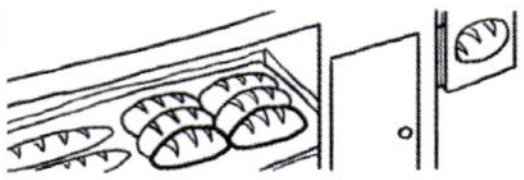
6	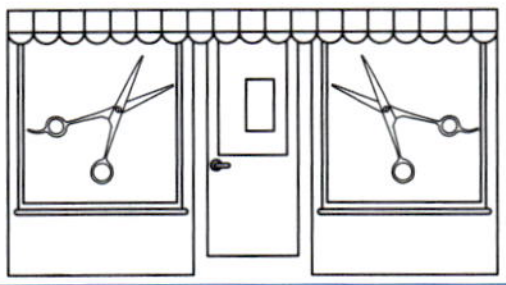	F	la pharmacie
7	la librairie	G	
8	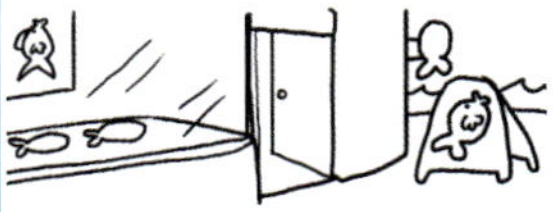	H	la piscine
9	la boucherie	I	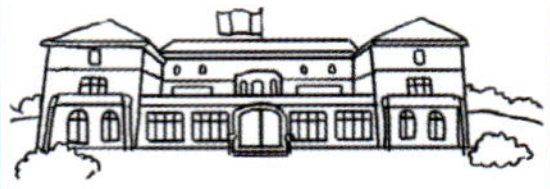
10		J	le coiffeur

No.	Letter
1	
2	
3	
4	
5	
6	
7	
8	
9	
10	

Question 7

Write the following prices in French using words.

1 ______________ €   2 ______________ €   3 ______________ €   4 ______________ €

5 ______________ €   6 ______________ €   7 ______________ €   8 ______________ €

Question 8

Listen and fill in the grid below.

	type of mail	destination	cost
1			
2			
3			
4			
5			

Question 9

Read this brochure for the Maison des jeunes et de la culture (MJC) in Sainte-Marie-sur-Mer and answer the questions that follow.

Maison des jeunes et de la culture

7, rue de la Mairie, Sainte-Marie-sur-Mer

Du lundi 19 au samedi 24 septembre – semaine porte ouverte pour découvrir les activités pour l'automne. Cours d'essai gratuits aux jours et heures habituels des cours.

Lundi

- ★ Danse moderne/jazz
- ★ Danse orientale
- ★ Photographie
- ★ Tir à l'arc
- ★ Gymnastique (6–12 ans)

Mardi

- ★ Théâtre
- ★ Arts plastiques
- ★ Multimédia (débutants)
- ★ Karaté
- ★ Club d'échecs

Mercredi

- ★ Kung-fu
- ★ Tai-chi
- ★ Guitare (débutants)
- ★ Anglais
- ★ Gymnastique (12–16 ans)

Jeudi

- ★ Clavier
- ★ Atelier cuisine
- ★ Sculpture/Modelage
- ★ Multimédia (2ème année)
- ★ Premier secours

Vendredi

- ★ Marionnettes
- ★ Judo
- ★ Peinture – aquarelle
- ★ Guitare (cours avancé)
- ★ Éscrime

Samedi matin

- ★ Fitness
- ★ Club de football
- ★ Club de ping-pong
- ★ Musculation
- ★ Club d'athlétisme

Notre café « Rendez-vous » est ouvert tous les jours (sauf dimanche) – boissons, snacks, crêpes.
Les tables de baby-foot et de ping-pong sont à votre disposition tous les soirs et le mercredi après-midi.
La salle d'ordinateurs est ouverte à tous les membres, 16h–21h pendant la semaine et 10h–18h le samedi.
Renseignements et réservations au bureau de la MJC ou sur notre site Internet:

mjcstmariesurmer.wanadoo.fr

1. What is happening from 19th to 24th September? ________________
2. On what day is the archery class? ________________
3. If you were interested in learning English, when would you find a class? ________________
4. What musical skill is taught on Thursdays? ________________
5. For whom is the Friday guitar class suitable? ________________
6. What can you get at Café Rendez-vous? ________________
7. What games are available every evening and on Wednesday afternoons? ________________
8. When is the computer room available? ________________

Question 10

Read the following brochure for Disneyland Paris and answer the questions which follow.

En 1985, l'entreprise Walt Disney a décidé de construire un parc d'attractions en Europe. D'abord, on a considéré l'Espagne pour ce parc d'attractions et, ensuite, d'autres lieux en France. Enfin, on a décidé de créer le parc d'attractions à Marne-la-Vallée parce que cette ville se trouve à seulement trente-cinq kilomètres de Paris et attire beaucoup de touristes chaque année.

Depuis Paris, la ligne A du RER vous transporte rapidement au cœur de Disneyland. Descendez au terminus de la ligne à la station Marne-la-Vallée/Chessy et vous êtes à cent mètres des portes du parc. Aussi, Marne-la-Vallée est située à côté de deux aéroports, d'une ligne SNCF et des autoroutes.

Dans le parc, il y a soixante-cinq restaurants où on peut manger de la cuisine européenne, orientale, mondiale, ou tout simplement de vrais hamburgers américains, des pizzas, des pâtes, des glaces et des desserts.

Visitez aussi la Vallée Village – avec les boutiques des plus grandes marques françaises et internationales de la mode. Tout est vendu à des prix très réduits. Le Village est ouvert 7 jours sur 7, de 10h à 19h.

Pour en savoir plus, visitez le site Internet: **www.disneylandparis.com**

1 On a décidé de construire Disneyland Paris en …
- a mille neuf cent quatre-vingts
- b mille neuf cent quatre-vingt-quinze
- c mille neuf cent quatre-vingt-cinq

2 D'abord, on a considéré un site …
- a au Portugal
- b en Espagne
- c en Écosse

3 Disneyland Paris se trouve près …
- a des autos
- b des autocollants
- c des autoroutes

4 Pour manger au parc …
- a il y a peu de restaurants
- b il y a beaucoup de restaurants
- c il y a seulement des restaurants français

5 Dans la Vallée Village, on peut acheter …
- a des vêtements
- b des voitures
- c des trophées

6 Le Vallée Village est ouvert …
- a seulement sept jours par an
- b tous les jours
- c seulement le week-end

Question 11

You have just returned from an exchange visit to France. Write to your exchange partner …
- say thank you for the great holiday
- say **one** thing you particularly enjoyed
- say something about the journey home
- say what you have done since your return
- say some of the things you will do together when he/she comes to Ireland.

Mes progrès personnels

Visit
www.edco.ie/bontravail2
for interactive revision exercises

Having completed Unité 10 ...

	Oui	Non	Retourne à
I can fill out a form about myself/family	☐	☐	280–1
I have read about arriving in a French family	☐	☐	282
I can ask for things/make requests	☐	☐	283
I can express my choices	☐	☐	284
I have practised pronouncing the letter 'u'	☐	☐	284
I can describe my house/bedroom	☐	☐	285
I know about mealtimes in France	☐	☐	287
I can ask for and give directions	☐	☐	289
I can buy stamps at the post office in France	☐	☐	290
I have revised the numbers 1–100	☐	☐	291
I can talk about the weekend	☐	☐	293
I can talk about a visit to a theme park	☐	☐	296–8
I have learned the key words for the unit	☐	☐	300

Exam Practice – Listening Comprehension, Ordinary and Higher Level

Note for teachers

There are two full papers, Ordinary and Higher level. The CD script is the same for both Ordinary and Higher level to enable students of both levels to work together. The questions are, however, different, so students will be on different pages when answering. Every effort has been made to ensure students cannot second-guess the answers by looking at the paper for the other level.

Paper 1 Ordinary level – page 312
Paper 1 Higher level – page 319
Paper 2 Ordinary level – page 316
Paper 2 Higher level – page 324

Notes for pupils

- This is the first part of your Junior Certificate Examination.
- There are five separate sections on the CD. The total listening test lasts for about 30–35 minutes.
- You will be given pauses between questions to write down your answers.
- All the questions will be in English or Irish and you answer in whichever of these languages you have chosen.
- Both Ordinary and Higher level students hear the same dialogues, but the questions are different at each level.
- There are 140 marks available to be gained from this section of the examination – about 44% of your total marks.

How often will I hear each section?

- You will hear Sections A, C and E twice.
- You will hear Sections B and D three times.

What will I need to understand?

I need to be able to …

- identify the topic of a conversation or where that conversation is taking place
- identify people expressing concern/anger/disappointment
- identify people who are making a complaint / making or cancelling an appointment / making an apology
- write down personal details about two people, who are speaking separately
- listen to people buying items and identify their cost
- listen to people giving street directions
- listen to people describing their ailments and the doctor's or chemist's advice

- spell people's names
- write down prices, times and phone numbers
- listen to people making reservations in hotels/restaurants/campsites
- listen to people ordering meals/food
- write down details about news items / weather forecasts / advertisements
- listen to one longer conversation (Section D) and write down what is being discussed.

What should I revise?

- Numbers – for ages, dates, phone numbers, prices, times
- Vocabulary – for personal details, family members, the home and furniture, clothes, colours, school subjects, likes and dislikes, food items, illnesses and ailments, street directions, pastimes, jobs, weather
- The French alphabet – you may have to spell a person's name or the name of a town or city

Exam techniques for this section

- When you open your exam paper, take time to look at the questions before you start to answer them.
- Do not write your answer while you are listening – one job at a time! Listen and then use the gap in the conversation to write your answer.
- If you are not sure of the answer, jot down on a separate page what you think it might be.
- Never leave a blank – try every answer. A good guess may get you some marks!
- In multiple-choice questions write only one answer and make sure that the examiner can read it clearly (sometimes it's easier to use capital letters for this).
- Never look around or be distracted by somebody else – you need to keep concentrating on the CD for the full time. Remember this section is worth almost 44% of the total exam marks!
- Never answer a question in French, unless it is a place name or person's name.

Tip!

Read each question carefully during the pause allowed for this on the CD. Underline key words.

Ordinary level – Sample paper 1

In SECTION A you will hear three separate conversations. You will hear each conversation twice. You will be asked to identify what each conversation is about or where it is taking place. Listen for the tone of voice and for key words to help you.

You will have three multiple-choice questions. Each question refers to the conversation just heard.

Section A

You will hear each of **three** conversations **twice**. You may answer the question on each conversation at the end of either hearing by writing *a*, *b*, *c* or *d* in the appropriate box.

1 The girl in this conversation is in

(a) a café
(b) a petrol station ☐
(c) a railway station
(d) a bus station

2 The boys in this conversation are buying

(a) suntan cream
(b) ice cream ☐
(c) sunglasses
(d) shoes

3 These pupils are discussing

(a) their holidays
(b) their examinations ☐
(c) their teachers
(d) their timetable

In SECTION B you will hear two people talking about themselves. You have to fill in details of what they say on a grid. There is one female speaker and one male speaker. They will speak about their ages, birth dates, personal features, their family, where they live, school, pastimes, pets, parents' jobs, how they spend their holidays and future plans. The two extracts will be played three times, with a gap between each playing. You usually need to fill in five details in the grid.

Section B

In this section, **two** people introduce themselves. Each of their stories will be played **three** times. Listen to them and fill in the information required in the grids at **1** and **2** below.

1 First Speaker: Émilie

Name	**Émilie**
Birthday	
Colour of eyes	
One detail about her home	
One school subject she likes	
Where she's going next year	

2 Second Speaker: Charles

Name	**Charles**
Age	
Number of brothers	
One thing he says about his town	
One household job he does	
One pet the family has	

In SECTION C there are usually five separate conversations. These can involve people asking for street directions, buying items, making holiday bookings, booking a table and ordering food in restaurants, speaking about illnesses or ailments and making appointments. You will usually be asked to write down some numbers – prices, dates or phone numbers. You are often asked to spell people's names, so revise the French alphabet for this. You will hear each conversation twice.

You are asked five questions, some of them multiple-choice.

Section C

You will hear **five** separate conversations. Each one will be played **twice**. Listen carefully and answer the questions

1 To get to where he wants, this person must

(a) turn right and go along by the park

(b) turn left and go along by the park ☐

(c) turn right and cross the park

(d) turn left and pass the cinema

2 Name **one** item this woman is buying at the market stall.

____

3 Complete the name of the person making the booking.

__ A __ N __ T

4 At what time will Stéphanie's mother be home?

(a) 7.15

(b) 7.45 ☐

(c) 8.00

(d) 8.15

5 What colour is the present this woman buys?

(a) blue

(b) green

(c) black ☐

(d) red

SECTION D usually involves a long conversation between two people (or a group of people). It will be divided into four segments, with pauses for you to answer the questions. The conversation will be played three times in all. First you will hear it right through. Then it will be played in segments, with pauses for you to write your answers. And, finally, it will be played right through once more. You are asked five questions, some of which are multiple-choice questions.

Tip!
Do not try to write your answer while you are listening to the conversation. Use the pauses between the segments to write your replies.

Section D

Léo and Manon meet each other during the summer holidays. You will hear their conversation **three times**. First you will hear it all right through, then it will be replayed in **four segments** with pauses. Finally, you will hear the whole conversation right through again.

First Segment

1 When did Léo and Manon last see each other?

- **(a)** at the beginning of June
- **(b)** at the end of June
- **(c)** the second week in July
- **(d)** four days ago

☐

Second Segment

What was Léo doing when the incident occurred?

____

Third Segment

2 **(i)** Where does his Uncle Georges live?

____

(ii) One of the things he did on holidays was

- **(a)** he played tennis each day
- **(b)** he sunbathed each day
- **(c)** he went to a football match
- **(d)** he visited some museums

☐

Fourth Segment

3 What will Léo do to help with the arrangements for the party Manon is having?

____

In SECTION E you will hear five separate news items. They may contain details about news stories, road accidents and sports events, and there is normally an item about the weather.
Ordinary level students will have one question on each item

Tip!
You should revise, in particular, numbers, names of countries, types of sport and vocabulary concerning the weather.

Section E

You will now hear **five** items taken from the radio. Each item will be played **twice**. Listen carefully and answer the questions on each one.

1 Give **one** reason why this young man was sent to prison.

____

2 What is being celebrated during this festival in Cannes?

(a) cars
(b) food ☐
(c) films
(d) boats

3 Apart from dresses, which other item of clothing is mentioned in this survey of fashion?

(a) skirts
(b) shirts ☐
(c) shoes
(d) hats

4 What country won this basketball match?

____

5 What will the weather be like in the South of France today?

(a) cool
(b) stormy ☐
(c) sunny
(d) windy

Ordinary level – Sample paper 2

For help with answering Section A, see page 312.

Section A

You will hear each of **three** conversations **twice**. You may answer the question on each conversation at the end of either hearing by writing *a*, *b*, *c* or *d* in the appropriate box.

1 The conversation takes place in

- **(a)** a tourist information office
- **(b)** a bookshop
- **(c)** a newsagent's
- **(d)** a stationery shop

2 Luc and Sophie talk about

- **(a)** a TV programme
- **(b)** a film Luc has seen
- **(c)** a music group
- **(d)** computer games

3 What has been lost?

- **(a)** a cat
- **(b)** a dog
- **(c)** a bike
- **(d)** a mobile phone

For help with answering Section B, see page 312.

Section B

In this section, two people introduce themselves. Each of their stories will be played **three** times. Listen to them and fill in the information required in the grids at **1** and **2** below.

1 First Speaker: Olivier

Name	**Olivier**
Month of birthday	
Floor on which he lives	
One detail about his friend Alex	
Subject he **doesn't** like at school	
Where he went on holidays last year	

2 Second Speaker: Magali

Name	**Magali**
Age	
Country she lives in	
One thing you will find in her area	
One sport she plays in summer	
Future career	

For help with answering Section C, see page 313.

Section C

You will hear **five** separate conversations. Each one will be played **twice**. Listen carefully and answer the questions

1 Which of the following jobs has Luc **not** done?

(a) put out the bins **(b)** washed the dishes

(c) tidied his clothes **(d)** washed his clothes ☐

2 What part of his body did this man hurt?

____

3 Léa rings Yasmina about

(a) tickets for a piano concert **(b)** tickets for a film

(c) tickets for a match **(d)** tickets for the train ☐

4 Complete the travel agent's telephone number by filling in the missing figures

01. ______. 47. ______. 78.

5 What main course does this man order?

(a) roast beef **(b)** roast turkey

(c) roast lamb **(d)** roast pork ☐

For help with answering Section D, see page 314.

Section D

Kévin telephones his friend Camille.
You will hear their conversation **three times**. First you will hear it all right through, then it will be replayed in **four segments** with pauses. Finally, you will hear the whole conversation right through again.

First Segment

1 Camille's friend Caoimhe is arriving

(a) tomorrow evening **(b)** Friday evening

(c) Friday morning **(d)** at the weekend ☐

Second Segment

2 Name **one** of the jobs Camille has to do before Caoimhe comes.

____

Third Segment

3 Kévin offers to

(a) go cycling with Caoimhe **(b)** play tennis with Caoimhe

(c) go swimming with Caoimhe **(d)** write to Caoimhe on the Internet ☐

Fourth Segment

4 **(i)** Where can they stay in Paris overnight?

(ii) They will go to Paris

(a) tomorrow morning **(b)** on Tuesday morning

(c) on Wednesday morning **(d)** on Wednesday evening

For help with answering Section E, see page 315.

Section E

You will now hear **five** items taken from the radio. Each item will be played **twice**. Listen carefully and answer the questions on each item.

1 What was stolen in this incident?

(a) a motorbike

(b) a car

(c) a bicycle

(d) a mobile phone

2 How many people are employed in Ikea in Toulon-Est?

(a) 30 people

(b) 33 people

(c) 300 people

(d) 330 people

3 In what city are these celebrations taking place to mark the birthday of the illustrator of the Smurfs?

4 What age is the young footballer who has been signed by a Spanish club?

5 From the list of words below, select the word which best describes the weather in Paris tomorrow.

(a) windy

(b) sunny

(c) wet

(d) cloudy

Higher level – Sample paper 1

In SECTION A you will hear three separate conversations. You will hear each conversation twice. You will be asked to identify what each conversation is about or where it is taking place. Listen for the tone of voice and for key words to help you. You will have five options from which you select three answers. Make sure you write your answer clearly in each box.

Section A

You will hear **three** conversations. In each case, say whether the conversation is about

(a) looking for directions **(b)** buying something to eat

(c) buying a present **(d)** buying a ticket

or

(e) somebody who is complaining.

You will hear each conversation **twice**. You may answer the question after either hearing. Give the answer by writing *a*, *b*, *c*, *d* or *e* in the appropriate box below.

(i) first conversation ☐ **(ii)** second conversation ☐

(iii) third conversation ☐

In SECTION B you will hear two people talking about themselves. You have to fill in details of what they say on a grid. There is one female speaker and one male speaker. They will speak about their ages, birth dates, personal features, their family, where they live, school, pastimes, pets, parents' jobs, how they spend their holidays and future plans.

The two extracts will be played three times, with a gap between each playing.

You usually need to fill in eight details in the grid.

Section B

You will now hear **two** people introducing themselves, first Émilie and then Charles. Each of the recordings is played **three times**. Listen carefully and fill in the required information on the grids at **1** and **2** below.

1 First Speaker: Émilie

Name:	**Émilie**
Birthday	
One detail about her appearance	
Number of brothers	
Where her house is situated	
How she travels to school	
Subjects she prefers	**(i)** **(ii)**
One sport she takes part in	
Where she hopes to go next year	

2 Second Speaker: Charles

Name	Charles
Age	
One detail about his brother Tony	
Where his town is located	
His father's job	
Two household tasks mentioned	**(i)** **(ii)**
Type of film he likes	
One pet the family has	

In SECTION C there are usually five separate conversations. These can involve people asking for street directions, buying items, making holiday bookings, booking and ordering food in restaurants, speaking about illnesses or ailments and making appointments. You will usually be asked to write down some numbers – prices, dates or phone numbers. You are often asked to spell people's names, so revise the French alphabet for this. You will hear each conversation twice.

You are asked ten questions, two relating to each conversation.

Section C

You will now hear **five** separate conversations. Each one will be played **twice**. Listen carefully and answer the questions.

First Conversation

1 **(a)** Where does this person wish to go?

____

(b) What directions is he given?

____

Second Conversation

2 **(a)** What fruit does this woman buy?

____

(b) Where does this fruit come from?

____

Third Conversation

3 **(a)** Why is the woman booking a table in the restaurant?

____

(b) Complete her telephone number.

01. 22. ______ . ______ . ______ .

Fourth Conversation

4 **(a)** Why will Stéphanie's mother be late home this evening?

(b) Who will collect Stéphanie for the match?

Fifth Conversation

5 **(a)** What does the shop assistant suggest as a present?

(b) How much does the present cost?

SECTION D usually involves a long conversation between two people (or a group of people). It will be divided into four or five segments, with pauses for you to answer the questions. The conversation will be played three times in all. First you will hear it right through. Then it will be played in segments, with pauses for you to write your answers. And, finally, it will be played right through once more.
You are asked ten questions.

Tip!
Do not try to write your answer while you are listening to the conversation. Use the pauses between the segments to write your replies.

Section D

Léo meets Manon during the summer holidays. You will hear their conversation **three** times, first in full, then in **four segments**, with pauses after **each segment**, and finally right through again. Answer the questions below.

First Segment

1 **(a)** When did Léo last meet Manon?

(b) Where has he been?

Second Segment

2 **(a)** Mention **two** injuries he suffered in the incident.

(i)

(ii)

(b) What did the truck driver do?

Third Segment

3 **(a)** How long did he stay with his Uncle Georges?

(b) What was the highlight of his trip?

Fourth Segment

4 **(a)** Give **one** detail about Amelia.

(b) When is Manon planning to have a party?

(c) How can Léo help with the preparations?

In SECTION E you will hear five separate news items. They may contain details about news stories, road accidents, sports events and there is normally an item about the weather.
You will have two questions on each item (ten questions).

Tip!
You should revise, in particular, numbers, names of countries, types of sport and vocabulary concerning the weather.

Section E

You will hear **five** short news items from French radio. Each item will be played **twice**. Listen carefully and answer the questions.

First Item

1 **(a)** When was this young man arrested?

(b) Name **one** of the offences of which he was guilty.

Second Item

2 **(a)** What is being celebrated at this festival?

(b) How many people are expected to attend?

Third Item

3 **(a)** According to the latest fashion survey, name **one** item of clothing French women are buying less of.

(b) How do French women rank on the European table for spending on clothes?

Fourth Item

4 **(a)** Where are the European basketball championships taking place?

____

(b) What was the final score in the match ?

France: _______ points Spain: _______ points

Fifth Item

5 From the list of words given below, select **one** word which best describes the weather in each of the areas mentioned:

Windy **Cold** **Sunny** **Cloudy** **Rainy** **Stormy**

(i) Eastern France _______________

(ii) Mediterranean coast _______________

Higher level – Sample paper 2

For help with answering Section A, see page 319.

Section A

You will hear **three** conversations. In each case, say whether it is about

(a) borrowing something **(b)** buying a present

(c) looking for information **(d)** buying something to read

or

(e) cancelling an outing

You will hear each conversation **twice**. You may answer the question after either hearing. Give the answer by writing *a*, *b*, *c*, *d* or *e* in the appropriate box below.

(i) first conversation ☐ **(ii)** second conversation ☐

(iii) third conversation ☐

For help with answering Section B, see page 319.

Section B

You will now hear **two** people introducing themselves, first Olivier and then Magali. Each of the recordings is played **three times**. Listen carefully and fill in the required information on the grids at **1** and **2** below.

1 First Speaker: Olivier

Name	**Olivier**
Age	
Colour of his eyes	
One detail about their apartment	
Two items of furniture in his room	**(i)** **(ii)**
One interest he shares with Alex his friend	
One comment about his maths teacher	
One reason he liked Ireland last year	

2 Second Speaker: Magali

Name	**Magali**
Age	
What her sister Isabelle is studying	
When they moved to Switzerland	
One thing she misses about France	
Apart from shops, **one** thing you'll find in her neighbourhood	
How she stays in contact with her friends	
Winter-sport mentioned	
Future career	

For help with answering Section C, see page 320.

Section C

You will now hear **five** separate conversations. Each of them will be played **twice**. Listen carefully and answer the questions below.

First Conversation

1 **(a)** What is Luc researching on the Internet?

____

(b) Name **one** job his mother wants him to do.

____

Second Conversation

2 **(a)** Which part of his body did this man injure?

____

(b) Spell the man's surname. Write **one** letter in each box.

Third Conversation

3 **(a)** What is Yasmina doing on Saturday morning?

____

(b) Where do they arrange to meet?

____

Fourth Conversation:

4 **(a)** Where does this woman wish to go?

____

(b) When will she ring the travel agent back?

____

5 Fifth Conversation:

(a) What does this man order for his main course?

____

(b) Why does he have no time for a dessert?

____

For help with answering Section D, see page 321.

Section D

You will now hear **five** separate conversations. Each of them will be played **twice**. Listen carefully and answer the questions below.

Kévin telephones his friend Camille. Your will hear their conversation **three times**, first in full, then in **four segments**, with pauses after each segment, and finally right through again.

First Segment

1 **(a)** Where was Camille supposed to go with Kévin tomorrow evening?

(b) When is Caoimhe arriving?

Second Segment

2 **(a)** Name **one** of the jobs Camille needs to do in her room before Caoimhe arrives.

(b) What does Kévin offer to do tomorrow morning?

(c) At what time will he call by?

Third Segment

3 **(a)** Name **one** detail we learn about Caoimhe.

(b) Give **one** reason why Caoimhe would love to go to Paris.

Fourth Segment

4 **(a)** Where does Kévin suggest they stay in Paris?

(b) Where could Kévin sleep?

(c) When will they return from Paris?

For help with answering Section E, see page 322.

Section E

You will hear **five** items from the radio. Each item will be played **twice**. Listen carefully and answer the questions on each one.

First Item

1 **(a)** Where exactly did this incident happen? ______

(b) How did the young woman contact the police? ______

Second Item

2 **(a)** What anniversary is Ikea in Toulon-Est celebrating? ______

(b) What free service does it offer customers who live in Nice? ______

Third Item

3 **(a)** What birthday is the illustrator of the Smurfs celebrating? ______

(b) How did the fans celebrate the event? ______

Fourth Item

4 **(a)** What age is this young footballer? ______

(b) When will he sign a contract with the club? ______

Fifth Item

5 From the list of words given below, select the word which best describes the weather in the areas mentioned:

Cold **Rain** **Cloudy** **Sunny** **Warm**

(i) Northern France ______

(ii) Paris region ______

Exam Practice – Reading Comprehension, Ordinary and Higher Level

You will start the Reading Comprehension section of the Junior Certificate paper when you have finished listening to the CD. At Higher level there are 100 marks for this section of the paper and 120 marks for the Ordinary level, so it is a very important section of the paper.

You will find the questions for each section in English or Irish and you must answer in the same language as the question – i.e. English question, English answer. Do **not** answer in French! You will get no marks if you do!

One good thing is that the answer to the question is always there on the paper. Unlike other subjects, you do not have to remember facts or solutions. So it is worthwhile spending time reading the articles carefully.

What can I expect?

Whether you are taking the Ordinary or Higher level paper, the first questions will start at a fairly easy level. You will notice as you work through the paper that the articles or extracts will get longer and a bit more difficult.

Usually there are 8 questions for Ordinary level and 10 questions for Higher level.

Exam techniques for this section

- Take your time and read the questions carefully.
- Look at the headings (which are often in English) and at any photographs or images included, as these may help you.
- In multiple-choice questions, be sure to mark your answer clearly – just one answer! If you put down two options you will get no marks at all, even if one of your answers is correct.
- Remember – questions in English, answers in English.
- If you can't find the answer to a particular question, move on to the next question. You can always come back later.
- Never leave a blank space – try to complete all answers, even if it is a guess.
- In a longer passage, remember that the answers will come in sequence. So, if you can find the answers to question **(a)** and question **(c)**, the answer to question **(b)** must be somewhere between the two.
- Always read over your answers before you finish to make sure that you have left no blank spaces.
- You should spend about 1 hour on this section of the paper.

Ordinary level – Sample paper 1

QUESTION 1 at Ordinary level is always a matching question. You have to match the written words to the correct picture. There will be ten pairs to match.

- First, match the pairs that you are sure of.
- Cross off each one as you complete it. It may be easier to use a pencil first.
- Make sure not to use the same letter twice. Go through your answers in the grid from A to J, making sure you have each one filled in.

Question 1

Match the following sets of signs and pictures. Indicate your answer in all cases by inserting the letters which correspond to the number in the boxes below.

1	Vélos à louer	A	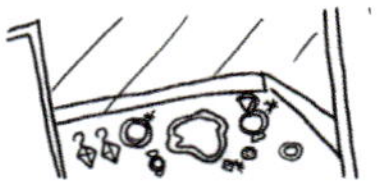
2		B	Sortie
3	Vêtements enfants	C	
4	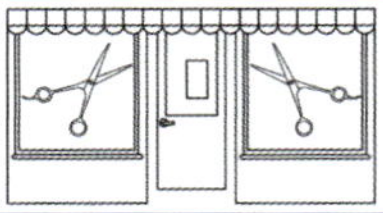	D	Gare routière
5	Guichet	E	
6		F	Lave-auto
7	Bijouterie	G	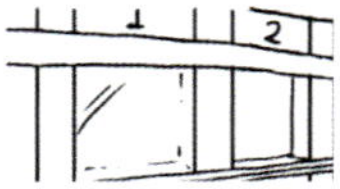
8		H	Essence
9	Eau potable	I	
10		J	Coiffeur

No.	Letter
1	
2	
3	
4	
5	
6	
7	
8	
9	
10	

QUESTION 2 at Ordinary level is usually an advertisement. You have to answer 4 questions.

Question 2

Stade Louis II

Un des plus beaux complexes sportifs du monde, cadre de compétitions internationales avec terrain de football, piste d'athlétisme salle omnisports et piscine olympique.

- **Visites guidées de 45 minutes en français, anglais, espagnol et italien**
- **Lundi, mardi, jeudi, vendredi à 14h30, 16h et 17h, du 1 juillet au 15 septembre**
  Mercredi matin à 10h30 et 11h30
- **Tarif normal :**
  Adultes : 4,00 €
  Adultes (plus de 65 ans) : 2,00 €
  Enfants (moins de 12 ans) : 2,00 €
  Enfants (moins de 3 ans) : gratuit

(i) This stadium has which of the following facilities?

(a) rugby pitch
(b) running track
(c) ski slope
(d) diving pool

☐

(ii) Name **one** of the languages in which you can take a guided tour.

____

(iii) On what day are there tours in the morning?

____

(iv) Who can visit for 2,00€?

(a) all adults
(b) teenagers
(c) senior citizens
(d) toddlers

☐

Tip!
For multiple-choice questions, remember to write only one answer in the box!

QUESTION 3 at Ordinary level is usually a recipe. The question asks you to fill in a grid about the ingredients included.

Question 3

Muffins à l'orientale

Ingrédients :
2 carottes
2 œufs
75 g de beurre
150 g yaourt à la grecque
180 g de farine
1 cuill. à café de poudre levante
1 cuill. à café du sucre en poudre
½ cuill. à café de harissa
1 cuill. à café de sel

Tick the box (✓) to indicate which **four** of the following ingredients are mentioned in the recipe.

	Ingredient	✓
a.	Eggs	
b.	Milk	
c.	Salt	
d.	Water	
e.	Baking powder	
f.	Raisins	
g.	Carrots	
h.	Coffee	

Tip!
Remember to write only four answers – you will lose marks if you tick more than four boxes.

For QUESTION 4 at Ordinary level you are usually given five pieces of information and you have to identify four of them.

Question 4

The following are tips given to students when they are returning to school for the new year ahead.

C'est la rentrée ! Des trucs pour être efficace toute l'année

1. Pour bien carburer !

Il est très important d'avoir le carburant nécessaire pour fonctionner toute la journée. Mange un bon petit déjeuner composé d'une boisson, d'un produit laitier, d'un fruit et de pain. Varie ton menu chaque jour.

2. Zen attitude !

Il est important d'éviter le stress le matin. Pars toujours de bonne heure au cas que tu rencontres des embouteillages ou des retards en route.

3. Organise-toi !

Range bien ta chambre, car le désordre ne favorise pas la concentration. Travaille à heures fixes et donne-toi une petite récompense une fois les devoirs terminés – regarde ton émission favorite, lis un magazine ou bien écoute de la musique.

4. Trouve ton propre rythme !

Trouve la méthode de travail qui te correspond le mieux : écrire ou lire tout haut pour mémoriser, travailler pendant trente minutes et faire une pause, prendre des notes, expliquer ce que tu as appris à une autre personne.

5. Repos régulier

Couche-toi à des heures régulières. Choisis une routine : fais un peu de lecture, écoute de la musique douce, prends un bain rafraîchissant …

In which paragraph is each of the following mentioned?

		paragraph number
a.	It's easier to work if your room is tidy	
b.	Have a set pattern for going to bed	
c.	Start the day with a good breakfast	
d.	Always leave for school in good time	

In QUESTION 5 at Ordinary level you are usually given short interviews with six people. Then you will be given six short sentences about each interview. You have to match each of these to the person who made the statement. There will be one name for each statement.

Question 5

Read what these six teenagers say about how they use their computers every day.

Camille: Moi, j'adore mon ordinateur. Je l'utilise tous les jours. J'adore surfer le Net, surtout quand je dois préparer un dossier pour mes cours. La semaine dernière, nous avons dû faire des recherches sur des compositeurs de musique classique et j'ai trouvé beaucoup de renseignements pour mon dossier.
Alexis: Mon ordinateur, c'est mon ami ! Oui, c'est vrai. Je passe des heures devant l'écran. J'ai plusieurs correspondants à l'étranger et j'utilise l'Internet pour rester en contact avec eux. C'est très facile d'envoyer des courriels régulièrement.
Alice: Ma grande passion, c'est la photographie. Donc j'utilise mon ordinateur pour télécharger les photos de mon appareil numérique. Après, je peux les modifier et sélectionner les meilleures. L'été dernier, j'ai gagné un prix pour une de mes photos.
Max: Je trouve que l'ordinateur, c'est très utile pour apprendre des langues étrangères. Je peux télécharger des programmes qui aident avec la prononciation, la grammaire et le vocabulaire. Notre prof d'anglais nous a donné des noms de sites utiles.
Chloé: Le soir, quand j'ai fini mes devoirs, j'allume mon ordinateur. J'adore la musique. J'écoute tous les nouveaux albums de mes chanteurs et chanteuses préférés. Je télécharge les chansons sur mon iPod. C'est génial !
Luc: Le sport, c'est ma grande passion. Comme mes parents sont assez sévères, je ne peux pas toujours regarder les matchs de foot, surtout s'ils ont lieu le soir, pendant que je fais mes devoirs. J'utilise donc Internet pour connaître les derniers résultats et les dernières nouvelles des joueurs.

Write the name of the person …

		name
a.	whose teacher has recommended some sites	
b.	who used the Internet to do a project on French composers	
c.	who uses the computer to stay in touch with friends	
d.	who uses the computer to keep up-to-date with their favourite sport	
e.	who uses the computer to download music	
f.	who has a digital camera	

In QUESTION 6 at Ordinary level you will have to read three short news items and answer questions on each one of them. There are usually four questions, of which some may be multiple-choice, so remember to write just one answer in the box.

Question 6

Tournoi Roland-Garros

Deux chèques de 1,2 million d'euros chacun attendent le gagnant et la gagnante du Tournoi de Roland-Garros. Depuis 2007, les champions de tennis gagnent la même somme. Avant, ce n'était pas le cas. Les femmes gagnaient moins d'argent que les hommes ! La raison pour ça ? On disait que les matchs des femmes duraient moins longtemps que ceux des hommes ; les femmes jouent en deux sets gagnants au lieu de trois pour les hommes.

(i) What sport is mentioned in this article?

____

Tour du monde à vélo

Simon et sa sœur Anna sont enfin arrivés en Turquie, trois mois après leur départ de Lille pour un tour du monde à vélo. Pendant ce voyage, ils ont dormi sous la tente, dans des chambres d'hôtes ou dans des auberges. Une fois, ils ont dû passer la nuit dans une école, car il pleuvait à verse. Depuis leur départ, ils ont déjà pédalé plus de 5 000 km. Après une pause de trois jours pour réparations sur leurs vélos, ils vont continuer leur aventure. Bonne route autour du monde !

(ii) How are Simon and his sister travelling around the world?

____

(iii) In which of the following have they **not** spent a night?

(a) a school

(b) a hostel

(c) a hotel

(d) a guesthouse

☐

Des jeux électroniques gratuits pour les jeunes

La ville de Brest a installé un espace de jeux électroniques pour les jeunes de 8 à 15 ans dans le centre-ville. Il y aura trois types de jeux interactifs. Les jeunes peuvent les utiliser gratuitement. Le but est d'encourager des rencontres entre les jeunes. Il y aura aussi un skate-park pour les ados et une aire de jeux pour les enfants de moins de 8 ans.

(iv) How much does it cost to use these new games?

____

As you can see, the article for QUESTION 7 is a little longer, but the paragraphs are numbered to help you to find the answers.

Question 7

Read this article about Eskemo, a new group on the music scene in France.

Eskemo, 5 garçons dans le vent !

1. C'est à Biarritz qu'est né le groupe Eskemo. Un jeune chanteur-compositeur, Romain, a formé un groupe avec ses deux frères jumeaux, Maxime et Benjamin. Quelques mois plus tard, deux amis du lycée, Enzo et Rémi, les ont rejoints. Pour enregistrer leur premier album, ils ont payé le studio avec leur propre argent de poche.
2. Le groupe devait trouver un nom. « Nous sommes fanas de groupes de rock emo américain comme Paramore et My Chemical Romance – donc nous avons choisi le nom Eskemo. Peu à peu nous avons mobilisé des fans sur Internet. Ensuite, nous avons reçu des invitations à jouer dans plusieurs villes – le groupe avait à peine deux mois ! »
3. Leur premier album s'appelle *Oublie-moi*. Il n'y a rien de dur ou de violent dans cet album. Les textes des chansons parlent d'amour perdu, de choses tristes. Les paroles sont tristes mais douces. N'oubliez que le mot « emo » veut dire « émotion » avant tout !
4. Leur look est très important – ils sont bien coiffés et soigneusement habillés. Ils reçoivent chacun entre 100 et 200 messages de fans par jour sur Facebook. Tous les jours, ils essaient de leur répondre. « C'est très important d'avoir un rapport direct avec nos fans. C'est eux qui viennent à nos concerts, qui achètent notre musique. »

(i) How did they pay for their first recording? **(part 1)**

____

(ii) According to the **second paragraph**, they started to gain fans

- **(a)** in their school
- **(b)** in America
- **(c)** on the Internet ☐
- **(d)** at concerts

(iii) Which of the following adjectives describes the songs on their album *Oublie-moi*? **(part 3)**

- **(a)** violent
- **(b)** funny
- **(c)** loud ☐
- **(d)** sad

(iv) What do they try to do each day? **(part 4)**

____

QUESTION 8 at Ordinary level is usually based on a profile of a famous French person – a sports star, film star, pop star. There will be some multiple-choice questions.

Question 8

Automne Pavia is a French sportsperson involved in the sport of judo. Read the details about her and answer the questions which follow.

Nom : Pavia
Prénom : Automne
Née : le 3 janvier 1989
Taille : 1,72 m
Poids : 56 kg
Cheveux : longs, blonds
Yeux : bleus

Commence le sport : à quatre ans – ses parents étaient profs de judo
Sa définition de ce sport : plaisir, respect et combat
Palmarès : championne d'Europe junior ; vice-championne du monde junior
Qualités : détermination, patience, respect pour ses adversaires
Défaut : elle déteste perdre
Ambition : aller à Londres pour les Jeux Olympiques

(i) Give **one** detail about her personal appearance.

(ii) When did she first start this sport?

(iii) Which of these titles does she hold?
- **(a)** junior world champion
- **(b)** runner-up junior world champion
- **(c)** runner-up European champion
- **(d)** none of these titles

(iv) Which of these faults does she say she has?
- **(a)** she dislikes her opponents
- **(b)** she is impatient
- **(c)** she hates to lose
- **(d)** she gives up easily

Ordinary level – Sample paper 2

For help answering this question, see page 329.

Question 1

Match the following sets of signs and pictures. Indicate your answer in all cases by inserting the letters which correspond to the numbers in the boxes below.

1	Moules-frites	A	
2		B	Marchand de journaux
3	Pharmacie	C	
4	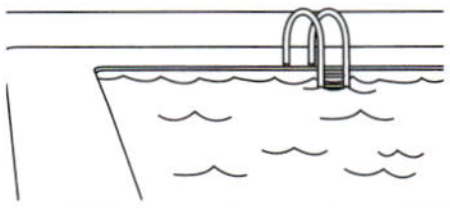	D	Fleuriste
5	Salle d'attente	E	
6		F	Piste cyclable
7	Défense de stationner	G	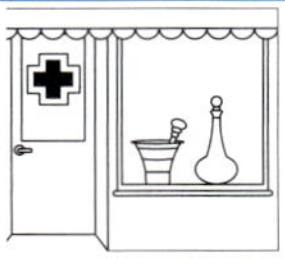
8	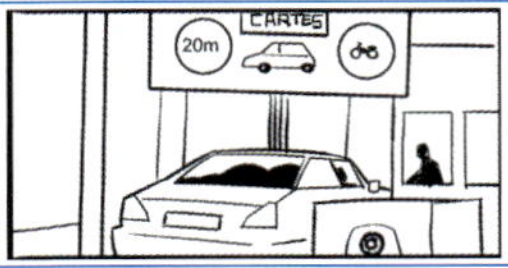	H	Piscine
9	Rayon poissons	I	
10		J	Péage

No.	Letter
1	
2	
3	
4	
5	
6	
7	
8	
9	
10	

Question 2

Read this advertisement for an outing in Paris and answer the questions which follow.

For help answering this question, see page 330.

Croisière découverte de Paris

- Admirez les sites depuis le confort du bateau
- Plongez au cœur du Paris historique
- Embarquement au pied de la Tour Eiffel

Octobre à Pâques: départ toutes les heures de 11h à 18h

Pâques – septembre: départ toutes le 30 minutes, de 10h à 22h

Tarifs:
- Adultes: 9€
- Enfants (4–12 ans): 4€
- Enfants moins de 4 ans: gratuit

Grand parking: Quai Branly – gratuit
Métro: Ligne 6, station Bir-Hakeim
RER C: Station Champs de Mars

(i) What form of transport is used to take this trip?

(ii) The trip includes
(a) a trip up the Eiffel Tower
(b) the opportunity to see many of Paris's famous sites
(c) a visit to a diving pool
(d) a shopping trip

(iii) During which dates are there tours every half-hour?

(iv) How much does it cost to park your car when you arrive?

For help answering this question, see page 331.

Question 3

The following is a recipe for a nice cake.

Gâteau aux pêches et au chocolat

Préparation : 25 min

Cuisson : 45 min

Ingrédients :

2 œufs
170 g de sucre en poudre
1 yaourt nature
150 g de farine
⅓ sachet de levure
10 cuill. à soupe d'huile de tournesol
2 pêches (ou nectarines)
100 g de chocolat
1 cuill. à café de sel

Tick the box (✓) to indicate which **four** of the following ingredients are mentioned in the recipe.

NOTE: Marks will be deducted for giving more than four answers.

	Ingredient	✓
a.	Flour	
b.	Milk	
c.	Sunflower oil	
d.	Olive oil	
e.	Yoghurt	
f.	Cream	
g.	Pears	
h.	Sugar	

For help answering this question, see page 332.

Question 4

This magazine article gives some ideas for being more conscious of our environment.

Des petites astuces pour protéger notre environnement

1. Ne laisse jamais de déchets sur la plage ! Le vent peut les disperser très vite. Mets tes détritus dans une poubelle ou dans un petit sac pour les ramener à la maison.

2. Achète des articles qui préservent l'environnement. Donne la priorité aux produits verts (lessive, gel douche, crème solaire) qui ne sont pas nuisibles à l'écosystème de notre planète.

3. Ne gaspille pas l'eau. Prends une douche au lieu d'un bain. Ferme le robinet quand tu te brosses les dents. Utilise la machine à laver à une température plus basse !

4. Évite les produits qui utilisent beaucoup d'emballage plastique. Apporte toujours un sac durable réutilisable. Va chez les marchands qui mettent leurs produits dans des sacs biodégradables.

5. Privilégie les produits « bio », comme les œufs et les légumes. Achète des ingrédients de saison et favorise les produits locaux.

In which paragraph is each of the following mentioned?

		paragraph number
a.	Use green products for washing	
b.	Always bring a recyclable shopping bag	
c.	Buy local products	
d.	Put your rubbish in a bin when you're on the beach	

Question 5

For help answering this question, see page 333.

Each of these six people has written to a teenage magazine looking for advice. Read their letters and answer the questions which follow.

1

Mon père regarde mes devoirs chaque soir et ajoute des corrections. Ce n'est pas mon travail que le professeur corrige, mais celui de mon père !
Benoît, 13 ans

2

Tout le monde dit que je suis timide et des élèves de ma classe se moquent de moi. Quand je dois lire un texte en classe, il y a toujours quelqu'un qui dit « plus fort ! ». C'est gênant ça !
Marguerite, 14 ans

3

Je viens de déménager car mon père a trouvé un nouvel emploi. J'ai dû quitter tous les amis que je connais depuis l'école primaire. Je suis assez timide et je trouve difficile de me faire de nouveaux amis dans ma classe. C'est dur. Qu'est-ce que tu conseilles ?
Khalid, 13 ans

4

Mon problème ? J'ai de très petits pieds et je suis gênée surtout quand je vais acheter une nouvelle paire de chaussures. J'ai du mal à trouver des chaussures cool dans ma pointure.
Béatrice, 14 ans

5

Les parents de mon meilleur ami m'ont invité à leur fête d'anniversaire de mariage. C'est génial, non ? Le seul problème – je ne sais pas si je dois leur offrir un cadeau ou pas. Je n'ai pas beaucoup d'argent et je ne connais pas leurs goûts. Que faire ? **Romain**, 14 ans

6

Chez moi, je mets la table, je remplis le lave-vaisselle, je range ma chambre et je passe l'aspirateur, tandis que mon frère ne fait rien pour aider. Mes parents me disent qu'il doit travailler pour préparer ses examens ! J'ai un tas de devoirs à faire tous les soirs. Ce n'est pas juste !
Aimée, 13 ans

Write the name of the person who …

		name
a.	has just moved house	
b.	has a problem buying shoes	
c.	hasn't much pocket money	
d.	hates reading aloud in class	
e.	has a brother doing examinations	
f.	has an over-anxious father	

For help answering this question, see page 334.

Question 6

Read the following short newspaper items and answer the questions that follow.

Quelle est la chose la plus difficile pour une immense partie de l'humanité ? Selon un sondage récent, on a découvert que des millions de personnes dans le monde détestent le moment où ils doivent mettre les pieds sur le plancher le matin !

(i) What did the survey find out about millions of people worldwide?

Vendredi. Deux singes se sont échappés de leur enclos situé aux environs de la ville de Sarlat. Les deux animaux ont pris la fuite quand un nouvel employé a laissé ouverte la porte de l'enclos. L'un des singes est rentré le lendemain, mais l'autre est encore en liberté.

(ii) How did the monkeys escape?

Félicitations à Uggy ! Uggy, c'est le petit chien adorable du film *The Artist*. Mercredi dernier, il a reçu la Palme Dog, qui récompense le meilleur chien-acteur dans un film au Festival de Cannes. Un vrai pro de la comédie, il est déjà apparu dans douze films.

(iii) When did Uggy receive his prize?

(iv) What did Uggy receive his award for?

(a) his artwork
(b) because he rescued an actor
(c) his film acting
(d) his work as a comedian

For help answering this question, see page 335.

Question 7

Read this interview with Alice Raucoules, runner-up in the popular TV series *Star Academy*, and answer the questions that follow.

1. Félicitations, Alice, pour ton parcours dans la *Star Academy* ! Mais, avant, que faisais-tu ?

Merci. Eh bien ! Je suis née le 16 août 1989, à Marseille, sous le signe du Lion. À l'école, mes matières favorites étaient les langues – le français, l'anglais et l'italien. Je n'ai jamais beaucoup aimé les maths. Au lycée, j'ai passé un bac littéraire et j'ai commencé des études de commerce international.

2. Tu as trouvé la vie difficile pendant le tournage de la série ?

Oui, ma famille, mon petit ami et mes amis proches me manquaient. Mais je recevais beaucoup de messages de fans et de téléspectateurs. Ceux qui m'ont touchée le plus venaient de personnes âgées, ou de gens malades ou handicapés. J'ai réalisé que mes chansons ont touché la vie de beaucoup de personnes. Ça, c'est très émouvant pour moi.

3. Tu crois que l'expérience t'as changée ?

J'espère que non ! Je reste naturelle. Je ne me maquille pas beaucoup. J'aime bien me mettre un peu de mascara sur les yeux, mais à part ça, je ne mets franchement pas grand-chose. Heureusement, je n'ai pas de problème avec ma ligne, donc je n'ai pas besoin de faire de régime. J'essaie de manger régulièrement et équilibré. Pour m'échapper, je pars en vacances avec mes parents – j'adore la mer, la plage et le soleil.

4. Quels sont tes plus grands défauts ?

Euh … je suis désordonnée et distraite. Je n'aime pas le ménage, le rangement. Ce que je déteste le plus, c'est remettre de l'ordre dans mes placards. Comme j'adore les robes, j'en ai beaucoup à ranger !

(i) What subject did Alice **not** like at school? **(part 1)**

____

(ii) What did she miss most when she was in *Star Academy*? **(part 2)**

- **(a)** her fans
- **(b)** her family and friends
- **(c)** messages from old people ☐
- **(d)** messages from people with disabilities

(iii) Who does she like to go on holiday with? **(part 3)**

____

(iv) What does she think is her biggest fault? **(part 4)**

- **(a)** she buys too many dresses
- **(b)** she has too many clothes
- **(c)** she's disorganised ☐
- **(d)** she's often in bad humour

For help answering this question, see page 336.

Question 8

Nom :	Lacourt
Prénom :	Camille
Né :	le 22 avril 1985 à Narbonne
Poids :	92 kg
Taille :	2,00 m
Yeux :	bleus
Cheveux :	blonds
Club :	Cercle des Nageurs de Marseille
Famille :	père : facteur, mère : factrice
Spécialité :	épreuves de dos
Palmarès :	3 médailles d'or aux Championnats d'Europe (dont record européen sur le 100 m) en 2010 ; 2011, championnat du monde, 100 m dos
Qualités :	sa détermination – quand il a un objectif, il fait tout pour l'atteindre et ne s'arrête pas sur un échec. Humble, il prend avec humour tous les compliments concernant son physique.
Ambitions :	médaille d'or aux Jeux Olympiques 2012 à Londres.

Having read this article about Camille Lacourt, answer the following questions.

(i) Give **one** detail about his appearance. ______________________

(ii) What do his parents do? ______________________

(iii) Which title did he win in 2011?

- **(a)** World 100 m backstroke championship
- **(b)** World 100 m breaststroke championship ☐
- **(c)** World 100 m freestyle championship
- **(d)** World 100 m butterfly championship

(iv) Which of the following sentences best describes him?

- **(a)** He is very patient
- **(b)** He is often gloomy ☐
- **(c)** He works hard to achieve his aims
- **(d)** He is proud of his appearance

Take some time to read over the tips given to you on page 328 for dealing with this section of the paper. For the Higher level pupil, this section is worth 100 marks.

Higher level – Sample paper 1

In QUESTION 1 at Higher level, you will be asked to recognise signs, advertisements and notices that you might see if you were in France.

- There will be four possible answers for you to choose from. Be careful to mark just one option.
- If you are not sure of the answer, cross out the options that you know are not correct – this will help you to find the correct solution.
- If you decide to change your answer, be sure to cross out your first choice and write your new choice clearly beside the box.

Question 1

Read the signs/texts which follow and answer all the questions.

(i) You are in a French town and want to buy a book on French art for your teacher. Which of the following signs would you look for? Select *a*, *b*, *c* or *d*. Write your answer in the box.

(a) Papeterie

(b) Bibliothèque

(c) Librairie

(d) Marchand de journaux

☐

(ii) You were visiting a French tourist site yesterday and left your camera behind. Where would you go to ask if it was found? Select *a*, *b*, *c* or *d*. Write your answer in the box.

(a) Accueil

(b) Objets trouvés

(c) Photographe

(d) Billeterie

☐

QUESTION 2 is often a recipe. There will be three questions. Be careful! You are often asked which item is not included in the list of ingredients!

Question 2

Read the recipe below and then answer the questions.

Poulet à la forestière

Pour : 4 personnes
Préparation : 30 min
Cuisson : 50–60 min

Ingrédients :
1 poulet de 1,2 kg en morceaux
70 g de beurre
15 cl de vin blanc
20 cl de bouillon
2 échalotes
1 gousse d'ail
500 g de champignons
1 citron vert
2 cuill. à soupe de moutarde
4 cuill. à soupe de crème fraîche
Sel et poivre

Méthode :

1. Dans une cocotte, faire dorer les morceaux de poulet. Ajouter les échalotes, le vin blanc et le bouillon. Saler et poivrer. Couvrir la cocotte et faire cuire 50–60 min à feu doux.
2. Pendant ce temps, laver et couper les champignons en morceaux. Dans une poêle, faire fondre le beurre. Verser les champignons et l'ail haché et arroser avec le jus du citron vert. Laisser cuire à feu vif. Saler et réserver.
3. Quand le poulet est cuit, disposer les morceaux sur un grand plat et tenir au chaud.
4. Ajouter la moutarde, la crème fraîche et faites-les cuire pour obtenir une sauce crémeuse. Ajouter les champignons et laisser cuire encore 2 min.
5. Couvrir les morceaux de poulet avec la sauce et servir immédiatement avec des pommes de terre vapeur.

(i) Chicken, wine, garlic, green pepper. Which of these four is **not** listed in the ingredients?

(ii) According to **point 2** of the cooking instructions, what's the first thing you do with the mushrooms?

(iii) What suggestion is made for serving the chicken casserole (**point 5** of instructions)?

The articles used in QUESTION 3 are a little longer. Read them carefully, though you will be told the paragraph in which you will find the answer.

Question 3

Read this short interview with Patrick, who is part of a group from his school called the Green Brigade which works to protect the environment.

Patrick est un collégien qui s'intéresse à sensibiliser les autres aux dangers qui menacent notre environnement.

1. **Comment es-tu devenu conscient des problèmes qui menacent notre environnement ?**

   Eh bien, notre professeur de SVT a organisé un atelier de deux heures par semaine et avec quelques membres de ma classe, nous avons formé une « brigade verte ». Maintenant, nous sommes quarante. Nous nous réunissons une fois par semaine pour parler d'environnement.

2. **Que fait votre groupe pour encourager les autres à recycler ?**

   Nous parlons aux autres élèves du danger que représentent les déchets pour la nature. Nous encourageons les autres collégiens à recycler les piles, les cartouches d'encre, les téléphones portables et plus récemment les stylos à bille. Sais-tu que la durée de vie d'une bouteille en plastique est entre 100 et 1 000 ans ! Incroyable !

3. **Est-ce que tu en parles en dehors du collège ?**

   Oui, bien sûr ! Quand j'en ai parlé à ma mère, elle a commencé à faire ses courses différemment. Elle essaie d'acheter seulement des produits bio – du sucre, de la farine et des œufs. À la maison, tout le monde ferme les robinets quand ils se brossent les dents, ils éteignent plus souvent les lumières quand ils quittent une pièce. Même mes sœurs ont changé – maintenant elles n'achètent que des produits de beauté bio !

   (i) How often do the 'Green Brigade' meet? **(part 1)**

   ____

   (ii) Name **one** item they encourage their fellow students to recycle. **(part 2)**

   ____

   (iii) How have his sisters changed their buying habits? **(part 3)**

   ____

In **QUESTION 4** at Higher level, you will have to read **seven** pieces of information about the same topic – e.g. accommodation ads, descriptions of films or TV programmes. You then have to match **four** of them to a shortened description.

Question 4

A French teenage magazine offers suggestions for holiday reading. Read the extracts and answer the questions that follow.

1. *Le grand livre Foot*

De A comme Abidal à Z comme Zidane, c'est un dictionnaire qui explique le monde du ballon rond. Il y a des portraits de grands joueurs, des explications tacto-techniques, des aspects culturels. Tout est expliqué simplement et clairement. Un vrai trésor pour les fanas de foot !

2. *Pourquoi mon père porte de grandes chaussures*

Semla, âgée de 12 ans et demi, enfant du divorce, parfois heureuse et parfois pas. Elle est un peu amoureuse de Lino, mais ne l'a pas dit à Gordon, son meilleur ami. Son petit frère est somnambule, c'est-à-dire il erre dans la maison pendant qu'il dort et il se cache quelquefois dans le placard à chaussures ! Pour Semla, sa vie est un roman …

3. *Gone*

Perdido Beach, Californie. Tous les jeunes âgés de plus de 15 ans disparaissent soudainement ! Les jeunes se retrouvent dans un monde sans adultes ! Les collégiens se réunissent, des clans se forment. D'étranges phénomènes se produisent … entre chaos et surnaturel. À vous faire frissonner. Vous êtes prévenus !

4. *C'est bio, l'amour !*

Sally a 13 ans. Elle aime chanter et elle est militante écolo. Ses préoccupations ? Par exemple, comment obtenir une cantine végétarienne ? Pourquoi est-ce que les magasins offrent-ils des sacs en plastique ? Et soudain, dans sa vie, arrive Marco, qui l'invite à sortir. Il ne s'intéresse pas du tout ni à l'environnement ni à la musique. Est-ce que l'amour peut fleurir entre les deux ? Ces deux personnalités si différentes sont-elles compatibles ?

5. *La vague fantôme*

Dernière mission de James Adams. On lui a demandé d'assurer la sécurité d'un gouverneur indonésien pendant sa visite à Londres. James est horrifié quand il découvre que ce politicien est corrompu et qu'il essaie de s'enrichir sur le dos des victimes d'un terrible tsumani. Qu'est-ce qu'il doit faire ?

6. *Tunnels – plus proche*

Quatrième livre de la série: Will Burrows se retrouve au centre de la Terre, dans un monde dont personne ne soupçonne l'existence. Il pense qu'il est à l'abri de tout danger là. Mais ses ennemis, les Styx, ne sont jamais loin et le suivront jusqu'au bout pour se venger de lui. Après ça, les Styx espèrent lancer leur plan diabolique, Le Domaine, qui menacera la race humaine. Est-ce que Will pourra les arrêter ?

7. *Fantôme à la rescousse*

Tandis qu'ils explorent un vieux château, les jumeaux détectent la présence invisible de l'ancienne propriétaire. Un puits, un passage secret et les voilà prisonniers dans une cave. Comment s'échapper de la cave ? Comment tromper la châtelaine et son chat Gribouille ?

NOTE: In your answers below you should write the names of the novels as they appear at the top of each extract.

Write down the name of the novel in which

(i) there are twins ____________________

(ii) there is a corrupt politician ____________________

(iii) there is a sleepwalker ____________________

(iv) there is an evil race which threatens humanity ____________________

In QUESTION 5 at Higher level, you usually read the opinions of three or four teenagers on a particular topic. There are four questions.

Question 5

Four people give their opinions on the French system where you have to repeat a school year.

REDOUBLER !

1. Laure : À mon avis, il vaut mieux faire une année supplémentaire et avoir tout compris à la fin que de passer dans une classe supérieure et être complètement perdu !

2. Thomas : Je suis d'accord avec le redoublement mais seulement si on a des notes vraiment catastrophiques dans toutes les matières. Redoubler à cause d'une ou deux matières, ça n'est pas juste ! On va s'ennuyer pendant les matières où on a déjà réussi.

3. Léa : Il y a des pour et des contre. Si c'est vraiment nécessaire, pourquoi pas ? Mais pour certains élèves, c'est plus une punition qu'une occasion d'améliorer ses connaissances dans les matières difficiles.

4. Benoît : À mon avis, c'est un système stupide. On perd ses amis, on s'ennuie pendant certains cours, et on se sent gêné face à de nouveaux camarades de classe qui sont beaucoup plus jeunes que soi.

(i) What advantage does Laure feel there is when you repeat a school year?

(ii) What may happen in some classes according to Thomas?

(iii) According to Léa how may some pupils view the extra year?

(iv) Why may some pupils feel embarrassed according to Benoît?

QUESTION 6 at Higher level usually has three sections, numbered 1–3. There are four questions. Each question is numbered to help you find the answer.

Question 6

Read this article about a nature park which is worth a visit if you are interested in endangered species of animals.

1. Tu te passionnes pour la nature ? À la réserve de la Haute-Touche, il y a beaucoup à voir et à faire. Tu peux faire un safari de 4 km en voiture au milieu des cervidés (des cerfs), des randonnées à pied dans les forêts, ou une balade à vélo pour observer plus de mille animaux rares venus des cinq continents.

2. La réserve est située aux portes du Parc Naturel de la Brenne, où tu peux voir tigres et guépards mais aussi des animaux moins connus comme le dhole (un chien-renard). Tu peux également participer à des activités originales comme au goûter des lémuriens ou au nourrissage des pélicans africains !

3. Cette réserve se consacre aux recherches sur les espèces menacées. Le but ultime – c'est leur remise en liberté. Les visiteurs intéressés peuvent même passer une nuit dans une tente très bien aménagée dans un cadre naturel, paisible et authentique.

(i) Name **one** way by which you can explore this nature reserve. **(part 1)**

(ii) What activity can you take part in with the pelicans? **(part 2)**

(iii) What does the park aim to do ultimately with some species? **(part 3)**

(iv) What accommodation is provided if you want to spend the night? **(part 3)**

In QUESTION 7, the passages become a bit longer. Take your time and read all the English questions carefully.
The paragraphs will be numbered to help you to locate the answers to the questions.

Question 7

Emmanuelle is a horsewoman who works at the Academy of Horse Riding at the chateau of Versailles. Read this interview with her and answer the questions which follow.

Emmanuelle a de la chance ! Elle monte à cheval dans les spectacles qui ont lieu au château de Versailles.

1. **Tu as de la chance, Emmanuelle !**

   Oui, je sais. Je travaille dans les anciennes écuries de Louis XIX. J'ai de la chance d'être dans un endroit pareil. Je monte deux ou trois heures par jour et jusqu'à cinq heures en période de préparatifs des spectacles. Monter à cheval, c'est ma vie.

2. **Comment es-tu arrivée à l'Académie de Versailles ?**

   Quand j'étais plus jeune, je faisais du saut d'obstacles et à 17 ans, j'ai commencé à faire du dressage. Une monitrice de mon club équestre m'a parlé de l'Académie. Elle avait travaillé ici. J'ai posé ma candidature et j'ai été choisie !

3. **Décris une journée typique pour nos lecteurs.**

   Le matin, j'apprends à travailler avec les chevaux et à les dresser. Je les panse, je les promène mais je ne m'occupe pas de les nourrir ni de l'entretien de leur box. Ils sont traités comme des sportifs de haut niveau. Je travaille avec quatre chevaux, Vénus, Flash, Le Curieux et Treize et Trois.

4. **Et l'après-midi ?**

   L'après-midi, je m'exerce à la danse, au chant, au kyudo (tir à l'arc japonais) et à l'escrime. Toutes ces activités sont importantes quand nous présentons des spectacles plusieurs fois par an. Pendant les spectacles, il y a aussi des musiciens et des pages. Les selles et les filets des écuyers sont fournis par l'entreprise de luxe Hermès !

5. **Comment voir un de ces spectacles ?**

   Il y a des performances tous les samedis et dimanches et quelques jeudis aussi. Le public peut aussi assister aux séances de travail à 10h30 et à 11h15 le matin. Pendant ces séances, on peut voir les écuyers travailler avec leurs chevaux. Il y a beaucoup de jeunes qui s'intéressent à notre travail. Je suis très contente de leur renseigner sur les joies mais aussi les difficultés de mon travail.

(i) Normally, for how long does Emmanuelle ride each day? **(part 1)**

(ii) How did she learn about the Academy? **(part 2)**

(iii) Name **one** job that she does not have to do for the horses. **(part 3)**

(iv) What is kyudo? **(part 4)**

(v) When do the riders present their performances? **(part 5)**

(vi) What is she happy to tell people about? **(part 5)**

In QUESTION 8 at Higher level, there is more detail in each of the paragraphs. However, you will still have an indication after each question telling you in which paragraph you will find the answer. Don't give up! The answer is there somewhere.

Question 8

The following is an interview with Andreas Deja, who was a designer with Disney and who has created many of the characters in Disney films. Answer the questions that follow.

Il a dessiné des héros de Disney !

1. Pendant 30 ans, Andreas Deja a travaillé chez Disney. Scar, Jafar, le roi Triton, Roger et Jessica Rabbit – voilà quelques-uns des personnages qu'il a créés. C'est aussi lui qui a donné forme à Tigrou dans la nouvelle version de Winnie l'ourson. Si on lui demande quel est son personnage favori, il dit qu'il change tout le temps d'avis. Son film favori ? C'est sans doute *Le Livre de la jungle*, le film qui lui a donné l'envie de devenir animateur.
2. Andreas a grandi en Allemagne. Il s'est intéressé depuis tout jeune au dessin. Quand il était petit, il lisait des bandes dessinées de Disney. À l'âge de 10 ans, il a vu le film *Le Livre de la jungle* et coup de foudre ! Il a été complètement bouleversé par les images.
3. Il a décidé que son rêve était de travailler chez Disney. « J'ai envoyé une lettre aux studios à Hollywood pour devenir animateur. Ils ont répondu que j'étais trop jeune ». Quatre ans plus tard, il s'est inscrit dans une école d'art et il y est allé le soir, après les cours.
4. Quand il a quitté le gymnasium (le lycée), il a étudié le dessin à Essen. Pendant ses études, il a envoyé quelques-uns de ses dessins à Eric Larsen à Disney. Cette fois, avec succès. Il est parti pour Hollywood où il a travaillé pendant 30 ans.
5. Il a refusé d'apprendre les techniques modernes. Il n'utilise jamais l'ordinateur pour ses dessins. Il travaille encore avec du papier et des crayons. En 2011, il a quitté les studios de Disney pour se consacrer à ses propres projets – des films de court-métrage et des sculptures en fil de fer. Il habite à Los Angeles aux États-Unis. Il aime les voyages, la nature et passer du temps avec sa famille et ses amis.

(i) Why is *The Jungle Book* his favourite film? **(part 1)**

____

(ii) How did he first discover Disney characters? **(part 2)**

____

(iii) What did he do after he had seen *The Jungle Book*? **(part 3)**

____

(iv) What did he do when he left school? **(part 4)**

____

(v) Why might he be considered old-fashioned when producing his drawings? **(part 5)**

____

(vi) Since leaving Disney, name **one** of the projects that he has been involved in. **(part 5)**

____

QUESTION 9 is usually an interview with a well-known pop or sports star, or someone who has been in the news in France. It is the longest question on the paper. There are usually eight questions to be answered. The paragraphs will be numbered for you.

Question 9

Magali is a French singer who won the French TV reality show *Star Academy*. Read the article about her and answer the questions that follow.

1. Magali Vaé est née le 6 janvier 1987 dans la petite commune de Thillay dans le Val-d'Oise. Elle a commencé à chanter dans les cabarets à l'âge de 7 ans. Ses parents, Alain et Annick, ont soutenu ses ambitions. Elle pratiquait aussi la danse et elle chantait dans une chorale. Plus tard, elle a mis à profit sa voix pour des opérations caritatives.

2. À l'âge de 18 ans, elle est entrée en 1ère SMS (Sciences Médicales/Sociales), car elle voulait devenir auxiliaire puéricultrice et travailler dans une crèche. En fait, elle s'est aussi inscrite aux castings de la *Star Academy* et à la fin de la saison, elle a remporté la compétition. Elle a gagné l'enregistrement d'un album et un million d'euros. Avec son prix, elle a acheté un appartement et l'année suivante, elle est partie au Canada enregistrer son premier album.

3. Elle aime la vie simple. Son style de vêtements : plutôt classique, mais féminin. Le plus souvent elle porte un jean et des baskets, mais elle met un joli haut. Elle adore les hauts, elle en a beaucoup ! Elle aime bien faire du shopping. Elle achète des tenues qu'elle aime vraiment et qu'elle est sûre de porter. Elle n'aime pas acheter quelque chose qu'elle porte une fois et après ça reste dans son armoire.

4. La plus grosse honte de sa vie ? C'était un jour au collège pendant le cours d'EPS. Elle avait oublié son jogging et elle a été obligée de garder le pantalon qu'elle portait. Imaginez ! Au milieu des exercices, le pantalon a complètement craqué ! Devant tout le monde !

5. En 2011, elle a annoncé qu'elle attendait la naissance de son premier enfant prévue pour le mois d'octobre. Elle dit qu'elle est un peu anxieuse à l'idée d'être maman, car elle n'a pas beaucoup d'expérience avec les enfants. Elle sort aussi un album et elle espère continuer sa carrière après la naissance de son bébé.

(i) What happened when she was seven years old? **(part 1)**

____

(ii) At the age of 18 where did she want to work? **(part 2)**

____

(iii) What prizes did she win with *Star Academy*? **(part 2)**

(a) ______________________________

(b) ______________________________

(iv) What type of clothes does she normally wear every day? **(part 3)**

____

(v) What sort of clothes does she never buy? **(part 3)**

____

(vi) What was her most embarrassing moment? **(part 4)**

____

(vii) Why is she worried about becoming a mother for the first time? **(part 5)**

____

Higher level – Sample paper 2

Question 1

For help answering this question, see page 345.

Read the signs/texts which follow and answer all the questions.

(i) You are going into a French supermarket to buy a frozen pizza. Which sign would you look for?

- **(a)** Péage
- **(b)** Produits laitiers
- **(c)** Produits surgelés
- **(d)** Glaces

(ii) You are on holidays in a French town. Which of these signs would indicate that you cannot cycle in this area?

- **(a)** Piste cyclable
- **(b)** Interdit aux vélos
- **(c)** Location de vélos
- **(d)** Stationnement interdit

Question 2

For help answering this question, see page 346.

Here is a recipe for a nice dessert. Read the recipe and then answer the questions.

Tartelette au chocolat et au citron vert

Pour: quatre personnes
Préparation: 15 min
Cuisson: 25 min

Ingrédients:
1 citron vert
1 citron jaune
1 rouleau de pâte sablée
20 g de beurre
250 g de chocolat noir
20 cl de crème liquide
2 feuilles de gélatine
2 cuill. à soupe d'eau froide

Méthode:

1. Préchauffez le four à 180 °C. Beurrez 4 moules et garnissez-les de pâte sablée. Piquez le fond à la fourchette, couvrez de papier sulfurisé. Mettez-les au four pour 20 minutes.
2. Faites ramollir la gélatine dans de l'eau froide. Rincez les deux citrons et râpez finement les zestes.
3. Hachez le chocolat en petits morceaux. Portez à ébullition la crème et ajoutez les zestes et la gélatine hors du feu. Versez la crème sur le chocolat, afin qu'il fonde et puis mélangez-le bien.
4. Versez la préparation sur les fonds de tartelettes. Laissez-les refroidir pendant 2 heures dans le frigo avant de les servir, décorées des zestes réservés.

(i) Which of the following ingredients is **not** included in the recipe?

(a) a lime
(b) a lemon
(c) flour
(d) cream

☐

(ii) According to **point 3** of the instructions, what do you do with the chocolate?

____

(iii) Once you have poured the mixture into the cooked tarts, what should you do with them according to **point 4** of the instructions

____

Question 3

For help answering this question, see page 347.

Read this interview with Mélanie, and answer the questions that follow.

Mélanie, fan d'équitation

1. **À quel âge es-tu montée à cheval pour la première fois ?**

   À l'âge de quatre ans ! Mes parents possèdent une douzaine de chevaux et mon père dirige un club équestre. Donc depuis très petite, j'ai toujours eu des chevaux dans ma vie. Pour le moment, car je n'ai que douze ans, je suis trop jeune pour monter des chevaux en concours. Je monte seulement des poneys.

2. **Montes-tu souvent ?**

   Si je n'ai pas de cours au collège, je monte tous les jours. Sinon, je m'entraîne deux fois par semaine, le mercredi et le samedi. Le dimanche, je fais souvent des concours. Je ne reste jamais deux jours sans monter. J'adore monter tôt le matin, vers sept heures quand tout est calme.

3. **Tu as des projets pour l'avenir ?**

   Oui, je voudrais devenir vétérinaire équin, c'est-à-dire travailler avec des chevaux. Et mon rêve, c'est de participer aux championnats du monde avec l'équipe française. Cela serait cool !

(i) Why can Mélanie only compete on a pony at present? **(part 1)**

(ii) What does she do on Sundays? **(part 2)**

(iii) Name **one** of her ambitions for the future. **(part 3)**

Question 4

For help answering this question, see page 348.

The following are extracts from French teenagers' blogs about being paid for helping with the housework. Read the extracts and answer the questions which follow.

Posté le 24 septembre
À la maison, je débarrasse la table, vide le lave-vaisselle et range ma chambre. Mes parents ne me paient presque jamais pour ça. Et vous? **Paul**, 14 ans

Posté le 24 septembre
Mes parents me disent qu'il faut vivre en société – c'est-à-dire qu'on doit s'aider les uns les autres dans la vie. Donc nous devons partager les tâches ménagères sans être payés. C'est un moyen de montrer notre affection pour ceux que nous aimons. **Sarah**, 13 ans

Posté le 24 septembre
Sarah ! Tu ne devrais pas accepter cette notion ! Dans la vie, on doit être payé pour son travail, c'est juste ! On ne doit pas être l'esclave des autres. **Matthieu**, 15 ans

Posté le 25 septembre
Moi, je suis d'accord avec les parents de Sarah. Je fais plein de tâches pour aider ma mère et je reçois rarement de l'argent. Mais quand nous partageons le travail, ça permet à mes parents de passer plus de temps avec nous et de faire des choses agréables ensemble. **Chloé**, 14 ans

Posté le 25 septembre
Je prépare les légumes, mets la table, fais mon lit et range mes affaires ... Je trouve ça normal dans une famille. Mes parents ne peuvent pas tout faire pour nous. C'est un moyen d'apprendre à nous débrouiller. Cependant, quand je fais un gros jardinage ou que je lave la voiture, je reçois une récompense. **Simon**, 15 ans

Posté le 25 septembre
Moi, je fais mes lessives ou mon repassage sans être payée. Quand on vit chez ses parents, les tâches ménagères doivent être partagées, car nos parents ne sont pas nos esclaves. Aussi, je crois que ça m'apprend à être plus indépendante et c'est une marque de confiance de la part de mes parents. **Leila**, 14 ans

Posté le 25 septembre
Je trouve que c'est normal de faire des choses pour toi-même (ranger tes affaires, faire ton lit). En ce qui concerne les autres tâches – passer l'aspirateur, tondre la pelouse, laver la voiture – tu peux peut-être demander à tes parents de te donner une petite rémunération pour ta participation. **Louis**, 13 ans

Who ...

(i) thinks it's important to help one another in life? ______________________

(ii) thinks it's normal to do jobs like making one's own bed? ______________________

(iii) thinks doing jobs for yourself helps you to become independent? ______________________

(iv) thinks that when you help with the jobs it gives more time for the family to do things together? ______________________

Question 5

For help answering this question, see page 349.

In this passage, four young people talk about what they do to avoid stress in school.

Des astuces pour éviter le stress au collège

Fabien: Moi, j'essaie d'être organisé. Par exemple, tous les soirs, avant de me coucher, je regarde mon emploi du temps pour m'assurer que j'ai toutes les choses nécessaires dans mon cartable pour le lendemain. J'essaie de faire mes devoirs le soir où je les reçois. Ça réduit la pression.

Clémence: Il faut avoir assez de sommeil ! Si on est toujours fatigué, on ne peut pas se concentrer sur les matières en classe. Couchez-vous de bonne heure, lisez un bon roman ou écoutez de la musique calme avant de vous endormir.

Manon: Moi, je crois que c'est important de créer un espace pour vous-même. Il est très important d'avoir du temps libre chaque jour pour échapper à la pression de la vie scolaire. Moi, je fais une promenade chaque soir avec mon petit chien. Pendant ce temps, j'écoute de la musique sur mon iPod et en même temps, je me détends.

Erwan: Regarder un film marrant avec tes amis, c'est un bon moyen de se déstresser. Il est important de se remonter le moral. Plus le film est ridicule, plus on rit et ça, c'est très bon pour le moral.

(i) Fabien says he likes to be organised. Name **one** thing he does to ensure this.

____

(ii) According to Clémence, what happens if you're tired?

____

(iii) What does Manon do while she's walking the dog?

____

(iv) What does Erwan recommend to relieve stress?

____

Question 6

For help answering this question, see page 350.

This article is about a French man, Jean-Michel Fromenteil, who has worked in Senegal to help local people solve a health problem.

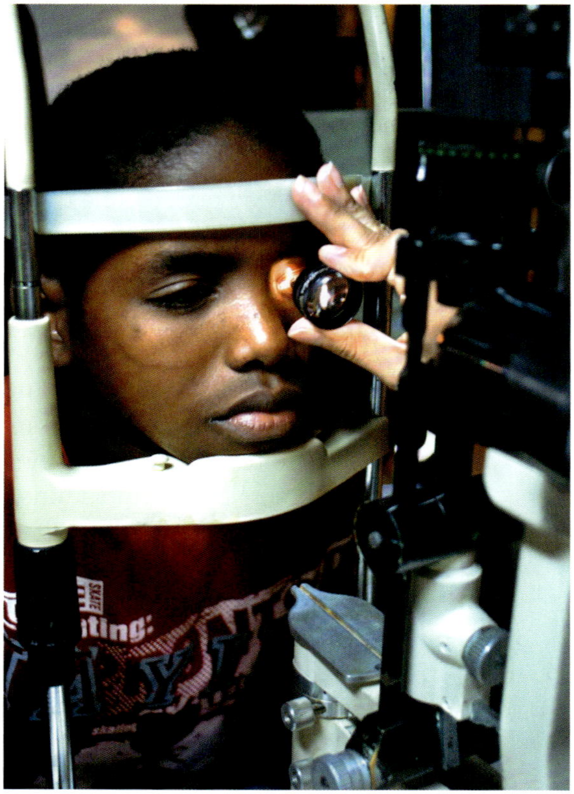

1. Au Sénégal, beaucoup de personnes souffrent de problèmes de vue. Maintenant, il y a de l'espoir pour eux. Grâce à un opticien français, Jean-Michel Fromenteil, des milliers d'enfants et adultes malvoyants ont retrouvé une vue normale.

2. C'était pendant des visites touristiques au Sénégal que Jean-Michel Fromenteil est devenu conscient du fait que beaucoup d'habitants souffrent de troubles visuels. Ces maladies se développent à cause de l'environnement et de la nourriture. Jean-Michel a fondé l'organisme AVISA (Aide visuelle et formation en Afrique de l'Ouest). Deux fois par an, des bénévoles de l'association vont dans des villages du Sénégal pour faire des examens visuels, des traitements oculaires et apporter des lunettes – le tout gratuitement !

3. Des lunettes sont récupérées en France par l'intermédiaire de la chaîne d'opticiens Krys. En 2011, plus de dix milles paires de lunettes étaient collectées dans les magasins Krys. Prochain projet d'AVISA – établir une école de formation d'opticiens, en liaison avec une association sénégalaise.

(i) Thanks to Jean-Michel Fromenteil's help, what has happened to many Senegalese children and adults? **(part 1)**

(ii) What can cause these illnesses? **(part 2)**

(iii) How much does the treatment cost each patient? **(part 2)**

(iv) What is the next project for AVISA? **(part 3)**

Question 7

For help answering this question, see page 351.

Read this article about a popular TV series for young people and answer the questions which follow.

SODA! Tous les soirs à 20h05 sur M6!

1. Adam, Slim, Ludo, Eve, Jenna, Steph … Cette bande de teenagers se réunissent tous les soirs sur M6 pour vous faire rire! Le nom SODA – c'est 'ados' en verlan*. Il y a 240 épisodes de trois minutes – un bref instant de la vie quotidienne d'Adam, ses parents Michel et Babeth, sa sœur Eve (une petite peste qui ne pense qu'à embêter son frère), et ses deux meilleurs amis, Slim et Ludo. Bien sûr il y a la belle Jenna, objet de ses désirs!
2. *SODA* est le chef-d'œuvre de Kev' Adams, jeune humoriste parisien (né le 1 juillet 1991). Très talentueux, il a commencé sa carrière dans le théâtre à l'âge de sept ans! À seize ans, il a commencé à écrire ses propres sketches. Il a débuté sa carrière en première partie d'Anne Roumanoff et de Gad Elmaleh. Il a déjà fait rire les spectateurs de l'Olympia (une des salles de spectacles les plus célèbres de Paris). Aujourd'hui, il est très sollicité au cinéma, à la radio et à la télé.
3. L'émission se passe souvent sur un banc. C'est là où Adam et ses potes se retrouvent. Là, ils discutent, ils se plaignent, ils refont le monde. L'idée du scénario est venue à Kev', un soir, quand il parlait avec sa productrice et manager Elisa sur un banc. *SODA* est inspiré de sa vie. Il veut que la série reflète la vie des ados. Son espoir? C'est que tous les jeunes qui se reconnaissent dans les personnages trouvent les situations marrantes.

*verlan = langue des jeunes où les mots ou les syllabes des mots sont dans l'ordre inverse

(i) How long is each episode of *SODA*? **(part 1)**

(ii) How is Eve described? **(part 1)**

(iii) Where is Kev' Adams from? **(part 2)**

(iv) When did he start his acting career? **(part 2)**

(v) What do Adam and his pals do while sitting on the bench? **(part 3)**

(vi) What are Kev''s hopes for the series? **(part 3)**

Question 8

For help answering this question, see page 352.

Read this article about a French family who lead a life which is a little different and answer the questions that follow.

Un collège chez soi !

1. Huit heures et demie – et personne n'est parti prendre le car scolaire ! Olivier, 11 ans, est encore au lit. Il a lu tard dans la nuit – un tome de 800 pages ! Léa, sa sœur aînée (15 ans) mange son petit déjeuner en silence, sans hâte. Elle aussi lit, un livre de géographie. Noé (13 ans) a disparu : il est allé explorer les bords de la rivière, à côté de sa maison. Il est passionné par la nature. Voici donc une famille pas comme les autres car ces trois jeunes n'assistent pas aux cours dans un collège mais étudient à la maison.

2. Leur mère, Madeleine, explique : « Léa avait des problèmes à l'école. Elle était intelligente mais elle ne faisait pas de progrès et elle devenait agressive ». Comme Madeleine travaillait de chez elle, elle a décidé de prendre en charge l'instruction de ses enfants. Elle les a retirés du système scolaire normal. Tout d'un coup, elle a remarqué un changement extraordinaire chez Léa. « Elle est devenue plus reposée et s'est ouverte aux activités ».

3. Madeleine a décidé de transformer leur salon en jolie salle de classe. Il y a des tableaux de conjugaisons, des tables de multiplication, une frise historique aux murs. « J'exige qu'ils étudient les bases – français, maths, histoire-géo ». Mais à part ça, je les laisse explorer leurs propres intérêts, exploiter leurs propres talents. Il y a des livres et Internet pour faire des recherches. Pendant un atelier de peinture, Léa a découvert qu'elle aimait beaucoup accompagner et écouter les gens de tous âges.

4. Leur mère organise des excursions, des visites – expositions, stage en entreprise ou chez des artisans, des après-midis pour parler anglais chez une famille anglaise qui a une maison secondaire dans le village. Maintenant, Olivier a décidé qu'il voudrait rejoindre le système classique. Il va en sixième car il voudrait aller en cours en compagnie de ses copains. « Ce sera une nouvelle expérience pour tout le monde » dit Madeleine. « S'il n'est pas content, il pourra revenir à la maison et continuer à étudier au cœur de sa famille ».

(i) Why is Olivier still in bed? **(part 1)**

(ii) What is different about these three children? **(part 1)**

(iii) What problem did Léa have at school? **(part 2)**

(iv) How did she change when she left school? **(part 2)**

(v) Name **one** thing that is on the walls of the living room. **(part 3)**

(vi) What does their mother, Madeleine, insist on? **(part 3)**

(vii) Name **one** activity she has organised for them. **(part 4)**

(viii) What has Olivier now decided to do? **(part 4)**

Question 9

For help answering this question, see page 353.

Read this interview with Colonel Reyel, a current French singing star.

1. Colonel Reyel est né le 5 octobre 1984. Son vrai nom est Rémy Ranguin. D'origine antillaise, il a grandi à Pantin, dans la banlieue parisienne. Son père adore la musique et est guitariste amateur. C'est lui qui a choisi le prénom de Rémy, en hommage aux notes de musique (do – ré – mi) ! Il a encouragé son fils quand il était très jeune et l'a inscrit au solfège quand il avait six ans.
2. Rémy a grandi en Seine-Saint-Denis en contact avec des communautés d'origines diverses. Il a appris à connaître et à respecter des cultures et des musiques différentes. Son style de musique ? Il est très influencé par la musique antillaise, le reggae, le dancehall, mais aussi par l'électro et un peu par la musique du soleil.
3. Au collège, il a commencé à réaliser que la musique était sa passion et qu'il pourrait en faire un métier. Pendant dix ans, il a travaillé avec plusieurs groupes, avec succès. Mais c'est avec son tube « Celui », dans lequel il fait une véritable déclaration d'amour, que le jeune artiste s'est imposé comme numéro 1. On a posté cette chanson sur YouTube et au bout de trois mois, elle avait été écoutée plus de 20 millions de fois. C'était extraordinaire !
4. Pourquoi ce nom, Colonel Reyel ? « Colonel » vient du dancehall, où beaucoup de jeunes artistes se donnent un grade militaire. Et « Reyel » ? Aux Antilles, pays de ses parents, le mot « reyel » signifie que quelque chose est bien. Il dit qu'il est quelqu'un de timide, mais qu'au moment où il monte sur scène, il devient Colonel Reyel, quelqu'un de sûr de lui et de courageux. Sur scène, il ne sent pas de pression, il se sent complètement à l'aise avec ses fans. Ça l'aide à vaincre sa timidité.
5. En avril 2011, son album *Au rapport* est sorti. Il se classe premier des ventes d'albums en France la semaine de sa sortie, avec 25 666 albums vendus.

(i) Where is Pantin? **(part 1)**

____

(ii) Why was he given the name Rémy? **(part 1)**

____

(iii) What did he learn growing up in Seine-Saint-Denis? **(part 2)**

____

(iv) When did he realise he might have a career in music? **(part 3)**

____

(v) What extraordinary success did he have on YouTube? **(part 3)**

____

(vi) Why did he pick the name 'Reyel'? **(part 4)**

____

(vii) How does he feel when he's on stage? **(part 4)**

____

(viii) What was remarkable about the release of his album *Au rapport*? **(part 5)**

____

Exam Practice – Written Expression, Ordinary and Higher Level

In the final section of the Junior Certificate paper, you will be asked to do two pieces of writing. You will have to write

1 a postcard *or* a note and
2 a letter.

Writing postcards and notes

Ordinary level

- You have the choice to write either a postcard or a note.
- There are 20 marks for the postcard or note.
- You are not given marks for layout, but you should include it when doing this question.
- You will be asked to write about four points. Attempt all four points, as you will get marks for each point you attempt, even if your French is not perfect.

Higher level

- You have no choice. You must attempt whatever is on the paper on the day, whether it is a postcard or a note.
- There are 30 marks for the postcard or note.
- You are not given marks for layout, but you should include it when doing this question.
- You will be asked to write about three points. Attempt all three points, as you will get marks for each point you attempt, even if your French is not perfect.

Layout for postcards

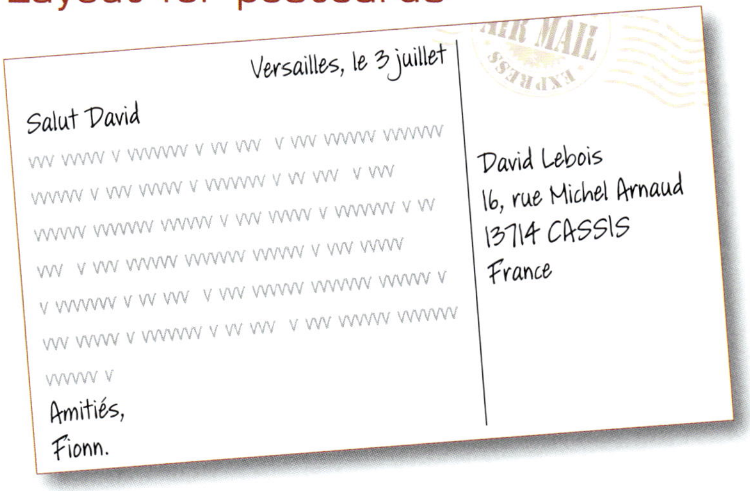
Versailles, le 3 juillet
Salut David
Amitiés,
Fionn.
David Lebois
16, rue Michel Arnaud
13714 CASSIS
France

Phrases for postcards

Opening phrases

Salut Julie !	*Hi Julie!*
Salut à tous.	*Hi all!*
Salut tout le monde !	*Hi everyone!*
Bonjour à tout le monde !	*Hello everybody!*
Un grand bonjour de …	*Hello from …*
Salutations de …	*Greetings from …*
Meilleurs vœux de …	*Best wishes from …*
Cher Paul, …	*Dear Paul, …*
Chère Céline, …	*Dear Céline, …*
J'espère que tu vas bien.	*I hope you are well.*
Comment vas-tu ?	*How are you?*
Me voici à Paris.*	*Here I am in Paris.*
Nous voici en Espagne.*	*Here we are in Spain.*
Je suis ici en vacances.	*I am here on holidays.*
Me voici à la campagne.	*Here I am in the countryside.*
Nous voici au bord de la mer.	*Here we are at the seaside.*
Nous sommes ici en voyage scolaire.	*We are here on a school trip.*
Je suis en échange scolaire.	*I am on a school exchange.*

***Remember!**
à for a town
au/en for a country
See pages 5, 6.

Arrival

Je suis arrivé sans problème hier.	*I arrived without any problem yesterday.* (male)
Je suis arrivée à l'heure hier soir.	*I arrived on time last night.* (female)
Je suis arrivé en retard la semaine dernière.	*I arrived late last week.* (male)
Nous sommes arrivées il y a une semaine.	*We arrived a week ago.* (female plural)
Nous sommes arrivés sains et saufs.	*We arrived safely.* (male plural / male/female plural)

Whom you are with

Je suis avec …	*I am with …*
ma famille	*my family*
mes parents et ma sœur	*my parents and my sister*
mes grands-parents	*my grandparents*
mon ami	*my friend* (male)
mon amie	*my friend* (female)
ma classe	*my class*
mon prof de Français	*my French teacher*

Length of stay

Je passe deux semaines ici.	*I am spending two weeks here.*
Je suis ici …	*I am here …*
pour le week-end.	*for the weekend.*
pour quatre jours.	*for four days.*
pour une semaine.	*for a week.*
pour quelques jours.	*for a few days.*

Accommodation – where you are staying

Je fais du camping à la campagne.	*I am camping in the country.*
Nous sommes dans un camping.	*We are staying on a campsite.*
Je suis dans une caravane.	*I am staying in a caravan.*
Nous sommes dans un petit hôtel.	*We are staying in a small hotel.*
Je loge dans un appartement.	*I am staying in an apartment.*
Je passe deux semaines chez mes grand-parents.	*I am spending 2 weeks with my grandparents.*
Je suis chez les Clavel.*	*I am staying with the Clavel family.*
Je suis chez mon correspondant.	*I am staying with my* (male) *penpal.*
Je suis chez ma correspondante.	*I am staying with my* (female) *penpal.*
Nous louons une maison.	*We are renting a house.*
L'hôtel est agréable.	*The hotel is pleasant.*
L'appartement se trouve près de la plage.	*The apartment is near the beach.*

***Remember!** In French you don't add an 's' to the family name – les Dupont = the Duponts.

Location

Il/elle se trouve …	*It's situated …*
à la montagne.	*in the mountains.*
au bord de la mer.	*beside the sea.*
près de la plage.	*near the beach.*
au bord d'un lac.	*beside a lake.*
au centre-ville.	*in the centre of the town/city.*
à côté du centre commercial.	*beside a shopping centre.*

Description of place

Il y a une belle plage ici.	*There is a beautiful beach here.*
Les vagues sont énormes.	*The waves are enormous.*
C'est super pour faire du surf.	*It is super for surfing.*
Il y a des courts de tennis à côté de l'hôtel.	*There are tennis courts near the hotel.*
Les installations sont super.	*The facilities are super.*
Il y a une piscine.	*There is a swimming pool.*
Il y a beaucoup de magasins en ville.	*There are a lot of shops in the town.*
La ville est très belle.	*The town is very pretty.*
Le paysage est beau.	*The countryside is lovely.*

Activities

Il y a beaucoup à faire et à voir ici.	*There is a lot to see and do here.*
Il y a un tas de choses à faire.	*There are loads of things to do.*
Je m'amuse bien ici.	*I am enjoying myself here.*

The present tense (what you do / are doing)

Je vais à la plage chaque matin.	*I go to the beach every morning.*
Nous allons à la piscine l'après-midi.	*We go to the swimming pool in the afternoon.*
Je nage.	*I go swimming.*
Nous faisons de la voile.	*We go sailing.*
Ma sœur fait de la planche à voile.	*My sister goes windsurfing.*
Je joue au foot.	*I play soccer.*
Nous jouons au volley.	*We play volleyball.*
Je me fais bronzer.	*I sunbathe.*
Je sors.	*I go out.*
Je mange dans un petit café du coin.	*I eat in a small corner café.*
Je vais à l'école avec mon correspondant.	*I go to school with my penpal.*
Nous faisons du tourisme.	*We go sightseeing.*
Je fais du ski de temps en temps.	*I go skiing sometimes.*

The past tense (what you did)

Je suis allé en ville hier.	*I went into town yesterday.* (male)
Je suis allée au centre commercial.	*I went to a shopping centre.* (female)
Nous sommes allés au musée lundi dernier.	*We went to a museum last Monday.* (male and female)
Nous sommes allées au château.	*We went to a castle.* (female plural)
J'ai visité un musée.	*I visited a museum.*
J'ai fait de l'équitation.	*I went horse-riding.*
Nous avons fait du vélo.	*We went cycling.*
J'ai joué au tennis.	*I played tennis.*
Nous avons joué au ping-pong.	*We played table tennis.*
Je me suis fait bronzer.	*I sunbathed.*
Je suis sorti.	*I went out.* (male)
Je suis sortie.	*I went out.* (female)
Samedi dernier, j'ai mangé au restaurant.	*Last Saturday I ate in a restaurant.*
Je suis allé à l'école avec ma correspondante.	*I went to school with my* (female) *penpal.*
Nous avons fait du tourisme.	*We went sightseeing.*
Hier soir, j'ai dansé avec mes amis.	*Last night I danced with my friends.*
Le week-end dernier, nous avons loué des vélos.	*Last weekend we hired bicycles.*
Ce matin, j'ai acheté des cadeaux au marché.	*This morning I bought some presents in the market.*
Il y a deux jours, j'ai fait du ski.	*Two days ago I went skiing.*

*When using être verbs in le passé composé, remember to make le participe passé agree if necessary! See page 77.

The future tense (what you will do)

J'irai en ville pour acheter des cadeaux.	*I will go to town to buy presents.*
Nous irons au marché demain.	*We will go to the market tomorrow.*
Je visiterai un musée lundi.	*I will visit a museum on Monday.*
Je ferai des achats jeudi prochain.	*I will go shopping next Thursday.*
Nous ferons de la voile.	*We will go sailing.*
Je jouerai au golf.	*I will play golf.*
Nous jouerons au tennis.	*We will play tennis.*
Je me ferai bronzer.	*I will sunbathe.*
Je sortirai.	*I will go out.*
Je mangerai au restaurant.	*I will eat in a restaurant.*
Nous ferons du tourisme.	*We will go sightseeing.*
Je danserai.	*I will dance.*
Demain, nous louerons des vélos.	*Tomorrow we will hire bikes.*
J'acheterai des cadeaux au centre commercial.	*I will buy presents in the shopping centre.*

Weather

Quel temps magnifique !	*What magnificent weather!*
J'adore le beau temps ici.	*I love the good weather here.*
Le soleil tape fort.	*The sun is beating down.*
Il fait un temps superbe.	*The weather is super.*
Il fait chaud.	*It is warm.*
Il fait du soleil.	*It is sunny.*
Rien que du soleil !	*Nothing but sunshine!*
Il fait froid et il pleut.	*It is cold and raining.*
Il pleut des cordes.	*It is pouring rain.*
Il y a des averses.	*There are showers.*
Il neige – c'est bien pour le ski.	*It is snowing – it is good for skiing.*

Food

Je mange beaucoup de pain ici.	*I am eating a lot of bread here.*
J'adore la cuisine française, surtout le fromage.	*I love French food especially the cheese.*
La cuisine ici donne l'eau à la bouche.	*The food here makes your mouth water.*
La nourriture française est très bonne.	*French food is very good.*
Je déteste les escargots.	*I hate the snails.*
Nous faisons des barbecues.	*We have barbecues.*
Il y des plats à emporter au camping.	*There are takeaway meals on the campsite.*
Nous mangeons au restaurant le soir.	*We eat in the restaurant in the evening.*

People (you are meeting / have met / will meet)

The present tense

Je rencontre beaucoup de personnes ici.	*I am meeting a lot of people here.*
Ils sont sympa.	*They are nice.*
Ils s'appellent Thomas et Camille.	*They are called Thomas and Camille.*
Ils sont français.	*They are French.*
Il est sportif.	*He likes sport.*
Elle parle anglais.	*She speaks English.*

The past tense

J'ai rencontré une fille de Marseille.	*I met a girl from Marseilles.*
J'ai rencontré un garçon de Rennes.	*I met a boy from Rennes.*

The future tense

Je retrouverai Thomas demain.	*I will meet Thomas tomorrow.*
Nous jouerons au foot ensemble.	*We will play soccer together.*

Reactions

C'est super ici !	*It is super here!*
C'est formidable !	*It is great!*
C'est animé !	*It is lively!*
La famille est vraiment sympa !	*The family is so nice!*
L'hôtel est magnifique !	*The hotel is magnificent!*
C'est ennuyeux ici !	*It's boring here!*
Je m'ennuie ici.	*I'm bored here.*

Closing phrases

Je serai de retour bientôt.	*I will be home soon.*
Je te verrai samedi prochain.	*I will see you next Saturday.*
Il me tarde de te revoir.	*I can't wait to see you again.*
Je rentre la semaine prochaine.	*I am coming home next week.*
Écris-moi bientôt.	*Write to me soon.*
Grosses bises / Bisous.	*Lots of kisses.*
À bientôt.	*See you soon.*

Practice postcards – Ordinary level

1. Write a **postcard** in French to a friend. In it say
   – that you are on holidays in Spain
   – who you are with
   – what the weather is like
   – that you are having a nice time.
2. Write a **postcard** in French to a French friend. In it
   – say that you are staying in the countryside
   – say that you are with your parents
   – say that the weather is sunny
   – ask him/her to write to you soon.
3. You are in Marseilles. Write a **postcard** in French to a French friend who lives in another part of France. In it say
   – that you are in Marseilles
   – you are camping
   – that you visited a castle
   – what you like to eat.

Practice postcards – Higher level

1. You are on a school tour to Paris with your class. Write a **postcard** to your French penpal, Julie. In your card tell her
   – where you are and who you are with
   – that you went shopping yesterday
   – that you will visit Versailles palace on Friday.
2. You are on holidays with your family in Italy. Write a **postcard** to your French penpal, Philippe. In your card tell him
   – when you arrived and who you are with
   – that the campsite is lovely and you are enjoying yourself
   – that you will be going to the market tomorrow.
3. You are on holidays in Galway with your family. Write a **postcard** to your French penpal, Louis or Louise. In your card tell him/her
   – where you are and who you are with
   – that the weather is great and that you went to Roundstone beach
   – that you will return home the following Saturday.

Layout for notes

Read again the information given on page 363 for this section of the paper.

Layout for informal note

7 heures

Salut Marie !

Juste un petit mot pour te dire que

À plus tard,
Richard.

Layout for formal note

10 heures

Madame Julienne !

Juste un petit mot pour vous dire que

À tout à l'heure
Hannah.

Tip!

Don't forget to use tu when you are leaving a note for a friend and ton/ta/tes.
If the note is for an older person, however, use vous and votre/vos.

Phrases for notes

Opening phrases

Juste un petit mot pour te dire que …	*Just a note to tell you that …* (informal)
Je laisse ce petit mot pour te dire que ….	*I'm leaving this note to tell you that …* (informal)
Juste un petit mot pour vous dire que …	*Just a note to tell you that …* (formal)
Je laisse ce petit mot pour vous dire que …	*I'm leaving this note to tell you that …* (formal)

Who called/phoned

Luc est passé te voir.	*Luc called to see you.* (informal)
Votre ami est passé vous voir.	*Your friend called to see you.* (formal)
Julien/Julie a téléphoné.	*Julien/Julie telephoned.*
Pendant ton absence, ton ami a téléphoné.	*While you were out, your friend phoned.* (informal)
Pendant votre absence, Monsieur Lebrun a téléphoné.	*While you were out, Mr Lebrun phoned.* (formal)
Le plombier est arrivé à dix heures.	*The plumber arrived at 10 o'clock.*
L'électricien est arrivé vous voir.	*The electrician called to see you.*
Le garagiste a téléphoné.	*The garage man phoned.*

Someone will ring/call back later

Je passerai chez **toi** plus tard.	*I will call to your house later.* (informal)
Nous passerons chez **vous** cet après-midi.	*We will call to your house this afternoon.* (formal)
Sophie passera à la maison demain.	*Sophie will call by the house tomorrow.*
Monsieur Ricard téléphonera ce soir.	*Mr Ricard will phone this evening.*
Charles rappellera samedi prochain.	*Charles will ring back next Saturday.*

Apology

Desolé, je ne peux pas venir.	*Sorry I can't come.* (male)
Desolé**e**, je ne peux pas venir.	*Sorry I can't come.* (female)
Je m'excuse de ne pas pouvoir **te** rencontrer.	*Sorry for not being able to meet you.* (informal)
Je m'excuse de ne pas pouvoir **vous** rencontrer.	*Sorry for not being able to meet you.* (formal)
Je m'excuse du retard.	*Sorry for the delay.*
Désolé, elle ne peut pas **te** rendre visite.	*Sorry she cannot visit you.* (informal)
Désolé**e**, il ne peut pas **vous** rendre visite.	*Sorry he cannot visit you.* (formal)
Malheureusement, elle doit annuler sa visite.	*Unfortunately, she has to cancel her visit.*

Don't forget!

N'oublie pas **ton** billet !	*Don't forget your ticket!* (informal)
N'oublie pas **ton** appareil photo !	*Don't forget your camera!* (informal)
N'oubli**ez** pas **votre** argent !	*Don't forget your money!* (formal)
N'oubli**ez** pas **vos** clés !	*Don't forget your keys!* (formal)

Invitation

Present tense

Ça te dit de venir avec moi ?	*How about coming along with me?*
Ça te dit de nous accompagner ?	*How about coming along with us?*
Tu veux venir au cinéma ?	*Do you want to come to the cinema?*

Past tense

Vincent m'a invité à voir un film.	*Vincent invited me to a film.*
Mes copains m'ont invité à un concert.	*My friends invited me to a concert.*

Future tense

Je te verrai au stade ?	*Will I see you at the stadium?*
Je te retrouverai après les cours ?	*Will I meet you after classes?*

Meeting somebody

J'ai rendez-vous avec les copains au coin de la rue.	*I am meeting my friends at the corner of the road.*
Je te retrouverai devant la gare.	*I will meet you in front of the station.*

Reason for leaving house

Present tense

Je vais faire une promenade.	*I am going for a walk.*
Je vais à la piscine.	*I am going to the pool.*
Il va au centre commercial.	*He is going to the shopping centre.*
Je vais en ville pour acheter des cadeaux.	*I am going into town to buy presents.*
Elle va chez Alexis.	*She is going to Alexis's house.*
Je sors avec mes amis.	*I am going out with my friends.*
Je veux acheter des cadeaux.	*I want to buy some presents.*

Past tense

Je suis allé faire une promenade.	*I have gone for a walk.* (male)
Je suis allée au marché.	*I have gone to the market.* (female)
Il est allé aux magasins.	*He has gone to the shops.*
Valérie est allée à un spectacle.	*Valerie has gone to a show.*
Je suis sortie avec mes copains.	*I've gone out with my friends.* (female)
Je suis parti de la maison pour retrouver Ben.	*I've left the house to meet Ben.* (male)

Future tense

Je ferai une promenade demain.	*I will go for a walk tomorrow.*
J'irai au supermarché chercher du pain.	*I will go the supermarket for bread.*
Je te retrouverai dans une heure.	*I'll meet you in an hour.*
Je partirai pour la gare à onze heures.	*I'll leave for the station at 11 o'clock.*
Je sortirai après mon petit déjeuner.	*I'll go out after breakfast.*

Saying when you will be back

Je serai de retour pour le dîner.	*I will be back for dinner.*
Je ne vais pas tarder.	*I won't be late.*
Je rentrerai vers midi.	*I will be back around midday.*
Nous serons de retour avant l'heure du déjeuner.	*We will be back before lunch.*

Transport

Je prends l'autobus.	*I am taking the bus.*
Je prends le train.	*I am taking the train.*
Je marche / Je vais à pied.	*I am walking.*
Je vais à vélo.	*I am cycling / I am going by bike.*
Je vais prendre le tramway.	*I am going to take the tram.*
Nous allons en car.	*We are going by coach.*

Weather

Il fait beau.	*It is fine.*
Il fait du soleil.	*It is sunny.*
Il fait chaud.	*It is warm.*
Il fait froid.	*It is cold.*
Il pleut.	*It is raining.*

What you have with you

J'ai mon portable avec moi.	*I have my phone with me.*
J'ai mon maillot de bain.	*I have my swimming togs.*
Nous avons nos lunettes de soleil.	*We have our sunglasses.*
Ils ont leur argent.	*They have their money.*
J'ai de la nourriture avec moi.	*I have some food with me.*

Whom you are with

Je suis avec mes amis.	*I am with my friends.*
Je suis avec ma classe.	*I am with my class.*
Le chien est avec moi.	*The dog is with me.*

Closing phrases

À bientôt !	*See you soon!*
À tout à l'heure !	*See you later!*
À ce soir !	*See you this evening!*
À plus tard !	*See you later!*

Tip!

Re-read the instructions to make sure that you have completed all the tasks given.

Also, re-read what you have written and make sure that you have used the correct verb endings and that any adjectives are in the correct form.

Practice notes – Ordinary level

1. You are on a school exchange and are staying with a French family in Brittany. One day, after lunch, you decide to go out. Write **a note in French**. In it say
   – you are going to the shops
   – you are taking the bus
   – you are going to buy a present
   – you will be home at 6 p.m.
2. You are staying with a French family. You are on your own in the house when a friend rings to invite you out. You leave **a note in French** and in it you explain that
   – Sandrine telephoned
   – you have gone to the cinema
   – you have your mobile phone with you
   – you will be back for dinner.
3. You are staying with a French family. One day when they are out you decide to go to the seaside. Write **a note in French**. In it say
   – it is very hot
   – you have gone to the seaside
   – you are with your friends
   – you will be home at 5 p.m.

Practice notes – Higher level

1. You are on a school exchange in France. You have arranged to meet your friends but the family is still asleep. Leave a **note** for your exchange partner, Christophe. In your note
   – say that you left the house at nine o'clock
   – say that you are going to the shops with Marc
   – invite Christophe to meet you in town in the afternoon.
2. You were asked to mind your penpal's sister and brother. It is a hot day so you decide to leave the house. Leave a **note** for Madame Millet. In your note say
   – you are gone to the beach with the children because it is sunny
   – you have your mobile with you
   – you will back before lunch.
3. You are alone in your French family's house when the phone rings. It is your penpal's friend Robert. He asks you to leave the following **note** for Toni. In your note say
   – Robert phoned while he was out
   – he cannot go to soccer because he is sick
   – he will telephone at eight o'clock.

Layout for emails

À: david@francemail.com

Objet: Ma visite en France

Date: le 3 avril

Bonjour ! / Salut !

À bientôt,
Harry

Phrases for emails

All the phrases for notes can be used if you are asked to send a message in the form of an email. Below are a few extra phrases that might be useful.

Some additional phrases

Merci de ton courriel.	*Thanks for your email.* (informal)
Merci de votre courriel.	*Thanks for your email.* (formal)
Je viens de lire ton courriel.	*I have just read your email.* (informal)
Je viens de lire votre courriel.	*I have just read your email.* (formal)
Je t'envoie ce courriel pour te dire que …	*I'm sending you this email to tell you that …* (informal)
Je vous envoie ce courriel pour vous dire que …	*I'm sending you this email to tell you that …* (formal)
J'espère te lire bientôt.	*I hope to hear from you soon.* (informal)
J'espère vous lire bientôt.	*I hope to hear from you soon.* (formal)

Writing letters

The second task in the Written Expression section is to write a letter.

Ordinary level

- You will be asked to write an informal letter – that is, a letter to a friend or family member.
- You will be given eight or nine tasks and you must write about four of them.
- Always remember to use tu for 'you', and ton/ta/tes when you want to say 'your'.
- You will get 40 marks for completing this letter.
- Be sure to set the letter out correctly, as you will get 8 marks out of the total 40 for this.

Higher level

- You will be asked to write an informal or a formal letter.
- You will be given five tasks for an informal letter or four tasks for a formal letter.
- If you are writing an informal letter, remember to use tu for 'you' and ton/ta/tes when you want to say 'your'.
- If you are writing a formal letter, remember to use vous for 'you' and votre/vos when you want to say 'your'.
- You will get 50 marks for completing this letter.
- Be sure to set the letter out correctly, as you will get 5 marks for this.
- Remember you must use a formal ending, if you are writing a formal letter.

Layout for informal letters

To begin an informal letter

1

Guignen, le 13 juin 201-

Cher Paul,

2

Athy, le 4 août 201-

Chère Mathilde,

To end an informal letter

1

J'espère te lire bientôt.
Amicalement,
Sinéad.

2

C'est tout pour l'instant. Écris-moi bientôt.
Amitiés,
Conor.

3

Il me tarde de te lire.
À bientôt,
Elaine.

Phrases for informal letters

Opening phrases

Merci pour ta dernière lettre.	*Thanks for your last letter.*
Merci pour ta carte et pour le cadeau.	*Thanks for your card and the present.*
Merci pour ta lettre que j'ai reçue hier.	*Thanks for your letter which I got yesterday.*
J'étais ravi de recevoir ta lettre.	*I was delighted to get your letter.* (male)
J'étais ravie de lire de tes nouvelles.	*I was delighted to read your news.* (female)
Désolé de ne pas avoir écrit plus tôt.	*Sorry for not writing sooner.* (male)
Désolée de ne pas avoir écrit plus tôt.	*Sorry for not writing sooner.* (female)
Excuse-moi de ne pas avoir écrit plus tôt.	*Sorry for not writing sooner.*
J'étais malade.	*I was ill/sick.*
Comment vas-tu ?	*How are you?*
Comment va toute la famille ?	*How is all the family?*
Comment va ta mère ?	*How is your mother?*
Comment va ton père ?	*How is your father?*
Comment va ta sœur ?	*How is your sister?*
Comment va ton frère ?	*How is your brother?*
Comment va ton ami ?	*How is your* (male) *friend?*
Comment va ton amie ?	*How is your* (female) *friend?*
Comment vont tes parents ?	*How are your parents?*
Comment vont tes amis ?	*How are your* (male / male and female) *friends?*
Comment vont tes amies ?	*How are your* (female) *friends?*
Ta mère va mieux après son accident de voiture ?	*Is your mother better after her car accident?*
Ton père va mieux après son accident ?	*Is your father better after his accident?*
Je vais bien.	*I am well.*
Je suis en pleine forme.	*I am in great form.*
Tout va bien / Tout se passe bien.	*Everything is going well.*
Je suis occupé(e).	*I'm busy.*
J'écris pour te souhaiter …	*I am writing to wish you …*
un heureux/joyeux anniversaire / un bon anniversaire.	*a happy birthday.*
joyeux Noël.	*happy Christmas.*
une Bonne Année / un Bon Nouvel An.	*a happy New Year.*
de Joyeuses Pâques.	*happy Easter.*

Saying thank you

Je t'écris pour te remercier de/pour *…	*I am writing to thank you for …*
ta lettre / ta carte d'anniversaire.	*your letter / your birthday card.*
ton cadeau.	*your present.*
Merci mille fois pour ta lettre.	*Thanks a million for your letter.*
Merci mille fois pour ton cadeau.	*Thanks a million for your present.*
Je te remercie de tout mon cœur …	*Thanks from the bottom of my heart …*
pour ta lettre.	*for your letter.*
pour ton cadeau.	*for your present.*
pour mon séjour chez toi.	*for my stay in your house.*
pour mon séjour agréable.	*for my pleasant stay.*
Remercie tes parents de ma part.	*Thank your parents for me.*

*You can use either **de** or **pour** with the verb **remercier** (*to thank someone for something*), just as you can say either **merci pour**… or **merci de**… (*thank you for …*).

Saying something about the present/gift

Present tense

J'aime beaucoup le maillot.	*I really love the jersey.*
Le bleu/rose/vert est ma couleur préférée.	*Blue/pink/green is my favourite colour.*
Je dévore le livre que tu m'as envoyé.	*I'm devouring the book you sent me.*
J'adore le CD –	*I love the CD –*
c'est mon chanteur préféré.	*it's my favourite* (male) *singer.*
c'est ma chanteuse préférée.	*it's my favourite* (female) *singer.*
c'est mon groupe préféré.	*it's my favourite group.*

Past tense

J'ai reçu ton joli cadeau hier.	*I received your lovely present yesterday.*
Ton cadeau m'a beaucoup plu.	*I really liked your present.*
C'était super/formidable !	*It was great!*
Le cadeau est arrivé hier.	*The present arrived yesterday.*

Saying something about my stay/holiday

Present tense

Merci beaucoup pour mon séjour.	*Thanks so much for my stay.*
J'ai de bons souvenirs de mon séjour.	*I've great memories of my stay.*

Past tense

Je me suis bien amusé.	*I really enjoyed myself.* (male)
Je me suis bien amusé**e**.	*I really enjoyed myself.* (female)
Le séjour m'a beaucoup plu.	*I really liked/enjoyed the stay.*
L'échange m'a beaucoup plu.	*I really liked/enjoyed the exchange.*

Tes parents m'ont reçu à bras ouverts. — *Your parents welcomed me with open arms.*
Ta famille était vraiment sympa ! — *Your family was so nice!*
Mon séjour chez toi était super. — *My stay in your house was great.*
J'ai beaucoup apprécié la nourriture. — *I really loved the food.*
J'ai surtout aimé la belle plage. — *I especially loved the beautiful beach.*
J'ai surtout aimé le beau temps. — *I especially loved the great weather.*
J'ai aimé le petit village. — *I loved the little village.*
J'ai aimé ta jolie ville. — *I loved your pretty town.*
Pendant mon séjour, … — *During my stay, …*
  j'ai aimé la visite au stade. — *I loved the visit to the stadium.*
  j'ai beaucoup aimé aller au collège. — *I really loved going to school.*
  j'ai surtout aimé les sorties avec tes copains/copines. — *I really liked the outings with your friends.*

The journey back home after a trip/exchange/holiday

Past tense

Le voyage de retour était désagréable. — *The journey home was unpleasant.*
Le voyage était affreux. — *The journey was awful.*
Le vol avait du retard. — *The flight was delayed.*
Il y avait des retards à l'aéroport. — *There were delays at the airport.*
Le voyage s'est bien passé. — *The journey went well.*
Le voyage de retour était agréable. — *The journey home was pleasant.*
J'ai rencontré un garçon dans l'avion. — *I met a boy on the plane.*
J'ai rencontré une fille dans l'avion. — *I met a girl on the plane.*
Nous avons parlé pendant le vol. — *We talked during the flight.*
Nous avons bavardé pendant tout le vol. — *We chatted during the entire flight.*
Je suis arrivé sans problème. — *I arrived no problem.* (male)
Je suis arrivée sans problème. — *I arrived no problem.* (female)
Je suis arrivé sain et sauf. — *I arrived safe and sound.*
Je suis enfin arrivé à dix heures. — *I finally arrived at 10 o'clock.* (male)
Je suis enfin arrivée à minuit. — *I finally arrived at midnight.* (female)
Heureusement, il n'y avait aucun problème. — *Luckily, there wasn't a problem.*
Je suis arrivé à l'heure. — *I arrived on time.* (male)
Je suis arrivée à l'heure. — *I arrived on time.* (female)
À mon arrivée, j'étais très fatigué. — *When I arrived, I was really tired.* (male)
À mon arrivée, j'étais très fatiguée. — *When I arrived, I was really tired.* (female)

Family news

Asking some questions

Comment vont tes parents ?	*How are your parents?*
Comment va ta famille ?	*How is your family?*
Tu as des frères ?	*Do you have any brothers?*
Tu as des sœurs ?	*Do you have any sisters?*

Present tense

Mon père va mieux.	*My father is better.*
Ma mère va mieux.	*My mother is better.*
Mon ami Paul joue dans la finale.	*My friend Paul is playing in the final.*
Mon amie Sophie a un nouveau chien.	*My friend Sophie has a new dog.*
Mon grand-père est malade.	*My grandfather is unwell.*
Ma grand-mère est à l'hôpital.	*My grandmother is in hospital.*
Il/elle a une infection.	*He/she has an infection.*
Mon père a un nouvel emploi.	*My father has a new job.*
Nous avons une nouvelle voiture.	*We have a new car.*
Elle est bleue/verte/noire.	*It is blue/green/black.*

Past tense

Mon frère a fêté son anniversaire.	*My brother celebrated his birthday.*
Ma sœur a fêté son anniversaire.	*My sister celebrated her birthday.*
Le week-end dernier / la semaine dernière	*Last weekend / last week*
Nous sommes allés au restaurant le soir.	*We went to a restaurant in the evening.* (male)
Mon frère est parti …	*My brother went …*
en Australie.*	*to Australia.*
au Canada.*	*to Canada.*
Ma sœur a commencé son nouvel emploi.	*My sister started her new job.*
Ma mère a trouvé un nouvel emploi.	*My mother has found a new job.*
Mon ami ne va pas bien.	*My* (male) *friend is not well.*
Mon amie ne va pas bien.	*My* (female) *friend is not well.*
Il est tombé dans le jardin.	*He fell in the garden.*
Elle est tombée dans la rue.	*She fell on the road.*
Il/elle a eu un accident (de voiture).	*He/she had an accident (a car accident).*
Nous avons déménagé récemment.	*We moved house recently.*

***Remember**, when saying 'in' or 'to' a country to use **au** for masculine countries and **en** for feminine ones. See page 5.

Future tense

Le week-end prochain, nous allons partir en vacances.	*Next weekend we are going on holidays.*
Je rendrai visite à mes grands-parents.	*I will be visiting my grandparents.*
Ma sœur va travailler à Cork.	*My sister is going to work in Cork.*

French family news

La famille est très sympa. — *The family is very nice.*
La maman est une excellente cuisinière ! — *The mother is an excellent cook!*
Le papa est agent de police. — *The dad is a policeman.*
Les enfants sont sportifs. — *The children are sporty.*
Je m'entends bien avec la famille. — *I get on well with the family.*

Describing your / another's house

J'habite une maison en ville. — *I live in a house in town.*
J'habite une maison à la campagne. — *I live in a house in the country.*
Il y a trois chambres chez moi. — *There are three bedrooms in my house.*
Notre nouvelle maison est grande. — *Our new house is big.*
Nous avons quatre chambres. — *We have 4 bedrooms.*
C'est une maison jumelle. — *It's a semi-detached house.*
C'est une maison individuelle. — *It's a detached house.*
Il y a un grand jardin. — *There is a big garden.*
Ma chambre est confortable. — *My room is comfortable.*
Ma chambre est bien aménagée. — *My room is well fitted out.*
Comment est ta maison ? — *What is your house like?*
Tu habites une grande maison ? — *Do you live in a big house?*

Helping in the house

Tu aides chez toi ? — *Do you help at home?*
Tu fais la cuisine ? — *Do you cook?*
J'aide avec le ménage. — *I help with the housework.*
Je fais de la cuisine. — *I do some cooking.*
Je fais la vaisselle. — *I do the washing up.*
Je range le salon. — *I tidy the sitting room.*
Je passe l'aspirateur. — *I do the vacuuming.*
Je mets la table. — *I set the table.*
Je vide le lave-vaisselle. — *I empty the dishwasher.*
Je range ma chambre. — *I tidy my room.*
Je lave la voiture. — *I wash the car.*
Je mets la table. — *I set the table.*

Talking about your pets

Nous avons un nouveau chien. — *We have a new dog.*
Il est adorable/mignon. — *He's adorable/cute.*
Nous avons un petit chat. — *We have a small cat.*
Il est blanc et noir. — *He's black and white.*
Je promène notre chien le soir. — *I walk our dog each evening.*

Pocket money / spending money

Tu reçois de l'argent de poche?	*Do you get pocket money?*
Tu achètes des vêtements?	*Do you buy clothes?*
Ma mère me donne de l'argent de poche le vendredi.	*My mother gives me pocket money on Fridays.*
Mes parents me donnent de l'argent de poche.	*My parents give me pocket money.*
J'achète des vêtements.	*I buy clothes.*
Je dépense de l'argent en ville.	*I spend money in town.*
J'achète des billets de cinéma.	*I buy cinema tickets.*
J'achète des cadeaux pour ma famille.	*I buy presents for my family.*

Hobbies / pastimes / free time

Pendant mon temps libre …	*During my free time …*
j'aime lire.	*I like reading.*
j'aime faire la cuisine.	*I like to do some cooking.*
j'aime aller sur Internet.	*I like surfing the Net.*
j'aime faire du shopping.	*I like to go shopping.*
je regarde la télé le soir.	*I watch TV in the evenings.*
Le week-end, je joue au football / au hockey.*	*At the weekend, I play football/hockey.*
Je joue de la guitare / du piano.*	*I play the guitar/piano.*

***Remember!** jouer à = to play a sport   jouer de = to play a musical instrument

Local area / your area / your neighbourhood

J'habite au bord de la mer.	*I live beside the sea.*
J'habite en ville.	*I live in town.*
J'habite à la campagne.	*I live in the country.*
Mon quartier est agréable.	*I live in a pleasant area/neighbourhood.*
Il y a des magasins.	*There are shops.*
Il y a une piscine.	*There is a pool.*
Il y a des terrains de sport.	*There are football pitches.*
Il y a beaucoup à faire ici.	*There's lots to do here.*
Dans ma ville, il y a …	*In my town there is …*
un collège.	*a secondary school.*
un cinéma.	*a cinema.*
un centre commercial.	*a shopping centre.*
une plage.	*a beach.*
une bibliothèque.	*a library.*

The weather

Present tense

Aujourd'hui …	*Today …*
Tous les jours / Chaque jour …	*Every day …*
il fait beau.	*the weather is good.*
il fait un temps super.	*the weather is great.*
il y a du soleil.	*it is sunny.*
il fait chaud.	*it is warm.*
il fait vraiment beau.	*it is such good weather.*
le soleil brille du matin au soir.	*the sun is shining from morning to night.*
Quel beau temps !	*What great weather!*
Pas un nuage dans le ciel !	*Not a cloud in the sky!*
Malheureusement, …	*Unfortunately, …*
il pleut des cordes.	*it's raining heavily.*
il fait froid.	*it's cold.*

Past tense

hier	*yesterday*
hier matin	*yesterday morning*
hier après midi	*yesterday afternoon*
hier soir	*yesterday evening*
Il faisait si beau.	*It was so fine.*
Il y avait du soleil tous les jours.	*It was sunny every day.*
Comme il faisait beau !	*What great weather it was!*
Le soleil brillait du matin au soir.	*It was sunny from morning to night.*
Heureusement, il n'a pas plu.	*Luckily, it did not rain.*
Malheureusement, il a plu hier.	*Unfortunately, it rained yesterday.*
Il a plu le week-end.	*It rained at the weekend.*
Il pleuvait tous les jours.	*It was raining every day.*
Il neigeait.	*It was snowing.*
Il faisait froid.	*It was cold.*
Il faisait mauvais.	*The weather was bad.*

Asking some questions about the weather

Quel temps fait-il en France ?	*What's the weather like in France?*
Est-ce qu'il fait beau ?	*Is the weather good?*
Est-ce qu'il pleut ?	*Is it raining?*

What you are doing on holidays

Je m'amuse bien ici.	*I'm having a great time.*
Tous les jours, …	*Every day …*
je me détends.	*I relax.*
je vais nager.	*I go swimming.*
je vais à la plage.	*I go to the beach.*
je vais à la piscine.	*I go to the pool.*
je me fais bronzer.	*I sunbathe.*
je sors.	*I go out.*

What you did on holidays / last weekend

Pendant mes vacances de Noël / de Pâques / d'été …	*During my Christmas/Easter/ summer holidays …*
j'ai nagé.	*I swam.*
j'ai fait de la voile.	*I went sailing.*
j'ai fait de la planche à voile.	*I went wind surfing.*
j'ai pêché.	*I went fishing.*
j'ai joué …	*I played …*
au tennis.	*tennis.*
au volley.	*volleyball.*
au foot.	*football.*
au ping-pong.	*table tennis.*
aux boules.	*bowling.*
Je me suis fait bronzer sur la plage.	*I sunbathed on the beach.* (male and female)
J'ai vu des monuments superbes.	*I saw some great monuments.*
J'ai vu des monuments intéressants.	*I saw some interesting monuments.*
J'ai fait des promenades à vélo.	*I went on bicycle trips.*
J'ai fait des promenades en bateau.	*I went on boat trips.*
J'ai fait des promenades en voiture.	*I went on car trips.*
J'ai fait des excursions en car.	*I went on coach outings.*
Je suis allé en ville.*	*I went into town.* (male)
Le soir, je suis allé au restaurant.	*In the evenings I went to the restaurant.* (male)
Je suis allée en randonnée dans les montagnes.	*I went on a hike in the mountains.* (female)
J'ai fait du vélo tout terrain.	*I went mountain biking.*
J'ai visité un village …	*I visited a village …*
dans les montagnes.	*in the mountains.*
avec de petites rues et une rivière.	*with little streets and a river.*
J'ai acheté un blouson en cuir noir au marché.	*I bought a black leather jacket at the market.*
J'ai rencontré un garçon / une fille.	*I met a boy/girl.*
Il est sympa**/gentil.	*He is nice / He is friendly.*
Elle est sympa/gentille.	*She is nice / She is friendly.*

*The phrase **en ville** is used for 'into town'.

****Remember!** the adjective **sympa** always remains the same whether masculine, feminine or plural!

Le week-end dernier, je suis allé(e) …	*Last weekend I went …*
en ville.	*to town.*
au cinéma.	*to the cinema.*
chez mon ami.	*to my* (male) *friend's house.*
chez mon amie	*to my* (female) *friend's house.*

What you did for your birthday / what you received

J'ai fêté mon anniversaire la semaine dernière.	*I celebrated my birthday last week.*
J'ai fait une fête …	*I had a party …*
à la maison.	*in the house.*
avec tous mes amis.	*with all my friends.*
J'ai organisé la musique et la nourriture.	*I organised the music and the food.*
On m'a offert de beaux cadeaux.	*I got some nice presents.*
Mes parents m'ont offert …	*My parents gave me …*
de l'argent.	*some money.*
des chaussures.	*shoes.*
des baskets.	*runners.*
un portable.	*a mobile phone.*
un lecteur MP3 / un iPod.	*an MP3 player / an iPod.*
Nous avons dansé après avoir mangé des pizzas.	*We danced after eating pizza.*
Je suis allé(e) au cinéma avec la bande.	*I went to the cinema with the gang.*
J'ai vu le dernier film de Brad Pitt.	*I saw the latest Brad Pitt film.*
C'était un très bon film.	*It was a really good film.*
On m'a donné le dernier roman de …	*I got the latest book by …*
Le roman est super.	*The novel is great.*

Plans for your birthday

Je voudrais aller au cinéma pour mon anniversaire.	*I would like to go to the cinema for my birthday.*
J'espère avoir un cadeau surprise / une montre.	*I hope to get a surprise present / a watch.*
J'aimerais faire une grande fête pour tous mes amis.	*I would love to have a big party for all my friends.*
J'aurai un nouveau portable pour mon anniversaire.	*I will have a new mobile for my birthday.*

Asking some questions

Comment est-ce que tu fêtes ton anniversaire ?	*How do you celebrate your birthday?*
Qu'est-ce que tu as comme cadeaux ?	*What kind of presents do you get?*
Qu'est-ce que tu vas faire pour fêter ton anniversaire ?	*What are you going to do to celebrate your birthday?*
Tu sors avec tes amis ?	*Are you going out with your friends?*
Tu sors avec ta famille ?	*Are you going out with your family?*

School news

Present tense

Je me lève tôt pour aller à l'école.	*I get up early to go to school.*
Je vais dans une école mixte.	*I go to a mixed school.*
Je suis dans une école de garçons / filles.	*I go to a boys'/girls' school.*
Je dois porter un uniforme scolaire.	*I have to wear a school uniform.*
Je porte une jupe.	*I wear a skirt.*
Je porte un pantalon, une chemise et un pull.	*I wear trousers, a shirt and a jumper.*
Tout se passe bien à l'école en ce moment.	*Everything is going well at school at the moment.*
Je passe mes examens blancs.	*I am doing my mock exams.*
Je fais des révisions.	*I'm doing revision.*
Je suis en cinqième.	*I am in the fourth year.*
Je travaille d'arrache-pied.	*I'm working really hard.*
Je suis fort en maths / forte en maths.	*I'm good at maths.* (male/female)
Je suis nul/nulle en sciences.	*I'm no good at science.* (male/female)
J'étudie huit matières pour mon brevet.	*I study eight subjects for my Junior Cert.*
J'aime …	*I like …*
Je n'aime pas …	*I don't like …*
Ma matière préférée, c'est l'anglais.	*My favourite subject is English.*
Mon prof de maths / d'histoire / d'anglais est malade en ce moment.	*My maths/history/English teacher is sick at the moment.*
Il y a un nouveau professeur de français.	*There is a new French teacher.*
Il/elle est sévère.	*He/she is strict.*
Il/elle nous donne beaucoup de devoirs.	*He gives us lots of homework.*
Il y a un nouvel élève dans notre classe.	*There is a new* (male) *student in our class.*
Il y a une nouvelle élève dans notre classe.	*There is a new* (female) *student in our class.*
Il/elle est sympa/timide/cool.	*He/she is nice/shy/cool.*
L'école française est vraiment grande.	*The French junior school is so big.*
Le lycée est vraiment moderne.	*The French senior secondary school is really modern.*
Les élèves ne portent pas d'uniforme.	*The students don't wear a uniform.*

Il y a une cantine à l'école française.	*There is a canteen in the French school.*
J'aime l'école française – c'est intéressant.	*I like the French school – it's interesting.*

Past tense

J'ai passé une épreuve de maths/géo.	*I sat/had a maths test / geography test.*
hier / ce matin / la semaine dernière	*yesterday / this morning / last week*
C'était vraiment difficile / facile / assez facile.	*It was really difficult / easy / quite easy.*
J'étais absent(e) la semaine dernière.	*I was absent last week.*
J'étais malade.	*I was sick.*

Future tense

Je passerai mes examens en juin.	*I will do my exams in June.*
Je passerai mon Brevet cette année.	*I will sit/do my Junior Cert. this year.*
J'aurai une épreuve de français demain.	*I have a French test tomorrow.*
Nous aurons une épreuve la semaine prochaine / demain.	*We have a test next week / tomorrow.*

Asking some questions

Comment est ton école/collège ?	*What is your school like?*
Quelle est ta matière préférée ?	*What is your favourite subject?*
Ton collège est moderne ?	*Is your school modern?*
Tu étudies combien de matières ?	*How many subjects do you study?*
Tu aimes les langues / l'EPS ?	*Do you like languages/PE?*

Invitation to your penfriend

Je t'invite à passer une semaine / deux semaines / un mois chez nous.	*I'm inviting you to spend one week / two weeks / one month in our house.*
Ça te dit de venir en Irlande cet été ?	*How about coming to Ireland this summer?*
Tu voudrais venir nous rendre visite ?	*Would you like to come and visit us?*
Aimerais-tu passer un séjour chez nous ?	*Would you like to come to stay in our house?*
Nous pourrions aller en ville.	*We could go to town.*
Nous pourrions aller à Dublin/Galway.	*We could go to Dublin/Galway.*
Nous pourrions aller à la plage.	*We could go to the beach.*
Nous pourrions aller à la campagne.	*We could go to the country.*
Nous pourrions aller à un concert.	*We could go to a concert.*
Nous pourrions jouer au tennis.	*We could play tennis.*
Nous pourrions jouer au football gaélique.	*We could play Gaelic football.*
Tu pourrais prendre l'avion.	*You could take the plane.*
Tu pourrais arriver à l'aéroport de Dublin/Cork.	*You could arrive at Dublin/Cork airport.*
Nous pourrions te retrouver à l'aéroport.	*We could meet you at the airport.*

Thanking someone for an invitation / accepting an invitation

Merci pour ta gentille invitation à passer deux semaines chez toi.	*Thank you for your kind invitation to spend two weeks in your house.*
J'accepte ta gentille invitation.	*I accept your kind invitation.*
Je suis ravi d'accepter ton invitation.	*I am delighted to accept your invitation.* (male)
Je serais ravie d'accepter ton invitation.	*I would be delighted to accept your invitation.* (female)
Ça me ferait de plaisir de venir en France.	*I would be pleased to come to France.*
J'aimerais passer deux semaines chez vous.	*I would love to spend two weeks in your house.*
J'espère venir le vingt juillet.	*I hope to come on 20th July.*
Je compte arriver le trente juin.	*I should arrive on 30th June.*
Je prendrai l'avion de ...... à	*I will get the plane from ...... to ....*

What you hope to do on holidays

J'espère aller à la plage / aller en ville.	*I hope to go to the beach / to town.*
J'espère visiter les sites touristiques.	*I hope to visit the tourist spots.*
Je voudrais visiter ...	*I would love to visit ...*
le stade municipal.	*the stadium.*
le centre sportif.	*the sports centre.*
la plage.	*the beach.*
la ville.	*the town.*
le marché.	*the market.*
ton école/collège.	*your school.*

Refusing an invitation

Malheureusement, je ne peux pas venir.	*Unfortunately, I can't come.*
Je suis désolé / Je suis désolée	*I'm sorry.* (male/female)
Desolé(e) je ne peux pas accepter ton invitation.	*Sorry* (male/female), *I can't accept your invitation.*
J'ai trouvé un petit boulot pour l'été.	*I have found a summer job.*
Mon père / ma mère est malade en ce moment.	*My father/mother is sick at the moment.*
Je n'ai pas assez d'argent.	*I don't have enough money.*
Je suis fauché(e) !	*I'm broke!* (male/female)
Puis-je venir à Noël ?	*Can I come at Christmas?*
Puis-je venir à Pâques ?	*Can I come at Easter?*
Puis-je venir à la mi-trimestre ?	*Can I come during mid-term?*
Est-ce qu'il serait possible de remettre la visite à plus tard ?	*Would it be possible to postpone the visit?*

School trip

Je pars en voyage scolaire en octobre / en février / à Pâques. — *I am going on a school trip in October / in February / at Easter.*

Je pars avec ma classe. — *I am going with my class.*

À Paris, nous logerons à l'hôtel. — *In Paris we will stay in a hotel.*

Nous visiterons tous les monuments de Paris. — *We will visit all the monuments in Paris.*

Nous allons voir la Tour Eiffel / l'Arc de Triomphe / les Champs-Élysées / la cathédrale Notre-Dame / le Centre Pompidou. — *We are going to see the Eiffel Tower / Arc de Triomphe / the Champs-Elysées / Notre Dame Cathedral / the Pompidou Centre.*

Holiday plans

Cet été … — *This summer …*

- je vais rendre* visite à mes cousins. — *I'm going to visit my cousins.*
- je vais chez mes grands-parents à la campagne. — *I am going to visit my grandparents in the county.*
- je travaillerai** au supermarché du coin. — *I will be working in the local supermarket.*
- j'espère aller en Espagne avec ma famille. — *I hope to go to Spain with my family.*

Weekend plans

Ce week-end, je vais jouer* au foot avec mon équipe. — *This weekend I will play football with my team.*

Je vais faire mes devoirs. — *I will do my homework.*

Je vais sortir avec mes amis. — *I will go out with my friends.*

Je vais regarder un DVD chez Julie. — *I will watch a DVD in Julie's house.*

Nous rendrons visite** à ma tante. — *We will visit my aunt.*

Remember!

*You can use aller plus l'infinitif to refer to things you're about to do.

**As well as using aller plus l'infinitif, also try to use le futur to talk about your plans.

Asking questions about the holidays / about the summer

Tu as des projets pour l'été ?	*Have you any plans for the summer?*
Tu as des projets pour les vacances ?	*Have you any plans for the holidays?*
Tu vas en vacances avec ta famille ?	*Are you going on holiday with your family?*
Tu vas à l'étranger ?	*Are you going abroad?*
Est-ce que tu pars à l'étranger ?	*Are you going abroad?*
Tu vas encore à la campagne cet été ?	*Are you going to the country again this summer?*
Où vas-tu en vacances en août ?	*Where are you going on holidays in August?*
Quels sont tes projets pour les grandes vacances ?	*What are your plans for the summer holidays?*
Quand est-ce que tu pars en vacances ?	*When do you go on holidays?*
Est-ce que tu pars avec ta famille ?	*Are you going with your family?*
Est-ce que tu pars avec tes amis ?	*Are you going with your friends?*
Qu'est-ce que tu as prévu pour tes vacances ?	*What have you planned for your holidays?*
Tu vas travailler en été ?	*Are you going to work in the summer?*

A good film/book/DVD

Je suis allé(e) au cinema voir le nouveau film de …… .	*I went to the cinema to see ……'s new film.*
Le film était amusant / plein de suspense / plein d'aventure.	*The film was funny / full of suspense/ adventure*
Je recommande le film – va le voir !	*I recommend the film – go see it!*
J'ai eu un livre comme cadeau d'anniversaire.	*I received a book for a birthday present.*
Le livre est super !	*The book is brilliant!*
Je dévore les livres !	*I devour books!*
Le DVD que je viens d'acheter est génial !	*The DVD that I have just bought is brilliant!*
J'écoute le CD tout le temps.	*I listen to the CD all the time.*
C'est mon DVD favori.	*It's my favourite DVD.*

Asking some questions

Tu aimes la musique pop ?	*Do you like pop music?*
Tu as un groupe favori ?	*Have you a favourite group?*
Tu joues d'un instrument ?	*Do you play an instrument?*
Qu'est-ce que tu écoutes sur ton iPod en ce moment ?	*What are you listening to on your iPod at the moment?*
Tu vas souvent au cinéma ?	*Do you often go to the cinema?*
Tu aimes les comédies ?	*Do you like comedies?*
Qui est ton acteur préféré / actrice préférée ?	*Who is your favourite film actor / film actress?*
Quel genre de musique aimes-tu ?	*What type of music do you like?*
Tu aimes lire ?	*Do you like to read?*
Tu as un auteur favori ?	*Do you have a favourite author?*

Favourite food

Mon plat favori est le poulet rôti.	*My favourite dish is roast chicken.*
J'aime le chocolat.	*I love chocolate.*
Je mange des fruits chaque jour.	*I eat fruit every day.*
Je fais un sandwich pour mon déjeuner.	*I make a sandwich for my lunch.*
J'adore les salades.	*I adore salads.*

Asking some questions

Quel est ton plat préféré ?	*What is your favourite dish?*
Est-ce que tu aimes les frites ?	*Do you like chips?*
Tu manges des fruits et des légumes ?	*Do you eat fruit and vegetables?*
Il y a quelque chose que tu n'aimes pas ?	*Is there something you don't like?*

Favourite TV programme

J'adore Les Simpson.	*I adore* The Simpsons.
C'est mon émission préférée.	*It's my favourite programme.*
C'est amusant/marrant.	*It's funny.*
C'est très intéressant.	*It's very interesting.*
Je regarde mon émission préférée le soir.	*I watch my favourite programme in the evening.*
Tu as une émission favorite ?	*Do you have a favourite programme?*

Finishing the letter / giving your regards to parents/friends

Dis bonjour à tes parents de ma part.	*Give my regards to your parents.*
Dis bonjour à tes amis de ma part.	*Give my regards to your friends.*
Un grand bonjour à ton père / à ta mère.	*Give my regards to your dad and mum.*
Un grand bonjour surtout à Sophie / Kévin	*Give my regards especially to Sophie/ Kevin.*
Je dois te quitter, j'ai des devoirs à faire.	*I must go now, I have homework to do.*
Je dois te laisser maintenant.	*I have to leave you now.*
C'est tout pour le moment.	*That's all for now.*
N'oublie pas de m'écrire bientôt.	*Don't forget to write soon.*
J'ai hâte d'avoir de tes nouvelles.	*I am dying to hear your news.*
Écris-moi pour me donner toutes les nouvelles.	*Write to me with all the news.*
J'espère te lire bientôt.	*I hope to hear from you soon.*
Écris-moi vite.	*Write soon.*
Amitiés, … / Amicalement, …	*Your friend, …*
Grosses bises, / Bisous,	*Love and kisses, …*
Meilleures pensées, …	*Best wishes, …*
Amitiés, … / Cordialement, …	*Regards, …*

Practice informal letters – Ordinary level

1. Write a **letter** in French to your French penpal, Thomas/Léa. Include at least **four** of the following points:
   - thank him/her for his/her last letter
   - ask how the family is
   - say something about your house
   - say your sister is sick
   - tell him/her what you like to eat
   - mention something you did at the weekend
   - ask when his/her birthday is
   - say something you will do during the holidays.
2. Write a **letter** in French to your French penpal, Bernard/Bernadette. Include at least **four** of the following points:
   - ask how she/he is
   - say what your favourite subject is at school
   - tell them about a pet you have
   - say what you do to help at home
   - ask what he/she got for their birthday
   - talk about what you do in your spare time
   - give some details about what you will do in the summer
   - invite him/her to visit you in Ireland next year.
3. Write a **letter** in French to your French penpal, Louis/Louise. Include at least **four** of the following points:
   - thank him/her for the present
   - describe what you wear to school
   - say where you went on holiday
   - ask about his/her family
   - talk about something you did at the weekend
   - say you are going on holidays next week
   - say something about your favourite TV programme
   - talk about your local area.

Tip!

Before you finish, check that you have written four points.
Check your spelling and verb endings.

Practice informal letters – Higher level

1. You are on your Easter holidays. Write a **letter** to your French penpal, Audrey, in which you
- – thank her for her last letter and the CD
- – tell her that you finished your mock exams
- – ask her about her plans for the Easter break
- – say what you did for your friend's birthday last week
- – give some news about your family.

2. You have returned to school after the summer holidays. Write a **letter** to your French penpal, Alain, in which you
- – thank him for the birthday present
- – say what you did during the holidays
- – ask him to come and visit you for a week at Christmas
- – say what you can do during his stay
- – tell him something about your new French teacher.

3. You have returned from a visit to your French penpal, Luc or Lucie, in France. Write him/her a **letter** in which you
- – thank him/her for your stay
- – say what you liked about your stay
- – give some news about your journey home
- – ask about the family
- – say what you are doing for the weekend.

Tip!

When you have finished your letter, check the following:
- that you have written some sentences about each point asked
- that each verb is in the correct tense
- that each verb has the correct ending
- that, if you have used adjectives, you have the correct agreement.

Layout for formal letters

The formal letter deals with applying for a summer job, booking a hotel room/campsite, asking a Tourist Office for information, applying to a school to ask if you can have a short visit.

1 You must write two addresses:
   a your address goes on the top left-hand side of the page
   b the address of the French person goes on the top right-hand side.
2 The place and date are also written on the right-hand side.
3 Begin the letter with Madame/Monsieur. Never use Cher/Chère in a formal letter!
4 One of these endings must be learned off by heart and used to obtain maximum marks:

Veuillez agréer, Madame/Monsieur, l'expression de mes sentiments respectueux.

OR

Veuillez agréer, Monsieur/Madame, l'expression de mes sentiments distingués.

5 Sign your name at the end of the letter.
6 Always use vous for 'you'. Never use tu in a formal letter, e.g.: Je vous écris = *I am writing to you.*
7 Use votre for 'your' before a singular noun (votre hôtel = *your hotel*) and use vos for 'your' before plural nouns (vos chambres = *your rooms*).

To begin a formal letter

Patrick Mason
12 Milestone Street
Lifford
Co. Donegal
IRLANDE

Hôtel du Nord
Avenue du Nord
75011 PARIS
FRANCE

Lifford, le 10 novembre 201–

Madame/Monsieur,

To end a formal letter

Veuillez agréer, Madame/Monsieur, l'expression de mes sentiments respectueux/distingués.

Tip!
Learn this phrase par cœur.

Phrases for formal letters

Applying for a summer job

J'ai lu votre annonce …	*I read your advertisement …*
dans le journal.	*in the paper.*
sur Internet.	*on the Internet.*
Ayant lu votre annonce, je voudrais poser ma candidature pour …	*Having read your advertisement, I would like to apply for…*
le poste de serveur.	*the position of waiter.*
le poste de serveuse.	*the position of waitress.*
le poste de vendeur.	*the position of* (male) *shop assistant / salesman*
le poste de vendeuse.	*the position of* (female) *shop assistant / saleswoman.*
le poste de jeune fille au pair.	*the position of* au pair.
Je suis très intéressé(e) par le poste.	*I'm very interested in the job.* (male/female)

Détails personnels

Je m'appelle …… .	*My name is …… .*
J'ai ……. ans.	*I am …… years of age.*
Je parle couramment anglais.	*I speak fluent English.*
Je parle bien français.	*I speak French well.*
J'ai déjà travaillé comme …	*I have already worked as a ….*
serveur/serveuse	*waiter/waitress*
vendeur/vendeuse	*sales assistant* (male/female)
L'année dernière, j'ai travaillé …	*Last year I worked …*
dans un restaurant du coin	*in a local restaurant.*
dans un supermarché du coin.	*in a local supermarket.*
pour une famille voisine.	*for a neighbour's family*
Le travail m'a beaucoup plu.	*I really enjoyed the work.*
J'aimais ce genre du travail.	*I liked this type of work.*
J'ai gardé les enfants de ma tante / mes voisins.	*I minded children for my aunt / my neighbours.*
Je voudrais travailler en France.	*I would like to work in France.*
J'aime la culture française.	*I like French culture.*
Je voudrais améliorer mon français.	*I would like to improve my French.*
Je serai disponible du premier au trente.	*I will be available from the first to the thirtieth.*
Veuillez* trouver ci-jointe …	*Please find enclosed …*
une lettre de recommandation.	*a reference letter.*
une lettre de mon directeur / ma directrice.	*a letter from my* (male) *principal /* (female) *principal.*
une lettre du patron du restaurant.	*a letter from the restaurant owner.*
une lettre du propriétaire du magasin.	*a letter from the owner of the shop.*

*Veuillez is a formal, polite word often used in letters when directing the recipient to do something – 'Would you kindly… ?'

Asking some questions

Pourriez-vous me donner des renseignements …	*Could you give me some information …*
au sujet de l'hôtel ?	*about the hotel?*
au sujet du restaurant ?	*about the restaurant?*
au sujet de la famille ?	*about the family?*
au sujet des enfants ?	*about the children?*
Votre famille est sportive ?	*Is your family interested in sport?*
Pourriez-vous me renseigner sur votre hôtel ?	*Could you tell me about your hotel?*
Est-ce que votre hôtel est grand ou petit ?	*Is your hotel big or small?*
Est-ce que votre hôtel est moderne avec une piscine ?	*Is your hotel modern with a pool?*
Pourriez-vous me renseigner sur votre restaurant ?	*Could you tell me about your restaurant?*
Quels jours est-ce que je travaillerai ?	*What days will I work?*
Je commencerai à quelle heure chaque jour ?	*What time will I start at each day?*
Je finirai à quelle heure chaque jour ?	*What time will I finish each day?*
Est-ce que j'aurai ma propre chambre ?	*Will I have my own room?*

Booking a hotel

Je vous écris de la part de ma famille / mes parents.	*I am writing on behalf of my family / my parents.*
Nous allons en France cet été.	*We are going to France this summer.*
Ma famille a l'intention de …	*My family intend to …*
Mes amis et moi avons l'intention de …	*My friends and I intend to …*
Je voudrais réserver …	*I would like to book …*
une chambre.	*one room.*
une chambre pour une famille.	*a family room.*
deux chambres doubles.	*two double rooms.*
une chambre à deux lits.	*a twin room.*
une chambre avec douche.	*a room with a shower.*
une chambre avec salle de bains.	*a room with a bathroom.*
une chambre avec balcon.	*a room with a balcony.*
Nous avons l'intention de passer …	*We intend to spend …*
un week-end	*a weekend*
une semaine	*one week*
une quinzaine	*a fortnight*
… dans votre hôtel.	*… in your hotel.*
Nous avons l'intention d'arriver le six mai.	*We intend to arrive on 6th May.*

Mon ami/amie a recommandé votre hôtel.	*My friend recommended your hotel.*
Il était très content de son séjour.	*He was very happy with his stay.*
Elle était très contente de son séjour.	*She was very happy with her stay.*
Nous aimerions séjourner en pension complète / en demi-pension.	*We would like full board / half board.*

Booking a campsite – un terrain de camping

Nous voudrions réserver un emplacement.	*We would like to book a site.*
Nous voudrions un emplacement à l'ombre.	*We would like a site in the shade.*
Nous avons une tente/caravane/voiture.	*We have a tent/caravan/car.*
Nous voudrions louer un mobil-home.	*We would like to rent a mobile home.*

Booking a youth hostel – une auberge de jeunesse

Je voudrais réserver deux lits dans votre auberge de jeunesse.	*I would like to book two beds in your youth hostel.*
Nous allons rester trois nuits.	*We're going to stay three nights.*
Il y a six personnes dans le groupe.	*There are six people in the group.*

Asking some questions

Pourriez-vous m'indiquer le prix du séjour ?	*Could you let me know the cost of the stay?*
Est-ce qu'il y a une piscine à l'hôtel ?	*Is there a pool in the hotel?*
Il y a une piscine au camping ?	*Is there a pool in the campsite?*
Est-ce qu'il y a des sites touristiques dans les environs ?	*Are there tourist attractions nearby?*
Pourriez-vous m'envoyer des brochures sur la région/ville ?	*Could you send me some brochures about the area/town?*

Writing to the tourist office for information

Je vous écris pour vous demander …	*I am writing to ask you for …*
des renseignements.	*information.*
des brochures.	*brochures.*
un plan de la ville.	*a town map / street plan.*
une carte de la région.	*a map of the area.*
une liste d'hôtels.	*a list of hotels.*
Je prépare un dossier sur …… pour mon cours de français.	*I am doing a project on …… for my French class.*

Je prépare un dossier au sujet de …	*I am preparing a project on …*
votre ville.	*your town.*
votre région.	*your area.*
vos sites touristiques.	*tourist sites.*
Je vous serais reconnaissant(e) si vous pouviez …	*I would be grateful if you could …*
m'envoyer …	*send me …*
me faire savoir …	*let me know …*
me donner …	*give me …*

Asking some questions

Pourriez-vous m'envoyer des renseignements par e-mail/courriel ?	*Could you send me some information by email?*
Pourriez-vous m'envoyer par courrier …	*Could you send me by post …*
des dépliants / des brochures ?	*some leaflets/brochures?*
un plan de la ville ?	*a map of the town?*
une carte de la région ?	*a map of the region?*
Quels sont les sites touristiques de la région ?	*What are the tourist attractions in the area?*
Veuillez …	*Would you be so kind as to …*

Asking to attend a French school

Madame la Directrice	*The Principal* (female)
Monsieur le Directeur	*The Principal* (male)
Je voudrais passer un mois dans votre école.	*I would like to spend a month in your school.*
Je vous écris pour vous demander la permission de …	*I am writing to ask your permission to …*
Je veux perfectionner mon français.	*I want to perfect my French.*
Je veux améliorer mon français.	*I want to improve my French.*
Je suis en cinquième année.	*I am in the fourth year.*
Je suis un bon travailleur.	*I am a good worker.* (male)
Je suis une bonne travailleuse.	*I am a good worker.* (female)
J'étudie le français au niveau ordinaire.	*I study Ordinary level French.*
J'étudie le français au niveau supérieur.	*I study Higher level French.*
Je serai disponible du premier au trente.*	*I will be available from the first to the thirtieth.*
Veuillez trouver ci-jointe …	*Please find enclosed …*
une lettre de mon Directeur.	*a letter from my Principal.* (male)
une lettre de ma Directrice.	*a letter from my Principal.* (female)
une lettre de mon prof de français.	*a letter from my French teacher.*

*du + date = from the date (e.g. du cinq = from the fifth)
au + date = to the date (e.g. au dix = to the tenth)

Asking some questions

Je serais en quelle classe?	*What class would I be in?*
Pourriez-vous me dire le nombre d'élèves dans la classe?	*Could you tell me the number of students in the class?*
Pourriez vous m'indiquer le nombre d'étudiants?	*Could you tell me the number of students?*
Les cours commencent à quelle heure?	*What time do classes start?*
Est-ce qu'il y a une cantine?	*Is there a canteen?*
Je dois payer la cantine?	*Do I have to pay to eat in the cantine?*
Je dois payer le car scolaire?	*Do I have to pay for the school bus?*
Je ferai quelles matières?	*Which subjects shall I take?*
Le trimestre commence à quelle date?	*On what date does term start?*

Ending your formal letter

J'espère vous lire bientôt.	*I hope to hear from you soon.*
Dans l'attente de votre réponse.	*I look forward to your reply.*
Je vous remercie d'avance.	*Thanking you in advance.*
J'attends votre réponse le plus rapidement possible.	*I look forward to hearing from you as soon as possible.*

AND you must always end with this phrase:
Veuillez agréer, Monsieur/Madame, l'expression de mes sentiments respectueux/distingués.

Practice formal letters – Higher level

1. Your name is Daniel/Danielle Browne. Your address is 10 The Downs, Gorey, Co. Wexford. You wish to book hotel accommodation in France for your family.

Write a **formal letter** to the owner of the hotel, M. or Mme Bayard, Hôtel Mercure, Vannes, 56000 Bretagne, France, in which you

- say that you want to book 2 rooms for a week in October
- say that your family will arrive on 28th October
- you would like rooms with a shower and a balcony
- ask if there is a swimming pool in the hotel.

2. Your name is Paul/Pauline. Your address is Bayview, Dublin Road, Ashbourne, Co. Meath. You wish to stay in a French school in Strasbourg to help you with the language.

Write a **formal letter** to the principal of the school, M. or Mme Lefèvre, Lycée Émile Zola, 67000 Strasbourg, France, in which you

- say that you would like to spend 3 weeks in the school
- give details about yourself
- ask for some information about the school
- ask what there is to do in the area.

3. Your name is Joseph/Josephine O'Leary and your address is 76 Northcliffe Heights, Kilcoole, Co. Wicklow. You wish to apply for a summer job in France.

Write a **formal letter** to the owner of the restaurant, M. or Mme. Rocher, Restaurant La Courbe, rue Napoléon, 71000 Mâcon, France, in which you

- apply to work as a waiter/waitress in the restaurant
- give some information about yourself
- state why you would like to work in France
- ask for some information about the hours you will work.

Tip!

When you have finished your letter, check the following:

- that you have set out your letter correctly for a formal letter
- that you have used vous, votre/vos throughout
- that you have used the correct tense and verb endings
- that you have used the correct closing phrase for a formal letter.

NOTE: Marks are given for using the correct formal opening and closing phrases.

Lexique

This Lexique comprises words which you will come across in the Bon Travail ! 2 textbook. It does not replace a dictionary but is an aid to your learning. It means that you do not always have to carry a dictionary.

The Lexique is set out alphabetically for ease of use. Following the Department of Education and Skill's recommendation that each student of language should keep a carnet or notebook of vocabulary learned, there is additional space at the end of each letter of the alphabet for you to add any new words you have met.

- The following abbreviations are used throughout the Lexique:
  (m.) = masculine noun
  (f.) = feminine noun
  (m./f.) = masculine or feminine noun
  (m. pl.) = masculine plural noun
  (f. pl.) = feminine plural noun
  (adj.) = adjective
  (adj. inv.) = invariable adjective
- All nouns are listed with the correct article défini (definite article), i.e. le, la, l' or les.
- Where there is no difference in the spelling of the noun for masculine and feminine, this is indicated by (m./f.). Where the feminine ending differs, it is given in brackets, e.g. l'Allemand(e) (m./f.), or after an oblique stroke, e.g. le/la chanteur/euse (m./f.).
- All adjectives are given in the masculine singular form but the feminine ending is also given in brackets or after an oblique stroke.
- Verbes pronominaux (reflexive verbs) are listed under the first letter of the verb, rather than under se or s'. For example, the verb se lever is to be found under the letter l and the verb s'amuser, under the letter a.

Lexique

	à bientôt !	*see you soon!*
	à bord de	*on board*
	à côté de	*beside*
	à droit	*to the right*
	à gauche	*to the left*
	à l'étranger	*abroad*
	à la hausse	*on the rise, increasing*
	à l'heure	*on time*
	à partir de	*from (used with time, money, etc.)*
	à peine	*hardly*
	à peu prèf	*almost*
	à peu près	*about*
	à pied	*on foot*
	à plus tard !	*see you later!*
	à tout à l'heure !	*see you soon! / be in touch soon!*
	à travers	*through, across*
l'	abri	*shelter*
l'	accident (m.)	*accident*
	accrocher	*to hang on to, to attach to*
l'	accueil (m.)	*reception (e.g. in a hotel)*
	accueillir	*to welcome*
l'	achat (m.)	*purchase*
	acheter	*to buy*
	actif/ive (adj.)	*active*
l'	adolescent(e) (m./f.)	*adolescent, teenager*
	aérer	*to air*
l'	aéroport (m.)	*airport*
	afficher	*to affix*
	affreux/euse (adj.)	*terrible, awful*
	afin que	*so that*
l'	âge (m.)	*age*
l'	agenda (m.)	*diary*
l'	agrafeuse (f.)	*stapler*
	agréable (adj.)	*pleasant*
	aider	*to help*
l'	ail (m.)	*garlic*
	aimer	*to love, to like*
	aîné(e) (adj.)	*older*
	ainsi que	*as well as*
l'	air	*open air*
l'	aire (f.) de jeux	*play area, playground*

l'	aire (f.) de repos	*rest area (beside a road), lay-by*
l'	aire (f.) de service	*service area*
l'	aise	*ease*
	ajouter	*to add*
l'	Algérie (f.)	*Algeria*
	algérien/ne (adj.)	*Algerian*
l'	alimentation (f.)	*small food shop*
l'	Allemagne (f.)	*Germany*
	allemand(e) (adj.)	*German*
	aller	*to go*
	aller bon train	*to make good progress*
	aller chercher quelqu'un	*to fetch someone*
	allô !	*hello! (on telephone)*
	allumer	*1. to light 2. to turn on (radio, light, TV)*
	alors	*1. then (= at that time) 2. so*
	alors que	*while*
	améliorer	*to improve*
les	aménagements (m. pl.)	*facilities*
	aménager	*to fit out*
	amener	*to bring*
	américain(e) (adj.)	*American*
l'	ami(e) (m./f.)	*friend*
	amicalement	*all the best*
l'	amitié (f.)	*friendship*
	amitiés	*all the best, best wishes*
	amoureux/euse (adj.)	*in love with*
s'	amuser	*to have fun*
l'	an	*year*
l'	ananas (m.)	*pineapple*
	ancien/ne (adj.)	*1. (before noun) old, ancient 2. (after noun) former*
l'	ange (m.)	*angel*
	anglais(e) (adj.)	*English*
l'	Angleterre (f.)	*England*
l'	animal (m.) (pl. les animaux)	*animal*
l'	animateur/trice (m./f.)	*1. activity leader 2. host/compère*
l'	animation (f.)	*1. activity 2. bustle 3. animation*
l'	année (f.)	*year (period of time)*
l'	anniversaire (m.)	*birthday, anniversary*
l'	annonce (f.)	*newspaper advertisement*
l'	annuaire (m.)	*telephone directory*
	août	*August*
	apparaître	*to appear*
l'	appareil (m.)	*1. device, appliance 2. TV or radio set 3. camera 4. telephone 5. aircraft*
l'	appareil (photo) numérique (m.)	*digital camera*
l'	appartement (m.)	*apartment/flat*
l'	appel (m.)	*call*

s'	appeler	*to be called*
	apporter	*to bring*
	apprendre	*to learn*
l'	apprenti(e) (m./f.)	*apprentice*
	après	*after*
l'	après-midi (m.)	*afternoon*
	arboré(e) (adj.)	*planted with trees, wooded*
l'	architecte (m./f.)	*architect*
l'	argent (m.)	*money*
l'	argent (m.) de poche	*pocket money*
l'	armoire (f.)	*wardrobe*
l'	arrêt (d'autobus) (m.)	*bus stop*
	arrêter	*1. to stop 2. to arrest*
s'	arrêter	*to stop (moving), to come to a halt*
l'	arrivée (f.)	*arrival*
	arriver	*to arrive*
	arriver à	*to manage to*
	arroser	*1. to sprinkle 2. to water (plants)*
l'	ascenseur (m.)	*lift*
l'	aspirateur (m.)	*vacuum cleaner*
	assez	*1. quite 2. enough*
l'	assiette (f.)	*plate*
l'	assistant(e) maternel/le (m./f.)	*childminder*
	assister à	*to attend*
	assurer	*to insure*
l'	atelier (m.)	*workshop*
l'	athlétisme (m.)	*athletics*
l'	attaquant(e) (m./f.)	*attacker (sport)*
	atteindre	*to reach*
	attendre	*to wait (for)*
	attendre avec impatience	*to look forward to*
	attention !	*careful! look out!*
	atterrir	*to land (of an aircraft)*
l'	atterrissage (m.)	*landing (of an aircraft)*
	attirer	*to attract*
	attraper	*to catch*
l'	auberge (f.)	*inn*
l'	auberge (f.) de jeunesse	*youth hostel*
	au-dessus de	*beneath*
	aujourd'hui	*today*
	au sujet de	*on the subject of, about*
	aussi	*1. also 2. as …*
l'	autobus (m.)	*bus*
l'	autocar (m.)	*coach*
l'	automne (m.)	*autumn*
l'	autoroute (f.)	*motorway*
	autour de	*around*

	autre	*other*
l'	Autriche (f.)	*Austria*
l'	auxiliaire (m./f.)	*assistant, helper*
	avec	*with*
l'	avenir (m.)	*future*
l'	aventure (f.)	*adventure*
l'	averse (f.)	*shower (rain or snow)*
l'	avion (m.)	*(aero)plane*
l'	avis (m.)	*opinion*
l'	avocat(e) (m./f.)	*lawyer*
	avoir	*to have*
	avoir besoin de	*to need*
	avoir de la chance	*to be lucky*
	avoir envie de	*to want to, to feel like …*
	avoir faim	*to be hungry*
	avoir lieu	*to take place*
	avoir mal à …	*to have a painful/sore …*
	avoir soif	*to be thirsty*
	avoir tendance à	*to have the tendency to*
	avouer	*to admit*
	avril	*April*

le	baby-foot (m.)	*table football*
le	bac (m.) à sable	*sandpit*
le	baccalauréat (le bac) (m.)	*school leaving certificate, baccalauréat*
les	bagages (m. pl.)	*luggage*
se	baigner	*to have a bath*
le	bain moussant (m.)	*bubble bath*
	baisser	*to lower*
la	balade (f.)	*walk, ride*
la	balançoire (f.)	*swing*
le	balcon (m.)	*balcony*
le	ballon (m.)	*1. ball 2. balloon*
le	bambou (m.)	*bamboo*
le	banc (m.)	*bench*
la	bande (f.)	*bandage*
la	banlieue (f.)	*suburb*

la	barbe (f.)	*beard*
la	barbe à papa (f.)	*candyfloss*
la	barrière (f.)	*gate*
le	bas (m.)	*stocking*
	bas/basse (adj.)	*low*
le	basket (m.)	*basketball*
les	baskets (f. pl)	*sports shoes, trainers, runners*
le	bateau (pl. les bateaux)	*boat*
le	bateau (m.) de plaisance	*pleasure boat*
le	bateau-mouche (m.)	*sightseeing boat (in Paris)*
le	bâtiment (m.)	*building*
	bâtir	*to build*
le	bâton (m.) de colle	*glue stick*
la	batterie (f.)	*drums*
	beau, bel, beaux (adj. m.)	*fine, handsome, beautiful*
	belle, belles (adj. f.)	*fine, handsome, beautiful*
	beaucoup de	*lots of*
le	beau-père (m.)	*1. stepfather 2. father-in-law*
le	bébé (m.)	*baby*
	beige (adj.)	*beige, cream*
le	beignet (m.)	*doughnut*
	belge (adj.)	*Belgian*
la	Belgique (f.)	*Belgium*
la	belle-mère	*1. stepmother 2. mother-in-law*
le/la	bénévole (m./f.)	*volunteer*
le	beurre (m.)	*butter*
	beurrer	*to butter*
la	bibliothèque (f.)	*library*
	bien	*well*
	bien sûr	*of course*
	bientôt	*soon*
le	bijou (m.) (pl. les bijoux)	*jewel*
la	bijouterie (f.)	*jeweller's*
le	bilan (m.)	*total, result*
le	billet (m.)	*ticket*
la	billeterie (f.)	*1. automatic ticket machine 2. cash machine*
	bio (adj. inv.)	*organic*
la	bise (f.)	*kiss*
le	bisou (m.) (pl. bisous)	*kiss*
	blanc/blanche (adj.)	*white*
se	blesser	*to injure oneself, to hurt oneself*
la	blessure (f.)	*injury*
le	bleu (m.)	*bruise*
	bleu(e) (adj.)	*blue*
	bleu marine (adj. inv.)	*navy blue*
le	bloc-notes (m.) (pl. les blocs-notes)	*clipboard, A4 pad, notepad*

le	blouson (m.)	*jacket*
	boire	*to drink*
le	bois (m.)	*wood*
la	boisson (f.)	*drink*
la	boîte (f.)	*box*
la	boîte aux lettres (f.)	*letter box*
	bon/bonne	*good*
le	bonbon (m.)	*sweet*
le	bonnet (m.)	*hat, cap*
le	bord (m.)	*edge, bank*
au	bord de	*beside/next to*
la	borne (f.) Internet	*Internet connection*
la	bouche (f.)	*mouth*
le/la	boucher/ère (m./f.)	*butcher*
le	boudin (m.)	*pudding*
	bouger	*to move*
la	bougie (f.)	*candle*
	bouillir	*to boil*
le	bouillon (m.)	*stock*
le/la	boulanger/ère	*baker*
la	boulangerie (f.)	*baker's shop*
la	boule (f.) de neige	*snowball*
	bouleversé(e) (adj.)	*upset, bowled over*
le	boulodrome (m.)	*area for playing boules*
le	boulot (m.)	*part-time job*
	bourrer	*to stuff*
la	bourse (f.)	*grant*
la	bouteille (f.)	*bottle*
la	boutique (f.)	*(small) shop, boutique*
le	branchement (électrique) (m.)	*(electricity) connection*
la	Bretagne (f.)	*Brittany*
	breton/ne	*Breton*
le	brevet (m.)	*certificate, diploma*
	briller	*to shine*
la	brosse (f.) à dents	*toothbrush*
la	brosse (f.) à cheveux	*hairbrush*
se	brosser	*to brush one's teeth/hair*
le	brouillard (m.)	*fog*
le	bruit (m.)	*noise*
se	brûler	*to burn oneself*
la	brûlure (f.)	*burn*
la	brume (f.)	*mist*
	brumeux/euse (adj.)	*misty*
	Bruxelles	*Brussels*

la	buanderie (f.)	*laundry room, utility room*
la	bûche de Noël (f.)	*Christmas chocolate log*
le	bureau (m.) (pl. bureaux)	*1. office 2. desk*
le	bureau (m.) des objets trouvés	*lost property office*
le	but (m.)	*aim, goal*
le	butin (m.)	*booty*

	ça te dit de … ?	*how about …?*
la	cabine (f.) d'essayage	*fitting room*
le	cabinet (m.)	*office/surgery (doctor/dentist)*
le	cadeau (m.) (pl. les cadeaux)	*present, gift*
le	cadre (m.)	*setting, frame*
le	cahier (m.)	*copy(book)*
le	calcul (m.)	*calculation*
la	calculatrice (f.)	*calculator*
	calme (adj.)	*calm, peaceful*
	cambrioler	*to burgle*
le	camion (m.)	*lorry*
le	camion-citerne (m.) (pl. camions-citernes)	*tanker (lorry)*
la	camionnette (f.)	*van*
le	camionneur (m.)	*lorry driver*
la	campagne (f.)	*countryside*
le	camping (m.)	*campsite*
le	camping-car (m.)	*camper/motor-home*
le	camping-gaz (m.)	*gas cylinder, Primus stove*
le	canard (m.)	*duck*
la	canicule (f.)	*heat wave*
la	cannelle (f.)	*cinnamon*
	capter	*to tap, to harness*
	car	*because, for*
le	car (m.)	*coach*
le	carburant (m.)	*fuel*
le	Carême (m.)	*Lent*
la	cargaison (f.)	*load, cargo*
	caritatif/ive (adj.)	*charitable*
le	carnet (m.)	*notebook*

le	carnet (m.) de tickets	*book of tickets*
le	carreau (m.) (pl. les carreaux)	*1. tile 2. square (shape)*
la	carrière (f.)	*career*
le	cartable (m.)	*school bag*
la	carte (f.)	*1. map 2. card (e.g. birthday) 3. menu*
la	carte (f.) magnétique	*swipe card*
la	carte (f.) postale	*postcard*
la	cartouche (f.) d'encre	*ink cartridge*
la	casquette (f.)	*cap*
	casser	*to break*
se	casser (e.g. le bras)	*to break (e.g. an arm)*
la	cassonade (f.)	*brown sugar*
la	ceinture (f.) de sécurité	*seat belt*
le	centre (m.) commercial	*shopping centre*
le	centre (m.) d'accueil	*reception centre*
le	centre-ville (m.)	*town/city centre*
	cependant	*however*
le	cerf (m.)	*stag*
	c'est-à-dire	*that is (to say), i.e.*
la	chaîne (f.)	*chain, TV channel*
la	chambre (f.)	*bedroom*
la	chambre (f.) d'hôte	*bed and breakfast accommodation*
le	champignon (m.)	*mushroom*
le	championnat (m.)	*championship*
la	chance	*luck, good fortune*
le	changement (m.)	*change*
le/la	chanteur/euse (m./f.)	*singer*
le	chantier (m.)	*worksite*
	chaque (adj.)	*every*
le	char (m.)	*float (in a procession)*
la	charcuterie (f.)	*1. cured and cooked meats 2. delicatessen shop*
	chargé(e) de	*charged with, responsible for*
le	chargement (m.)	*load*
le/la	charpentier/ière (m./f.)	*carpenter*
la	chasse (f.)	*hunt*
le	chat (m.)	*cat*
le	châtaignier (m.)	*sweet chestnut tree*
le	château (m.) (pl. châteaux)	*castle, chateau*
le	château (m.) de sable	*sandcastle*
la	châtelaine (f.)	*lady of the castle*
le	chaton (m.)	*kitten*
	chaud(e) (adj.)	*hot*
le	chauffage (m.)	*heating*
le	chauffeur/euse (m./f.)	*driver, chauffeur*
la	chaussette (f.)	*sock*
la	chaussure (f.)	*shoe*
	chauve (adj.)	*bald*

le	chef cuisinier (m.)	*chef*
le	chef-d'œuvre (m.)	*masterpiece*
le	chef (m.) de rayon	*department manager*
la	cheminée (f.)	*fireplace*
la	chemise (f.)	*shirt*
le	chèque-cadeau (m.)	*gift token*
	cher/chère (adj.)	*1. dear (= beloved) 2. dear (= expensive)*
	chercher	*to look for*
le	cheval (m.) (pl. les chevaux)	*horse*
les	cheveux (m. pl.)	*hair*
la	cheville (f.)	*ankle*
	chez	*to/at the house of*
	chic (adj. inv.)	*chic, fashionable, smart*
le	chien (m.)	*dog*
le	chiffre (m.)	*number, digit*
	chimique (adj.)	*chemical*
la	Chine (f.)	*China*
	chinois(e) (adj.)	*Chinese*
le	chiot	*puppy*
les	chips (f. pl.)	*crisps*
le	chœur (m.)	*choir*
	choisir	*to choose*
le	choix (m.)	*choice*
le/la	chômeur/euse (m./f.)	*unemployed man/woman*
la	chose (f.)	*thing*
le	chou (m.) (pl. les choux)	*cabbage*
la	chute (f.)	*fall*
le	cinéplex (m.)	*multiplex cinema*
la	circulation (f.)	*traffic*
	circuler	*to travel, to run (e.g. of busses)*
les	ciseaux (m. pl.)	*scissors*
la	cité (f.) balnéaire	*seaside town/resort*
le	citron (m.)	*lemon*
le	citron vert (m.)	*lime*
	clair(e) (adj.)	*1. clear 2. bright*
	claquer	*to click*
le	classeur (m.)	*file*
le	classement (m.)	*filing*
le	clavier (m.)	*keyboard*
la	clé (f.)	*key*
le	clignotant (m.)	*indicator (car)*
le	climat (m.)	*climate*
la	cloche (f.)	*bell*
la	cocotte (f.)	*casserole, dish, small saucepan*
le	cœur (m.)	*heart*
le	coffre (m.)	*boot (car)*
	coiffé(e) (adj.)	*coiffured, with perfectly cut hair*

le/la	coiffeur/euse (m./f.)	*hairdresser*
le	coin (m.)	*corner*
le	colis (m.)	*parcel*
le	collège (m.)	*secondary school (up to 15–16)*
	coller	*to stick*
le	collier (m.)	*necklace*
la	colline (f.)	*hill*
la	colonie (f.) de vacances	*holiday (summer) camp*
	combien	*how much, how many*
le/la	comédien/ne (m./f.)	*actor, actress*
le	commandant de bord (m.)	*captain (of an aircraft)*
la	commande (f.)	*order*
	commander	*to order*
	commémorer	*to commemorate*
	commencer	*to start, to begin*
	comment	*how*
le	commerce (m.)	*shop, business*
le	commissariat (m.) de police	*police station*
	communiquer	*to communicate*
le	compas (m.)	*compass*
se	comporter	*to behave*
	composer	*1. to compose 2. to dial a number*
le/la	compositeur/trice (m./f.)	*composer*
	composter	*to validate a ticket*
la	compréhension (f.)	*understanding*
le	comprimé (m.)	*tablet*
	compris(e) (adj.)	*included*
	comptabiliser	*to record*
la	comptabilité	*accountancy*
le/la	comptable (m./f.)	*accountant*
la	comptine (f.)	*rhyme*
le	comté (m.)	*county*
	concentré(e) (adj.)	*focused*
	concerner	*to concern*
se	concentrer (sur)	*to focus (on), to concentrate on*
le	concombre (m.)	*cucumber*
le	concours (m.)	*competition*
	condamner	*to sentence, to condemn*
le/la	conducteur/trice (m./f.)	*driver*
	conduire	*to drive*
	confier	*to hand over*
	conformément	*in accordance with, in compliance with*
le	confort (m.)	*comfort*
	confortable (adj.)	*comfortable*
la	conjugaison (f.)	*conjugation (of verbs)*
se	connecter	*to log on*
se	consacrer à	*to be devoted to*

	conseiller	*to advise*
le/la	concièrge (m./f.)	*caretaker, concierge*
la	connaissance (f.)	*knowledge*
	consacrer	*to devote*
la	consigne (f.)	*left-luggage office*
la	consigne (f.) automatique	*locker*
	construire	*to build*
	contenir	*to contain*
	content(e) (adj.)	*happy*
le	contrat (m.)	*contract*
	contre	*against, in exchange for*
le	contrôle (m.)	*test, check*
le	copain (m.)	*(male) friend*
la	copine (f.)	*(female) friend*
le	corps (m.)	*body*
	correctement	*correctly*
la	correspondance (f.)	*(travel) connection*
le/la	correspondant(e) (m./f.)	*penfriend*
	correspondre	*to suit, to write to*
	corriger	*to correct homework*
	corrompu(e) (adj.)	*corrupt*
la	côte (f.)	*coast*
le	côté (m.)	*side*
le	cou (m.) (pl. les cous)	*neck*
la	couche (f.)	*layer*
se	coucher	*to go to bed*
la	couchette (f.)	*couchette (bunk on a train or boat)*
	couler	*to run (of a liquid), to flow*
la	couleur (f.)	*colour*
le	couloir (m.)	*corridor*
le	coup (m.)	*blow, punch*
le	coup (m.) de fil	*phone call*
le	coup (m.) de soleil	*sunburn*
le	coup (m.) de tonnere	*thunder clap*
	couper	*to cut*
se	couper	*to cut oneself*
la	cour (f.)	*playground, yard*
	courageux/euse (adj.)	*courageous*
	couramment	*1. fluently 2. currently*
	courir	*to run*
la	couronne (f.)	*crown*
le	courriel (m.)	*email*
le	courrier (m.)	*mail, post*
le	cours (m.)	*lesson, class*
les	courses (f. pl.)	*shopping*
	court(e) (adj.)	*short*

le/la	cousin(e) (m./f.)	*cousin*
le	couteau (m.)	*knife*
	coûter	*to cost*
le/la	couturier/ière (m./f.)	*fashion designer*
	couvrir	*to cover*
	craquer	*to crack, to split*
la	cravate (f.)	*tie*
le	crayon (m.)	*pencil*
	créatif/ive (adj.)	*creative*
	créer	*to create*
	crème (adj. inv.)	*cream(-coloured)*
la	crème (f.)	*cream*
la	crème (f.) fraîche	*crème fraîche*
la	crème (f.) solaire	*suncream*
	crever	*to puncture*
	crier	*to shout*
la	crise (f.) cardiaque	*heart attack*
	croire	*to believe*
la	croisière (f.)	*cruise*
la	croix (f.)	*cross*
la	cuillère (f.)	*spoonful*
le	cuir	*leather*
	cuire	*to cook*
la	cuisine (f.)	*1. kitchen 2. cooking*
le/la	cuisinier/ière (m./f.)	*cook*
le	cyclisme (m.)	*cycling*

	d'abord	*first of all*
	d'accord	*OK*
	dangeureux/euse (adj.)	*dangerous*
	dans	*in*
	d'après	*according to*
le	dauphin (m.)	*dolphin*
	de ma part	*on my behalf*
	de temps en temps	*now and again*

le	débardeur (m.)	*sleeveless top, T-shirt*
	débarrasser	*to clear*
le	débat (m.)	*debate*
se	débrouiller	*to manage, to sort things out, to cope*
le	début (m.)	*beginning*
le/la	débutant(e) (m./f.)	*beginner, novice*
	débuter	*to begin*
	décembre	*December*
la	décharge (f.) électrique	*electric charge*
les	déchets (m. pl.)	*rubbish*
	déchiré(e) (adj.)	*torn, ripped*
	décider	*to decide*
	décoller	*to take off (of an aircraft)*
	déconseillé(e) (adj.)	*advised against*
	décontracté(e) (adj.)	*laid-back*
	découvrir	*to discover*
	décrocher	*to pick up (the phone)*
	défendre (de)	*to forbid*
la	Défense	*business area in Paris*
le	défilé (m.)	*procession, parade*
le	défilé (m.) (de mode)	*fashion show*
le	degré (m.)	*degree*
se	déguiser	*to wear fancy dress, to dress up*
	dehors	*outside*
le	déjeuner (m.)	*lunch*
	délicieux/ieuse (adj.)	*delicious*
	demain	*tomorrow*
la	demi-heure (f.)	*half-hour*
la	demi-pension (f.)	*half-board*
	démodé(e) (adj.)	*unfashionable, outdated*
la	dent (f.)	*tooth*
le	dentifrice (m.)	*toothpaste*
le/la	dentiste (m./f.)	*dentist*
le	dépannage (m.)	*breakdown*
la	dépanneuse (f.)	*breakdown truck*
le	départ (m.)	*departure*
le	département (m.)	*1. department 2. area of France*
	dépasser	*1. to exceed 2. to overtake*
	dépenser	*to spend (money)*
le	déplacement (m.)	*1. removal 2. trip*
le	dépliant (m.)	*brochure*
	déposer	*to place*
	depuis	*since, for*
	dernier/ière (adj.)	*last*
	derrière	*behind*
le	désastre (m.)	*disaster*
	descendre	*to go down*

la	descente (f.)	*descent*
	désolé(e) (adj.)	*sorry*
	désordonné(e) (adj.)	*chaotic, untidy*
le	dessin (m.)	*design, art, drawing*
	dessiner	*to design, to draw*
le	dessous de verre (m.)	*coaster*
se	déstresser	*to de-stress*
	détacher	*to detach*
	détailler	*to detail*
se	détendre	*to relax*
la	détente (f.)	*relaxation*
	détruire	*to destroy*
	devant	*in front of*
la	déviation (f.)	*diversion*
	devoir	*to have to, must*
les	devoirs (m. pl.)	*homework*
	d'habitude	*usually*
la	dictée (f.)	*dictation*
le	dictionnaire (m.)	*dictionary*
	dimanche	*Sunday*
la	dinde (f.)	*turkey*
	dîner	*to have dinner*
le	dîner (m.)	*dinner*
	dire	*to say, to tell*
	diriger	*to direct, to manage*
	disparaître	*to disappear*
	disponible (adj.)	*available*
	disposer	*to put, to lay out*
se	disputer	*to have an argument*
	distrait(e) (adj.)	*absent-minded*
	distribuer	*to hand out*
le	doigt (m.)	*finger*
le	domicile (m.)	*home, address*
	donc	*therefore*
	donner sur	*to look out onto, to overlook*
	dorer	*1. to glaze 2. to brown (meat)*
	dormir	*to sleep*
le	dortoir (m.)	*dormitory*
le	dos (m.)	*back*
la	douche (f.)	*shower*
se	doucher	*to have a shower*
	doué(e) (adj.)	*gifted, talented*
	doux/douce (adj.)	*gentle, mild, sweet*
la	douzaine (f.)	*dozen*
le	drapeau (m.) (pl. les drapeaux)	*flag*

	dresser	*to train, to break in (a horse)*
	drôle (adj.)	*funny*
	dur(e) (adj.)	*hard, difficult*
	durable (adj.)	*lasting*
la	durée	*length, duration*

l'	eau (f.) (pl. les eaux)	*water*
l'	éboueur (m.)	*dustman, refuse collector*
l'	ébullition (f.)	*boiling (point)*
l'	échalote (f.)	*shallot*
l'	échange (m.) scolaire	*school exchange*
	échapper	*to escape*
l'	échec (m.)	*defeat*
l'	éclair (m.)	*flash of lightning*
l'	éclaircie (f.)	*sunny spell*
l'	école (f.)	*school*
	écolo (adj. inv.)	*ecological*
les	économies (f. pl.)	*economies, savings*
	économiser	*to save*
l'	Écosse (f.)	*Scotland*
	écouter	*to listen*
les	écouteurs (m. pl.)	*earphones*
l'	écran (m.)	*screen*
	écrire	*to write*
s'	écrire	*1. to be spelled 2. to write to one another*
l'	écriture (f.)	*writing*
l'	écurie (f.)	*stable*
l'	écuyer/ère (m./f.)	*horseman, horsewoman*
	Édimbourg	*Edinburgh*
l'	effet (m.)	*effect*
	également	*equally*
l'	église (f.)	*church*
l'	électricien/ne (m./f.)	*electrician*
l'	électroménager (m.)	*household appliances*
l'	élève (m./f.)	*pupil, student*
l'	emballage (m.)	*wrapping*

l'	embarquement (m.)	*embarkation*
	embarquer	*to take on board, to go on board*
	embêter	*to annoy*
	émigrer	*to emigrate*
l'	émission (f.)	*broadcast, programme*
	émouvant(e) (adj.)	*moving*
	empêcher	*to prevent*
l'	emplacement (m.)	*site / (parking) space*
l'	emploi (m.) (pl. les emplois)	*job*
	emporter	*to take away*
	emprisonner	*to imprison*
	emprunter	*to borrow*
	en bas	*downstairs*
	en brosse (adj.)	*crew-cut*
	en face de	*opposite, facing*
	en fait	*in fact*
	en fonction de	*according to*
	en haut	*upstairs*
	en ligne	*online*
	en permanence	*continuously*
	en plus de	*in addition to, as well as*
	en provenance de	*coming from*
	en retard	*late*
	en route	*on the way*
l'	enceinte (f.)	*speaker (for stereo)*
l'	enclos (m.)	*enclosure*
	encore	*1. still 2. another, more 3. even*
s'	endormir	*to fall asleep*
l'	endroit (m.)	*place, location*
	énerver	*to irritate, to annoy*
s'	enfuir	*to run away*
	engazonné(e)	*turfed*
s'	ennuyer	*to be bored*
	ennuyeux/euse (adj.)	*boring*
	enregistrer	*to register, to record*
l'	enregistrement (m.)	*check-in*
l'	enregistreur (m.)	*recording device*
s'	enrhumer	*to catch a cold*
s'	enrichir	*to enrich oneself, to get rich*
l'	enseignant(e) (m./f.)	*teacher (general term)*
	enseigner	*to teach*
	ensemble	*together*
	ensoleillé(e) (adj.)	*sunny*
	ensuite	*next, then*
s'	entendre	*to get on with one another*
	entier/ière (adj.)	*whole, entire*

	entraîner	*1. to bring 2. to train someone/something*
s'	entraîner	*to train*
l'	entraîneur/euse (m./f.)	*trainer*
	entre	*between*
l'	entrée (f.)	*1. entrance 2. starter (of a meal)*
	entrer	*to go into, to enter*
	envahir	*to invade*
	envier	*to envy*
	environ	*about*
l'	environnement (m.)	*environment*
	envisager	*to envisage*
	envoyer	*to send*
l'	épaule (f.)	*shoulder*
l'	épice (f.)	*spice*
l'	épicerie (f.)	*grocery shop*
l'	épicier/ière (m./f.)	*grocer*
	éplucher	*to peel*
l'	épreuve (f.)	*test, trial*
	épuisé(e) (adj.)	*exhausted*
l'	équilibre (m.)	*equilibrium, balance*
	équilibré(e) (adj.)	*balanced*
l'	équipe (f.)	*team*
	équipé(e) (adj.)	*equipped*
les	équipements (m. pl.)	*equipment*
l'	équitation (f.)	*horse-riding*
	errer	*to wander*
l'	escalier (m.)	*stairs*
l'	escalier (m.) roulant	*escalator*
l'	escargot (m.)	*snail*
l'	esclavage (m.)	*slavery*
l'	esclave (m./f.)	*slave*
l'	escrime (f.)	*fencing*
l'	espace (m.)	*space, area*
l'	Espagne (f.)	*Spain*
	espagnol(e) (adj.)	*Spanish*
	espérer	*to hope*
l'	espoir (m.)	*hope*
	essayer	*to try, to try on*
l'	essence (f.)	*petrol*
l'	essuie-glace (m.) (pl. les essuie-glace)	*windscreen wiper*
	estimer	*to estimate*
l'	est (m.)	*east*
	établir	*to establish*
l'	étage (m.)	*floor (level in building)*
	étaler	*to spread out*
l'	étape (f.)	*stage, stop-over point*
les	États-Unis (m. pl.)	*United States (of America)*

l'	été (m.)	*summer*
	éteindre	*to turn off (e.g. a computer, a light)*
	étendre	*to extend*
	éternuer	*to sneeze*
l'	étoile (f.)	*star*
s'	étonner	*to be surprised*
	étranger/ère (adj.)	*1. strange 2. foreign*
	être	*to be*
	être assis(e)	*to be sitting*
	être d'accord	*to be in agreement*
	être de retour de	*to be back from*
	être en baisse	*to be falling, to decrease*
	être en retard	*to be late*
	être voyant(e)	*to show up*
les	études (f. pl.)	*studies*
	étudier	*to study*
	étudier d'arrache pied	*to study hard, intensely*
l'	événement (m.)	*event*
	évidemment	*obviously*
	évoluer	*to evolve*
	exactement	*exactly*
l'	examen (m.)	*examination*
l'	examen (m.) blanc	*mock examination*
	exigeant(e) (adj.)	*demanding*
	exiger	*to demand*
l'	expérience (f.)	*1. experience 2. experiment*
	expliquer	*to explain*
l'	exposition (f.)	*exhibition*
l'	extérieur (m.)	*outside*
l'	extrait (m.)	*extract*

	facile (adj.)	*easy*
	facilement	*easily*
le/la	facteur/trice (m./f.)	*postman, postwoman*
	faible (adj.)	*weak*
	faible en (adj.)	*weak at*

la	faim	*hunger*
	faire	*to do, to make*
	faire de la peine à	*to hurt, upset someone*
	faire la grasse matinée	*to have a lie-in*
	faire les magasins	*to go shopping*
	faire venir	*to fetch (someone)*
	faire voir	*to show*
il	fait (beau/mauvais)	*the weather is (fine/bad)*
	falloir	*to be necessary*
la	famille (f.)	*family*
le/la	fana (m./f.)	*fan*
le	fantôme (m.)	*ghost*
	farcir	*to stuff*
la	farine (f.)	*flour*
	fatigant(e) (adj.)	*tiring*
	fatigué(e) (adj.)	*tired*
la	faute (f.)	*fault*
	faux/fausse (adj.)	*false*
	favori/te (adj.)	*favourite*
	favoriser	*to favour*
la	femme (f.)	*1. woman 2. wife*
la	fenêtre (f.)	*window*
le	fer (m.) à repasser	*iron*
la	ferme (f.)	*farm*
la	fermeture (f.)	*closure*
le/la	fermier/ière (m./f.)	*farmer*
la	fête (f.)	*1. party 2. festival*
la	fête (f.) des Rois	*Feast of Kings (6th January)*
	fêter	*to celebrate*
le	feu (m.)	*fire*
le	feu doux/vif	*gentle heat, high heat*
la	feuille (f.)	*leaf*
le	feutre (m.)	*felt-tip pen*
les	feux (m. pl.) d'artifice	*fireworks*
la	fève (f.)	*bean*
	février	*February*
la	ficelle (f.)	*string*
la	fiche (f.)	*form*
la	fièvre (f.)	*fever, temperature*
le	fil (m.) de fer	*wire*
le	filet (m.)	*net*
la	fille (f.)	*1. girl 2. daughter*
le	film (m.) de court-métrage	*short film*
le	film (m.) policier	*detective film*
la	fin (f.)	*end*
	fin(e) (adj.)	*fine, slender*
	finir	*to finish, to end*

	flâner	*to stroll*
la	fleur (f.)	*flower*
	fleurir	*to blossom*
le/la	fleuriste (m./f.)	*florist*
le	fleuve (m.)	*large river*
le	flipper (m.)	*pinball machine*
le	foie (m.) gras	*goose-liver pâté*
la	fois (f.)	*time (deux fois = twice)*
le/la	fonctionnaire (m./f.)	*civil servant, state employee*
	fonder	*to found, to set up*
	fondre	*to melt*
le	foot(ball) (m.)	*football*
le/la	footballeur/euse (m./f.)	*footballer*
la	forêt (f.)	*forest*
la	formation (f.)	*training (professional)*
la	forme	*good health, fitness*
	fort(e) (adj.)	*strong, heavy*
	fort(e) en (adj.)	*good at*
	formidable (adj.)	*amazing, terrific*
la	foudre (f.)	*lightning*
le	foulard (m.)	*scarf*
se	fouler (e.g. la cheville)	*to sprain (e.g. an ankle)*
la	fourchette (f.)	*fork*
	fournir	*to provide*
les	fournitures (scolaires) (f. pl.)	*school stationery*
le	foyer (m.)	*home, hostel*
	frais/fraîche (adj.)	*fresh, cool*
	français(e)	*French*
le/la	Français(e) (m./f.)	*Frenchman, Frenchwoman*
la	France (f.)	*France*
	francophone (adj.)	*French-speaking*
	frapper	*to strike, to knock*
	frapper des mains	*to clap one's hands*
le	frein (m.) à main	*handbrake*
	frémir	*to shiver*
le	frère (m.)	*brother*
les	friandises (f. pl.)	*sweets*
le	frigo (m.)	*fridge*
les	fringues (f. pl.)	*clothes (slang)*
la	frise (f.)	*wall frieze, border*
	frissonner	*to shiver*
	froid(e) (adj.)	*cold*
les	fruits de mer (m. pl.)	*seafood*
la	fuite (f.)	*1. flight 2. leak*
la	fumée (f.)	*smoke*

	gagner	*to win, to earn*
le	gant (m.)	*glove*
le	garçon (m.)	*boy*
la	gare (f.)	*railway station*
la	gare (f.) routière	*coach/bus station*
	garer	*to park*
	garnir	*1. to garnish 2. to stock*
	gaspiller	*to waste*
le	gâteau (m.) (pl. les gâteaux)	*cake*
	gaulois(e) (adj.)	*Gallic*
le	gazole	*diesel*
le	gel (m.) coiffant	*hair gel*
	geler	*to be freezing, to freeze (over)*
le	gendarme (m.)	*policeman*
la	gendarmerie (f.)	*police station*
	gêné(e) (adj.)	*embarrassed, annoyed*
	génial(e) (m. pl. géniaux) (adj.)	*fantastic, great*
le	genou (m.) (pl. les genoux)	*knee*
	gentil/le (adj.)	*nice*
le/la	gérant(e) (m./f.)	*manager*
la	gerbe (f.)	*spray of flowers, wreath*
le	gilet (m.)	*waistcoat*
le	gilet (m.) de sauvetage	*lifejacket*
le	gîte (m.)	*rental holiday home*
la	glace (f.)	*1. ice 2. ice cream*
la	gomme (f.)	*eraser*
	gonfler	*1. to pump up 2. to expand*
la	gorge (f.)	*throat*
	gourmand(e) (adj.)	*fond of food, greedy*
la	gousse (f.) d'ail	*garlic clove*
	goûter	*to taste*
le	goûter (m.)	*snack, afternoon tea*
la	goutte (f.)	*drop*
les	gouttes (f. pl.) pour les yeux	*eyedrops*
	grâce à	*thanks to*
	grand(e) (adj.)	*big, tall*

les	grandes vacances (f. pl)	*summer holidays*
le	grand huit (m.)	*roller coaster*
	grandir	*to grow up*
la	grand-mère (f.) (pl. les grands-mères)	*grandmother*
le	grand-père (m.) (pl. les grands-pères)	*grandfather*
le	grand-parent (m.) (pl. les grands-parents)	*grandparent*
le/la	graphiste (m./f.)	*graphic designer*
	gras (grasse) (adj.)	*fatty, fat (of a person)*
	gratuit(e) (adj.)	*free (costing nothing)*
	gratuitement	*for free*
	grave (adj.)	*serious*
	grec/grecque (adj.)	*Greek*
la	Grèce (f.)	*Greece*
la	grêle (f.)	*hail*
	grêler	*to hail*
le	grenier (m.)	*attic*
la	grille (f.)	*grid*
la	grippe (f.)	*flu*
	gris(e) (adj.)	*grey*
	gronder	*to tell off*
	gros/grosse (adj.)	*1. big, fat 2. coarse*
	guérir	*to cure*
le	guépard (m.)	*cheetah*
la	guerre (f.)	*war*
le	gui (m.)	*mistletoe*
le	guichet (m.)	*ticket office*
la	guirlande (f.)	*garland*
le	gymnase (m.)	*gymnasium, gym*

	habillé(e) (adj.)	*smart, well dressed*
s'	habiller	*to dress oneself*
l'	habitant(e) (m./f.)	*inhabitant*
	habiter	*to live*
l'	habitude (f.)	*habit*
	habituellement	*usually*
	hâcher	*to chop, to mince*
sans	hâte	*slowly, without haste*

	haut(e) (adj.)	*high*
la	haute couture (f.)	*fashion design, haute couture*
	hésiter	*to hesitate*
l'	heure (f.)	*hour, o'clock, time*
	heureux/euse (adj.)	*happy, joyful*
	hier	*yesterday*
	hier soir	*last night*
l'	histoire (f.)	*1. story 2. history*
l'	hiver (m.)	*winter*
	hollandais(e) (adj.)	*Dutch*
l'	homme (m.)	*man*
	honnête (adj.)	*honest*
la	honte (f.)	*shame*
l'	horaire (m.)	*timetable*
les	horaires (m. pl.)	*times*
	hors	*except for*
	hors de	*outside, beyond*
l'	horticulteur/trice (m./f.)	*fruit and vegetable grower*
l'	hôte/hôtesse (m./f.)	*host/hostess*
les	hôtes (m. pl.)	*occupants, inhabitants*
l'	hôtesse (f.) (de l'air)	*air hostess, flight attendant*
le	houx (m.)	*holly*
l'	huile (f.)	*oil*
l'	huître (f.)	*oyster*

	ici	*here*
l'	idée (f.)	*idea*
	il y a	*1. there is / there are 2. ago*
l'	île (f.)	*island*
	immédiatement	*immediately*
s'	immerger	*to put your head under water, to dive*
l'	immeuble (m.)	*building, block of flats*
	imperméable (adj.)	*waterproof*
l'	imperméable (m.)	*raincoat*
	impoli(e) (adj.)	*impolite, rude*
	impressionnant(e) (adj.)	*impressive*
l'	imprévu (m.)	*unexpected event*

l'	imprimante (f.)	*printer for computer*
l'	incendie (f.)	*fire*
	inconnu(e) (adj.)	*unknown*
	incroyable (adj.)	*unbelievable*
	indiquer	*to indicate*
l'	infirmerie (f.)	*medical station, infirmary*
l'	infirmier/ière (m./f.)	*nurse*
l'	informaticien/ne (m./f.)	*computer scientist*
l'	informatique (f.)	*computer technology*
l'	ingénieur (m.) (f. = la femme ingénieur)	*engineer*
	ingrédient (m. pl.)	*ingredient*
l'	inhalateur (m.)	*inhaler*
s'	initier à	*to get initiated into, to get to know*
l'	inondation (f.)	*flood*
s'	inscrire	*to register, enrol*
s'	inspirer de	*to take inspiration from*
les	installations (f. pl.)	*1. facilities 2. fittings*
	installer	*to settle in*
l'	instant (m.)	*for the moment*
l'	instituteur/trice (m./f.)	*primary schoolteacher*
	interdire	*to forbid*
	interdit(e) (adj.)	*prohibited, forbidden*
s'	intéresser à	*to be interested in*
l'	intérêt (m.)	*interest*
	inutile (adj.)	*useless*
	inverse (adj.)	*reverse*
l'	intervention (f.)	*intervention, operation*
l'	invité(e) (m./f.)	*guest*
	irlandais(e) (adj.)	*Irish*
l'	Irlande (f.)	*Ireland*
l'	Italie (f.)	*Italy*
	italien/ne (adj.)	*Italian*
l'	itinéraire (m.)	*route, itinerary*

la	jambe (f.)	*leg*
le	jambon (m.)	*ham*
	janvier	*January*
le	Japon (m.)	*Japan*
le	jardin (m.)	*garden*
le	jardinage (m.)	*gardening*
	jaune (adj.)	*yellow*
le	jean (m.) (sing.)	*(pair of) jeans*
le	jeu (m.) (pl. les jeux)	*game*
	jeudi	*Thursday*
	jeune (adj.)	*young*
les	jeux olympiques (m. pl.)	*Olympic Games*
	joli(e) (adj.)	*pretty*
le/la	jongleur/euse (m./f.)	*juggler*
la	joue (f.)	*cheek*
	jouer à (sport)	*to play (a sport)*
	jouer de (instrument)	*to play (an instrument)*
le/la	joueur/joueuse (m./f.)	*player*
le	jour (m.)	*day (= unit of time)*
le	jour (m.) férié	*holiday (= day off)*
le	journal (m.) (pl. les journaux)	*newspaper*
le/la	journaliste (m./f.)	*journalist*
la	journée (f.)	*day (length of time)*
	juillet	*July*
	juin	*June*
	jumeau (adj.) (m. pl. jumeaux)	*twin (male)*
	jumelle (adj.) (f. pl. jumelles)	*twin (female)*
les	jumelles (f. pl.)	*binoculars*
la	jupe (f.)	*skirt*
le	jus (m.)	*juice*
	jusqu'à	*until*
	juste (adj.)	*1. just 2. fair*

	là	*there*
	là-bas	*there, over there*
le	laboratoire (m.) (le labo)	*laboratory*
le	lac (m.)	*lake*
	lâcher	*1. to loosen 2. to release 3. to give up*
	laisser	*1. to leave behind 2. to allow*
	laitier/ière (adj.)	*dairy*
la	lampe (f.) de poche	*pocket torch*
la	langue	*1. tongue 2. language*
le	lapin (m.)	*rabbit*
le	lavage (m.) automatique	*car wash*
le	lave-autos (m.)	*car wash*
la	laverie (f.)	*Launderette / laundry room*
le	lave-vaisselle	*dish washer*
se	laver	*to wash oneself*
la	leçon (f.)	*lesson*
le	lecteur (m.) de cartes	*card reader*
le	lecteur MP3	*MP3 player*
la	lecture (f.)	*reading*
	léger/ère) (adj.)	*light*
le	legging (m.)	*leggings*
les	légumes (m. pl.)	*vegetables*
le	lémurien (m.)	*lemur*
le	lendemain (m.)	*the next day*
les	lentilles (f. pl.)	*(contact) lenses*
la	lessive (f.)	*washing*
la	Lettonie (f.)	*Latvia*
	letton/ne (adj.)	*Latvian*
la	lettre (f.)	*letter*
la	levée (f.)	*(letter) collection*
se	lever	*to get up*
la	levure (f.) chimique	*baking powder*
le	Liban (m.)	*Lebanon*
la	librairie (f.)	*bookshop*
	libre (adj.)	*free*
le	lien (m.)	*link*
le	lieu (m.) (pl. les lieux)	*place*

la	ligne (f.)	*1. line 2. figure*
la	ligue (f.)	*league*
le	linge (m.)	*laundry, washing*
	lire	*to read*
	lis/lisse (adj.)	*smooth*
le	lit (m.)	*bed*
le	livre (m.)	*book*
	local(e) (m. pl. locaux) (adj.)	*local*
la	location (f.)	*rental*
le	logement (m.)	*accommodation, housing*
	loger	*to stay (e.g. in a hotel)*
	loin	*far*
	Londres	*London*
	long/ue (adj.)	*long*
	longtemps	*for a long time*
	louer	*to hire/to rent*
	lourd(e) (adj.)	*heavy*
le	loyer (m.)	*rent*
la	lumière (f.)	*light*
	lundi	*Monday*
les	lunettes (f. pl.)	*glasses, spectacles*
les	lunettes (f. pl.) de soleil	*sunglasses*
la	lutte (f.)	*1. struggle 2. wrestling*
	luxueux/euse (adj.)	*luxurious*
le	lycée (m.)	*secondary school (15–18 years)*

la	machine (f.) à laver	*washing machine*
le	magasin (m.)	*shop*
le	grand magasin (m.)	*department store*
	mai	*May*
le	maillot (m.)	*1. vest 2. sports shirt/jersey*
le	maillot (m.) de bain	*swimsuit*
la	main (f.)	*hand*
	maintenant	*now*
la	mairie (f.)	*town hall, city hall*
la	maison (f.)	*house*

la	maison (f.) de presse	*newsagent's*
la	maison (f.) jumelée	*semi-detached house*
	mal (adj. inv.)	*bad*
	mal	*badly*
pas	mal	*not bad(ly)*
	malade (adj.)	*ill, sick*
	malaxer	*to cream (butter)*
	malheureusement	*unhappily, unfortunately*
	malvoyant(e) (adj.)	*partially sighted*
la	Manche (f.)	*English Channel*
	manger	*to eat*
la	manière (f.)	*way, manner*
le	mannequin (m.)	*model*
	manquer	*to miss someone, something*
	manuel/le (adj.)	*manual*
le	maquillage (m.)	*make-up*
se	maquiller	*to put on make-up*
le/la	marchand(e) (m./f.)	*(market) trader, shopkeeper*
le	marché (m.)	*market*
	marcher	*to walk*
le/la	marcheur/marcheuse (m./f.)	*walker*
la	marionnette (f.)	*puppet*
la	marque (f.)	*brand*
	marquer	*to score a goal, a try*
	mardi	*Tuesday*
le	mari (m.)	*husband*
la	marraine (f.)	*godmother*
	marrant(e) (adj.)	*funny, amusing*
le	marron (m.)	*chestnut*
	marron (adj. inv.)	*brown*
	mars	*March*
le	maçon (m.)	*bricklayer, builder, mason*
se	marier	*to get married*
le	matériau (m.) (pl. les matériaux)	*material*
le	matériel (m.) scolaire	*school equipment*
la	matière (f.)	*school subject*
le	matin (m.)	*morning*
la	matinée (f.)	*morning (= period of time)*
	mauvais(e) (adj.)	*bad*
	maximal (adj.) (pl. -aux)	*maximum*
le/la	mécanicien/ne (m./f.)	*mechanic*
	méchant(e) (adj.)	*bad, naughty*
la	médaille (f.)	*medal*
le	médecin (m.) (f. = la femme médecin)	*doctor*
le	médicament (m.)	*medicine, drug*
	meilleur(e) (comp. de *bon*)	*better*
le/la	meilleur(e) (sup. de *bon*)	*best*

	mélanger	*to mix*
	même	*even, same*
	menacer	*to threaten*
le	ménage (m.)	*housework*
le	menton (m.)	*chin*
le	menuisier (f.)	*carpenter, joiner*
la	mer (f.)	*sea*
	mercredi	*Wednesday*
la	mère (f.)	*mother*
la	messagerie (f.) électronique	*email*
la	météo (f.)	*weather forecast*
le	métier (m.)	*profession, job*
	mettre	*to put, to put on (clothes), turn on*
	mettre à jour	*to bring up to date*
se	mettre en colère	*to get angry, cross*
	mi- (adj. inv)	*1. part- 2. mid-*
le	midi (m.)	*midday*
le	miel (m.)	*honey*
	mieux	*better*
	mignon/ne (adj.)	*sweet, cute*
le	milliard (m.)	*billion*
le	milieu (m.) de terrain	*midfield player*
	minimal(e) (adj.) (m. pl. minimaux)	*minimum*
la	Mobylette (f.)	*moped*
la	mode (f.)	*fashion*
	modéré(e) (adj.)	*moderate*
le	moineau (m.) (pl. les moineaux)	*sparrow*
	moins	*less*
le	mois (m.)	*month*
	mondial(e) (adj.) (m. pl. mondiaux)	*global, world*
le/la	moniteur/trice (m./f.)	*1. instructor 2. supervisor in a holiday camp*
le/la	moniteur/trice (m./f.) d'auto-école	*driving instructor*
la	monnaie (f.)	*change (money)*
la	montagne (f.)	*mountain*
les	montagnes (f. pl.) russes	*roller-coaster*
	monter	*to climb up, to go onto*
la	montgolfière (f.)	*hot-air balloon*
la	montre (f.)	*watch*
le	moral	*morale*
le	morceau (m.) (pl. les morceaux)	*bit, piece*
	mordre	*to bite*
la	mort	*death*
le/la	mort(e) (m./f.)	*dead person*
la	morue (f.)	*cod*
le	mot (m.)	*word*
le	mot-clé (m.)	*keyword*

la	moto (f.)	*(motor)bike*
	mou/molle (adj.)	*soft*
le	mouchoir (m.)	*handkerchief*
le	moule (m.) à tarte	*baking tin*
la	moule (f.)	*mussel*
	mourir	*to die*
la	moutarde (f.)	*mustard*
le	moyen (m.)	*method, means, why*
	moyen/ne (adj.)	*average*
la	muscade (f.)	*nutmeg*
la	musculation (f.)	*body-building*
le	musée (m.)	*museum*
le/la	musicien/ne (m./f.)	*musician*
	musulman(e) (adj.)	*Muslim*
	myope (adj.)	*short-sighted*

	nager	*to swim*
la	naissance (f.)	*birth*
	naître	*to be born*
la	narine (f.)	*nostril*
la	natation (f.)	*swimming*
la	nationalité (f.)	*nationality*
la	natte (f.)	*plait*
	nature (adj. inv.)	*natural*
la	navette (f.)	*1. shuttle service 2. spacecraft*
la	navette (f.) maritime	*local ferry*
	ne … jamais	*never*
	ne … ni … ni	*neither … nor*
	ne … plus	*no longer*
	ne … que	*only*
	ne … rien	*nothing*
	négatif/ive (adj.)	*negative*
la	neige (f.)	*snow*
	neiger	*to snow*
	nettoyer	*to clean*
	neuf/neuve (adj.)	*brand-new*

le	nez (m.)	*nose*
	n'importe quel/quelle	*no matter what*
le	niveau (m.) (pl. les niveaux)	*level, standard*
	Noël (m.)	*Christmas*
	noir(e) (adj.)	*black*
la	noisette (f.)	*hazelnut*
	noisette (adj. inv.)	*hazel*
la	noix (f.)	*nut*
la	noix (f.) de coco	*coconut*
	nombreux/euse (adj.)	*numerous*
	nommer	*to name*
le	nord (m.)	*north*
la	Norvège (f.)	*Norway*
	norvègien/ne (adj.)	*Norwegian*
la	note (f.)	*mark (e.g. for school work)*
	nourrir	*to feed*
la	nourriture (f.)	*food*
	nouveau, nouvel, nouveaux (m. adj.)	*new*
	nouvelle, nouvelles (f. adj.)	*new*
le	Nouvel An (m.)	*New Year*
les	nouvelles (f. pl.)	*news*
	novembre	*November*
le	nuage (m.)	*cloud*
	nuageux/euse (adj.)	*cloudy, overcast*
	nuisible (adj.)	*harmful*
	nul/nulle (adj.) en	*no good at*
	numérique (adj.)	*digital*
le	numéro (m.)	*number*

l'	objet (m.)	*object, thing*
	obligatoire (adj.)	*compulsory*
	obtenir	*to obtain, to get*
l'	occasion (f.)	*opportunity*
s'	occuper	*to occupy oneself, to keep busy*
l'	océan (m.)	*ocean*
	octobre	*October*
l'	œil (m.) (pl. les yeux)	*eye*

l'	œuf (m.)	*egg*
	offrir	*1. to offer 2. to give (as a present)*
l'	oie (f.)	*goose*
l'	oignon (m.)	*onion*
l'	oiseau (m.) (pl. les oiseaux)	*bird*
l'	olivier (m.)	*olive tree*
	ombragé(e) (adj.)	*shady, shaded*
l'	oncle (m.)	*uncle*
l'	ongle (m.)	*(finger) nail*
l'	or (m.)	*gold*
l'	orage (m.)	*storm*
	orageux/euse (adj.)	*stormy*
l'	orchestre (m.)	*orchestra*
l'	ordinateur (m.)	*computer*
l'	ordonnance (f.)	*prescription (medical)*
les	ordures (f. pl.)	*rubbish*
l'	oreille (f.)	*ear*
l'	organisme (m.)	*body, organisation*
l'	orteil (m.)	*toe*
	ou	*or*
	où	*where*
	oublier	*to forget*
l'	ouest (m.)	*west*
d'	outre-mer (adj. inv.)	*overseas*
	ouvert(e) (adj.)	*open*
l'	ouverture (f.)	*opening*
	ouvrir	*to open, to turn on the tap*

la	pagaie (f.)	*paddle*
la	paille (f.)	*straw*
le	pain (m.)	*bread*
	paisible (adj.)	*peaceful, quiet*
le	panier (m.)	*basket*
la	panne (f.)	*breakdown*
le	panneau (m.) (pl. les panneaux)	*(street) sign*
le	panneau (m.) (pl. les panneaux) d'affichage	*notice board*

le	pantalon (m.)	*trousers*
les	pantoufles (f. pl.)	*slippers*
la	papeterie (f.)	*stationery shop*
le	papier (m.) sulfurisé	*greaseproof paper*
	Pâques (m.)	*Easter*
le	paquet (m.)	*packet*
	par	*1. through 2. per (e.g.* par mois*)*
	par cœur	*by heart*
	par contre	*by contrast, on the other hand*
	par rapport à	*in relation to, towards*
le	paradis (m.)	*paradise*
le	parapente (m.)	*1. paragliding 2. paraglider*
le	parapluie (m.)	*umbrella*
le	parc (m.) aquatique	*water park*
le	parc (m.) d'attractions	*amusement park*
	parce que	*because*
le	pare-brise (m.) (pl. les pare-brise)	*1. windscreen 2. windbreak*
	pareil/le (adj.)	*similar*
	parfait(e) (adj.)	*perfect*
	parfois	*sometimes*
le	parfum (m.)	*1. perfume 2. flavour*
le	parking (m.)	*car park*
	parler	*to speak, to talk*
le	parrain (m.)	*godfather*
	partager	*to share*
le/la	partenaire (m./f.)	*partner*
	participer à	*to take part in, to participate*
	partir	*to leave, to go away*
	partout	*everywhere*
	pas grande-chose	*not much*
	pas mal de	*quite a lot of*
le/la	passager/ère (m./f.)	*passenger*
	passer	*1. to spend time 2. to sit an examination*
se	passer	*to happen, to take place, to go*
le	passe-temps (m.)	*hobby*
se	passionner pour	*to be passionate about*
la	pastille (f.)	*lozenge, pastille*
la	pataugeoire (f.)	*paddling pool*
la	pâte (f.)	*pastry*
la	pâte (f.) feuilletée	*puff pastry*
la	pâte (f.) sablée	*shortcrust pastry*
	patiemment	*patiently*
le	patinage (m.)	*skating*
la	pâtisserie (f.)	*cake shop, pâtisserie*
le/la	pâtissier/ière (m./f.)	*pastry cook, pastry chef*
la	pause (f.)	*break*
	pauvre (adj.)	*poor*

le	pavillon (m.)	*bungalow*
le	pays (m.)	*country*
les	Pays-Bas (m. pl.)	*The Netherlands*
le	Pays de Galles (m.)	*Wales*
le	péage (m.)	*toll*
la	pêche (f.)	*1. peach 2. fishing*
la	pêche (f.) au gros	*coarse fishing*
la	peine (f.)	*sorrow*
à	peine	*hardly*
le/la	peintre (m./f.)	*painter*
le/la	peintre-décorateur/trice (m./f.)	*painter and decorator*
la	peinture (f.)	*painting*
la	pelouse (f.)	*lawn*
	pencher	*to lean*
	pendant	*during*
	pénible (adj.)	*awful*
la	péniche (f.)	*barge*
la	pension (f.) complète	*full board*
	perdre	*to lose*
	perfectionner	*to improve*
	permettre à	*to allow (someone)*
le	permis (m.) de conduire	*diving licence*
le	perroquet (m.)	*parrot*
le	persil (m.)	*parsley*
le	personnage (m.)	*character (in a film, novel, etc.)*
	perturbé(e) (adj.)	*1. disrupted 2. upset*
la	pétanque (f.)	*form of bowls*
	petit(e) (adj.)	*small, little*
	petit à petit	*little by little, bit by bit*
le	petit déjeuner (m.)	*breakfast*
les	petits-enfants	*grandchildren*
le	petit mot (m.)	*message*
le	petit pain (m.)	*bread roll*
les	petits pois (m. pl.)	*peas*
la	petite annonce	*small ad*
le	pétrole (m.)	*crude oil, paraffin*
	peu	*little*
	peu à peu	*little by little, bit by bit*
le	phare (m.)	*1. headlight 2. lighthouse*
la	pharmacie (f.)	*chemist shop*
le/la	pharmacien/ne (m./f.)	*pharmacist*
le/la	photographe (m./f.)	*photographer*
la	phrase (f.)	*sentence*
le/la	pianiste (m./f.)	*pianist*
la	pièce (f.)	*1. room 2. play (theatre)*
le	pied (m.)	*foot*
le	pile (m.)	*battery*

le/la	pilote (m./f.)	*pilot*
le	ping-pong (m.)	*table tennis*
la	pique-nique (f.) (pl. les pique-niques)	*picnic*
	piquer	*to prick*
la	piqûre (f.)	*injection*
	pire	*worst*
la	piscine (f.)	*swimming pool*
la	piste (f.)	*runway/slope*
la	piste (f.) cyclable	*cycle route*
	pittoresque (adj.)	*picturesque*
le	placard (m.)	*cupboard*
la	place (f.)	*1. place 2. town square*
le	placement (m.)	*placement*
le	plafond (m.)	*ceiling*
la	plage (f.)	*beach*
se	plaindre	*to complain*
le	plancher (m.)	*floor*
la	planète (f.)	*planet*
le	plat (m.)	*dish, course*
	plat(e) (adj.)	*flat, level*
	plein(e) (adj.)	*full*
la	pleine forme	*great form, good health*
	pleuvoir	*to rain*
	pliable (adj.)	*folding, foldable*
le	plomb (m.)	*lead*
le	plombage (m.)	*filling (for tooth)*
le	plombier (m.) (f. = la femme plombier)	*plumber*
la	plombière (f.) sanitaire	*bathroom plumbing*
	plonger	*to dive*
la	pluie (f.)	*rain*
la	plupart (f.)	*majority*
	plus	*more*
	plusieurs	*several*
	plutôt	*rather*
	pluvieux/euse (adj.)	*rainy*
le	pneu (m.)	*tyre*
la	poche (f.)	*pocket*
la	pochette (f.)	*wallet*
la	poêle (f.)	*frying pan*
le	poème (m.)	*poem*
le	poids lourd (m.) (pl. les poids-lourd)	*heavy goods vehicle*
le	poignet (m.)	*wrist*
le	point (m.) de congélation	*freezing point*
le	point info (m.)	*information point*
le	point (m.) de rencontres	*meeting point*
la	pointure (f.)	*(shoe) size*
le	poisson (m.)	*fish*

la	poissonnerie (f.)	*fish shop*
la	poitrine (f.)	*chest*
le	poivre (m.)	*pepper*
le	poivron (m.)	*pepper (vegetable)*
	poli(e) (adj.)	*polite*
le/la	policier/policière	*policeman, policewoman*
le/la	politicien/ne (m./f.)	*politician*
la	Pologne (f.)	*Poland*
la	pomme (f.)	*apple*
la	pomme (f.) de terre	*potato*
la	pompe (f.) à gazole	*diesel pump*
le/la	pompiste (m./f.)	*pump attendant*
le	portable (m.)	*mobile phone*
la	porte (f.)	*door, gateway*
la	porte (f.) de départ	*departure gate*
le	porte-clés (m.) (pl. les porte-clés)	*key ring*
le	portefeuille (m.)	*wallet*
	porter	*1. to carry 2. to wear*
	portugais(e) (adj.)	*Portuguese*
le	Portugal	*Portugal*
	poser	*to place, to put*
	positif/ive (adj.)	*positive*
	posséder	*to possess, to own*
	potable (adj.)	*drinkable*
la	poubelle (f.)	*rubbish bin*
le	pouce (m.)	*thumb*
la	poudre (f.) d'amandes	*ground almonds*
le	poulet (m.)	*chicken*
	poursuivre	*to pursue, to follow*
	pourtant	*nevertheless, however,*
la	poussière (f.)	*dust*
	pouvoir	*to be able to / can*
	pratique (adj.)	*practical*
	pratiquer	*to practise, to play*
	préchauffer	*to preheat*
	précoce (adj.)	*precocious, under-age*
	préférer	*to prefer*
	premier/iére (adj.)	*first*
la	première (dernière) position (f.)	*first/last place*
	prendre	*to take*
les	préparatifs (m. pl.)	*preparations*
	près de	*near*
	présenter	*to present, to introduce*
	presque	*almost*
	pressé(e) (adj.)	*in a hurry, hurried*
la	pression (f.)	*1. press 2. pressure*
le/la	prêtre (m.) (m.f.)	*priest, priestess*

	prévenir	*to warn*
	prévoir	*to plan*
	prévu(e) (adj.)	*expected, planned*
	prier	*1. to ask, to beg 2. to pray*
	principal(e) (adj.) (m. pl. principaux)	*main*
le	printemps (m.)	*spring*
la	prise (f.) Internet	*Internet connection*
le/la	prisonnier/ière (m./f.)	*prisoner*
	privé(e) (adj.)	*private*
	privilégier	*to give preference to*
le	prix (m.)	*1. price 2. prize*
	prochain(e) (adj.)	*next*
le/la	producteur/trice (m./f.)	*producer*
	produire	*to produce*
le	produit (m.)	*product*
le	produit (m.) de beauté	*beauty product*
le	professeur (prof) (m.)	*teacher (used for both men and women)*
	profiter de	*to take advantage of*
la	promenade (f.)	*walk, trip*
	proposer	*to suggest*
la	promenade (f.) en bateau	*boat trip*
	promener	*to walk (e.g. a dog)*
se	promener	*to (go for a) walk*
	propre (adj.)	*1. (before or after noun) own 2. (after noun) clean*
le/la	propriétaire (m./f.)	*owner*
	protéger	*to protect*
le/la	puériculteur/trice (m./f.)	*paediatric nurse, nursery nurse*
	puissant(e) (adj.)	*powerful*
le	pull (m.)	*jumper*
la	punition (f.)	*punishment*

Lexique

	quand	*when*
le	quai (m.)	*plaform (at a railway station)*
le	quartier (m.)	*district, neighbourhood*
	quelque chose	*something*
	quelquefois	*sometimes*
	quelques (adj.)	*a few*
la	queue (f.) de cheval	*ponytail*
la	quinzaine (f.)	*fortnight*
	quitter	*to leave (a place)*
	quoi de neuf ?	*what's new? what's with you?*
	quotidien/ne (adj.)	*daily*
le	quotidien (m.)	*1. daily life 2. daily newspaper*

	raccrocher	*to hang up (the phone)*
la	radio (f.)	*1. radio 2. x-ray*
la	rafale (f.)	*gust of wind*
	rafraîchissant(e) (adj.)	*refreshing*
	raide (adj.)	*straight*
	ramasser	*to pick up, to gather*
	ramener	*to bring/take back*
	ramollir	*to soften*
la	randonnée (f.)	*walk, hike, trip*
	ranger	*to tidy*
	rapide (adj.)	*rapid, fast*
se	rappeler de	*to remember*
le	rapport (m.)	*relationship, rapport*
	rarement	*rarely*
	rater	*to miss (e.g. a bus)*
	rattraper	*to catch up on*
	ravissant(e) (adj.)	*charming*
	rayé(e) (adj.)	*striped*

le	rayon (m.)	*counter (e.g. in supermarket), department (in department store)*
	réaliser	*to complete, to do*
	réaménager	*to adapt, to reorganise*
	récemment	*recently*
le/la	réceptionniste (m./f.)	*receptionist*
la	recette (f.)	*recipe*
	recevoir	*to receive, to get*
	recharger	*to charge a battery (e.g. a mobile)*
	rechercher	*1. to look for 2. to research*
les	recherches (f. pl.)	*research*
	recommander	*to recommend*
la	récompense (f.)	*reward*
se	réconcilier	*to make up (after an argument)*
	reconnaître	*to recognise*
	récupérer	*to recover, to get back*
le	redoublement (m.)	*repeating a school year*
	réduire	*to reduce*
	réduit(e) (adj.)	*reduced*
	refléter	*to reflect*
	refroidir	*to cool*
le	régal (m.)	*treat, delight*
	regarder	*to look at*
le	régime (m.)	*1. diet 2. system of government*
la	région (f.)	*region, area*
la	règle (f.)	*1. rule 2. ruler (for measurement)*
	regretter	*to be sorry, to regret*
	régulier/ière (adj.)	*regular*
	régulièrement	*regularly*
la	reine (f.)	*queen*
	rejoindre	*to get back to, to rejoin*
se	relaxer	*to relax*
	remarquer	*to notice*
	remercier de/pour	*to thank for*
	remettre en ordre	*to tidy up (e.g. after an event)*
se	remonter	*to buck up*
le	remplacement (m.)	*replacement*
	remplir	*1. to fill 2. to fill, to complete (e.g. a form)*
	remporter	*to take away, to win, to carry off*
	remuer	*to stir*
la	rencontre (f.)	*meeting, encounter*
	rencontrer	*to meet (by chance)*
le	rendez-vous (m.)	*meeting, rendezvous, appointment*
	rendre	*1. to give back 2. to cause to be*
se	rendre	*to make one's way, to go*
	rendre visite à/chez	*to visit (someone)*

les	renseignements (m. pl.)	*1. information 2. information desk*
	renseigner sur	*to give information on, to talk about*
	rentrer	*to return / to go home*
le/la	réparateur/trice (m./f.)	*repair person*
la	réparation (f.)	*repair*
	réparer	*to repair*
le	repas (m.)	*meal*
le	repassage (m.)	*ironing*
	répéter	*to repeat*
le	répondeur (m.)	*answer machine*
	répondre	*to reply*
se	reposer	*to rest*
	représenter	*to represent*
la	réservation (f.)	*reservation*
la	résidence (f.) secondaire	*holiday home*
	respiratoire (adj.)	*respiratory, breathing*
	respirer	*to breathe*
	ressembler à	*to resemble, to look like*
	ressortir	*to come out again*
	rester	*to stay, to remain*
le	résultat (m.)	*result*
le	retard	*delay*
	retarder	*to delay*
	retentir	*to resound*
	retirer	*to withdraw*
le	retour (de)	*return*
	retourner	*to return*
le/la	retraité(e) (m./f.)	*retired person*
	retrouver	*1. to meet up 2. to find*
se	retrouver	*to find oneself*
se	réunir	*1. to meet up 2. to be united*
	réussir	*to succeed*
	réutilisable (adj.)	*reusable*
le	rêve (m.)	*dream*
se	réveiller	*to wake up*
le	réveillon (m.) de Noël / du Nouvel An	*Christmas Eve / New Year's Eve meal*
	revenir	*to come back*
	rêver	*to dream*
	réviser	*to revise*
	revoir	*to see again*
le	rez-de-chaussée (m.)	*ground floor*
le	rhum (m.)	*rum*
	rigoler	*to have a laugh*
	rire	*to laugh*
le	risque (m.)	*risk*
	risquer de	*to risk*
la	rivière (f.)	*river*

le	riz (m.)	*rice*
la	robe (f.)	*dress*
le	robinet (m.)	*tap (water)*
le	roi (m.) (pl. les rois)	*king*
le	roman (m.)	*novel*
le	roman (m.) policier	*detective novel*
le	rond-point (m.) (les ronds-points)	*roundabout*
	rose (adj.)	*pink*
	rôti(e) (adj.)	*roast*
la	roue (f.)	*wheel*
	rouge (adj.)	*red*
le	rouge-gorge (m.) (pl. les rouge**s**-gorge**s**)	*robin*
	rougir	*to turn red, to blush*
	rouler	*to travel, to drive*
	roumain(e) (adj.)	*Romanian*
la	Roumanie (f.)	*Romania*
la	route (f.)	*road*
	roux (rousse) (adj.)	*auburn, russet*
	rugir	*to roar*
	russe (adj.)	*Russian*
la	Russie (f.)	*Russia*

le	sable (m.)	*sand*
le	sac (m.)	*bag*
le	sac (m.) de couchage	*sleeping bag*
la	sacoche (f.)	*(computer) bag*
	saigner	*to bleed*
	sain et sauf / saine et sauve (adj.)	*safe and sound*
	saint(e) (adj.)	*holy*
la	Saint-Sylvestre (f.)	*New Year's Eve*
la	Saint-Valentin (f.)	*Valentine's Day*
	saisir	*to grab, to seize*
la	saison (f.)	*season*
	salé(e)	*salted, salty, savoury*
	saler	*to salt*
la	salle (f.) à manger	*dining room*

la	salle (f.) d'attente	*waiting room*
la	salle (f.) de bains	*bathroom*
la	salle (f.) d'eau	*shower room / wet room*
	salut !	*hello!, hi!*
	samedi	*Saturday*
le	SAMU (= Service d'aide médicale urgente)	*French emergency services*
le	sandwich (m.) (pl. les sandwichs)	*sandwich*
le	sang-froid (m.)	*cool headedness, calmness*
	sans	*without*
	sans cesse	*non-stop, endlessly*
	sans fil	*cordless, wireless*
	sans hâte	*slowly, without haste*
le	sans plomb	*unleaded petrol*
la	santé (f.)	*health*
le	sapeur-pompier (m.) (f. = la femme sapeur-pompier)	*firefighter*
le	sapin (m.)	*fir tree*
	satisfaisant(e) (adj.)	*satisfying, satisfactory*
la	saucisse (f.)	*sausage*
	sauf	*except*
le	saumon (m.) fumé	*smoked salmon*
le	saut (m.) d'obstacles	*horse jumping*
	sauter	*to jump*
	sauver	*to save*
	savoir	*to know (a fact); to know how to*
la	scène (f.)	*stage*
la	séance (f.)	*session, performance, showing*
le	secours (m.)	*aid, help*
le/la	scientifique (m./f.)	*scientist*
	sécher	*to dry*
	seconder	*to assist*
le/la	secrétaire (m./f.)	*secretary*
le	secrétariat (m.) général	*school office*
le	séisme (m.)	*earthquake*
le	séjour (m.)	*1. stay 2. living room*
le	sel (m.)	*salt*
la	selle (f.)	*saddle*
la	semaine (f.)	*week*
le	sens (m.) inverse	*the opposite direction*
le	sens (m.) unique	*one-way street*
se	sentir mal/gêné	*to feel unwell/embarrassed*
	septembre	*September*
le	service (m.) dépannage	*breakdown service*
la	serviette (f.)	*1. towel 2. paper napkin*
	servir	*to serve*

	seul(e) (adj.)	*alone*
	seulement	*only*
le	shopping (m.)	*clothes shopping*
le	short (m.)	*shorts*
le	siège (m.)	*seat*
	siffler	*to whistle*
le	signal (m.) (pl. les signaux)	*signal*
le	singe (m.)	*monkey*
le	sirop (m.)	*syrup, mixture (= medicine)*
le	site (m.)	*1. site 2. beauty spot*
la	SNCF (=la Société nationale de chemins de fer français) (f.)	*French national railway company*
le	soda (m.)	*fizzy drink*
la	sœur (f.)	*sister*
	soigner	*to take care of, to look after*
le	soir (m.)	*evening*
	soit … soit	*either … or*
le/la	soldat(e) (m./f.)	*soldier*
le	soleil (m.)	*sun*
le	solfège (m.)	*1. music theory 2. musical scale*
le/la	somnambule (m./f.)	*sleepwalker*
	sombre (adj.)	*dark, gloomy*
le	sommet (m.)	*top, summit*
le	sondage (m.)	*survey*
	sonner	*to ring*
le/la	sorcier/ière (m./f.)	*sorcerer, witch*
la	sortie (f.)	*exit*
	sortir	*1. to go out 2. to take out*
	soudainement	*suddenly*
	souffler	*to blow*
	souhaiter	*to wish*
	souhaité(e) (adj.)	*desirable*
	soupçonner	*to suspect*
la	souris (f.)	*1. mouse 2. (computer) mouse*
	sous	*under*
le	sous-sol (m.)	*basement*
	souvent	*often*
le	souvenir	*1. memory 2. souvenir*
	spacieux/ieuse (adj.)	*spacious*
la	spatule (f.)	*spatula*
la	spécialité (f.)	*speciality*
le	spectacle (m.)	*show (e.g. a play or a musical)*
	sportif/ive (adj.)	*sporting, sporty (of a person)*
le	stade (m.)	*stadium*
le	stage (m.) en enterprise	*work placement, internship*
le/la	stagiaire (m./f.)	*trainee*
la	station (f.)	*(Métro) station*

la	station (f.) balnéaire	*seaside resort*
la	station (f.) de ski	*ski resort*
la	station-service (f.) (pl. les stations-services)	*service station*
le	stationnement (m.)	*parking*
le	steward (m.)	*flight attendant*
	stimulant(e) (adj.)	*stimulating*
le	stockage (m.)	*storage*
le	stylo (m.)	*pen*
le	stylo (m.) à bille	*ball-point pen*
le	succès (m.)	*success*
le	sucre (m.)	*sugar*
le	sucre (m.) en poudre	*icing sugar*
	sucré(e) (adj.)	*sugary, sweet*
les	sucreries (f. pl)	*sweet things*
le	sud (m.)	*south*
la	Suède (f.)	*Sweden*
	suédois(e) (adj.)	*Swedish*
la	Suisse (f.)	*Switzerland*
	suisse (adj.)	*Swiss*
	suivre	*to follow*
le	sujet (m.)	*subject (e.g. for discussion)*
au	sujet de	*on the subject of*
	super (adj. inv.)	*brilliant*
	supporter	*to bear, to put up with*
	sur	*1. on 2. out of (e.g.* un sur dix*)*
	sur place	*on the spot*
	sûr/sûre (adj.)	*sure/safe*
la	surface (f.)	*surface area*
	surgeler	*to deep-freeze*
le	surligneur (m.)	*highlighter*
le	surnaturel (m.)	*supernatural*
	surprendre	*to surprise*
	surtout	*especially*
	surveiller	*to oversee, to survey*
le	survêtement (m.)	*tracksuit*
	survoler	*to fly over*
	suspendre	*to suspend*
le	sweat à capuche	*hooded top, hoodie*
	sympa (adj. inv.)	*nice/friendly*
le	syndicat (m.) d'initiative	*tourist information (office)*

le	tableau (m.) (pl. les tableaux)	*1. picture 2. (black)board 3. table (= chart)*
le	tableau (m.) numérique interactif	*interactive whiteboard*
la	tâche (f.)	*1. task, job 2. stain*
la	tâche (f.) ménagère	*household task/job*
la	taille (f.)	*size*
le	taille-crayon (m.)	*pencil-sharpener*
	talentueux/euse (adj.)	*talented*
	tamiser	*to sieve*
	tandis que	*while (by contrast)*
la	tante (f.)	*aunt*
	taper	*1. to slap, to slam 2. to type*
	taper des pieds	*stamp one's feet*
le	tapis (m.)	*carpet*
le	tapis (m.) à bagages	*luggage belt*
	tard	*late*
se	tarder de	*to look forward to / to long to*
le	tarif (m.) des prix	*price list*
le	tas (m.)	*pile*
la	tasse (f.)	*cup*
	tchater	*to chat online*
le	tee-shirt (m.)	*T-shirt*
	teint(e) (adj.)	*dyed*
	télécharger	*to download*
	téléphoner (à quelqu'un)	*to (tele)phone (someone)*
les	téléspectateurs (m. pl.)	*TV viewers*
	tellement	*so*
	tellement de	*so many*
la	température (f.)	*temperature*
le	temps (m.)	*1. time 2. weather*
	tenir	*to hold, to keep*
se	tenir à	*to be held (e.g. an event)*
la	tente (f.)	*tent*
se	terminer	*to come to an end, to finish*
le	terrain (m.) de camping	*campsite*
la	terrasse (f.)	*terrace, deck, patio*
le	texto (m.)	*(mobile phone) text*
le	TGV (=Train à Grande Vitesse) (m.)	*French high-speed train*
le	théâtre (m.)	*theatre*
le	thème (m.)	*theme, subject matter*
le	ticket (m.)	*(Métro or bus) ticket*

	tiède (adj.)	*warm*
le	tigre (m.)	*tiger*
le	timbre (m.)	*postage stamp*
le	tir à l'arc (m.)	*archery*
le	tiroir (m.)	*drawer*
le	toboggan (m.)	*helter-skelter, playground slide*
le	toboggan (m.) à eau	*water slide*
le	toit (m.)	*roof*
le	tombeau (m.) (pl. les tombeaux)	*tomb*
	tomber	*to fall*
le	tome (m.)	*volume, book*
	tondre	*to mow*
les	tongs (m.pl.)	*flip-flops*
le	tonnerre (m.)	*thunder*
	tôt	*early*
le	tour (m.)	*tour, trip*
la	tour (f.)	*tower*
la	tour (f.) de contrôle	*control tower*
	tourner	*to turn*
le	tournoi (m.) (pl. les tournois)	*tournament*
	tous les jours	*every day*
la	Toussaint (f.)	*All Saints' Day*
	tousser	*to cough*
	tout droit	*straight ahead*
	tout le monde	*everybody*
le	train (m.)	*train*
le	traité (m.)	*treaty*
	traiter	*to treat*
le	traiteur (m.)	*delicatessen shop*
le	trajet (m.)	*journey*
le	tramway (m.)	*tram(way), tramcar*
la	tranche (f.)	*slice*
	tranquille (adj.)	*calm/peaceful*
le	travail (m.) (pl. les travaux)	*work, job*
	travailler	*to work*
	travailleur/euse (adj.)	*hardworking*
la	traversée (f.)	*crossing*
	traverser	*to cross*
	trembler	*to tremble*
	tremper	*to dunk, to dip in, to soak*
une	trentaine (f.) de	*thirty or so*
le	trésor (m.)	*treasure*
la	tribune (f.)	*1. grand(stand) 2. rostrum*
	trier	*to sort, to separate*
	triste (adj.)	*sad*
le	trombone (m.)	*paperclip*
	tromper	*to deceive*

	trop	*too much*
le	trophée (m.)	*trophy*
la	trousse (f.)	*pencil case*
se	trouver	*to be situated*
la	truffe (f.)	*truffle*
	turque (adj.)	*Turkish*
la	Turquie (f.)	*Turkey*

l'	uniforme (m.)	*uniform*
	unique (adj.)	*only, unique*
l'	urgence (f.)	*emergency*
les	urgences (f. pl.)	*accident and emergency*
	utiliser	*to use*

les	vacances (f. pl.)	*holidays*
le	vacherin (m.)	*vacherin cheese*
	vaincre	*to overcome, to conquer*
le	vainqueur (m.)	*winner*
la	vaisselle (f.)	*washing up*
la	valise (f.)	*suitcase*
la	vapeur (f.)	*steam*
	vaporisé(e) (adj.)	*steamed/boiled*
	varié(e) (adj.)	*varied*
la	variété (f.)	*variety*
	Varsovie	*Warsaw*
le	véhicule (m.)	*vehicle*
la	veille (f.)	*day/night before, eve*

le	vélo (m.)	*bike*
	vendre	*to sell*
les	vendanges (f. pl.)	*wine harvest*
le/la	vendeur/euse (m./f.)	*salesman/saleswoman, sales assistant*
	vendredi	*Friday*
se	venger de	*to take one's revenge*
	venir	*to come*
	venir de + infinitif	*to have just done something*
le	vent (m.)	*wind*
la	vente (f.)	*sale*
le	ventre (m.)	*stomach*
le	verglas (m.)	*(black) ice (on road)*
	vérifier	*to check*
le	vernis (m.) à ongles	*nail varnish*
le	verre (m.)	*glass*
	verser	*to pour*
	vers	*1. towards 2. around*
	vert(e) (adj.)	*green*
	vertigineux/euse (adj.)	*breathtaking, dizzy*
la	veste (f.)	*jacket*
le	vestiaire (m.)	*cloakroom*
le	vestibule (m.)	*hall*
les	vêtements (m. pl.)	*clothes*
le/la	vétérinaire (m./f.)	*vet*
	veuillez	*would you please*
la	viande (f.)	*meat*
	vide (adj.)	*empty*
	vider	*to empty*
la	vie (f.)	*life*
	Vienne	*Vienna*
	vieux, vieil, vieux (m. adj)	*old*
	vieille, vieilles (f. adj.)	*old*
	vif/vive (adj.)	*lively, bright (e.g. of a colour), strong (e.g. taste)*
la	vignette (f.) (automobile)	*tax disc*
la	ville (f.)	*town, city*
	violet/te (adj.)	*purple*
	visiter	*to visit (a place)*
	vite	*quickly*
la	vitesse (f.)	*speed*
la	vitre (f.)	*(pane of) glass*
	vivre	*to live, to be alive*
le	vœu (m.) (pl. les vœux)	*wish*
la	voie (f.)	*1. way 2. railway line*
la	voile (f.)	*1. sail 2. sailing*
	voir	*to see*
le/la	voisin(e) (m./f.)	*neighbour*

	voisin(e) (adj.)	*neighbouring*
la	voiture (f.)	*car*
le	vol (m.)	*1. flight 2. theft*
le	volant (m.)	*steering wheel*
	voler	*1. to fly 2. to steal*
le	volet (m.)	*shutter*
le	volley (m.)	*volleyball*
	vouloir	*to want, to wish*
le	voyage (m.)	*journey*
	voyager	*to travel*
le/la	voyageur/euse (m./f.)	*traveller*
	vrai(e) (adj.)	*true*
	vraiment	*really, truly*
le	VTT (vélo tout-terrain) (m.)	*mountain bike*
la	vue (f.)	*1. view 2. eyesight*

le	week-end (m.)	*weekend*

	y	*there*
	y compris	*including*
le	yaourt	*yoghurt*

Les verbes

INFINITIF	PRÉSENT	IMPARFAIT	PASSÉ COMPOSÉ	FUTUR	CONDITIONNEL
aller *to go*	je vais	j' allais	je suis allé(e)	j' irai	j' irais
	tu vas	tu allais	tu es allé(e)	tu iras	tu irais
	il/elle/on va	il/elle/on allait	il est allé	il/elle/on ira	il/elle/on irait
			elle est allée		
			on est allé(e)(s)		
	nous allons	nous allions	nous sommes allé(e)s	nous irons	nous irions
	vous allez	vous alliez	vous êtes allé(e)(s)	vous irez	vous iriez
	ils/elles vont	ils/elles allaient	ils sont allés	ils/elles iront	ils/elles iraient
			elles sont allées		
avoir *to have*	j' ai	j' avais	j' ai eu	j' aurai	j' aurais
	tu as	tu avais	tu as eu	tu auras	tu aurais
	il/elle/on a	il/elle/on avait	il/elle/on a eu	il/elle/on aura	il/elle/on aurait
	nous avons	nous avions	nous avons eu	nous aurons	nous aurions
	vous avez	vous aviez	vous avez eu	vous aurez	vous auriez
	ils/elles ont	ils/elles avaient	ils/elles ont eu	ils/elles auront	ils/elles auraient
boire *to drink*	je bois	je buvais	j' ai bu	je boirai	je boirais
	tu bois	tu buvais	tu as bu	tu boiras	tu boirais
	il/elle/on boit	il/elle/on buvait	il/elle/on a bu	il/elle/on boira	il/elle/on boirait
	nous buvons	nous buvions	nous avons bu	nous boirons	nous boirions
	vous buvez	vous buviez	vous avez bu	vous boirez	vous boiriez
	ils/elles boivent	ils/elles buvaient	ils/elles ont bu	ils/elles boiront	ils/elles boiraient
comprendre *to understand*	je comprends	je comprenais	j' ai compris	je comprendrai	je comprendrais
	tu comprends	tu comprenais	tu as compris	tu comprendras	tu comprendrais
	il/elle/on comprend	il/elle/on comprenait	il/elle/on a compris	il/elle/on comprendra	il/elle/on comprendrait
	nous comprenons	nous comprenions	nous avons compris	nous comprendrons	nous comprendrions
	vous comprenez	vous compreniez	vous avez compris	vous comprendrez	vous comprendriez
	ils/elles comprennent	ils/elles comprenaient	ils/elles ont compris	ils/elles comprendront	ils/elles comprendraient
connaître *to know (people/ places)*	je connais	je connaissais	j' ai connu	je connaîtrai	je connaîtrais
	tu connais	tu connaissais	tu as connu	tu connaîtras	tu connaîtrais
	il/elle/on connaît	il/elle/on connaissait	il/elle/on a connu	il/elle/on connaîtra	il/elle/on connaîtrait
	nous connaissons	nous connaissions	nous avons connu	nous connaîtrons	nous connaîtrions
	vous connaissez	vous connaissiez	vous avez connu	vous connaîtrez	vous connaîtriez
	ils/elles connaissent	ils/elles connaissaient	ils/elles ont connu	ils/elles connaîtront	ils/elles connaîtraient
devoir *to have to (must)*	je dois	je devais	j' ai dû	je devrai	je devrais
	tu dois	tu devais	tu as dû	tu devras	tu devrais
	il/elle/on doit	il/elle/on devait	il/elle/on a dû	il/elle/on devra	il/elle/on devrait
	nous devons	nous devions	nous avons dû	nous devrons	nous devrions
	vous devez	vous deviez	vouz avez dû	vous devrez	vous devriez
	ils/elles doivent	ils/elles devaient	ils/elles ont dû	ils/elles devront	ils/elles devraient

Les verbes

INFINITIF	PRÉSENT		IMPARFAIT		PASSÉ COMPOSÉ		FUTUR		CONDITIONNEL	
dire *to say / to tell*	je	dis	je	disais	j'	ai dit	je	dirai	je	dirais
	tu	dis	tu	disais	tu	as dit	tu	diras	tu	dirais
	il/elle/on	dit	il/elle/on	disait	il/elle/on	a dit	il/elle/on	dira	il/elle/on	dirait
	nous	disons	nous	disions	nous	avons dit	nous	dirons	nous	dirions
	vous	dites	vous	disiez	vous	avez dit	vous	direz	vous	diriez
	ils/elles	disent	ils/elles	disaient	ils/elles	ont dit	ils/elles	diront	ils/elles	diraient
écrire *to write*	j'	écris	j'	écrivais	j'	ai écrit	j'	écrirai	j'	écrirais
	tu	écris	tu	écrivais	tu	as écrit	tu	écriras	tu	écrirais
	il/elle/on	écrit	il/elle/on	écrivait	il/elle/on	a écrit	il/elle/on	écrira	il/elle/on	écrirait
	nous	écrivons	nous	écrivions	nous	avons écrit	nous	écrirons	nous	écririons
	vous	écrivez	vous	écriviez	vous	avez écrit	vous	écrirez	vous	écririez
	ils/elles	écrivent	ils/elles	écrivaient	ils/elles	ont écrit	ils/elles	écriront	ils/elles	écriraient
envoyer *to send*	j'	envoie	j'	envoyais	j'	ai envoyé	j'	enverrai	j'	enverrais
	tu	envoies	tu	envoyais	tu	as envoyé	tu	enverras	tu	enverrais
	il/elle/on	envoie	il/elle/on	envoyait	il/elle/on	a envoyé	il/elle/on	enverra	il/elle/on	enverrait
	nous	envoyons	nous	envoyions	nous	avons envoyé	nous	enverrons	nous	enverrions
	vous	envoyez	vous	envoyiez	vous	avez envoyé	vous	enverrez	vous	enverriez
	ils/elles	envoient	ils/elles	envoyaient	ils/elles	ont envoyé	ils/elles	enverront	ils/elles	enverraient
être *to be*	je	suis	j'	étais	j'	ai été	je	serai	je	serais
	tu	es	tu	étais	tu	as été	tu	seras	tu	serais
	il/elle/on	est	il/elle/on	était	il/elle/on	a été	il/elle/on	sera	il/elle/on	serait
	nous	sommes	nous	étions	nous	avons été	nous	serons	nous	serions
	vous	êtes	vous	étiez	vous	avez été	vous	serez	vous	seriez
	ils/elles	sont	ils/elles	étaient	ils/elles	ont été	ils/elles	seront	ils/elles	seraient
faire *to do / to make*	je	fais	je	faisais	j'	ai fait	je	ferai	je	ferais
	tu	fais	tu	faisais	tu	as fait	tu	feras	tu	ferais
	il/elle/on	fait	il/elle/on	faisait	il/elle/on	a fait	il/elle/on	fera	il/elle/on	ferait
	nous	faisons	nous	faisions	nous	avons fait	nous	ferons	nous	ferions
	vous	faites	vous	faisiez	vous	avez fait	vous	ferez	vous	feriez
	ils/elles	font	ils/elles	faisaient	ils/elles	ont fait	ils/elles	feront	ils/elles	feraient
lire *to read*	je	lis	je	lisais	j'	ai lu	je	lirai	je	lirais
	tu	lis	tu	lisais	tu	as lu	tu	liras	tu	lirais
	il/elle/on	lit	il/elle/on	lisait	il/elle/on	a lu	il/elle/on	lira	il/elle/on	lirait
	nous	lisons	nous	lisions	nous	avons lu	nous	lirons	nous	lirions
	vous	lisez	vous	lisiez	vous	avez lu	vous	lirez	vous	liriez
	ils/elles	lisent	ils/elles	lisaient	ils/elles	ont lu	ils/elles	liront	ils/elles	liraient

INFINITIF	PRÉSENT	IMPARFAIT	PASSÉ COMPOSÉ	FUTUR	CONDITIONNEL
mettre *to put*	je mets tu mets il/elle/on met nous mettons vous mettez ils/elles mettent	je mettais tu mettais il/elle/on mettait nous mettions vous mettiez ils/elles mettaient	j' ai mis tu as mis il/elle/on a mis nous avons mis vous avez mis ils/elles ont mis	je mettrai tu mettras il/elle/on mettra nous mettrons vous mettrez ils/elles mettront	je mettrais tu mettrais il/elle/on mettrait nous mettrions vous mettriez ils/elles mettraient
partir *to leave / to depart*	je pars tu pars il/elle/on part nous partons vous partez ils/elles partent	je partais tu partais il/elle/on partait nous partions vous partiez ils/elles partaient	je suis parti(e) tu es parti(e) il est parti elle est partie on est parti(e)s nous sommes parti(e)s vous êtes parti(e)(s) ils sont partis elles sont parties	je partirai tu partiras il/elle/on partira nous partirons vous partirez ils/elles partiront	je partirais tu partirais il/elle/on partirait nous partirions vous partiriez ils/elles partiraient
pleuvoir *to rain*	il pleut	il pleuvait	il a plu	il pleuvra	il pleuvrait
pouvoir *to be able to*	je peux tu peux il/elle/on peut nous pouvons vous pouvez ils/elles peuvent	je pouvais tu pouvais il/elle/on pouvait nous pouvions vous pouviez ils/elles pouvaient	j' ai pu tu as pu il/elle/on a pu nous avons pu vous avez pu ils/elles ont pu	je pourrai tu pourras il/elle/on pourra nous pourrons vous pourrez ils/elles pourront	je pourrais tu pourrais il/elle/on pourrait nous pourrions vous pourriez ils pourraient
prendre *to take*	je prends tu prends il/elle/on prend nous prenons vous prenez ils/elles prennent	je prenais tu prenais il/elle/on prenait nous prenions vous preniez ils/elles prenaient	j' ai pris tu as pris il/elle/on a pris nous avons pris vous avez pris ils/elles ont pris	je prendrai tu prendras il/elle/on prendra nous prendrons vous prendrez ils/elles prendront	je prendrais tu prendrais il/elle/on prendrait nous prendrions vous prendriez ils/elles prendraient
recevoir *to get / to receive*	je reçois tu reçois il/elle/on reçoit nous recevons vous recevez ils/elles reçoivent	je recevais tu recevais il/elle/on recevait nous recevions vous receviez ils/elles recevaient	j' ai reçu tu as reçu il/elle/on a reçu nous avons reçu vous avez reçu ils/elles ont reçu	je recevrai tu recevras il/elle/on recevra nous recevrons vous recevrez ils/elles recevront	je recevrais tu recevrais il/elle/on recevrait nous recevrions vous recevriez ils/elles recevraient

Les verbes

INFINITIF	PRÉSENT	IMPARFAIT	PASSÉ COMPOSÉ	FUTUR	CONDITIONNEL
savoir *to know (information/ knowledge)*	je sais	je savais	j' ai su	je saurai	je saurais
	tu sais	tu savais	tu as su	tu sauras	tu saurais
	il/elle/on sait	il/elle/on savait	il/elle/on a su	il/elle/on saura	il/elle/on saurait
	nous savons	nous savions	nous avons su	nous saurons	nous saurions
	vous savez	vous saviez	vous avez su	vous saurez	vous sauriez
	ils/elles savent	ils/elles savaient	ils/elles ont su	ils/elles sauront	ils/elles sauraient
sortir *to go out*	je sors	je sortais	je suis sorti(e)	je sortirai	je sortirais
	tu sors	tu sortais	tu es sorti(e)	tu sortiras	tu sortirais
	il/elle/on sort	il/elle/on sortait	il est sorti	il/elle/on sortira	il/elle/on sortirait
			elle est sortie		
			on est sorti(e)(s)		
	nous sortons	nous sortions	nous sommes sorti(e)s	nous sortirons	nous sortirions
	vous sortez	vous sortiez	vous êtes sorti(e)(s)	vous sortirez	vous sortiriez
	ils/elles sortent	ils/elles sortaient	ils sont sortis	ils/elles sortiront	ils/elles sortiraient
			elles sont sorties		
tenir *to hold*	je tiens	je tenais	j' ai tenu	je tiendrai	je tiendrais
	tu tiens	tu tenais	tu as tenu	tu tiendras	tu tiendrais
	il/elle/on tient	il/elle/on tenait	il/elle/on a tenu	il/elle/on tiendra	il/elle/on tiendrait
	nous tenons	nous tenions	nous avons tenu	nous tiendrons	nous tiendrions
	vous tenez	vous teniez	vous avez tenu	vous tiendrez	vous tiendriez
	ils/elles tiennent	ils/elles tenaient	ils/elles ont tenu	ils/elles tiendront	ils/elles tiendraient
venir *to come*	je viens	je venais	je suis venu(e)	je viendrai	je viendrais
	tu viens	tu venais	tu es venu(e)	tu viendras	tu viendrais
	il/elle/on vient	il/elle/on venait	il est venu	il/elle/on viendra	il/elle/on viendrait
			elle est venue		
			on est venu(e)(s)		
	nous venons	nous venions	nous sommes venu(e)s	nous viendrons	nous viendrions
	vous venez	vous veniez	vous êtes venu(e)(s)	vous viendrez	vous viendriez
	ils/elles viennent	ils/elles venaient	ils sont venus	ils/elles viendront	ils/elles viendraient
			elles sont venues		
voir *to see*	je vois	je voyais	j' ai vu	je verrai	je verrais
	tu vois	tu voyais	tu as vu	tu verras	tu verrais
	il/elle/on voit	il/elle/on voyait	il/elle/on a vu	il/elle/on verra	il/elle/on verrait
	nous voyons	nous voyions	nous avons vu	nous verrons	nous verrions
	vous voyez	vous voyiez	vous avez vu	vous verrez	vous verriez
	ils/elles voient	ils/elles voyaient	ils/elles ont vu	ils/elles verront	ils/elles verraient
vouloir *to want / to wish*	je veux	je voulais	j' ai voulu	je voudrai	je voudrais
	tu veux	tu voulais	tu as voulu	tu voudras	tu voudrais
	il/elle/on veut	il/elle/on voulait	il/elle/on a voulu	il/elle/on voudra	il/elle/on voudrait
	nous voulons	nous voulions	nous avons voulu	nous voudrons	nous voudrions
	vous voulez	vous vouliez	vous avez voulu	vous voudrez	vous voudriez
	ils/elles veulent	ils/elles voulaient	ils/elles ont voulu	ils/elles voudront	ils/elles voudraient